# nécessité ou contingence

## autres ouvrages de jules vuillemin

LE SENS DU DESTIN *(en collaboration avec L. Guillermit)*, Neuchâtel, Édition La Baconière, 1948.

ESSAI SUR LA SIGNIFICATION DE LA MORT, Paris, P.U.F., 1948.

L'ÊTRE ET LE TRAVAIL, Les conditions dialectiques de la psychologie et de la sociologie, Paris, P.U.F., 1949.

L'HÉRITAGE KANTIEN ET LA RÉVOLUTION COPERNICIENNE, Fichte, Cohen, Heidegger, Paris, P.U.F., 1954.

PHYSIQUE ET MÉTAPHYSIQUE KANTIENNES, Paris, P.U.F., 1955.

MATHÉMATIQUES ET MÉTAPHYSIQUE CHEZ DESCARTES, Paris, 1960.

INTRODUCTION A LA PHILOSOPHIE DE L'ALGÈBRE, Paris, P.U.F., Tome 1, 1962, « Recherches sur quelques concepts et méthode de l'Algèbre Moderne ».

LE MIROIR DE VENISE, Paris, Julliard, 1965.

DE LA LOGIQUE A LA THÉOLOGIE, CINQ ÉTUDES SUR ARISTOTE, Paris, Flammarion, 1967.

LEÇON SUR LA PREMIÈRE PHILOSOPHIE DE RUSSELL, Paris, A. Colin, 1968.

REBÂTIR L'UNIVERSITÉ, Paris, Fayard, 1968.

LE DIEU D'ANSELME ET LES APPARENCES DE LA RAISON, Paris, Aubier, 1971.

LA LOGIQUE ET LE MONDE SENSIBLE, ÉTUDE SUR LES THÉORIES CONTEMPORAINES DE L'ABSTRACTION, Paris, Flammarion, 1971.

jules vuillemin

# nécessité ou contingence
# l'aporie de Diodore
# et les systèmes philosophiques

LES ÉDITIONS DE MINUIT

Je remercie,

La Fondation Singer-Polignac et particulièrement son président, M. Étienne Wolff, pour leur aide sans laquelle ce livre n'aurait pu être publié;

M. Yves Laporte, administrateur du Collège de France, et M. Pierre Bourdieu, qui m'ont accordé leurs conseils et leur appui;

M. Jérôme Lindon, qui m'a accueilli aux Éditions de Minuit;

Mme Yvonne Brucker, secrétaire générale de la Fondation Singer-Polignac, qui m'a constamment aidé;

M. Gerhard Heinzmann, qui a révisé l'ouvrage et Mme Catherine Petit, qui a pris soin du manuscrit et établi les index;

Gudrun V. pour son attention et ses remarques critiques.

© 1984 by Fondation Singer-Polignac (propriétaire)
et Les Éditions de Minuit

ISBN 2-7073-0685-1

# introduction

## I. OBJET ET PLAN DE CE LIVRE.

Les paradoxes de Zénon ont dominé, ils dominent encore la philosophie des mathématiques et de la nature. Une aporie, due à Diodore Kronos et rapportée par Epictète, a dominé, elle domine encore la philosophie de l'action.

Les paradoxes de Zénon portent sur le continu et le mouvement. L'aporie de Diodore porte sur les idées de nécessité et de contingence. Ce livre a pour objet d'étudier ces idées en partant de cette aporie. Il est divisé en quatre parties.

Dans la première partie, on reconstitue historiquement l'aporie de Diodore en s'aidant d'un texte du *Traité du ciel* aristotélicien. L'aporie consiste à démontrer l'incompatibilité de quatre prémisses principales et généralement acceptées :

A. Le passé est irrévocable,

B. De l'impossible au possible la conséquence n'est pas bonne,

C. Il y a des possibles qui ne se réaliseront jamais,

NC. (principe de nécessité conditionnelle). Ce qui est ne peut pas ne pas être pendant qu'il est.

La seconde partie analyse trois solutions du paradoxe attestées par Epictète. Celle de Diodore lui-même nie la validité de C ; elle ne sauve la contingence qu'en l'identifiant avec l'indétermination du moment où se produira l'événement futur. La solution de Chrysippe met en question la prémisse B ; elle n'évite le fatalisme qu'au prix d'arguties logiques relatives au comportement spécifique des énoncés dont le sujet est un pronom démonstratif (ceci). On peut enfin, avec Cléanthe, mettre en doute la " nécessité " du passé (prémisse A) en se fondant sur le retour éternel. Ces trois solutions, que revendiquent l'École mégaro-stoïcienne, adoucissent ou qualifient des variétés du nécessitarisme.

Dans la troisième partie, on fait l'histoire des philosophies, non mentionnées par Epictète, qui défendent une vue positive de la contingence. Elles y parviennent en mettant en cause des prémisses qu'on a utilisées implicitement pour reconstruire l'argument dominateur. Ou bien elles sacrifient le principe de nécessité conditionnelle (prémisse NC, Platon), ou bien elles distinguent entre plusieurs types de nécessité et invalident l'un des principes fondamentaux de la logique : principe de bivalence du vrai et du faux (Aristote), principe du tiers-exclu (Epicure), principe de correspondance du vrai et du réel (Carnéade).

Ces trois parties forment un tout qui se suffit. La quatrième traite du même sujet par une méthode différente.

## II. Méthode suivie dans les trois premières parties : l'analyse des systèmes.

Dans les trois premières parties, on a suivi la méthode historique. On s'est donné comme des faits les systèmes philosophiques grecs, médiévaux ou modernes. On les a analysés et comparés. On a déterminé les choix qu'ils supposent pour rester cohérents.

L'histoire de la philosophie s'en tient à l'analyse interne des systèmes philosophiques, un système étant formé par la production et l'organisation des idées conformément à des moyens de preuve donnés. Cependant, les systèmes dans lesquels on a cherché à déterminer historiquement les idées de nécessité et de contingence ne forment pas une simple association de juxtaposition et de succession. Un fil conducteur les organise, et c'est l'argument dominateur qui fournit ce fil.

Il donne une liste d'axiomes incompatibles et, par là, fixe un programme aux philosophes : résoudre la contradiction en niant l'un de ces axiomes, la difficulté consistant à justifier la négation d'un axiome qui paraissait évident.

Il n'est pas aisé d'appliquer l'analyse des systèmes à un argument dont on nous rapporte les prémisses et la conclusion mais non pas le mécanisme démonstratif et à des philosophies que, pour la plupart du temps, nous ne connaissons que par fragments et pour lesquelles, par conséquent, toute reconstruction architectonique demeure conjecturale. Dans notre cas, une circonstance heureuse aura toutefois limité la part inévitable de la conjecture. En effet, on a reconstruit le sens de l'argument dominateur par comparaison avec un texte d'Aristote, et Aristote est certainement, dans l'Antiquité, le philosophe dont le système nous reste le plus accessible. Une fois ressaisi le sens systématique des prémisses de l'argument dans un texte complet d'Aristote, il devenait plus aisé d'en prévoir le sens systématique dans les textes fragmentaires des autres philosophes, sans toutefois qu'on puisse jamais réduire à rien la part de l'hypothèse et du probable.

III. Examen de quelques questions préalables. Réponses à ces questions.

L'analyse de l'argument dominateur montrera qu'il existe une certaine ambiguïté dans les termes modaux qui figurent dans ses prémisses. Le concept de possibilité est utilisé tantôt en un sens purement logique, tantôt en un sens réel. Il signifie tantôt ce qui n'entraîne pas contradiction, tantôt ce qui est prometteur d'une évolution réelle ou ce qui est compatible avec elle.

Ceci étant, deux questions préalables se posent. D'abord il convient de reconnaître exactement la nature de cette ambiguïté. Ensuite il faudra examiner sa portée sur la validité de l'argument.

Pour résoudre la première de ces questions, qui est de fait, on pourrait étudier les modifications sémantiques importantes qu'auraient subies les concepts modaux au cours de l'histoire. C'est une monographie historique dont nous aurions alors besoin pour nous tirer d'embarras. Une telle monographie montrerait comment l'évolution historique a dissipé les équivoques et conduit insensiblement les Modernes à séparer ce que les Anciens confondaient[1].

C'est là poser d'emblée que l'argument n'est pas valide et que les Modernes ont, en fait, abandonné la prémisse, s'il en est une, qu'on tient pour responsable de la confusion. Or on établira que, pour que l'argument soit valide, il doit comprendre parmi ses prémisses ce qu'on a appelé le principe de nécessité conditionnelle, que cette prémisse, implicite dans le Dominateur est explicite dans le texte aristotélicien qui a servi de modèle à cet argument, qu'il était donc connu des Anciens, qu'il exprimait une conception du possible et du réel propre, à première vue, à choquer les Modernes parce qu'il contiendrait une prétendue ambiguïté dans l'usage des idées modales. Cependant, si la plupart des Anciens ont adopté ce principe, il en est, et parmi eux Platon, qui l'ont rejeté. Quant aux Modernes, on ne les voit pas ici plus accordés que les Anciens, du moins dès qu'on précise le sens et la portée chronologiques du principe[2]. Dans ces conditions, nous devons présumer que le fameux argument était

---

1. L'ouvrage monumental de Faust (1931-1932) fournit l'exemple et le modèle d'une telle monographie.
2. On trouvera une analyse du principe de nécessité conditionnelle dans Vuillemin, 1979. Dans une lettre datée du 12 juillet 1983, le Dr. H. Weidemann me fait remarquer que Storrs Mc Call " Time and the Physical Modalities " (*The Monist*, 53, 1969, pp. 426-446) avait déjà avancé cette interprétation et avait été suivi, sur cette voie, par Sarah Waterlow (*Passage and Possibility, A Study of Aristotle's Modal Concepts*, Oxford, Clarendon Press,

valide et nous devons chercher à le reconstruire en conséquence, sans plus exagérer l'état de confusion où se seraient complu les philosophes antiques au moins lorsqu'on les compare aux philosophes d'aujourd'hui.

On a de la sorte commencé à répondre à la seconde question préalable qui touche à la validité même de l'argument dominateur.

Dans la présente entreprise, la logique joue son rôle soit pour éclaircir, quand elle le peut, les notions modales, soit pour établir l'incompatibilité des prémisses de l'argument, soit pour établir ou au moins suggérer la compatibilité des nouveaux systèmes de prémisses proposés.

Ceux qu'un légitime attachement à l'indispensable méthode historique écarte de ces considérations logiques se privent arbitrairement d'un moyen d'analyse. Ces recherches auraient même complètement abouti, si à l'argument dominateur lui-même et à chacune des solutions dont il est susceptible on avait fait correspondre un système axiomatique qu'on eût démontré contradictoire dans le premier cas et cohérent dans les autres. On n'a pas poursuivi l'enquête et l'on s'est contenté, faute de courage et de temps, d'indiquer en notes et dans les appendices comment et en quels termes il conviendrait de poursuivre.

Aux rigoristes qui refusent tout sens à un concept modal hors d'un système complètement formalisé on répondra que, dès qu'on quitte le domaine des logiques modales pures, dont on connaît les difficultés propres, pour les appliquer au temps, les choses se compliquent au point de rendre les calculs opaques, sinon impénétrables, et parfois ambigus[3].

---

1982, p. 89). M. H. Weidemann lui-même (" Überlegungen zu einer temporalen Modalanalyse ", *Zeitschrift für philosophische Forschung*, 1980, pp. 405-422) a adopté la même lecture d'Aristote. On voit que la bibliographie proposée ici est incomplète. La situation, à certains égards " provinciale " de la philosophie française aujourd'hui, explique et fera peut-être excuser un défaut, d'ailleurs inévitable tant se multiplient les études sur les sujets traités dans le présent ouvrage.

3. Il suffit de consulter un livre de logique chronologique pour apercevoir des formules incertaines en ce sens que leur signification est douteuse et il en va souvent de même pour les axiomes. Quant aux ambiguïtés, l'un des logiciens les plus attentifs à ne pas se laisser tromper par les homonymies, A.N. Prior (voir plus bas, p. 21) interprète par exemple, sans autre forme de procès, l'irrévocabilité du passé par la formule : $Pp \rightarrow LPp$ (où $Lp$ est vérifié par $\sim M \sim p$ : " Si quelque chose est arrivé, il ne peut pas ne pas être arrivé " (1967, p. 32) sans s'être préalablement demandé, ce qui est toute la question, si le mot *peut* a ici le même sens qu'il a lorsqu'on l'utilise au sens purement logique (ce qui n'entraîne pas contradiction).

Toute la question de savoir si l'argument dominateur est valide se réduit donc à déterminer d'abord les sens exacts avec lesquels y figurent les concepts modaux et à examiner ensuite si le raisonnement qui lie ces concepts éventuellement disparates est acceptable logiquement.

Or on aura à distinguer deux groupes parmi les prémisses tant explicites qu'implicites du Dominateur.

Dans le premier, les modalités sont engagées dans le temps et affectées d'un double indice temporel. De telles modalités permettent d'exprimer l'inéluctabilité (du passé), l'éventualité (de l'avenir), l'infaillibilité (du présent). On verra des philosophes nier l'une des prémisses dans lesquelles ces modalités figurent et prétendre soit qu'il y a possibilité du passé, soit que ce qui est ici et maintenant peut n'y pas être, soit que seul est possible ce qui se réalisera un jour. Toutes ces négations ont leur difficulté.

Le second groupe de prémisses relève, quant à lui, de la logique pure. L'une appartient à la logique modale pure. C'est la règle disant que de l'impossible le possible ne suit pas logiquement. Les autres concernent l'universalité du principe de bivalence selon lequel toute proposition a une valeur de vérité déterminée et du principe de tiers exclu.

La seconde objection revient ordinairement à savoir si un raisonnement logiquement valide peut contenir des énoncés où figurent des occurrences de concepts modaux n'appartenant pas à la logique pure. Rien n'autorise *a priori,* et sous le seul prétexte que, d'une prémisse à l'autre, le mot *nécessité* change alors de sens, à rejeter un tel raisonnement et seul un examen spécifique pourra décider de sa validité.

IV. INTRODUCTION DE LA MÉTHODE SYNTHÉTIQUE DANS LA QUATRIÈME PARTIE.

On aura donc de bonnes raisons de prendre au sérieux l'argument dominateur et de suivre le fil conducteur qu'il offre pour classer les systèmes de la nécessité et de la contingence.

Rien n'assure cependant qu'une recherche, conforme aux principes de l'analyse des systèmes aidée de l'analyse logique, suffise à donner la raison d'être de la contradiction produite par le Dominateur non plus qu'à assurer une classification rationnelle des solutions, c'est-à-dire des systèmes de la nécessité et de la contingence.

Il restait donc, dans la quatrième et dernière partie, à s'affranchir du caprice qui reste inhérent aux événements, même lorsque l'écriture a cristallisé ces événements et leur a donné forme d'architectures de pensées. La méthode ici requise n'est pas l'analyse. C'est la synthèse, qui descend des principes aux conséquences.

On a donc dû chercher les principes des modalités du nécessaire et du contingent dans la prédication dont la modalité est une modification et, plus particulièrement, une modification sujette à une vue systématique et philosophique. La classification des types de prédication commande la classification des systèmes philosophiques, qui commande, à son tour, la classification des modalités. On a éprouvé la validité de ce schéma sur la notion de loi naturelle.

On conclut par un aperçu sur la classification des systèmes philosophiques dans leurs rapports à la nécessité et à la contingence. On montre comment ces rapports sont assignés aux points de vue logique, physique, métaphysique et moral en fonction des cinq classes générales de systèmes philosophiques : réalisme, conceptualisme, nominalisme, intuitionnisme et scepticisme.

première partie

l'argument dominateur

# chapitre 1

# l'argument dominateur.
## sur quelques interprétations passées
## et sur leurs défauts.
## conditions que doit remplir
## une interprétation acceptable

## 1. LE TEXTE D'ÉPICTÈTE.

Cet argument nous est rapporté par Épictète.

« Voici, me paraît-il, les points à partir desquels on pose l'argument *Dominateur* : il y a, pour ces trois propositions, un conflit entre deux quelconques d'entre elles et la troisième : " Toute proposition vraie concernant le passé est nécessaire. L'impossible ne suit pas logiquement du possible. Est possible ce qui n'est pas actuellement vrai et ne le sera pas. " Diodore ayant aperçu ce conflit, utilisa la vraisemblance des deux premières pour prouver celle-ci : " Rien n'est possible qui ne soit vrai actuellement et ne doit pas l'être dans l'avenir ". Un autre, dans les deux propositions à conserver, gardera ces deux-ci : " Est possible ce qui n'est pas actuellement vrai et ne le sera pas ; l'impossible ne suit pas logiquement du possible " ; mais alors il n'est pas exact de dire que toute proposition vraie concernant le passé est nécessaire ; c'est là ce que paraît soutenir l'école de Cléanthe (SVF I 489), avec qui est généralement d'accord Antipater (SVF III Ant. 30). D'autres (à savoir Chrysippe, SVF II 283) admettent les deux autres propositions : " Est possible ce qui n'est pas actuellement vrai et ne le sera pas ; toute proposition vraie portant sur le passé est nécessaire " ; mais alors l'impossible suit logiquement du possible. Mais il n'y a pas moyen de conserver les trois propositions à la fois, parce qu'il y a dans tous les cas conflit entre l'une et les deux autres »[1].

---

1. Épictète, 1916, II, 19 1-5 ; Döring, 1972, p. 131 ; les parenthèses renvoient au recueil de von Arnim, 1905, traduction de Bréhier, revue par Goldschmidt *in* Bréhier, 1962, pp. 932-933. Bréhier traduit correctement : ἀκολουθεῖν par " suivre logiquement ".

A cet exposé, Épictète joint un commentaire ironique sur les vertus de l'érudition. Devant celui qui se vante d'avoir lu le traité d'Antipater sur le Dominateur, il s'exclame : " Qu'as-tu de plus, toi, pour l'avoir lu ? Quelle opinion t'es-tu faite sur la question ? Autant nous parler d'Hélène, de Priam et de cette île de Calypso qui n'a point existé et n'existera jamais " [2].

L'ironie d'Épictète porte non pas sur la doctrine ou sur les conséquences morales qu'on pourrait tirer de l'argument, mais seulement sur la vanité des arguties logiques. On ne peut donc pas spéculer sur quelque opposition de principe qu'Épictète aurait manifestée envers les conséquences supposées moralement désastreuses de l'argument.

Tel est le seul texte explicite sur le Dominateur.

On peut classer la plupart des interprétations et reconstructions qu'on a données de l'argument en trois catégories, toutes s'accordant au moins implicitement pour dénoncer ses conséquences moralement funestes et débusquer dans ses prémisses quelque ambiguïté responsable de ces conséquences. On a donc postulé, pour sauver la liberté humaine mise en cause par le Dominateur, que Diodore a commis l'une des confusions suivantes. Il a pris le mot " suivre " en deux sens différents dans les deux premières prémisses. Il a joué, dans la première prémisse, soit sur deux sens possibles selon lesquels une proposition peut concerner le passé, soit sur deux sens du mot " nécessaire ". Il a enfin joué d'une ambiguïté plus générale cachée dans l'usage de temps grammaticaux indéterminés.

## 2. L'INTERPRÉTATION DE ZELLER. CONFUSION DU LOGIQUE ET DU CHRONOLOGIQUE.

Zeller [3] a donné de cet argument l'interprétation syllogistique suivante : " Si quelque chose était possible qui n'est ni ne sera, un impossible résulterait d'un possible. Or un impossible ne peut résulter d'un possible. Donc rien n'est possible qui n'est ni ne sera ". La mineure illustre la seconde proposition de Diodore. La majeure hypothétique a pour condition la troisième proposition, et pour conséquence la négation de la seconde proposition de Diodore. Leur lien doit évidemment exprimer la première proposition de l'argument. " La majeure hypothétique avait

---

2. *Ibid.*, p. 933.
3. Zeller, 1910, p. 254.

besoin d'un fondement : elle l'a trouvé au moyen de la proposition disant que tout fait passé est nécessaire. En effet, quand de deux cas qui s'excluent l'un s'est trouvé réalisé, la possibilité de l'autre se trouve supprimée, puisque ce qui est arrivé ne peut plus être changé... Ce deuxième cas est donc maintenant impossible ; s'il avait été possible auparavant, alors un impossible aurait, selon l'opinion de Diodore, résulté d'un possible ".

Cette reconstruction suppose, dans l'argument de Diodore, une *quaternio terminorum* fondée sur l'ambiguïté des mots ἀκολουθεῖν et ἀδύνατον. Dans la majeure, en effet, le premier de ces mots a le sens temporel de " succéder ", dans la mineure, au contraire, le sens logique de " suivre logiquement ". Dans la majeure, de la réalisation d'un possible peut et doit résulter l'impossibilité *de fait* d'un autre possible, puisque l'événement réalisé exclut le contraire de ce qu'il produit. Mais la mineure signifie que rien n'est possible, de la réalisation de quoi résulterait quelque chose d'impossible *en soi*.

Selon M. P. M. Schuhl, on peut restituer à la majeure hypothétique une signification purement logique, qui validerait alors l'argument en rendant ses éléments homogènes. En effet l'impossibilité d'un événement ne fait pas que succéder à sa possibilité : il en est la conséquence stricte étant donnée la réalisation de son contraire [4]. Pour l'illustrer, avec K. von Fritz [5], par un exemple, la majeure hypothétique signifierait que " si les Carthaginois l'emportent aujourd'hui à Cannes, il s'ensuit que les Romains ne l'emportent pas aujourd'hui à Cannes, ce qui, auparavant, était apparu comme possible ". Mais, remarque von Fritz, Zeller aurait répondu que cet impossible dont parle M. Schuhl n'est pas un impossible en soi, au sens logique, mais un impossible de fait, qui n'est pas, en réalité, très éloigné de l'impossible dû à la consécution temporelle, telle que l'entend Zeller.

M. G. H. von Wright a donné une version modifiée formellement, élégante et logiquement impeccable de l'intuition contenue dans ce genre d'interprétation [6]. Supposons, dit-il, que p est possible. En conséquence de cette supposition, pour quelque moment futur, t, il est possible que p en t. Mais, en vertu de la troisième prémisse de Diodore, il est vrai que non p en t. En conséquence de sa première prémisse, pour tout moment t'

---

4. Schuhl, 1960, pp. 74-75.
5. Von Fritz, compte rendu de Schuhl, 1962, pp. 138-152.
6. Von Wright, 1979.

postérieur à t, il sera impossible que p en t'. Ainsi la supposition de la non-réalisation du possible conduit à une impossibilité, si l'on interprète la seconde prémisse diodoréenne dans le sens suivant : si la proposition p en t est prospectivement possible, cette même proposition ne peut pas devenir impossible à quelque moment postérieur du temps.

En entendant la seconde prémisse diodoréenne comme une interdiction faite à la proposition p de changer de modalité dans le temps, M. von Wright met en lumière le sens métaphysique et non pas logique que ce premier genre d'interprétation est contraint de supposer. La difficulté tient à ce que l'impossibilité rétrospective de p qui, d'après la première prémisse, suit la non-réalisation de p en t, commence à un moment t' postérieur à t, quelqu'hypothèse qu'on fasse sur la continuité du temps. L'argument dominateur ne serait incontestable que si t' coïncidait avec t et la seconde prémisse est alors supposée être destinée à assurer la validité du jugement synthétique par lequel serait de t à t' assurée la conservation de la modalité de p.

Dans tous les cas, ces interprètes rejettent la validité du Dominateur et dès lors s'opposent à tous les interprètes anciens, en accusant Diodore de confondre la nécessité de fait et la nécessité de droit. La traduction que, contre eux, on a acceptée du texte d'Épictète rend d'emblée inacceptables ces interprétations en traduisant ἀκολουθεῖν par " suivre logiquement ". On respecte ainsi la tradition des Anciens[7], sans pour autant s'interdire a priori d'examiner si les notions de possible et d'impossible ont ici une signification synonyme ou non[8].

Comme le remarque M. Boudot, « le terme rendu par " suivre [logiquement] " (ἀκολουθεῖν) est celui que les mégaro-stoïciens emploient pour désigner ce que nous appelons l'implication. Certes sa définition varie selon les auteurs, mais personne n'identifie implication et consécution temporelle[9]. Chez Diodore, < q > suit de < p > si en aucun temps on n'a à la fois < p > vrai et < q > faux. D'ailleurs, et c'est là le point le plus important, dans le système de Diodore le principe " l'impossible ne suit pas du possible " est faux si on l'interprète au sens de la

---

7. Stahl, 1962, pp. 239-243, a mis en forme ces interprétations traditionnelles. Elles conduisent à des résultats déconcertants, ruineux pour l'argument dominateur, mais aussi pour ces interprétations elles-mêmes.

8. Par exemple, Kneale, 1962, p. 121.

9. Sur ce point, Ibid., pp. 128-138, surtout p. 132.

consécution temporelle. Un énoncé du type < Il est possible que p > peut être actuellement vrai et faux dans l'avenir » [10].

### 3. Ambiguïté dans la première prémisse : nécessité et irrévocabilité. Signification de la première prémisse.

La première prémisse du Dominateur a paru ambiguë et même doublement ambiguë.

Cette première prémisse dit, littéralement, que tout ce qui est passé et vrai (πᾶν παραληλυθὸς ἀληθές) est nécessaire. Elle paraît donc susceptible de deux interprétations différentes, selon qu'elle signifie soit que tout énoncé grammaticalement au passé est nécessaire s'il est vrai, soit que tout énoncé qui porte sur un événement passé est nécessaire s'il est vrai. Comme on peut, à tout énoncé portant sur un événement futur, donner la forme grammaticale du passé, en passant, par exemple, de la forme : " il pleuvra demain " à la forme " hier, il était vrai que dans deux jours il pleuvrait ", la nécessité universelle résulterait immédiatement de la première prémisse prise au sens grammatical.

Pouvons-nous croire qu'une confusion aussi grossière aurait échappé à Aristote, à Épicure, à Chrysippe ? et qu'ils auraient préféré courir le risque de solutions logiquement onéreuses plutôt que de dénoncer ce simple sophisme ? La traduction qu'on a retenue : " concernant le passé " élimine d'emblée l'ambiguïté incriminée.

Un second type d'ambiguïté résulte de l'usage du mot " nécessaire ". Un événement passé, dira-t-on, est irrévocable. Il n'est pas nécessaire. Lorsque, lancé, le dé a marqué six, le coup ne cesse pas d'avoir été aléatoire. La proposition disant que le dé a marqué six ne saurait être nécessaire, bien qu'elle porte sur un événement irrévocable.

Une telle objection, entièrement justifiée, nous oblige à nous interroger sur le sens de la première prémisse du Dominateur et de nous demander ce que signifie la nécessité reconnue aux propositions vraies portant sur le passé.

Les logiciens modernes qui ont étudié les rapports des modalités au temps ont universellement accepté l'axiome dit de nécessité, en vertu duquel ce qui est nécessaire est *a fortiori* existant *(Ab opportere ad esse valet consequentia)* et ce qui est

---

10. Boudot, 1973, p. 445. Comme le note l'auteur, Rescher et Urquhart, 1971, p. 192, suivent Zeller en prenant " suivre " au sens de " succéder ".

existant est *a fortiori* possible *(Ab esse ad posse valet consequentia)*. Cet axiome apparaît bien fondé logiquement lorsque les modalités sont sans rapport au temps. Si, en mathématique, une conclusion est nécessaire, elle est *a fortiori* possible. En tant que tel, le sens logique des modalités exclut le temps. Naturellement, si la nécessité logique avait pour objet un énoncé temporel, elle entraînerait *ipso facto* la possibilité logique ayant pour objet le même énoncé temporel. A supposer qu'il est nécessaire que se soit produit tel événement, il est *a fortiori* possible que cet événement se soit produit. Mais lorsqu'on applique les modalités à des événements temporels, on entend généralement et à bon droit ces modalités en un sens différent, réel et non pas logique. L'irrévocabilité, qui est un genre réel de nécessité, s'applique à un événement quelconque, même contingent, une fois l'événement accompli. En conséquence on doit doter la modalité réelle elle-même d'un indice temporel distinct de l'indice temporel qui affecte l'événement auquel elle s'applique. Il est à présent irrévocable ou nécessaire au sens réel que la bataille de Salamine a eu lieu. Le possible réel qui est la contrepartie modale de ce nécessaire réel sera donc pourvu lui aussi d'un indice temporel propre. Mais il est notable que du passé conçu comme un nécessaire réel, on ne saurait tirer le possible réel correspondant, dont la réalité porte sur un événement à venir ou tout au plus présent, à l'exclusion de tout événement révolu. On verra que cette direction temporelle privilégiée du possible fait, pour Aristote, tout le contenu de la première prémisse du Dominateur.

" Mais alors, dira-t-on, vous le reconnaissez ; les mots *nécessaire* et *possible* ont, dans la première prémisse et d'ailleurs dans la troisième, un sens réel, tandis que dans la seconde, vous prêtez à ces mêmes mots un sens purement logique. Le Dominateur n'est donc qu'un sophisme. On peut retourner contre vous le reproche que vous avez formulé à l'encontre de la première interprétation. Celle-ci logeait l'ambiguïté du logique et du réel dans la seconde prémisse que vous concevez de façon purement logique, mais vous retombez sur le sens réel des modalités dans les deux autres prémisses ".

Réfutation illusoire. L'argument ne serait équivoque que si, pour démontrer l'incompatibilité logique entre deux prémisses à modalités réelles A et C, et pour la démontrer au moyen d'une relation de conséquence modale, B, prise à la logique des modalités pures, on faisait inévitablement un usage équivoque des mots, en passant du sens réel au sens logique. Mais cette subreption n'a rien d'inévitable. Il suffira, pour la prévenir, que les deux usages de la modalité présents dans l'argument demeurent toujours distincts et l'on s'assurera qu'il en va bien ainsi dans la reconstruction qu'on va proposer.

On ne pourrait donc accuser le Dominateur d'être ambigu dans la première prémisse que si, pour être démonstratif, il confondait ou bien la forme grammaticale du passé avec le passé réel ou bien la nécessité intemporelle et l'irrévocabilité. Ni l'une ni l'autre de ces confusions ne sont requises. Le défaut de l'axiome de nécessité, pour peu qu'on passe de la nécessité logique à l'irrévocabilité, doit néanmoins rendre attentif à ne pas faire dépendre la validité du raisonnement de la synonymie du mot " nécessaire " dans les trois prémisses.

4. L'INTERPRÉTATION DE PRIOR; ELLE CONTIENT DEUX PRÉMISSES SUPPLÉMENTAIRES DONT L'UNE EST EXPLICITEMENT REJETÉE PAR ARISTOTE, ELLE SUPPOSE AMBIGUË LA PREMIÈRE PRÉMISSE.

A.N. Prior a proposé une reconstitution formelle du Dominateur qui donne à *suivre* un sens purement logique, sans toutefois estimer utile de distinguer la nécessité logique et l'irrévocabilité du passé.

Prior démontre que les deux premières prémisses du Dominateur A et B, jointes à deux prémisses supplémentaires, D et E, permettent de dériver la négation de la troisième, C. Il pose, à peu près [11] :

A. S'il a été vrai que quelque chose se réalise, il n'est pas possible qu'il n'ait jamais été vrai qu'il se réalise.

---

11. Prior, 1967, pp. 32-33 [Pp: p a été le cas (il a été vrai que p) ;Fp: p sera le cas (il sera vrai que p)] :

    A.    $Pp \rightarrow \sim M \sim Pp$.
    B.    $L(p \rightarrow q) \rightarrow (\sim Mq \rightarrow \sim Mp)$,
            (contraposée de : $L(p \rightarrow q) \rightarrow (Lp \rightarrow Lq)$).
$\sim$ C.    $\sim p \cdot \sim Fp \rightarrow \sim Mp$.
    D.    $p \rightarrow \sim P \sim Fp$.
    E.    $\sim p \cdot \sim Fp \rightarrow P \sim Fp$.
Démontrons que : A.B.D.E. $\rightarrow \sim$ C
    1.    $L(p \rightarrow \sim P \sim Fp)$.
          (D et l'axiome de nécessitation permettant de préfixer à toute thèse l'opérateur de nécessité).
    2.    $\sim p \cdot \sim Fp \rightarrow P \sim Fp$      (E)
    3.    $\rightarrow \sim M \sim P \sim Fp$      (A)
    4.    $L(p \rightarrow \sim P \sim Fp) \rightarrow (\sim M \sim P \sim Fp \rightarrow \sim Mp)$.
          (B avec les substitutions p/p, $\sim P \sim Fp$/q).
    5.    $\sim M \sim P \sim Fp \rightarrow \sim Mp$    (1, 4, Mod. ponens).
    6.    $\sim p \cdot \sim Fp \rightarrow \sim Mp$    (2, 3, 5, Syll.).
        $6 \equiv \sim$ C.

B. Si la conséquence q suit nécessairement de la prémisse p, alors s'il n'est pas possible que q il n'est pas possible que p.

D. De ce qui se réalise il n'a jamais été vrai qu'ils ne se réalisera pas.

E. De ce qui ne se réalise pas et ne se réalisera jamais, il a été vrai (à quelque moment) qu'il ne se réalisera jamais.

Considérons les propositions B et D. En B prenons comme prémisse p la proposition : quelque chose se réalise, et comme conséquence q la proposition : il n'a jamais été vrai que ce quelque chose ne se réalisera pas. Nous sommes fondés à dire que si, s'il est nécessaire que de ce qui se réalise, il n'a jamais été vrai qu'il ne se réalisera pas, alors s'il n'est pas possible qu'il n'ait jamais été vrai qu'il ne se réalisera pas, il n'est pas possible qu'il se réalise. Mais, étant donné, par D, que la condition de cette proposition est tenue pour vraie, on peut détacher sa conséquence. Donc s'il n'est pas possible qu'il n'ait jamais été vrai de quelque chose qu'il ne se réalisera pas, alors il n'est pas possible qu'il se réalise.

D'autre part, étant donné (E) et si dans (A) on substitue aux mots : " quelque chose se réalise " les mots " quelque chose ne se réalisera jamais ", la règle du syllogisme permet d'écrire :

De ce qui ne se réalise pas et ne se réalisera jamais, il n'est pas possible qu'il n'ait jamais été vrai qu'il ne se réalisera jamais. Mais on a démontré (B et D) que s'il n'est pas possible qu'il n'ait jamais été vrai de quelque chose qu'il ne se réalisera jamais, il n'est pas possible qu'il se réalise. Donc ce qui ne se réalise pas et ne se réalisera jamais est impossible, proposition qui est la négation de la prémisse C du Dominateur, selon laquelle il y a un possible qui ne se réalisera jamais.

Une fois admise l'interprétation ambiguë de A, toute la question est de savoir ce qui justifie l'introduction de D et E.

On peut[12] en faveur de D invoquer le chapitre IX du *De Interpretatione*[13] ainsi que le *De Fato* cicéronien[14]. Mais dans un cas ce sont les Mégariques, dans l'autre les Stoïciens auxquels on attribue l'acceptation du principe de rétrogradation. Aristote, par implication, refuse ce principe.

Quant à elle, la prémisse (E) signifie que " — si un énoncé est faux et le restera toujours dans l'avenir, il y eut un moment du

---

12. Becker, 1961, pp. 250-253.
13. Voir plus bas, chap. VI, p. 159.
14. *Potest factum quicquam igitur esse, quod non verum fuerit futurum esse?* (Cicéron, *De Fato*, XII (27)).

passé où il était vrai que cet énoncé serait toujours faux ultérieurement "[15]. Ce qui rend plausible cette prémisse, c'est que " — si p est maintenant et sera toujours faux, alors il a déjà été vrai dans le passé, à tout le moins pour le moment *juste* passé, que p ne sera jamais vrai — il n'a pas été toujours vrai, parce qu'à tout le moins dans le moment juste passé il n'était pas vrai que p serait à nouveau vrai "[16]. Cette thèse n'est valide que si le temps est discret non dense[17], autrement dit si, comme l'affirme Diodore[18], tout instant, et en particulier l'instant présent, a un prédécesseur et un successeur immédiats. Supposons en effet que le temps soit continu, ou, ce qui suffit pour l'argument, dense. Alors, entre le moment présent, $t_0$, à partir duquel la réalisation de la chose est supposée ne pas avoir lieu, en vertu de l'antécédent, et le moment du passé $t_1$ si proche soit-il choisi pour vérifier le conséquent : " il a été vrai qu'il ne se réalisera jamais ", il existe inévitablement une infinité d'instants et donc au moins un instant $t_2$, différent de $t_1$ et de $t_0$. Or la thèse E, qui n'énonce aucune condition concernant le statut de la réalisation future de la chose en $t_2$, laisse inévitablement indéterminée la valeur de vérité de l'énoncé qui porte sur cette réalisation. On peut donc choisir cet énoncé vrai et, ainsi, infirmer E. Donc E n'est valide que si l'on exclut *a priori* qu'entre $t_1$ et $t_0$ cet énoncé, choisi comme faux en $t_1$ et confirmé comme faux en $t_0$, puisse changer de valeur de vérité. Cette exclusion n'est satisfaite que s'il n'existe aucun instant intermédiaire entre $t_1$ et $t_0$, ce qui implique que $t_1$ est le prédécesseur immédiat de $t_0$ et donc que le temps est discret.

On peut alors prouver que, la conclusion établie, les propositions A et B de Diodore sont à leur tour démontrables. " Si,

---

15. Boudot, 1973, p. 447.
16. Prior, 1967, p. 49 ; voir cependant, p. 8.
17. Boudot, 1973, pp. 447-448 (résumé intuitif) ; Prior, 1967, pp. 49-50.
18. Döring, 1972, fr. 116-120, p. 129 *sq.* Selon Fraenkel (1960, pp. 204-211) les arguments de Zénon traitent de l'espace représenté aussi bien comme discontinu que comme continu, tandis que Diodore n'envisage que le cas de sa discontinuité. Dans la troisième preuve de Festus, les ἀμερῆ comme conceptions logiques ne sont introduits que pour rendre impossible le mouvement. Selon Sedley, 1977, se fondant sur Chalcidius (pp. 88-89), l'influence de Diodore sur certains Stoïciens aurait été si forte que ceux-ci auraient incorporé dans leur doctrine les unités indivisibles de matière. Il y a, chez Diodore, un lien entre ces unités et la définition du possible ; puisqu'aucun corps ne sera divisé en un nombre infini de parties, pourquoi appeler possible cette division ? Chrysippe relève que la division est indéfinie et n'atteint pas l'infini. C'est à lui que nos sources explicites font remonter l'affirmation de la divisibilité à l'infini (note 80, pp. 111-112).

conclut M. Boudot, l'on admet quatre principes, dont trois sont d'usage commun dans l'Antiquité — c'est-à-dire A, B et D — le quatrième — c'est-à-dire E — exprimant la discrétion du temps, on conclut la définition diodoréenne du possible[19]. En revanche, si on part de cette définition, les prémisses utilisées qui lient modalités et déterminations temporelles sont démontrables. Ainsi conçu, le Dominateur révèle une telle perfection qui tient à l'alliance de la cohérence et de la simplicité qu'on comprend aisément la réputation qu'il valut à son auteur et le respect qu'il inspirait aux Anciens "[20]. De plus, ainsi conçu, le Dominateur ne conduit pas, du moins directement, au nécessitarisme : un énoncé, vrai quelquefois sans l'être toujours, est vrai sans être nécessaire.

Deux défauts toutefois empêchent de retenir la reconstruction de Prior. Le premier tient à l'introduction des prémisses D et E, le second à l'hypothèse d'une ambiguïté que, dans l'interprétation de A, on prête aussi bien à Diodore qu'à ses adversaires.

En premier lieu, la prémisse E, dont l'équivalent devait se trouver chez Diodore, est, comme la prémisse D, en opposition directe avec la théorie aristotélicienne de la continuité du temps du livre V de la *Physique*. Aristote distingue suivant le degré croissant de " voisinage " les trois notions de consécution, de contiguïté et de continuité. " Le continu aristotélicien est défini comme une collection en un certain sens bien enchaînée (EPHEXES et ECHOMENON) de parties que séparent virtuellement des points limites "[21]. La divisibilité à l'infini du continu enveloppe donc la densité. Ainsi, l'argument de Diodore dans la reconstruction de Prior ne toucherait pas Aristote. Non seulement il ne le toucherait pas en fait. Mais l'introduction de la clause E de discontinuité du temps exprimerait un aveu conscient d'impuissance. Si l'on conçoit que Diodore s'est séparé des " anciens " Mégariques en sauvant la distinction des modalités, il faudrait ajouter que, dès qu'on lui oppose un temps dense — et on peut présumer que sur ce point la représentation aristotélicienne avait dû entraîner l'assentiment des savants — cette distinction s'effondre. Le Dominateur se trouve ainsi réduit au rang d'un argument d'école.

19. C'est-à-dire qu'est possible ce qui est ou qui sera et seulement cela.
20. Boudot, 1973, p. 448 et p. 449.
21. Granger, 1976, p. 306 ; sur l'analyse philosophique de ce continu aristotélicien, Vuillemin, 1962, pp. 185-198.

En second lieu, si l'on accepte la reconstruction de Prior, on est en droit d'accuser Diodore d'avoir confondu " un énoncé passé par la forme " avec " un énoncé portant sur le passé "[22] et d'avoir ainsi tiré profit de l'ambiguïté du langage, et ceci malgré la tradition selon laquelle, contredit sur ce point par Chrysippe, il concevait le langage comme dépourvu de toute équivoque[23]. Certes, cette prémisse à elle seule ne produit pas, dira-t-on, la nécessité, puisque Diodore distingue nécessaire et possible. Elle la produit toutefois si de la logique des temps on passe à une logique des événements " pseudo-datés " ou datés[24]. Prior et M. Boudot[25] ont montré qu'en construisant un modèle ockhamiste où l'on évite cette confusion, on peut éviter le nécessitarisme même en logique des événements datés.

Mais s'il s'avérait, comme on pense le démontrer, que l'argument de Diodore ne comporte pas d'ambiguïté dans la prémisse A, on ne pourrait plus alors éviter le nécessitarisme en logique des dates par le rejet de l'ambiguïté de cette prémisse[26]. Dans ce cas, en effet, il suffirait de se borner aux événements authentiquement passés où les confusions de forme n'ont pas de portée, pour dériver la nécessité. Et si l'on voulait alors dériver le nécessitarisme, la distinction d'Ockham ne suffirait plus, parce que ce ne serait plus une simple erreur de grammaire qui suggérait le nécessitarisme.

Suivons, au contraire, la vraisemblance historique. Considérons la faveur universelle que le Dominateur a rencontrée dans l'Antiquité, comme une présomption en faveur de sa solidité.

---

22. Boudot, 1973, p. 470 ; la confusion est dénoncée par M. Kneale, 1962, p. 121.

23. Aulu-Gelle, *Nuits Attiques,* L. XII, c. 1-3 *in* Döring, 1977, 111, p. 31 et p. 128.

24. Boudot, 1973, p. 451 : " En logique des temps, on ne peut conclure de la vérité à la nécessité de " Socrate sera assis ". Mais en logique métrique, on conclut de la vérité à la nécessité de " Socrate sera assis demain ", parce que cet énoncé est équivalent à " Il était vrai hier que Socrate sera assis le surlendemain ", qui est lui-même nécessaire parce que passé ". Cette variation du statut modal avec l'expression formelle du temps des énoncés assure l'originalité de Diodore par rapport aux " anciens " Mégariques (Blanché, 1965, pp. 133-149). Elle en limite aussi la portée. Sedley (1977, pp. 74-120) a contesté l'appartenance de Diodore à l' " école " mégarique (pp. 74-78) ; il fait de lui un représentant de l' " école " des dialecticiens, qui vécut séparément de la précédente. Même si l'on acceptait cette théorie, il reste que, tant au point de vue de la théorie du mouvement que de celle des modalités, il y a entre Mégariques et Dialecticiens une affinité suffisante pour que l'on puisse encore regarder Diodore comme un philosophe " mégarique ".

25. Prior, 1967, pp. 121 *sq.*

26. C'est là l'essentiel de l'élégante solution de Boudot (1973).

Écartons donc la supposition que des ambiguïtés grossières se seraient glissées dans les prémisses. Donnons, avec Prior, un sens purement logique au mot " suivre ". Posons que le passé dont il est question dans la première prémisse est celui des événements, non des temps grammaticaux. Il reste à montrer l'incompatibilité des trois prémisses sans avoir ni à postuler la discrétion du temps, ni à confondre l'irrévocabilité du passé avec la nécessité logique, ni même à invoquer une rétrogradation du vrai dont Épictète ne fait pas mention et que le Stagirite a expressément mis en question. Surtout, pour éviter d'introduire des principes intempestifs pour l'interprétation, il importe de trouver un texte contemporain du Dominateur, tel qu'il fut formulé par Diodore, et propre à nous éclairer, par comparaison, sur son sens objectif.

Ce texte existe. C'est un raisonnement d'Aristote concernant les démonstrations par l'absurde en logique modale pour des propositions regardant le temps et qui n'a pas retenu autant qu'il le mérite l'attention des commentateurs modernes [27].

---

27. A l'exception de Cherniss (1962) et de Hintikka (1973), mais aucun des renvois faits à ce texte, p. 94, p. 152, p. 164, p. 183, par Hintikka n'analyse la manière de raisonner d'Aristote.

# chapitre 2

# reconstruction du dominateur

## 5. Un paradigme aristotélicien : " de caelo ", I, 283$^b$6-17 ; son contexte.

/6/ " Il n'est vrai de dire ni maintenant /7/ qu'une chose existe l'année dernière, ni l'année dernière qu'elle existe maintenant. Il est donc impossible /8/ que ce qui n'est pas à quelque moment soit plus tard sempiternel. Car il aura plus tard également /9/ la puissance de ne pas être, non toutefois celle de ne pas être alors qu'il est (ce qui est, /10/ en effet, existe en acte), mais de ne pas être l'année dernière /11/ et dans le temps passé. Que ce dont il a la puissance soit donc existant en acte. /12/ Il sera alors vrai de dire maintenant qu'il n'est pas l'année dernière. Mais /13/c'est impossible. Car il n'y a aucune puissance du passé, mais /14/seulement du présent et de l'avenir. De même aussi si ce qui auparavant est sempiternel /15/ passe plus tard au non-être ; car il aura la puissance dont l'acte n'est pas. /16/ Posons alors le possible : il sera vrai de dire maintenant que ceci est l'année dernière /17/ et en général dans le temps passé. "

Aristote se propose ici de réfuter la thèse que Platon expose dans le *Timée,* en vertu de laquelle le Démiurge a créé le monde en imitant les Idées éternelles et en informant d'après elles le réceptacle. Cette création faite, le monde est alors supposé exister sempiternellement [1].

Le texte comprend deux parties. Aristote montre dans la première que rien de ce qui a été engendré ne peut durer sempiternellement, dans la seconde que rien d'inengendré ne peut se corrompre. En conséquence, il concluera à l'équivalence des termes : " engendré " et " corruptible ".

Ce texte difficile utilise cinq principes, dont quatre seront légués au Dominateur. On les analysera d'abord. Ce sont le

---

1. C'est du moins là l'interprétation " littérale " de Platon que donne Aristote (Cherniss, 1962, pp. 414-417). Ce texte est fondamental pour assurer la séparation des substances éternelles bien que sensibles, qui échappent et à la génération et à la corruption, et des substances proprement matérielles, soumises à la génération et à la corruption. La séparation du Ciel et de la Terre et la théorie astronomique trouvent donc ici leur raison d'être.

principe de conservation du statut modal, le principe de la réalisation possible du possible, le principe de la nécessité conditionnelle, le principe de l'impossibilité de réaliser le possible dans le passé et le principe de l'expansion diachronique de la nécessité. Tous ces principes, sauf le dernier, nécessaire pour la validité du raisonnement, sont explicitement utilisés dans le texte du *De Caelo*.

## 6. LE PRINCIPE DE CONSERVATION DU STATUT MODAL.

C'est le principe propre au *De Caelo* et dont le Dominateur n'aura pas à se servir. Les modalités, selon le Stagirite, ne sont pas de simples opérateurs gouvernant des énoncés ou des propositions. Ce sont des propriétés caractéristiques des substances. Ainsi, il y a deux sortes de substances : les substances nécessaires soit éternelles, c'est-à-dire sans rapport au temps, à la matérialité et au mouvement, soit sempiternelles, c'est-à-dire permanentes dans le temps, participant de la seule matière topique et animées d'un mouvement perpétuel, les substances contingentes, tantôt existantes, tantôt non existantes, soumises à la pleine matérialité, à la génération et à la corruption. C'est un axiome de la philosophie d'Aristote qu'une substance ne peut changer de statut modal. Si elle est nécessaire ou contingente, c'est par nature qu'elle l'est. Elle conservera donc son statut modal : on ne la verra pas en changer.

La conséquence de ce principe est utilisée aux lignes 7-9 du texte. Supposons que quelque chose qui, dans le passé n'existait pas, passe ou ait passé à l'existence. Il appartient donc à la catégorie des choses contingentes. En vertu du principe de la conservation du statut modal, il conservera donc plus tard la puissance de ne pas être.

Ce principe et cette conséquence mériteraient une analyse propre. Mais comme ils ne jouent aucun rôle dans le Dominateur, et que la validité de cet argument n'en dépend pas, on se bornera ici à les accepter comme des données[2].

---

2. Themistius, dans un texte subtil de son *Commentaire*, explicite ce principe et montre les absurdités que sa négation entraînerait. On détruirait les bornes mêmes qui définissent la nature des choses et l'on ferait perdurer indéfiniment des puissances contraires si l'on permettait aux substances corruptibles de transgresser leur essence et de se hausser à l'immortalité et à l'incorruptibilité. " Comme le générable et le corruptible ne sont pas tels du fait du hasard et de la fortune, on voit qu'ils sont tels par nature. En effet tout ce qui est est ou par nature ou du fait du hasard — car on laisse de côté ici ce que

Les quatre principes suivants, en revanche, commanderont le Dominateur.

## 7. LE PRINCIPE DE LA RÉALISATION POSSIBLE DU POSSIBLE[3].

On peut ranger le raisonnement ou plutôt les deux raisonnements parallèles qui composent notre texte parmi les réductions à l'absurde obtenues en montrant qu'on ne peut pas réaliser un prétendu possible, ces réductions étant appliquées à des propositions singulières[4].

Dans le texte du *De Caelo,* Aristote applique en effet cette façon de raisonner à des propositions singulières d'existence. Il s'agit en fait d'un individu déterminé, le Ciel, mais on raisonne purement sur un individu en général, à qui il arrive une fois de ne pas être (l. 7-8). On remarquera le caractère transcendantal et universel de ce raisonnement, puisque le seul " prédicat " sous lequel de tels individus indéterminés sont subsumés est celui d'être et de non-être, qui n'est pas un genre. Mais cette univer-

---

l'art produit —, mais toutes les choses naturelles gardent (*custodiunt*) les puissances qui leur sont propres. Si elles ne les gardent pas et qu'elles changent en d'autres dispositions, leur modification ou bien sera le fait du hasard — et alors tant pour les choses naturelles que pour celles qui sont du fait du hasard et de la fortune, il n'y aurait qu'une seule et même disposition — ou bien la modification aura lieu, pour ces dernières elles aussi, selon la nature. C'est pourquoi, puisqu'il y a conservation de la modification même si les choses mêmes devaient changer, la modification à son tour aura lieu ou par nature ou du fait du hasard. C'est pourquoi il faut que les puissances naturelles aient des bornes. Mais si ces puissances ont des bornes, cela aussi, qui a une naissance et est soumis à une mort, sera tel par nature avant cette mort. On voit donc que ce qui échoit maintenant à la nature et à la matière alors sujette à ces deux dispositions, à savoir d'une part la génération des choses et leur existence, de l'autre leur privation et leur inexistence, a une borne au-delà de laquelle il ne change plus. C'est pourquoi il faut que ce qui est engendré ne soit pas privé de pouvoir être changé ; c'est pourquoi la mort aussi lui échoiera, en son temps. De même, nous ne surprenons pas ce qui est toujours soumis à la mort à transgresser sa propre nature. Sinon puisqu'il aura persisté quelque temps en vertu de sa nature, il persistera également dans la disposition qui le rend immortel et, gardant sa nature, il conservera aussi la puissance à cause de laquelle il est changé. C'est pourquoi il faut alors qu'il ait plusieurs puissances en même temps pendant un temps infini et puisque nous avons établi que l'action de cette puissance persiste, ce que nous avons établi sera faux, ce qui ne peut pas être non plus que le reste dont nous avons parlé si souvent. " (Themistius, *De Caelo A 12* [Arist. p. 283$^b$2-12] 1902, 86, 4-29).

3. Attesté, par exemple, dans le *De Caelo* (281$^a$15) :
Συμβαίνει δ' ἀδύνατον ἐξ ἀδυνάτου
(" L'impossible vient de l'impossible ").

4. Granger (1976, p. 193, p. 214) appelle " ecthèse par démodalisation " le principe, appliqué aux énoncés généraux et suivant lequel on doit pouvoir réaliser un possible.

salité, transcendante aux catégories, est caractéristique de la forme syllogistique de la science et particulièrement de la syllogistique modale.

En quoi consiste ce mode de raisonnement?

Le possible étant la modalité la plus faible, on n'en peut rien conclure, une conclusion modale n'étant légitime que si elle procède *a fortiori,* c'est-à-dire du nécessaire à l'actuel ou de l'actuel au possible.

Supposons donc que nous ayons à examiner un possible. Tout ce que nous pouvons faire, c'est analyser les conséquences qui résulteraient de sa réalisation. Si ces conséquences en résultent nécessairement, elles auraient elles-mêmes un caractère nécessaire si la réalisation était nécessaire. Par contraposition, si ces conséquences, qui résultent nécessairement de la réalisation, s'avèrent être impossibles, leur condition, c'est-à-dire cette réalisation, est impossible à son tour. Par une nouvelle contraposition, on montre encore que, les conséquences étant supposées résulter. nécessairement de la réalisation du possible, si cette réalisation est possible, les conséquences le sont aussi.

Soit donc à examiner la possibilité d'une condition p. Posons p comme existant et examinons les conséquences q qui découlent nécessairement de p. Si q est contradictoire, c'est-à-dire n'est réalisable dans aucun monde possible, nous sommes en droit de conclure que p est, lui aussi, impossible. Tel est le sens de la seconde prémisse du Dominateur, selon laquelle du possible ne suit pas logiquement l'impossible[5].

C'est le raisonnement que Leibniz prête à Antoine dans le dialogue avec Laurent Valla : " La règle des philosophes, dit-il, veut que tout ce qui est possible puisse être considéré comme existant "[6].

Aristote donne, comme exemple typique d'application du principe, celui de l'incommensurabilité de la diagonale du carré à son côté : " Tous ceux qui établissent un argument *per impossibile* infèrent syllogistiquement ce qui est faux et prouvent la conclusion hypothétiquement lorsque quelque chose d'impossible résulte de la supposition de son contradictoire ; par exemple que la diagonale du carré n'a pas de commune mesure avec le côté, parce que si l'on suppose qu'elle a une commune mesure

---

5. Appendice p. 50.
6. Leibniz, Gerhardt, 1978, p. 359 ; Jalabert, 1962, p. 371. Il faut insister sur le mot : *puisse,* ce qui a pour conséquence l'impossibilité d'appliquer la règle dans le cas où serait déjà posée *l'impossibilité* de la chose.

les nombres impairs sont égaux aux nombres pairs. On infère syllogistiquement que des nombres impairs égalent des nombres pairs et on prouve hypothétiquement l'incommensurabilité de la diagonale, puisqu'une fausseté résulte de sa négation "[7]. Ainsi, si p signifie qu'il existe une commune mesure entre côté et diagonale du carré, q signifiant qu'un même nombre est à la fois pair et impair, étant donné que si p est vrai il est nécessaire que q le soit aussi, de l'impossibilité de q on peut conclure à celle de p, c'est-à-dire à l'incommensurabilité du côté et de la diagonale du carré.

On peut, de ce principe de la réalisation possible du possible, en tirer un autre, dont la signification intuitive est peut-être plus claire, à savoir qu'il est équivalent de dire qu'une chose est possible et que la conjonction de la possibilité de cette chose avec sa réalisation est possible[8].

C'est ici le lieu d'une remarque importante. Il arrive, et c'est le cas tant pour le raisonnement d'Aristote que pour le Dominateur, que le possible considéré ne produit par sa réalisation une conséquence contradictoire qu'en vertu d'une hypothèse non encore explicitée par les prémisses. C'est donc la conjonction de la réalisation du possible avec cette hypothèse qui produit la contradiction. De cette contradiction, on est en droit de conclure qu'il y a incompatibilité entre la réalisation du possible et l'hypothèse. En revanche, on n'a pas le droit de conclure qu'il y a incompatibilité entre ce possible lui-même (c'est-à-dire éventuellement non réalisé) et l'hypothèse[9].

Cette dernière conclusion, illégitime, serait plus forte que la prémisse. Elle résulterait d'un sophisme dans la distribution des modalités. En conséquence, chaque fois que le raisonnement par la réalisation est employé pour démontrer non pas l'impossibilité

---

7. Aristote, *An. Pr.*, I, 23, 41ᵃ23-30.
8. Appendice, p. 50. Il s'agit du principe R : Mp ≡ M (p·Mp).
9. Appendice, p. 51 et 53. Utilisons, en effet, la thèse R pour poser p comme existant. Cette position a pour condition de validité que p est compatible avec Mp. Supposons alors que l'hypothèse de l'argument impose ∼ p. Certes ∼ p exclut p, mais non Mp. En d'autres termes :

∼ p·M(p·Mp)

est compatible, puisque cette conjonction équivaut à :

∼ p·Mp·MMp.

Pour que la position de p comme existant entre en contradiction avec l'hypothèse de l'argument, il faudrait que celle-ci imposât ∼ Mp. Alors :

∼ Mp·M(p·Mp)

est en effet incompatible, puisque cette conjonction équivaut à :

∼ Mp·Mp·MMp.

intrinsèque d'une chose, mais l'incompatibilité logique entre la possibilité d'une chose et la réalité d'une autre chose, la simple utilisation du principe en vertu duquel l'impossible ne suit pas logiquement du possible ne suffit pas. Il faut, en effet, démontrer, non que la conjonction de la réalisation du possible et de l'hypothèse, mais que la seule conjonction du possible et de l'hypothèse produit nécessairement une conséquence contradictoire. A cet effet un principe particulier est requis.

Aussi bien, le Laurent de Leibniz répond à son Antoine : " Les règles des philosophes ne sont point des oracles pour moi. Celle-ci particulièrement n'est point exacte. Les deux contradictoires sont souvent possibles toutes deux ; est-ce qu'elles peuvent aussi exister toutes deux ? ". Il dénonce ainsi le sophisme de la distribution, dont la conséquence serait que le monde réel, du fait qu'il exclut les mondes possibles, les rendrait du même coup impossibles [10].

C'est probablement parce qu'il a senti la difficulté qu'Aristote a, dans le texte du *De Caelo,* implicitement posé cet autre principe, qui n'est autre que le principe de la nécessité conditionnelle.

### 8. LE PRINCIPE DE NÉCESSITÉ CONDITIONNELLE.

Aristote utilise, sans le formuler, le principe de nécessité conditionnelle dans la ligne 9 et la parenthèse de la ligne 10 du texte. Quels sont, se demande-t-il, les cas dans lesquels la conséquence tirée du principe de la conservation du statut modal, ici appliquée au possible négatif, est invalide ? Il répond qu'une chose qui n'a pas été, puis qui passe à l'existence, aura plus tard également la puissance de ne pas être, non toutefois celle de ne pas être alors qu'elle est (ce qui est, en effet, existe en acte). Ce qu'exclut donc l'existence actuelle d'une chose contingente, c'est non pas seulement son inexistence, c'est sa puissance même de ne pas exister pendant qu'elle existe. La première exclusion est garantie par le principe de non-contradic-

---

10. Laurent prévient Antoine que la règle des philosophes est fausse si on lui fait dire que :

    (1)    $(Mp \cdot M \sim p) \rightarrow M(p \cdot \sim p)$.

De (1) vient, par contraposition :

    (2)    $\sim M(p \cdot \sim p) \rightarrow \sim (Mp \cdot M \sim p)$

et en vertu du principe de non-contradiction et du *modus ponens* :

    (3)    $\sim (Mp \cdot M \sim p)$

ce qui aurait pour conséquence le déterminisme *logique* le plus rigoureux.

tion appliqué aux choses temporelles, puisqu'il est impossible qu'une même chose soit et ne soit pas au même moment. La seconde exclusion est plus forte. Elle empêche une puissance négative de coexister en ce qui concerne le temps de l'événement sur lequel porte cette puissance avec une actualité affirmative — comme elle empêcherait, par symétrie, une puissance affirmative de coexister avec une actualité négative. Ainsi l'acte de p exclut la puissance de non-p pendant que p et l'acte de non-p exclut la puissance de p pendant que non-p.

C'est en vain qu'on tenterait de déduire un tel principe des principes des logiques modales aujourd'hui reçues. Bornons-nous à le montrer, lorsqu'on se sert du raisonnement par la réalisation possible[11]. Soit la possibilité négative d'un événement et l'hypothèse de son existence. Réalisons le possible. De cette réalisation négative jointe à l'actualité supposée de la réalisation positive résulte nécessairement une conséquence impossible, en vertu du principe de non-contradiction. Mais on céderait au sophisme de la distribution des modalités si l'on concluait que la possibilité de la non-réalisation de l'événement est incompatible avec sa réalisation. En effet il y a incompatibilité logique seulement entre la non-réalisation et la réalisation.

Toutefois comme les textes autorisent indubitablement cette conséquence, de deux choses l'une. Ou bien Aristote s'est laissé prendre à l'illusion qu'on a dénoncée ou bien il a considéré cette incompatibilité de l'acte et de la puissance contraire comme un principe propre. Pour décider cette question, examinons les conséquences de l'incompatibilité posée.

Par la définition croisée des modalités, si p est nécessaire, alors il n'est pas possible que non-p. Donc la nécessité d'une chose exclut la puissance contraire de cette chose. Poser que l'acte d'une chose exclut la puissance contraire de cette chose, c'est donc, à cet égard, assimiler l'acte et la nécessité. Or on verra qu'Aristote, au chapitre IX du *De Interpretatione,* assimile explicitement acte et nécessité quand il définit la nécessité conditionnelle. La nécessité simple est l'apanage soit des êtres insensibles, soit des substances sempiternelles, qui sont toujours en acte. Les substances contingentes sont tantôt en acte et tantôt non. En tant que et pendant qu'elles sont en acte, elles se comportent comme des substances nécessaires. Seulement cette nécessité est temporellement conditionnée par l'acte et cesse

---

11. Appendice pp. 50, 52, 53.

avec lui. Bref, s'il y a des différences entre l'acte éternel de Dieu, l'acte sempiternel des choses célestes et l'acte temporel des choses sublunaires, ces différences ne sont pas des différences de degré, et l'acte d'une chose contingente a, pour un temps fini, la même nécessité que possède l'acte d'une chose éternelle ou sempiternelle.

Le principe de nécessité conditionnelle produit-il un effondrement des modalités ? Oui, en ce que, *durant que p,* on peut conclure de p à la nécessité de p. Mais cette conclusion ne saurait être détachée de sa condition[12], ce qui limite la portée de l'effondrement.

Le principe de nécessité conditionnelle paraît contredire de nombreux textes dans lesquels Aristote parle de la possibilité pour une chose d'être dans deux états opposés tandis qu'elle est actuellement dans l'un des deux[13]. Par exemple, Socrate, qui est assis, peut être debout. La contradiction disparaîtrait si, comme on l'a proposé[14], on distinguait modalités logiques et modalités réelles ou temporelles, et si l'on bornait la validité du principe de nécessité conditionnelle à ces dernières, une modalité temporelle étant affectée d'un double indice temporel, l'un qui situe dans le temps la modalité elle-même, l'autre qui situe l'événement sur lequel elle porte. Supposons, en effet, qu'il se puisse à l'instant $t_1$ (au sens d'une possibilité " réelle ") que tel événement ait lieu à l'instant $t_2$. Supposons, de surcroît, qu'à l'instant $t_1$ l'événement en question n'a pas lieu. Dans ces conditions, le principe de la nécessité conditionnelle interdit que l'instant $t_1$ puisse être identique à l'instant $t_2$. En revanche, on peut, sans aucune contradiction, maintenir qu'il est possible en $t_1$ que l'événement qui n'est pas réalisé en $t_1$ soit réalisé en tout moment $t_2$ différent de $t_1$[15].

## 9. L'IRRÉVOCABILITÉ DU PASSÉ OU LE PRINCIPE DE L'IMPOSSIBILITÉ DE RÉALISER LE POSSIBLE DANS LE PASSÉ.

L'analyse de ce principe, en sa spécificité, doit nous permettre de lever l'objection faite à propos de l'ambiguïté entre irrévocabilité et nécessité.

12. 19ᵃ22-23.
13. Surtout *Métaphysique* H, 3 (par exemple 1047ᵃ20-29).
14. P. 20.
15. Comparer avec l'appendice p. 52, note 2.

A la fin du deuxième chapitre du sixième livre de *l'Ethique à Nicomaque,* Aristote développe l'affirmation suivante (1139ᵃ 13-14) : " Personne ne délibère au sujet des choses qui ne sont pas susceptibles d'être autrement qu'elles ne sont ". Il en vient à dire que, « concernant le passé, il n'y a plus aucun choix. C'est ainsi que personne ne choisit qu'Illion ait été ravagée ; car personne ne délibère au sujet de ce qui a été, mais seulement de ce qui sera et de ce qui est possible (ἐνδεχομένου) ; en effet ce qui a été ne peut pas ne pas avoir été. C'est pourquoi Agathon a raison de dire : " Dieu lui-même est empêché de cette seule chose : faire que n'aient pas été les choses faites " » (1139ᵇ5-13). Bref, il y a des délibérations. Une délibération ne porte que sur ce qui peut être de façon contingente. Rien de ce qui est passé ne peut être de façon contingente. Le passé ne tombe pas parmi les objets d'une délibération possible.

La phrase des lignes 13 et 14 du texte du *De Caelo* " il n'y a, en effet, aucune puissance du passé, mais seulement du présent et de l'avenir " tire la conséquence logique du texte de *l'Ethique.* Car si le passé est irrévocable, il n'est pas objet de délibération. N'étant pas objet de délibération, il n'y a de lui aucune puissance ( contingente), toute puissance regardant le présent ou le futur. De ce que la puissance contingente aux opposés regarde le présent ou le futur, on tire, par contraposition, l'irrévocabilité du passé, qui tient dans la disjonction de la " nécessité " du parti affirmatif ou de la " nécessité " du parti négatif.

On ne saurait légitimer cette disjonction de modalités rétrogrades en affirmant que, si quelque chose a eu lieu, il n'est pas possible logiquement qu'il n'ait pas eu lieu. Cette impossibilité logique serait intemporelle, tout en portant sur un événement daté du passé. Mais une fois la nécessité pourvue de ses deux indices temporels, on la verra, à la différence de la possibilité réelle, se dédoubler. Son mouvement naturel prendra la même direction que le mouvement naturel de cette possibilité, c'est-à-dire la direction qui va du passé vers l'avenir. Mais à ce mouvement s'en ajoutera un autre, rétrograde et spécifique, et s'appliquant non plus aux choses, mais à notre rapport aux choses. C'est en vertu de ce rapport qu'on parlera de la nécessité du passé. Dotons donc la modalité d'un double indice temporel. Disons qu'il est possible au sens d'un possible " réel " à l'instant $t_1$ que tel événement ait lieu à l'instant $t_2$. Ce qu'Aristote affirme, c'est que $t_2$ ne peut être antérieur à $t_1$. Ce qu'il y a de spécifique dans l'irrévocabilité sera suffisamment marqué eu égard à la nécessité logique par l'affectation d'un indice temporel propre à la modalité, eu égard à la nécessité réelle par l'ordre exceptionnel des indices relatifs à la modalité et à l'événement.

Le texte du *De Caelo,* aux lignes 6-7, 12 et 16 ajoute une détermination au principe de l'irrévocabilité du passé. Si, dit-il, on admettait qu'il existe une puissance (contingente) du passé, on serait conduit à dire de maintenant que c'est l'année dernière et de l'année dernière que c'est maintenant. Supposons, en effet, que nous délibérions sur la prise de Troie. Il en résulterait la possibilité et que Troie ait été prise et que Troie n'ait pas été prise, et, puisqu'une telle possibilité n'est ouverte qu'à l'action présente, le temps passé de l'événement devrait venir s'identifier avec le présent et le présent avec ce temps passé. On nierait de la sorte que le passé occupe un moment du temps différent du présent.

Ce texte confirme l'existence d'un double indice temporel des modalités, dès que celles-ci sont utilisées pour caractériser des substances. Le principe de l'impossibilité de réaliser un possible dans le passé illustre, comme le principe de la nécessité conditionnelle, les contraintes qui pèsent sur ce double indice. Dire qu'un possible, qui regarde l'avenir, porte sur le passé, c'est bouleverser l'ordre du temps. C'est postuler que l'indice du possible en $t_1$, qui, par définition, doit être égal ou antérieur à l'indice $t_2$ de l'événement sur lequel il porte, peut, simultanément lui être postérieur[16].

---

16. C'est ce qu'atteste le Commentaire suivant de Simplicius In L. *De Caelo* I 12, Ad 283$^b$6, 1894, pp. 355-356 : « Ayant montré que la proposition disant qu'une chose engendrée est incorruptible implique que cette chose a la puissance que les contraires lui conviennent en même temps, il lève aussitôt l'objection qu'on peut porter contre ce raisonnement. Ce qui est à la fois engendré et incorruptible a la puissance de ne pas être dans la direction du passé, puisqu'il a été non existant avant d'être, et d'être dans la direction de l'avenir, puisqu'il est supposé incorruptible. Cependant ce n'est pas en même temps qu'il aura la puissance d'être et de n'être pas, en sorte qu'il n'aura pas non plus en acte les contraires. Mais levant cette objection, il dit que toute puissance est dans la direction du temps présent ou futur. Car nous appelons principalement possibles les choses qui ne sont pas encore mais sont capables d'advenir, différant des choses existantes en ce qu'elles vont être et ne sont pas encore. Si donc il n'est vrai à propos de rien *de dire maintenant qu'il est l'année dernière ou qu'il n'est pas l'année dernière* (les deux leçons existent = ἀμφοτέρως γὰρ γράφεται) ; car il n'est pas vrai de dire maintenant, qu'est le temps de l'année dernière, ni d'aucun des événements survenus l'an dernier qu'ils sont maintenant, mais il n'était pas vrai non plus de dire l'an dernier que maintenant est une partie du temps qui a eu lieu à la fin de l'année écoulée. En effet il n'est pas possible d'intervertir les temps. Si donc ceci est vrai, il est impossible que ce qui n'est pas à quelque moment

Un tel renversement du temps conduit à une impossibilité logique, et il revient au même, logiquement de dire ou bien que vrai, le passé est nécessaire — comme le fait la première

---

soit plus tard sempiternel, c'est-à-dire que ce qui a été engendré continue pour le reste du temps à être incorruptible. En effet puisque ce qui est ensuite a d'abord été inexistant, il aura aussi, une fois parvenu à l'être, la possibilité de ne pas être, non toutefois celle de ne pas être alors qu'il est déjà parvenu à l'être ; en effet, à ce moment-là, il est supposé être en acte. Il est donc nécessaire qu'une telle entité ait la puissance de l'année dernière et dans le temps passé. Ceci est absurde, puisqu'il n'y a aucune puissance de ce qui a eu lieu, mais seulement de ce qui est et de ce qui sera. D'autre part, Aristote dit plus clairement encore : « que ce dont il a la puissance soit existant en acte : il sera vrai alors de dire maintenant à propos de ce qui a la puissance maintenant de ne pas être, non seulement qu'il a l'année dernière la puissance de ne pas être, mais encore qu'il *n'est pas l'année dernière*. Ce qui est encore plus absurde, le maintenant lui-même est dans le fait de ne pas être l'année dernière. Car l'année dernière sera maintenant. En effet, maintenant est supposé avoir la puissance de n'être pas l'année dernière. Il est donc visible que la lecture suivante sera plus conséquente à savoir " qu'il n'est pas l'année dernière ". Et en effet c'est par ces mots, qu'il a conclu : " il sera donc vrai de dire maintenant qu'il n'est pas l'année dernière ". Et cependant il applique immédiatement le fait d'être l'année dernière à ce qui est inengendré quoique corruptible. Mais il est juste de dire qu'il n'y a aucune puissance de ce qui est arrivé ; car le passé est tout entier nécessaire (τὸ γάρ παρεληλυϑὸς πᾶν ἀναγκαῖον) et n'est dit ni possible ni contingent (καὶ οὔτε δυνατὸν οὔτε ἐνδεχόμενον λέγεται) ».

L'interprétation de la prémisse A en logique des modalités réelles doit remplir les trois conditions suivantes :

a) elle doit rendre compte du texte d'Epictète disant que tout passé vrai est nécessaire,

b) elle doit exprimer le lien entre délibération et donc possibles *ad opposita* d'une part, l'orientation du possible vers l'avenir d'autre part,

c) elle doit rendre compte du texte d'Aristote disant qu'un possible qui serait orienté vers le passé retournerait le temps.

Définissons ce qui est maintenant contingent comme ce qui est tel qu'il est possible maintenant que p ait lieu en t et que p n'ait pas lieu en t. La première condition de b) sera remplie si l'on pose :

$$C_N p_t =_{\text{Déf}} M_N p_t \cdot M_N \sim p_t$$

(Définition du contingent objet de délibération).

a) La condition a) s'écrit — en négligeant la mention de vérité —, implicite dans les écritures :

$$(1) \qquad p_t \cdot t < N \rightarrow L_N p_t$$

et par symétrie :

$$(2) \qquad \sim p_t \cdot t < N \rightarrow L_N \sim p_t$$

Le produit logique de ces deux prémisses a pour conséquent :

$$(3) \qquad t < N \rightarrow (L_N p_t \vee L_N \sim p_t)$$

b) La seconde condition de b) s'écrit :

$$(4) \qquad C_N p_t \rightarrow N \leqslant t.$$

La contraposée de (4) n'est autre que (3). Par conséquent, dire que le passé vrai est nécessaire (Diodore selon Epictète), c'est dire qu'il n'y a de contingent que du présent ou de l'avenir (Aristote).

Faisons le produit logique de (3) par $M_N \sim p_t$. Il vient :

$$(5) \quad (t < N \cdot M_N \sim p_t) \rightarrow [(L_N p_t \cdot M_N \sim p_t) \vee (L_N \sim p_t \cdot M_N \sim p_t)]$$
$$\rightarrow L_N \sim p_t \cdot M_N \sim p_t$$

prémisse du Dominateur —, ou bien qu'il est impossible de réaliser le contingent dans le passé — comme le fait le *De Caelo* —, ou bien qu'une telle réalisation conduit à poser que le temps a deux directions opposées — comme le fait *l'Ethique à Nicomaque* —.

L'objection suivante viendra à l'esprit. Le principe de conservation du statut modal fait que toute substance possède une existence ou bien immatérielle et alors intemporelle et absolument nécessaire, ou bien sensible mais sempiternelle et alors nécessaire quoique présente dans le temps, ou bien matérielle, générable et corruptible et alors contingente. Or une substance contingente tantôt est et tantôt n'est pas. Quand elle est, en vertu du principe de nécessité conditionnelle, elle est nécessairement, durant qu'elle est. Quand elle n'est pas, elle n'est pas avec une

---

(car le premier terme de la disjonction est contradictoire)
$$\rightarrow L_N \sim p_t$$
(simplification du produit)

c) On prendra cette formule pour exprimer la troisième condition, c) :

(6) $\quad (t < N \cdot M_N \sim p_t) \rightarrow L_N \sim p_t$

et par symétrie :

(7) $\quad (t < N \cdot M_N p_t) \rightarrow L_N p_t$.

Le produit logique de (6) et (7) a pour conséquent (3). Donc il y aura équivalence logique entre les trois conditions. Mais :

(8) $\quad t < N \cdot M_N \sim p_t \rightarrow \sim M_N p_t$

(6 et définition croisée des modalités)
$$\rightarrow \sim L_N p_t$$

(axiome de nécessitation)
$$\rightarrow \sim t < N \ V \sim M_N p_t$$
(contraposée de 7)

Par symétrie :

(9) $\quad t < N \cdot M_N p_t \rightarrow (\sim t < N \ V \sim M_N \sim p_t)$.

Intuitivement, (8) exprime le cas du *De Caelo* : le possible négatif ou inexistence du monde résultant de la création se réalise dans le passé tandis que le possible positif résultant de la sempiternalité du monde se réalise dans le futur ; (9), par symétrie, exprime le cas du Dominateur. Ces deux énoncés sont paradoxaux, puisque les deux "morceaux" du contingent prennent des directions temporelles opposées.

Ils deviennent contradictoires quand les deux morceaux du contingent sont affirmés simultanément. C'est le cas dans le *De Caelo*, puisque, de la sempiternalité du monde, résulte sa possibilité positive. C'est le cas dans le Dominateur, puisque, de la non-réalisation présente et future du possible résulte sa possibilité négative. En effet :

(A) $M_N p_t \cdot (t < N \cdot M_N \sim p_t) \rightarrow (M_N p_t \cdot M_N \sim p_t)$

(simplification du produit) $\rightarrow \sim t < N \qquad$ (par (4))

(A)' $M_N \sim p_t \cdot (t < N \cdot M_N p_t) \rightarrow \sim t < N$.

Tel est le sens véritable de la "nécessité" du passé.

égale nécessité, pour la même raison. Enfin une fois qu'elle a été, il n'est plus possible qu'elle soit ou il n'est plus possible qu'elle ne soit pas, en vertu de la " nécessité " du passé. La modalité de l'existence d'une telle substance est donc susceptible de changement, contrairement au principe de conservation du statut modal.

Mais c'est qu'il faut distinguer le statut modal d'une substance de la modalité qui l'exprime. Le statut modal d'une substance sensible nécessaire est exprimé par la modalité nécessaire, mais parce que cette modalité nécessaire exprime l'essence, elle doit être posée sempiternellement. Le statut modal d'une substance sensible contingente s'exprime, du fait du principe de nécessité conditionnelle, tantôt par la nécessité et tantôt par l'impossibilité conditionnelles ; mais ces changements de modalité, relatifs qu'ils sont à une durée, ne font que traduire l'immutabilité du statut modal caractéristique de la contingence, une chose étant précisément contingente si tantôt elle est et tantôt elle n'est pas.

## 10. LE PRINCIPE DE L'EXPANSION DIACHRONIQUE DE LA NÉCESSITÉ.

A la différence des quatre principes précédents, le principe d'expansion ou bien a échappé à l'attention d'Aristote ou bien, à cause de son évidence, c'est-à-dire de la faiblesse de ses conséquences logiques, n'a pas mérité d'être mentionné par lui.

On peut le formuler de la façon suivante : Si à chaque instant $t_1$ d'un intervalle $t_0 t$ ($t_0 \leqslant t_1 \leqslant t$) il est nécessaire que p en $t_1$, alors il est nécessaire en $t_0$ que p en t. La faiblesse logique de ce principe apparaît, lorsqu'on voit que s'il est nécessaire en $t_1$ que le Ciel se meuve en $t_1$ pour tout $t_1$ situé entre les deux instants $t_0$ et t, il autorise à dire qu'il est nécessaire en $t_0$ que le Ciel se mouvra en $t_1$. La nécessité synchronique permanente légitime donc son expansion diachronique.

La contraposée de ce même principe, en termes de possible, s'écrira : S'il existe un instant $t_0$ tel qu'il est possible en $t_0$ que p en t, alors il y a sur l'intervalle $t_0 t$ un instant $t_1$ ($t_0 \leqslant t_1 \leqslant t$) tel qu'il est possible en $t_1$ que p en $t_1$. Le principe contracte synchroniquement sur un instant de l'intervalle un possible posé diachroniquement sur cet intervalle [17].

---

17. Appendice, p. 51.

## 11. Première reconstruction de la démonstration du " de caelo ". Un sophisme dans la distribution des modalités ?

Bien que le raisonnement d'Aristote soit impeccable, on en donnera d'abord une restitution fautive, parce que cette restitution est captieuse et qu'elle correspond à des arguments qui dans le *De Caelo* voisinent avec le nôtre.

Il s'agit de démontrer une incompatibilité dans l'hypothèse cosmologique platonicienne, selon laquelle le monde, quoiqu'engendré, est incorruptible, compte tenu des seuls principes de la conservation du statut modal, de la réalisation possible du possible, de l'impossibilité de réaliser le possible dans le passé et de l'expansion de la nécessité. Cette restitution fautive n'utilisera pas le principe de nécessité conditionnelle [18].

En vertu de la conservation du statut modal, ce qui a été inexistant conservera dans l'avenir la possibilité de ne pas exister. Tel est le cas du monde. Si le monde a été engendré et est désormais sempiternel, il est désormais sempiternel en conservant dans l'avenir la possibilité de ne pas exister.

Examiner la compatibilité de l'hypothèse platonicienne, c'est donc examiner s'il est possible que le monde simultanément existe sempiternellement en conservant sempiternellement la puissance de ne pas exister.

D'après le principe de la réalisation possible du possible, ce qui pourra sempiternellement ne pas exister peut être réalisé. Il le peut à tout instant de l'avenir. Choisissons un tel instant, soit $t_1$. Étant donné qu'un possible est situé par un double indice temporel, $t_1$ et $t_2$, fixer $t_1$ ne fixe nullement $t_2$. En d'autres termes, la réalisation possible de l'inexistence du monde signifie qu'en $t_1$, situé dans le futur (ou à la limite à l'instant présent), le monde passe à l'inexistence en $t_2$.

L'instant $t_1$ détermine trois cas d'univers, c'est-à-dire trois mondes possibles. Ou bien $t_2$, qui situe dans le temps l'inexistence du monde, est antérieur, ou bien il est identique, ou bien il est postérieur à $t_1$. Cette distribution épuise les cas d'univers.

Si $t_2$ est antérieur, en vertu de l'impossibilité de réaliser le possible dans le passé, la situation est contradictoire [19]. Elle l'est

---

18. Appendice, pp. 51-52.

19. Précisons la nature de cette impossibilité. Plaçons-nous à l'instant présent de l'existence du monde et tentons de réaliser $M_N \sim p_t$ dans le passé. Le passé est occupé par deux états successifs. Il y a par hypothèse, entre $- \infty < t < t_0$, $t_0$ précédant N, un état de non-existence du monde, puis entre $t_0$ et N un état d'existence du monde.

aussi, en vertu du principe de non-contradiction, dans l'hypothèse où $t_2$ est identique à $t_1$, puisqu'on a supposé que le monde existe et existera désormais toujours, donc certainement en $t_1$. Pour qu'il y ait contradiction si $t_2$ est postérieur à $t_1$, il suffit de considérer l'intervalle $t_1$ $t_2$. On pose qu'il est possible en $t_1$ que le monde n'existe pas en $t_2$. D'après la contraposée du principe d'expansion, il y a donc un t sur l'intervalle $t_1$ $t_2$ où en t il est possible que le monde n'existe pas en t. Mais par hypothèse le monde existe en t. Si aucun des cas d'univers représentant la disjonction de tous les cas n'est possible, l'univers lui-même ne l'est pas.

Ainsi la réalisation du possible, à savoir de l'inexistence possible du monde, produit une conséquence impossible. Elle est donc elle-même impossible. Bref, il est impossible d'affirmer en même temps que le monde existe et existera toujours et que son inexistence passe à l'acte, supposés les principes de la réalisation possible du possible et de l'impossibilité de réaliser le possible dans le passé.

Mais de cette impossibilité, on ne saurait, sinon en commettant le sophisme de la distribution des modalités, conclure qu'il est impossible d'affirmer en même temps que le monde existe et existera toujours et qu'il a la puissance d'inexister, compte tenu des deux principes mentionnés. En effet, une chose, logiquement, est la possibilité de la pérennité future du monde jointe à sa possibilité d'inexistence, autre chose la possibilité de la pérennité future du monde jointe à son inexistence réalisée.

La conséquence que l'hypothèse platonicienne produit en vertu de la conservation des modalités n'étant pas démontrée incompatible, on ne peut donc pas légitimement conclure à l'impossibilité de l'hypothèse elle-même.

---

1) On ne peut pas dire que, pour la condition $t_0 \leqslant t \leqslant N$, l'impossibilité de réaliser $M_N p_t$ ne requiert pas la prémisse A, en arguant que, par le principe de nécessité conditionnelle, on vérifie $p_t$ pendant ce temps, et, par conséquent, $L_t p_t$ pendant ce temps, contradictoire avec $M_N \sim p_t$. En effet, on ne dispose pas encore du principe de nécessité conditionnelle.

2) Par hypothèse, $\sim p_t$ est vérifié avant $t_0$. Or cette condition est compatible avec $M_t \sim p_t$. Pour exclure la possibilité rétrograde de $\sim p_t$, il faut un nouveau principe. Si la "nécessité du passé" ne faisait qu'appliquer la nécessité au passé, on se retrouverait encore devant la même impossibilité de conclure. Mais $M_N \sim p_t$ doit être réalisé dans le passé en même temps que, du fait de la prémisse C, $p_t$ est vérifié en N et pour tout l'avenir, en conséquence de quoi $M_N p_t$ est vérifié. On a donc la conjonction des antécédents : $M_N p_t \cdot M_N \sim p_t \cdot$ t < N. C'est elle qui par A donne une contradiction.

12. Seconde reconstruction de la démonstration du « De caelo » : l'addition du principe de la nécessité conditionnelle la rend légitime.

Ajoutons aux prémisses précédentes le principe de la nécessité conditionnelle. La démonstration d'Aristote va devenir valide[20].

Reprenons le raisonnement précédent où nous l'avons laissé une fois appliqué le principe de conservation du statut modal.

Si le monde, ayant été engendré, ne se corrompt plus, il conservera la possibilité de se corrompre.

Examinons donc la conséquence de l'hypothèse platonicienne. Un monde créé et qui ne se corrompra pas est-il corruptible ?

Ici l'analogie s'arrête entre le raisonnement actuel, qui est démonstratif, et le raisonnement précédent. Nous continuerons de réaliser cette corruptibilité, en nous souvenant cependant que cette réalisation n'entrerait en conflit avec les données de l'hypothèse que si ces données exigeaient non seulement sa non réalisation, mais encore son impossibilité. Ou bien, ce qui revient au même, nous nous contenterons, comme nous allons le faire, d'examiner l'expression temporelle de cette réalisation. Puisque le monde aura la possibilité de ne pas exister, cette possibilité sera située à n'importe quel moment de l'avenir, soit $t_1$. Quant à l'inexistence que cette possibilité a pour objet, elle aura lieu en $t_2$, soit dans le « passé », $t_2$ étant antérieur à $t_1$, soit dans le « présent », $t_2$ étant identique à $t_1$, soit dans le « futur », $t_2$ étant postérieur à $t_1$. On notera que la situation de $t_2$ est relative au choix de $t_1$. Si je choisis pour $t_1$ l'instant présent, le passé de $t_1$ est le passé réel. Si je choisis, comme j'ai le droit de le faire, pour $t_1$ un instant futur, une partie du passé de $t_1$ est un futur : c'est un futur antérieur et cela suffit pour la démonstration.

Considérons alors les trois cas d'univers ainsi déterminés.

Ou bien la possibilité de l'inexistence de l'univers est fixée en $t_1$ en sorte que $t_2$ soit antérieur à $t_1$. Mais par le principe de l'impossibilité de réaliser le possible dans le passé, il y a contradiction puisqu'on affirme et qu'on nie simultanément la possibilité de l'inexistence de l'univers.

Ou bien la possibilité de l'inexistence de l'univers est fixée en $t_1$ en sorte que $t_2$ soit identique à $t_1$. La seule considération de

20. Appendice, pp. 52-53

l'existence du monde en $t_1$, posée par hypothèse, ne contredit pas cette simple possibilité. Mais, en vertu du principe de nécessité conditionnelle, il est impossible qu'une chose puisse ne pas exister en $t_1$ si elle existe en $t_1$. Donc il y a contradiction dans ce deuxième cas d'univers et donc impossibilité, en vertu du principe de non-contradiction.

Ou bien la possibilité de l'inexistence de l'univers est fixée en $t_1$ en sorte que $t_2$ soit postérieur à $t_1$. Par le principe d'expansion, il existe alors un instant t sur l'intervalle $t_1t_2$ tel qu'il est possible en t que le monde n'existe pas en t. La seule considération de l'existence du monde en t, posée par hypothèse, ne contredit pas cette simple possibilité. Mais, en vertu du principe de nécessité conditionnelle, il est impossible qu'une chose puisse ne pas exister en t, si elle existe en t. Donc il y a contradiction dans ce troisième cas d'univers, et donc impossibilité en vertu du principe de non-contradiction.

Ces trois cas épuisent les cas d'univers, leur disjonction est également impossible.

Ainsi, la conséquence de l'hypothèse platonicienne, à savoir l'affirmation d'un monde corruptible qui ne se corrompra jamais produit nécessairement une conséquence contradictoire. De l'impossibilité de cette conséquence, on est fondé à conclure à l'impossibilité de la conséquence de l'hypothèse platonicienne. A nouveau, de l'impossibilité de la conséquence de l'hypothèse platonicienne, on conclura légitimement à l'impossibilité de l'hypothèse. Un monde engendré et incorruptible est un monde impossible.

En termes de réalisation possible du possible, on réalise la corruption du monde et l'on montre que cette réalisation se heurte, quelque moment qu'on lui assigne, à une impossibilité, assurée, pour le passé, par le principe de l'impossibilité de réaliser un possible dans le passé, et, pour le présent et le futur, par le principe de nécessité conditionnelle (associé pour le futur au principe faible d'expansion).

Le second raisonnement d'Aristote démontre symétriquement qu'un monde inengendré et qui se corrompra est impossible. On passe de la première à la seconde démonstration en changeant les affirmations en négations. Observons seulement que le principe de l'impossibilité de réaliser le possible dans le passé prend, cette fois, une forme positive : il est impossible de réaliser dans le passé non plus l'inexistence, mais l'existence du monde.

En restituant la démonstration d'Aristote, nous avons utilisé les mots signifiant les modalités de façon systématiquement ambiguë, pour éviter trop de lourdeur. Mais, comme en fait foi la restitution formelle dans l'*Appendice*, cette ambiguïté n'a joué aucun rôle dans la démonstration même.

## 13. LA TROISIÈME PRÉMISSE DU DOMINATEUR.

La troisième prémisse mérite encore examen, il est vrai à cause d'une difficulté mineure. Lorsqu'on traduit le texte grec en disant qu'est possible ce qui n'est pas actuellement vrai et ne le sera pas, on peut vouloir dire qu'aucun possible ne se réalisera.

Un possible qui se réalise infirmerait une telle clause, injustifiée, même en ce qui concerne les possibles *in utraque*.

Si l'on est tenté de retenir cette interprétation outrée, c'est que sa négation est soutenue par Diodore, lorsqu'il dit que ce qui ne se réalisera pas est impossible.

Pour ce qui regarde les rapports du possible à la réalisation — inévitablement future, puisque du passé il n'y a aucune puissance —, trois conceptions se présentent *a priori*, 1° On peut, avec Diodore, traiter les possibles et futurs réalisés (on comprend ici le présent dans le futur au sens large) comme équivalents ; cette thèse a été faussement attribuée à Aristote, sur une confusion entre les vertus, qui la vérifient, et les chances qui l'infirment[21]. 2° On peut, avec Leibniz, dire que les futurs constituent une partie propre des possibles : ce sont les événe-

---

21. Sont des possibles *ad unum* les possibles qui résultent de puissances irrationnelles actives (le feu ne peut que chauffer). Sont des possibles *in opposita* les possibles qui résultent soit de puissances rationnelles contenant une délibération (le médecin peut donner au malade remède ou poison), soit de puissances irrationnelles passives (l'air peut être réchauffé ou refroidi) (in *De Int.*, $22^b36$-$23^a5$). Je résume Cajétan (in St Thomas, Fretté, 1875, pp. 88-89, Oesterle, 1962, pp. 217-221). Ces deux sortes de possibles sont toutes deux définies par rapport à ce qui est susceptible de mouvement. Par homonymie, le possible *ad unum* peut cependant s'appliquer aux êtres immobiles des mathématiques et de la logique. Pour cette classe étendue du possible (*ad unum*), la chose est dite possible parce qu'elle est en acte. Au contraire, pour les possibles *in opposita*, la chose est dite possible parce qu'elle peut être actualisée (in *De Int.*, $22^a6$-$23^a15$). A propos des possibles naturels (irrationnels) *ad unum*, Cajétan (in St Thomas, 1875, T. 22, p. 89 ; Oesterle, 1962, p. 218) faisant référence à la *Métaphysique* ($\Theta$, 2, $1046^a36$ *sq.*), remarque qu'outre leur impropriété à s'appliquer à des opposés, la puissance active qui est leur raison d'être opère nécessairement dès que le sujet est présent et que les empêchements sont écartés : la chaleur chauffe nécessairement un matériau présent, si on retire les isolations.

Pour conserver le sens d'origine du possible *ad unum,* celui d'une virtualité

ments de ce monde à venir qui, à côté du passé et du présent, a été choisi par Dieu comme le meilleur; on entend alors par possible toute idée de l'entendement divin. Ceux des possibles qui sont réalisés le sont en vertu d'une " nécessité conditionnelle ", exclusive du hasard et de la contingence et donc propre à rétrograder, puisqu'elle marque seulement ce qui, dans la Création, distingue le meilleur du non-contradictoire. 3° On peut, enfin, avec Aristote, distinguer deux sortes de futurs. Les uns sont des vertus qui ne sauraient pas ne pas se réaliser. Les autres sont des possibles contingents. Parmi ces derniers, certains se réaliseront, mais il en reste qui ne se réaliseront jamais. Ainsi les futurs qui se réaliseront n'épuisent nullement le champ des possibles. Diodore veut montrer qu'aucun futur non réalisé n'est possible. Mais il n'a pas pour autant à supposer que l'adversaire prétend que tous les possibles ne sont pas ni ne seront. Il lui suffit qu'Aristote affirme la non-réalisation de certains possibles.

C'est bien ainsi que Bayle comprenait la troisième proposition du Dominateur : " La très fameuse dispute des choses possibles et des choses impossibles devait sa naissance à la doctrine des stoïciens touchant le destin. Il s'agissait de savoir si, parmi les choses qui n'ont jamais été et qui ne seront jamais, il y en a de possibles, ou si tout ce qui n'est point, tout ce qui n'a jamais été, tout ce qui ne sera jamais, était impossible " [22]. Leibniz, de même [23], donne des raisons, qui ne sont d'ailleurs pas celles d'Aristote, " pourquoi on se trompe ou du moins l'on parle très incorrectement quand on dit qu'il n'y a de possible que ce qui

---

qui, tout empêchement cessant, se développera nécessairement, nommons-le une vertu : parler de la vertu de p, c'est dire qu'il est possible que p *ad unum*. Nommons en revanche chance un possible *in opposita* parler de la chance de p, c'est dire qu'il est possible en matière contingente que p.

Faut-il accorder l'axiome de nécessité pour la vertu, en le refusant pour la chance ($23^a15$-16)? S'il est nécessaire qu'une substance matérielle se corrompe, alors il est possible *ad unum* qu'elle se corrompe, à quoi s'oppose la chance : si Socrate peut être assis et ne pas être assis, *ad opposita,* alors il n'est nécessité à aucun des deux.

Il faut encore ajouter qu'un possible *ad unum* ne développe son actualisation que sous la supposition de l'existence de son suppôt. Cette existence reste contingente et relève, quant à elle, des possibles *ad opposita*. Il est nécessaire que, une fois mis au monde, Socrate meure. Il est contingent que Socrate soit mis au monde.

22. Leibniz, Gerhardt, 1978, p. 212; Jalabert, 1962, p. 223.
23. Leibniz, Gerhardt, 1978, p. 215; Jalabert, 1962, p. 225, et à la fin de ce texte Bayle ajoute : " Je crois que les Stoïciens s'engagèrent à donner plus d'étendue aux choses possibles qu'aux choses futures, afin d'adoucir les conséquences odieuses et affreuses que l'on tirait de leur dogme de la fatalité. "

est ou ce que Dieu a choisi; c'est l'erreur de Diodore le stoïcien chez Cicéron, et parmi les chrétiens, d'Abélard, de Wiclef et de Hobbes "[24].

Le texte de Cicéron est en effet formel. Il interprète la troisième prémisse du Dominateur dans le *De Fato* (VII, 13) : " Des événements qui n'auront pas lieu sont possibles ", quand « Diodore dit : " *Seul (solum)* est possible ou bien ce qui est vrai ou ce qui sera vrai; *tout (quicquid)* ce qui ne sera pas est impossible " ».

On donnera donc à la troisième prémisse du Dominateur le sens d'une particulière : il y a un possible qui ne se réalisera pas. C'est précisément parce que cette prémisse est une particulière, qu'on pourra raisonner sur un cas illustratif. Ce faisant, on sera fondé à interpréter le prémisse comme une conjonction, où l'on affirme qu'un même événement est possible qui n'est ni ne sera réalisé.

## 14. Première reconstruction du Dominateur : un sophisme dans la distribution des modalités? [25].

Le Dominateur et le raisonnement du *De Caelo* ne diffèrent que sous deux rapports : 1° le Dominateur, plus simple, n'utilise pas le principe de conservation du statut modal; 2° la troisième prémisse du Dominateur parle d'un possible qui ne se réalisera pas, tandis que l'hypothèse platonicienne spécifiait que ce possible était la corruptibilité du monde.

Supposons donc ce possible du Dominateur réalisé, pour fixer les idées, à l'instant présent.

L'événement sur lequel porte le possible se réalisera donc ou au passé, ou au présent ou au futur.

En vertu du principe de l'impossibilité de réaliser un possible dans le passé (prémisse A), le premier cas d'univers est exclu comme contradictoire.

Réalisons donc le possible au présent. Mais on a supposé que la réalisation n'a pas lieu. Ce second cas d'univers est exclu en vertu du principe de non-contradiction.

Réalisons le possible dans le futur. Par le principe d'expansion, il y a sur l'intervalle entre le présent et ce futur un instant t où il est en t possible que ce possible se réalise en t. Mais on

---

24. Leibniz, Gerhardt, 1978, p.442, § 22; Jalabert, 1962, p. 448, § 22.
25. Voir Appendice, pp. 53-54.

a supposé que la réalisation n'aura jamais lieu. Le troisième cas d'univers est exclu en vertu du principe de non-contradiction.

Les trois cas qui épuisent l'univers étant exclus comme impossibles, l'univers, comme disjonction de ces trois cas, est lui-même contradictoire. Donc, puisque la réalisation du possible produit nécessairement une conséquence impossible et que le possible ne suit pas logiquement de l'impossible (prémisse B), il y a incompatibilité entre un possible qui ne se réalisera jamais et cette réalisation.

On ne concluerait cependant à l'incompatibilité des trois prémisses que par le sophisme de la distribution. D'après C, il y a un possible irréalisé. On a seulement démontré qu'il y a contradiction à supposer réalisé ce possible irréalisé. On n'a pas démontré que, compte tenu de A et de B, il y a incompatibilité, pour le possible lui-même, supposé ne se réalisant jamais.

15. SECONDE RECONSTRUCTION DU DOMINATEUR : L'ADDITION DU PRINCIPE DE NÉCESSITÉ CONDITIONNELLE LA REND LÉGITIME.

Dans le *De Caelo* l'hypothèse est celle du monde qui existe et existera toujours. On montre, par le principe de nécessité conditionnelle, qu'il est contradictoire de supposer qu'un tel monde puisse ne pas exister, car ce qui existe, pendant qu'il existe, ne peut pas ne pas exister. Le Dominateur suit le même raisonnement dans le mode de la négation. L'hypothèse est celle d'une chose qui n'existe et n'existera jamais. On montrera, par le principe de nécessité conditionnelle, qu'il est contradictoire de supposer qu'une telle chose puisse exister ; car ce qui n'existe pas, pendant qu'il n'existe pas, ne peut pas exister.

Supposons donc ce possible qui ne se réalisera jamais.

La réalisation de l'événement sur lequel il porte est susceptible de trois déterminations temporelles : le passé, le présent et l'avenir.

Si l'on pose que le possible porte sur un événement passé, on contredit le principe de l'impossibilité de réaliser le possible dans le passé (prémisse A).

Si l'on pose que le possible porte sur un événement présent, ceci ne heurte encore que la non-réalisation actuelle de cet événement. Mais, d'après le principe de la nécessité conditionnelle, un possible ne peut porter sur un événement présent, si, par ailleurs, cet événement est présentement inexistant. Il est donc contradictoire de supposer que le possible irréalisé porte sur le présent.

Si l'on pose qu'il porte sur le futur, par le principe d'expansion, il existe sur l'intervalle entre le présent et ce futur un instant t tel qu'il est possible en t que la réalisation du possible ait lieu en t ; ceci ne heurte encore que la non-réalisation en t de cet événement. Mais, d'après le principe de la nécessité conditionnelle, un possible ne peut porter sur un événement en t, lorsque, par ailleurs, cet événement n'est pas réalisé en t. Il est donc contradictoire de supposer que le possible irréalisé porte sur le futur.

Les trois cas possibles d'univers étant contradictoires, l'univers l'est aussi.

Ainsi un possible qui ne se réalisera jamais entraîne nécessairement une conséquence impossible. Or, par B, l'impossible ne suit pas du possible. Donc il y a incompatibilité, compte tenu de A, B et du principe de nécessité hypothétique, dans la notion d'un possible qui ne se réalisera pas. Diodore retourne contre Aristote l'argumentation qu'Aristote avait développée contre Platon. Aristote avait combattu la création et la corruptibilité de l'univers. Par le même argument, Diodore combat la conception aristotélicienne d'une puissance qui ne se réalise pas, c'est-à-dire la représentation d'alternatives futures telles qu'elles sont requises, chez le Stagirite, pour fonder la contingence naturelle et la liberté humaine.

On avait fait à la validité du Dominateur deux objections préalables. L'une regardait le principe de nécessité conditionnelle [26]. On lui répondra en son temps. L'autre portait sur le fait que l'argument utilise simultanément deux concepts différents de la nécessité, un concept logique et un concept réel. Montrons l'inanité de cette seconde objection.

La conjonction des trois prémisses A, C et nécessité hypothétique a pour conséquence la conjonction de deux propositions contradictoires. En effet de la conjonction de A et C, jointe au principe d'expansion, résulte que pour quelque instant t identique ou postérieur à maintenant il est possible en t que l'événement sur lequel porte ce possible se réalise en t, bien que cet événement ne se réalise pas en t. Mais de la nécessité conditionnelle il résulte qu'il n'est pas possible en t que l'événement sur lequel porte ce possible se réalise en t, puisque cet événement

---

26. Voir Appendice, p. 54.

ne se réalise pas en t. Mais la conjonction de deux propositions contradictoires est impossible *logiquement*, sans qu'importe l'occurrence de possibles non logiques dans chacune d'entre elles. La conjonction de C, A et de la nécessité hypothétique a pour conséquence un impossible logique. Donc elle n'est pas logiquement possible, cqfd.

# APPENDICE

## I. Thèses communes au " de caelo " et au " dominateur ".

La prémisse B appartient à la logique modale pure :

    B.      $L(p \to q) \to (Lp \to Lq)$

(où le symbole L désigne l'opérateur " il est nécessaire que ").

Dans le *De Caelo* et dans le Dominateur, elle figure sous la forme :

    $L(p \to q) \to (Mp \to Mq)$

(où le symbole M désigne l'opérateur : " il est possible que "), ou plutôt :

    B′.      $L(p \to q) \to (\sim Mq \to \sim Mp)$

(l'impossible $\sim Mq$ ne suit pas du possible $Mp$).

Si l'on considère, à présent, des propositions singulières, celles-ci se situent inévitablement dans le temps. Une possibilité qui aura pour objet une telle proposition singulière et non pas le rapport d'implication matérielle ou de conjonction logique entre deux telles propositions sera à son tour datée. Une ambiguïté systématique s'instaurera dans le langage logique qu'on lèvera par les règles suivantes : si la modalité porte sur un rapport logique (implication, conjonction, etc.) entre deux propositions, ne pas l'affecter d'un indice temporel ; si elle porte sur une proposition singulière, l'affecter d'un indice temporel propre.

La seconde règle s'applique aux prémisses A et NC, qui appartiennent à la logique modale temporelle :

    $(M_{Np_t} \cdot M_N \sim p_t) \to N \leq t$

On se servira des conséquences A et A′, démontrées dans la note 16 :

    (A)      $M_t p_{t'} \cdot (t' < t \cdot M_t \sim p_{t'}) \to \sim t' < t$

    (A)′    $M_t \sim p_{t'} \cdot (t' < t \cdot M_t p_{t'}) \to \sim t' < t.$

Le principe de nécessité conditionnelle s'écrit :

    NC.    $\sim (M_t \sim p_t \cdot p_t)$

La première règle et la seconde s'appliquent, de concert, au principe de la réalisation possible du possible. En logique modale pure, ce principe s'énonce :

    R.    $Mp \equiv M(p \cdot Mp)$.

C'est une thèse[1] du système le plus faible de la logique modale canonique, T. Appliqué au cas des propositions singulières on l'écrira :

    $M_t p_{t'} \equiv M(p_{t'} \cdot M_t p_{t'})$.

---

1. Les numéros des théorèmes qui suivent renvoient à Hughes et Cresswell, 1968.

$Mp \equiv M(p \cdot Mp)$

a.  $\vdash Lp \to Mp$      $(A_5 \text{ et } T_1)$

Le principe d'expansion de la nécessité synchronique s'écrit :

S.  $(t_1) (t \leq t_1 \leq t' \rightarrow L_{t_1} p_{t_1}) \rightarrow L_t p_{t'}$

et donne, par contraposition :

S'.  $M_t \sim p_{t'} \rightarrow (\exists t_1) (t \leq t_1 \leq t' \cdot M_{t_1} \sim p_{t_1})$

(principe de contraction de la possibilité diachronique)

## II. LA DÉMONSTRATION DU " DE CAELO "

L'hypothèse platonicienne s'écrit (en assignant en N ($= Nunc$) l'indice temporel de la possibilité, d'ailleurs variable pour Platon) :

H.  $(t) (t \geq N \rightarrow p_t) \cdot (\exists t) (t < N \cdot \sim p_t)$

où $p_t$ signifie que le monde existe en t.

Le principe de conservation du statut modal s'écrit sous la forme particulière qui est ici requise :

$C_M$.  $(\exists t) (t < N \cdot \sim p_t) \rightarrow (t) (t \geq N \rightarrow M_t \sim p_{t'})$.

En conséquence :

1.  $H \cdot C_M \rightarrow (t) [t \geq N \rightarrow (p_t \cdot M_t \sim p_{t'})]$.

Soient : $P \equiv (t) (t \geq N \rightarrow p_t)$, $Q \equiv (\exists t) (t < N \cdot \sim p_t)$,

$R \equiv (t) (t \geq N \rightarrow M_t \sim p_{t'})$, et la thèse :

$\vdash [P \cdot Q \cdot (Q \rightarrow R)] \rightarrow (P \cdot R)]$.

### 1) Sophisme de la distribution des modalités

Réalisons donc le possible. Il y a trois cas d'univers selon la relation d'ordre entre t et t'.

a)  $t' < t$. Ce cas est exclu comme contradictoire par A.

b)  $t < t'$. On applique S'.

$H \cdot C_M \cdot S' \rightarrow \{(t) t \geq N \rightarrow [p_t \cdot (\exists t_1) (t \leq t_1 \leq t' \cdot M_{t_1} \sim p_{t_1})]\}$

---

b.  $\vdash Lp \rightarrow p$  (A$_5$)

c.  $\vdash Lp \rightarrow (p \cdot Mp)$  ($\vdash (p \rightarrow q \cdot p \rightarrow r) \rightarrow (p \rightarrow q \cdot r)$, PC 25 et 24)

d.  $\vdash (p \rightarrow q) \rightarrow (\sim q \rightarrow \sim p)$  (PC 10)

e.  $\vdash L[(p \rightarrow q) \rightarrow (\sim q \rightarrow \sim p)]$  ($\vdash \alpha \rightarrow \vdash L \alpha$, d)

f.  $\vdash L[(p \rightarrow q) \rightarrow (\sim q \rightarrow \sim p)] \rightarrow [L(p \rightarrow q) \rightarrow L(\sim q \rightarrow \sim p)]$
Sb en A6  $p \rightarrow q/p, \sim p \rightarrow \sim q/q$

g.  $\vdash L(p \rightarrow q) \rightarrow L(\sim q \rightarrow \sim p)$  (e, f, Syll., Mod. pon.)

h.  $L(\sim q \rightarrow \sim p) \rightarrow (L \sim q \rightarrow L \sim p)$ (par B $\times$ Sb $\sim q/p$, $\sim p/q$)

i.  $\vdash (L \sim q \rightarrow L \sim p) \rightarrow (\sim Mq \rightarrow \sim Mp)$  (T5a)

j.  $\vdash L(p \rightarrow q) \rightarrow (\sim Mq \rightarrow \sim Mp)$  (g, h, i, Syll, Mod. pon.)

k.  $\vdash [Lp \rightarrow (p \cdot Mp)] \rightarrow [\sim M(p \cdot Mp) \rightarrow \sim Mp]$  (j $\times$ Sb p/p, $p \cdot Mp/q$)

l.  $\vdash \sim M(p \cdot Mp) \rightarrow \sim Mp$  (k, c, Syll, Mod. pon.)

m.  $\vdash Mp \rightarrow M(p \cdot Mp)$  (l, PC 10)

n.  $\vdash M(p \cdot Mp) \rightarrow Mp \cdot MMp$  (T10 $\times$ Sb p/p, Mp/q)

o.  $\vdash Mp \cdot MMp \rightarrow Mp$  (PC 15)

p.  $\vdash M(p \cdot Mp) \rightarrow Mp$  (n, o, Syll, Mod. pon.)

q.  $\vdash Mp \equiv M(p \cdot Mp)$  (m, p, Def $\equiv$).

par 1, S′, la loi :

$$([P \to [Q \to (R \cdot S)]] \cdot (S \to U)) \to [P \to (Q \to (R \cdot U))]$$

et les substitutions

H/P, (t) t $\geqslant$ N/Q, $p_t$/R, $M_t \sim p_{t'}$/S, $(\exists t_1)$ t $\leqq$ $t_1$ $\leqq$ t′ $\cdot$ $M_{t_1} \sim p_{t_1}$/U.

La réalisation de ce cas donne donc, en identifiant $t_1$ et t

2.     $(\exists t)(t \geqslant N \cdot p_t \cdot \sim p_t)$

c) t = t′.

La même formule que 2. correspond à la réalisation du possible. On traitera donc ensemble ces deux cas. Or

3′.     $(\exists t)(t \geqslant N \cdot p_t \cdot \sim p_t) \to \sim M(\exists t)(t \geqslant N \cdot p_t \cdot \sim p_t)$.

Dans l'antécédent de cette formule $p_t$ résulte de l'hypothèse de l'existence du monde et $\sim p_t$ de la réalisation de la possibilité de son inexistence. Dans le conséquent, l'opérateur d'impossibilité gouverne toute la formule car aucun instant n'est possible qui vérifierait à la fois l'existence et l'inexistence du monde. Le sophisme de la distribution consisterait dans l'assertion[2] :

*4′.     $\sim M(\exists t)(t \geqslant N \cdot p_t \cdot \sim p_t)$
$$\to \sim M(\exists t)(t \geqslant N \cdot p_t \cdot M_t \sim p_t).$$

Le conséquent de *4′ entraîne *a fortiori* l'impossibilité du conséquent de 1.

Il suffit donc de substituer en B′ $H \cdot C_M \cdot A \cdot S$/p et (t) t $\geqslant$ N $\to (p_t \cdot M_t \sim p_t)$/q pour conclure à l'impossibilité de $H \cdot C_M \cdot A \cdot S$ Donc :

$$B′ \to \sim M(H \cdot C_M \cdot A \cdot S)$$

et, par conséquent,

$$\sim (B′ \cdot H \cdot C_M \cdot A \cdot S)$$

ce qu'on voudrait démontrer.

## 2) *Légitimation de la démonstration par l'addition du principe de nécessité conditionnelle*

En quantifiant sur le temps dans l'expression de NC, il vient :

3.     $NC \to (t)[t \geqslant N \to \sim (p_t \cdot M_t \sim p_t)]$.

Donc, par 1 et 3 :

4.     $H \cdot C_M \cdot NC \to (t)\{t \geqslant N \to [p_t \cdot M_t \sim p_{t'}]$
$$\cdot \sim (p_t \cdot M_t \sim p_t)\}$$

Il y a trois cas d'univers :

a) t > t′. Il est exclu, comme contradictoire, par A.

b) t′ > t. On applique S sous la forme S′.

$$H \cdot C_M \cdot NC \cdot S \to (t)\{t \geqslant N \to [p_t \cdot (\exists t_1)(t \geqslant t_1 \cdot M_{t_1} p_{t_1}) \cdot$$
$$\sim (p_t \cdot M_t \sim p_t)]\}$$

---

2. Tout ce que la réalisation possible du possible permet d'asserter c'est :
$$H \cdot C_M \cdot A \cdot S \cdot B′ \to (t)\{t \geqslant N \to [p_t \cdot M(M_t \sim p_t \cdot \sim p_t)]\}$$
L'expression gouvernée par M n'est pas contradictoire en elle-même. Elle ne contredit pas non plus l'assertion de $p_t(t \geqslant N)$.

par 4, S', la loi :
$$\{[P \to (Q \cdot R \cdot S)] \cdot (R \to U)\} \to [P \to (Q \cdot U \cdot S)]$$
et les substitutions $t \geqslant N/P$, $p_t/Q$, $M_t \sim p_{t'}/R$, $\sim (p_t \cdot M_t \sim p_t)/S$,
$$(\exists t_1)(t \geqslant t_1 \cdot M_{t_1}p_{t_1})/U.$$
En faisant $t = t_1$ dans l'expression précédente, il vient :

5.     $H \cdot C_M \cdot NC \cdot S \to (\exists t)(p_t \cdot M_t \sim p_t) \cdot \sim (p_t \cdot M_t \sim p_t).$

c) $t = t'$. On obtient directement la formule 5 à partir de 4.

Cela signifie que, pour le présent et tout le futur, la conjonction de H, A et NC a pour conséquent un impossible. Par B' cette conjonction n'est donc pas possible. Il y a donc incompatibilité entre
$$H \cdot C_M \cdot S \cdot B' \cdot NC.$$
Comme Aristote accepte $C_M$, A, B' et NC, et implicitement S, l'hypothèse platonicienne H doit être rejetée.


## III. La démonstration du dominateur.

La troisième prémisse de Diodore s'écrit :

C.     $M_{NP_{t'}} \cdot (t)(t \geqslant N \to \sim p_t).$

### 1) Sophisme de la distribution des modalités

Réalisons donc le possible.

Il y a trois cas d'univers :

a) $t' < N$. Ce cas est exclu, comme contradictoire, par A'.

On otient facilement :

1.     $C \cdot A' \equiv (t) t \geqslant N \to (M_{NP_t} \cdot \sim p_t)$

puisqu'en vertu de A, dans l'expression $M_{NP_{t'}}$, il faut que $t' \geqslant N$

b) $t' > N$. Appliquons S sous la forme S'.
$$C \cdot S \to \{(\exists t)(t \geqslant N \cdot M_t p_t) \cdot (t)(t \geqslant N \to \sim p_t)\};$$

c) $t' = N$.
$$C \equiv M_{NP_N} \cdot (t)(t \geqslant N \to \sim p_t)$$

d'où l'on peut tirer par la loi $Fa \to (\exists x) Fx$ le conséquent de $C \cdot S$, ce qui permet de traiter de la même façon les deux derniers cas d'univers.

Réalisons alors le possible en ces deux cas :

2'.     $(\exists t)(t \geqslant N \cdot p_t \cdot \sim p_t) \to \sim M(\exists t)(t \geqslant N \cdot p_t \cdot \sim p_t).$

Dans l'antécédent de cette formule $p_t$ résulte de la réalisation du possible et $\sim p_t$ résulte de l'hypothèse C. Dans le conséquent on peut placer l'opérateur d'impossibilité en tête, parce qu'aucun instant n'est possible qui vérifierait à la fois l'existence et l'inexistence du possible

Le sophisme de la distribution consisterait dans l'assertion :

*3'.     $\sim M(\exists t)(t \geqslant N \cdot p_t \cdot \sim p_t)$
$$\to \sim M(\exists t)(t \geqslant N \cdot M_{NP_t} \cdot \sim p_t).$$

Le conséquent de *3' entraîne *a fortiori*, sous la supposition de S, l'impossibilité du conséquent (du membre droit) de 1, puisque ce qui est impossible de *quelques* est impossible de *tous*. Faisons dans B' la substitution $C \cdot A' \cdot S/p$ et $(t)\ t > N \rightarrow (M_N p_t \cdot \sim p_t)/q$. On conclut à l'impossibilité de $C \cdot A' \cdot S$.

$$B' \rightarrow\ \sim M(C \cdot A' \cdot S),$$

et, par conséquent,

$$\sim (B' \cdot C \cdot A' \cdot S),$$

ce qu'on voudrait démontrer.

*2) Légitimation de la démonstration par l'addition du principe de nécessité conditionnelle*

En choisissant N pour t, en substituant $\sim p$ à p dans NC, et en quantifiant sur le temps, il vient :

2. $\quad NC \rightarrow (t) [t \geqslant N \rightarrow\ \sim (M_t p_t \cdot \sim p_t)].$

Donc le cas du passé ayant été exclu en 1, par 1 et 2 :

3. $\quad C \cdot A' \cdot NC \rightarrow (t) \{t \geqslant N$
$$\rightarrow [(M_N p_t \cdot \sim p_t) \cdot \sim (M_t p_t \cdot \sim p_t)]\}.$$

Il reste deux cas d'univers.

a) $t > N$. En vertu de S :

$$C \cdot A' \cdot NC \cdot S \rightarrow (\exists t) [t \geqslant N \cdot (M_t p_t \cdot \sim p_t) \cdot \sim (M_t p_t \cdot \sim p_t)]$$

par la loi :

$$\{[P \rightarrow (Q \cdot R \cdot S)] \cdot (R \rightarrow U)\} \rightarrow [P \rightarrow (Q \cdot U \cdot S)]$$

et les substitutions $t \geqslant N/P$, $\sim p_t/Q$, $M_N p_t/R$, $\sim (M_t p_t \cdot \sim p_t)/S$, $(\exists t_1)\ N \leqq t_1 \leqq t \cdot M_{t_1} p_{t_1}/U$.

b) $t = N$.

$$C \cdot A' \cdot NC \rightarrow [M_N p_N \cdot \sim p_N \cdot \sim (M_N p_N \cdot \sim p_N)]$$

Cela signifie que, pour tout le futur et le présent, la conjonction de C, A, S et NC a pour conséquent un impossible. Par $B'$ cette conjonction n'est donc pas possible. Il y a donc incompatibilité entre $C \cdot A' \cdot S \cdot B' \cdot NC$, donc :

4. $\quad \sim (NC \cdot A' \cdot S \cdot B' \cdot C).$

## IV. Diagrammes.

Un système simple de diagrammes permet d'illustrer les deux raisonnements.

L'axe du temps est représenté par une ligne horizontale dirigée vers la droite. La point N y marque le moment présent *(nunc)*. Un trait vertical au-dessus de l'axe représente l'assertion de p au moment t, au-dessous de l'axe la négation de p au moment t. Un carré porté par un trait indique la possibilité M en t ; son inclinaison indique le temps de $p_t$. Une barre transversale indique l'impossibilité.

*De Caelo*           Dominateur

Hypothèse platonicienne

Conséquence (en vertu du principe de conservation du statut modal)

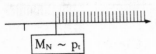

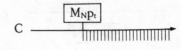

Premier cas d'univers : t < N

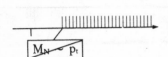

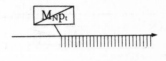

impossible par A ou A'.

*1) Sophisme de la distribution.*

a'· Deuxième cas d'univers : t = N :

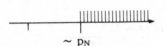

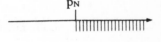

impossible par le principe de non-contradiction.

b'· Troisième cas d'univers : t > N :

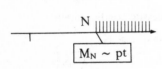

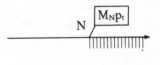

par S ces schémas ont pour conséquence :

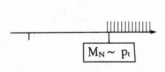

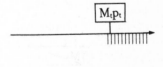

dont la réalisation donne :

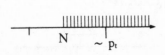

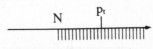

impossible par le principe de non-contradiction.

55

Fausse conséquence de a' :

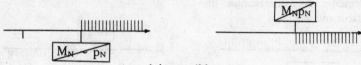

\* impossible.

Fausse conséquence tirée de b' :

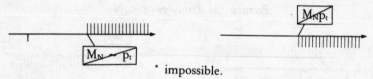

\* impossible.

*2) Légitimation de la démonstration par l'addition du principe de nécessité conditionnelle.*

Principe de nécessité conditionnelle :

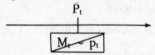

a. Premier cas d'univers : $t = N$ :

impossible par le principe de nécessité conditionnelle.

b. Deuxième cas d'univers : $t > N$ :

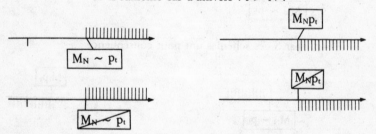

impossible par le principe de nécessité conditionnelle.

Conséquence

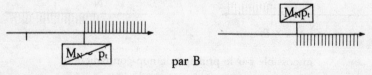

par B

56

Donc :

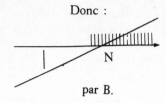

par B.

Donc l'hypothèse platoni-
cienne est contradictoire.

Donc :
$$\sim (A' \cdot B \cdot C \cdot NC \cdot S)$$

seconde partie

les systèmes de la nécessité :
mégariques et stoïques

# chapitre 3

# un système de fatalisme logique : diodore kronos

On analysera, dans cette partie, les réponses que, d'après le texte d'Épictète, les Anciens ont données au Dominateur.

Le texte d'Épictète déduit, par combinatoire, les réponses possibles : elles résultent de la mise en question de l'une des deux prémisses explicites de l'argument, les deux autres étant conservées. Ainsi se trouve exposé un système *a priori* de l'histoire de la philosophie :

|    | On admet | On refuse |
|----|----------|-----------|
| 1. | A et B   | C         |
| 2. | B et C   | A         |
| 3. | C et A   | B         |

La première réponse est celle de Diodore, la seconde celle de Cléanthe, la troisième celle de Chrysippe. L'histoire des philosophies mégariques et stoïciennes se trouve donc enfermée dans cette combinatoire.

## 16. LA SOLUTION DE DIODORE.

Si la prémisse C du Dominateur signifie qu'il existe un possible tel qu'il n'est maintenant ni ne sera jamais réalisé, la solution de Diodore, qui consiste à nier cette prémisse, doit consister à affirmer qu'aucun possible n'est tel qu'il n'est maintenant ni ne sera jamais réalisé. Le témoignage de Cicéron confirme cette interprétation : " Pour Diodore donc, dit-il, est seul possible ce qui est vrai ou sera vrai "[1].

La prémisse C, particulière, rapportait la modalité aux déterminations temporelles, sans l'y réduire. C'est cette réduction qu'entreprend Diodore. En précisant qu'est seul possible ce qui est ou sera vrai, Cicéron fournit la condition qui permet de définir la modalité en termes temporels. En effet, ce qui est possible est ou sera vrai (condition nécessaire pour qu'une chose

---

1. Cicéron, *De Fato*, IX (17); Bréhier, 1962, p. 479; voir plus haut, pp. 44-46.

soit possible ). De plus, seul étant possible ce qui est ou sera vrai, être vrai maintenant ou dans l'avenir donne la condition suffisante pour qu'une chose soit possible. Lorsque Boèce[2] écrit que Diodore définit le possible comme ce qui ou bien est ou bien sera, il explicite la conséquence qui résulte de la négation de C. Pour Diodore, les modalités n'ont qu'un statut dérivé : les mots qui les expriment ne sont que des façons abrégées d'introduire des déterminations temporelles complexes, c'est-à-dire logiquement équivalentes à des disjonctions ou à des conjonctions de telles déterminations.

A partir de la définition du possible, il suffit d'utiliser la définition croisée des modalités pour leur étendre la définition qu'on vient de poser en termes de déterminations temporelles. L'impossible est ce qui ni n'est vrai ni ne sera vrai. Comme, selon Diodore, toute déclaration est vraie ou fausse, on peut encore exprimer la définition précédente en disant qu'est impossible ce qui est faux et ne sera jamais vrai. Est nécessaire ce dont il est impossible qu'il ne soit pas. Donc est nécessaire ce qui est vrai et ne sera jamais faux. Enfin il est possible qu'une chose ne soit pas lorsqu'il n'est pas nécessaire qu'elle soit. Par conséquent est possible que non ce qui est faux ou sera faux. Le texte de Boèce atteste ces définitions[3] : " Diodore définit le possible comme ce qui ou bien est ou bien sera, l'impossible comme ce qui, étant faux, ne sera pas vrai, le nécessaire comme ce qui, étant vrai, ne sera pas faux, et le non-nécessaire comme ce qui ou bien est ou bien sera faux ".

Deux qualités recommandent la solution de Diodore :

— 1 Elle permet de définir et donc d'éliminer les modalités[4]. C'est donner aux énoncés modaux un statut transparent, en les traduisant en termes d'énoncés généraux, où la variable liée par les opérateurs de quantité est le temps. Les lois de la logique modale se trouvent ainsi réduites à la syllogistique des propositions catégoriques.

---

2. Boèce, 1880, p. 234.
3. Boèce, 1880, p. 234.
4. Mrs Kneale remarque que la définition diodoréenne des modalités est, dans l'Antiquité, la seule à être non circulaire (1962, p.125). Rien toutefois n'assure que les Stoïciens et les Péripatéticiens ont prétendu définir les modalités (Mignucci, 1978, p. 334, note 43). Il est donc possible d'interpréter leurs définitions circulaires comme de simples stipulations de conditions auxquelles les modalités doivent obéir dans leurs relations aux déterminations temporelles.

— 2 Cette définition prévient formellement tout effondre-ment des expressions modales qui réduirait le possible à l'actuel et l'actuel au nécessaire. Ceci ne contredit pas ce qu'on vient de dire. En effet, les quantificateurs qui servent à éliminer la modalité figureront de façon inéliminable dans le Definiens. Les déclarations modales considérées sont singulières ; on les traduit en déclarations temporelles générales, c'est-à-dire quantifiées, et elles ne se réduisent pas à des déclarations non modales singuliè-res.

En effet, si est possible ce qui est ou sera, on ne peut dériver l'actuel du possible, car un terme d'une disjonction (ce qui est) ne suit pas logiquement de cette disjonction. De même, si est nécessaire ce qui est vrai et ne sera pas faux, on ne peut dériver le nécessaire de l'actuel, car une conjonction ne suit pas logi-quement d'un seul terme (ce qui est vrai). C'est donc à juste titre qu'on a insisté[5] sur la capacité formelle que le système de Diodore possède de sauver la spécificité des modalités. Possible et non-nécessaire, qui sont des sub-contraires, peuvent être vrais en même temps. On peut donc introduire formellement, dans le système de Diodore, le prédicat de contingence. Est contingent ce qui est possible et ce qui est non-nécessaire, c'est-à-dire la conjonction logique de ce qui est ou sera et de ce qui n'est pas ou ne sera pas. Cette définition a pour effet[6] qu'est contingent ce qui n'est pas et sera ou ce qui est et ne sera pas ou ce qui sera et ne sera pas.

Le carré logique des modalités, selon Diodore, les classe en deux catégories opposées. D'une part le nécessaire et l'impossi-ble contiennent deux clauses conjointes. La première fixe actuellement la valeur de vérité de la proposition sur laquelle porte la modalité. La seconde stipule l'exclusion pour tout l'avenir de la valeur de vérité contradictoire. On peut comparer une telle définition à une induction complète, au sens mathéma-tique, où l'assignation d'un prédicat au premier nombre ordinal correspondrait à l'assignation de la valeur de vérité actuelle, tandis que la clause inductive serait étendue du domaine discon-

5. Blanché, 1965 ; Boudot,1973, p. 440 et p. 444 : soutenir que la possibilité implique la nécessité, « ce serait affirmer que si un énoncé comme " Socrate est debout " est maintenant vrai ou le sera à un moment de l'avenir, alors il est vrai et le sera toujours ».

6. $(p \vee Fp) \cdot (\sim p \vee F \sim p) \equiv$
$(p \cdot \sim p) \vee (p \cdot F \sim p) \vee (\sim p \cdot Fp) \vee (Fp \cdot F \sim p) \equiv$
$(p \cdot F \sim p) \vee (\sim p \cdot Fp) \vee (Fp \cdot F \sim p).$

tinu des nombres au domaine contigu des instants du temps. Ces définitions assurent qu'une déclaration est nécessaire ou impossible quand sa valeur de vérité ne change pas. La seconde catégorie modale, en revanche, est compatible avec un changement de valeur de vérité, quoiqu'elle ne l'implique pas, étant donné les rapports de subalternation entre les modalités de première et de seconde catégorie. Le contingent, tel qu'on l'a défini par une disjonction triple, explicite, quant à lui, un changement de valeur de vérité inévitable. Car si est contingent ce qui n'étant pas sera ou ce qui étant ne sera pas ou ce qui sera et ne sera pas, cette dernière clause excluant qu'une même chose sera et ne sera pas au même instant, les trois cas d'univers qui réalisent la contingence impliquent tous un changement dans la valeur de vérité de la déclaration qui l'exprime.

17. Deux interprétations possibles quant a l'objet des modalités diodoréennes : interprétation nominaliste et interprétation réaliste :

On s'est, jusqu'ici, tenu dans la neutralité. On a employé le terme " déclaration " pour désigner ce sur quoi portent les modalités diodoréennes, sans examiner cet objet. L'examen s'impose à présent.

En interrogeant les définitions diodoréennes, on montrera d'abord que si l'on peut interpréter les déclarations comme des énoncés, on peut également les interpréter comme des propositions. Il restera, ensuite, à montrer pourquoi les conditions de vérité fixées par Diodore ont donné lieu à une interprétation totalement différente pour laquelle les déclarations sont des fonctions propositionnelles.

En premier lieu, Diodore définit les modalités en assignant les conditions des valeurs de vérité. Ces valeurs étant seules déterminantes et toutes les opérations permises dans les constructions linguistiques étant extensionnelles, on n'aura pas lieu de retenir des distinctions auxquelles ces opérations ne seraient pas sensibles. Une interprétation en termes d'énoncés aurait par conséquent les mêmes titres qu'une interprétation en termes de propositions. On ne s'attardera pas à les départager et, puisqu'elles sont équivalentes au regard des présentes définitions, on fera mieux de rester neutre et de les réunir pour l'occasion en parlant d'interprétation en termes d'assertion[7].

En second lieu, cette question subsidiaire réglée, la définition diodoréenne laisse un doute. En éliminant la modalité par une quantification sur le temps, prétend-on faire de la modalité une

---

7. Une proposition est la classe des énoncés ayant même signification. On a contesté le statut logique de cette notion à cause des difficultés qu'on rencontrait pour identifier les propositions. On n'a pas à entrer ici dans cette question.

En effet, les propositions n'ont d'occurrence essentielle que dans les contextes opaques du discours, c'est-à-dire dans les contextes tels qu'ils changeraient éventuellement de valeur de vérité si l'on y substituait des expressions ayant même dénotation, mais non même signification et, particulièrement des énoncés ayant même valeur de vérité mais n'appartenant pas à la même proposition. Les opérateurs modaux appartiennent à ces contextes opaques. Par exemple, étant donné l'identité :

Monsieur le Prince = Le Grand Condé

et la tautologie

il est nécessaire que Monsieur le Prince est identique à Monsieur le Prince

il est douteux qu'on puisse dire vrai l'énoncé :

il est nécessaire que Monsieur le Prince est identique au Grand Condé.

Or Diodore, en définissant les modalités comme il le fait, ne dépasse pas les moyens d'expression caractéristiques de la logique des prédicats de premier ordre. Cette logique ne comprend que les connecteurs *(non, ou, et)* et les quantificateurs sur les individus et sur les instants du temps, qui lui assurent l'extensionalité. Les contextes opaques en sont éliminés.

Dans ces contextes, les énoncés ne figurent dans le raisonnement que par leur valeur de vérité. Des énoncés qui ont même signification ayant *a fortiori* même valeur de vérité, on peut alors remplacer une proposition quelconque par l'un des énoncés qui lui appartient comme classe de synonymie.

Pourquoi, dans ces conditions, ne pas parler simplement d'énoncés et choisir le terme neutre d'assertions ?

En premier lieu, Sextus Empiricus (*Adversus mathematicos,* VIII, 11-13, et 132-139) rapporte le désaccord entre les écoles dogmatiques au sujet de la vérité. Les uns placent vérité et fausseté dans la chose signifiée, d'autres dans le son, d'autres dans le mouvement de l'intellect. Les premiers distinguent donc le signifiant ou énoncé, la référence ou chose existante et le signifié ou " proposition ", et c'est à la proposition qu'ils attribuent une valeur de vérité. Telle est l'attitude des Stoïciens. Les Épicuriens n'admettent pas de signifié entre le signifiant et la chose : ils attribuent donc à l'énoncé la valeur de vérité. Sextus ne précise pas quels sont les partisans de la troisième doctrine qu'on appellerait, de nos jours, " psychologiste ". On voit qu'Aristote ne manque pas d'insister sur l'importance des croyances. Selon qu'on considérera, en tout cas, un mouvement de l'intellect individuel ou une classe de tels mouvements, on reviendra à la distinction entre énoncé et proposition, interprétée psychologiquement. Nous ignorons dans lequel de ces partis Diodore se rangeait. Il est possible que ce soit dans celui des Stoïciens.

En second lieu, dans sa formulation originale, le Dominateur utilise des opérateurs modaux. Il ne réfute alors Aristote que dans la supposition que de tels opérateurs portent sur des propositions. Même si les définitions diodoréennes libèrent de cette supposition, il est bon d'en retenir la trace dans les moyens d'expression polémiques dont s'est servi Diodore.

quantification qui fixerait donc les conditions de satisfaction d'une fonction propositionnelle[8] ? Dans ce cas, toute proposition modale serait une proposition générale, particulière ou universelle. Mais on peut également faire porter la quantification sur la valeur de vérité d'une assertion complète, que cette assertion soit générale ou singulière, et qu'on l'entende comme un énoncé ou comme une proposition.

On apercevra les conséquences différentes des deux sortes d'interprétation en construisant les modèles qui leur correspondent.

Soient d'abord les modalités fortes.

Supposons que la nécessité s'applique à une fonction propositionnelle dont l'argument est le temps. Pour qu'une telle fonction soit vraie maintenant et ne soit jamais fausse dans l'avenir, il faut et il suffit qu'elle soit vraie de l'instant présent et de tous les instants futurs. Le prédicat diodoréen : "vrai maintenant et jamais faux dans l'avenir", traduit en termes de quantification sur le temps, aura pour conséquence de déterminer temporellement la fonction propositionnelle et de la transformer inéluctablement en une proposition portant sur un état de choses permanent, du moins à partir de l'instant présent. Serait par exemple nécessaire l'existence du monde d'après l'hypothèse platonicienne. On devrait, en revanche, refuser la nécessité à l'occurrence passée et révolue non seulement d'un événement tel qu'une bataille navale, mais encore d'un événement tel qu'une éclipse, modèle des événements nécessaires selon les Anciens. Interprété en termes de fonction propositionnelle le nécessaire signifie soit une implication formelle ("la neige est blanche (en

---

8. Une fonction propositionnelle est dérivée d'une proposition singulière quand on y transforme en variable une constante. Par exemple, de "Pierre court", on dérive la fonction "x court"; ou bien, de "il pleut maintenant", on dérive la fonction : "il pleut en t". Une fonction propositionnelle se distingue d'une proposition en ce qu'elle est dépourvue de valeur de vérité. Le concept qui pour la fonction correspond au concept de vérité pour la proposition est celui de satisfaction. Par exemple "x court" est satisfaite par les individus tels que Pierre et "il pleut en t" est satisfaite par les moments tels que "maintenant".

Il faut ajouter une précision. Les fonctions propositionnelles qui pourraient être l'objet des définitions diodoréennes ont la forme $f(N, t)$, où $N (= Nunc)$ désigne un terme fixe ("Maintenant"), $t$ variant par rapport à lui. On pourrait construire des fonctions propositionnelles à deux variables, la position de $N$ n'étant pas fixée sur l'axe des temps. On n'aura pas recours à cette construction, puisque les textes de Diodore éliminent l'interprétation en termes de fonctions propositionnelles.

tous temps) "), soit une proposition singulière sempiternellement vraie à partir d'un moment initial (maintenant).

Appliquons, en revanche, le nécessaire à une assertion. Le nécessaire signifie la stabilité à partir de maintenant de la vérité de cette assertion. La nécessité de la fonction propositionnelle entraîne celle de l'assertion. Mais une assertion peut être nécessaire sans qu'il en aille de même pour la fonction propositionnelle correspondante. Soit ainsi l'assertion : " Il y a eu bataille navale à Salamine ", qui est du genre indéfini à sujet déterminé. Elle a été fausse avant et pendant la bataille, puisqu'alors la bataille n'avait pas encore eu lieu. Mais aussitôt la bataille livrée, elle est devenue nécessaire, puisqu'alors il a été vrai et qu'ensuite il n'est jamais devenu et ne deviendra jamais faux que la bataille a eu lieu. Le mouvement de la vérité, dans cette interprétation, ne touche pas au temps propre de l'assertion, c'est-à-dire au temps de l'événement sur lequel elle porte.

Si l'on représente la vérité d'une proposition par un trait vertical s'élevant perpendiculairement sur l'axe des temps, l'interprétation du nécessaire en termes de fonction propositionnelle donnera lieu à un seul cas d'univers :

$$p_N \cdot \sim (\exists t)(t > N \cdot \sim p_t)$$

Interprété en termes d'assertion, le nécessaire donnera lieu à deux cas d'univers, celui-là même qui correspond à la précédente interprétation (I), auquel s'ajoute :

Des schèmes analogues, symétriques pour le faux, fixeraient le sens de deux interprétations pour l'impossible.

On retrouve la même situation pour les modalités faibles. En effet, interprété en termes de fonction propositionnelle, le possible signifie qu'il est vrai ou qu'il sera vrai que tel événement se produise, en d'autres termes que tel événement se produit ou se produira. Deux cas d'univers correspondent à cette première interprétation :

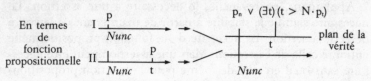

Se trouve exclu tout modèle dans lequel la réalisation de l'événement vérificateur précéderait maintenant. L'interprétation en termes d'assertion, en revanche, n'est pas sujette à cette limitation. Quelle que soit l'assertion et quel que soit donc le temps réel qui a vu se réaliser l'événement vérificateur, cette assertion est possible si elle est vraie maintenant ou à un moment postérieur du temps. Or une proposition au passé défini répond précisément à cette condition. Trois cas d'univers, par conséquent, répondent à l'interprétation en termes d'assertion, à savoir les deux précédents et :

En termes
d'assertion   III
(I, II et)

$$V_n p \qquad \vee\ V_t p \quad \text{plan de la vérité}$$

Des schémas analogues, symétriques pour le faux, fixeraient le sens des deux interprétations pour le possible que non.

En conséquence, dans le cas des modalités fortes comme dans celui des modalités faibles, si une déclaration est nécessaire, impossible, possible ou possible que non dans l'interprétation en termes de fonction propositionnelle elle est *a fortiori* nécessaire, impossible, possible ou possible que non dans l'interprétation en termes d'assertion. L'implication inverse n'est pas valide.

Les deux interprétations gardent, pour ainsi dire, la trace que les deux usages des modalités ont laissée dans la définition même qui les élimine. L'interprétation en termes de fonctions propositionnelles répond aux modalités *de re,* qui, s'attachant aux propriétés des choses, tombent dans la portée du quantificateur. L'interprétation en termes d'assertion répond aux modalités *de dicto,* dont l'objet est un *dictum* complet. On appellera la première *réaliste* et la seconde *nominaliste,* sans prêter à ces mots le sens plein qu'ils recevront lorsqu'on classera les systèmes philosophiques, et en les limitant à désigner les deux usages modaux mentionnés [9].

Avant d'examiner les titres respectifs de validité dont les deux interprétations se targuent, en face des définitions diodoréennes de la modalité, on fera un détour par la notion diodoréenne d'implication, à cause des lueurs trompeuses qu'elle pourrait jeter sur la question.

---

9. Posons :
$$MX =_{Df} (\exists t)(t \geq N \cdot X_t)$$
Si M est un quantificateur alors X est une fonction propositionnelle f (t). Mais il n'est pas nécessaire qu'il en soit ainsi et X peut désigner une assertion complète.

La première interprétation est celle de Mates (1961) qui regarde l'objet des modalités diodoréennes comme une fonction propositionnelle (p. 37). Indépendamment de toute référence historique, Russell paraît avoir expressément adopté une telle conception (Von Wright, 1979, pp. 232-233).

La seconde interprétation est celle de Boudot (1973, p. 442).

Ces deux interprétations peuvent donc s'écrire :
Modalités définies en termes de fonctions propositionnelles
$$M_N p_t = p_N V (\exists t)(t > N \cdot p_t)$$
$$M_N \sim p_t = \sim p_N V (\exists t)(t > N \cdot \sim p_t)$$
$$L_N p_t = p_N \cdot \sim (\exists t)(t > N \cdot \sim p_t)$$
$$\sim M_N p_t = \sim p_N \cdot \sim (\exists t)(t > N \cdot p_t)$$
Modalités définies en termes d'assertions
$$M_N p = V_N p V (\exists t)(t > N \cdot V_t p)$$
$$M_N \sim p = F_N p V (\exists t)(t > N \cdot F_t p)$$
$$L_N p = V_N p \cdot \sim (\exists t)(t > N \cdot F_t p)$$
$$\sim M_N p = F_N p \cdot \sim (\exists t)(t > N \cdot V_t p).$$

Souvent les interprètes juxtaposent, sans les distinguer, les deux interprétations. Ainsi Sedley (note 139, p. 116) : " ... La nécessité n'appartient qu'à des propositions qui peuvent être assertées comme vraies à la fois maintenant et dans l'avenir. Elles doivent inclure, avant tout, les vérités éternelles et analytiques, mais aussi certaines assertions sur le passé (comme dans la prémisse A du Dominateur). En revanche, une proposition est possible lorsqu'elle veut exprimer une vérité maintenant ou à *quelque* moment de l'avenir " (On ne voit pas, d'ailleurs, comment seules *certaines* assertions sur le passé seraient nécessaires).

Boudot reproche à Mates de concevoir les propositions (de la langue-objet elle-même) comme si elles contenaient une variable temporelle. « Pour Diodore, ajoute-t-il, l'énoncé c'est " Il fait jour " et non " il fait jour en t ". La date, si elle doit figurer, détermine non l'énoncé, mais le moment de son assertion et les variables temporelles appartiennent à la métalangue, non à la langue-objet ». Une fois les modalités gouvernant des énoncés, on considérera que les déterminations temporelles du vrai et du faux appartiennent à la métalangue qu'on distinguera de façon tranchée de la langue-objet. La neutralité de l'assertion n'engage pas jusque là, l'assertion groupant énoncés et propositions. A cette nuance près, notre exposé doit beaucoup à celui, clair et pénétrant, de Boudot.

## 18. Signification de l'implication diodoréenne.

Les partisans de l'interprétation réaliste pourraient en effet invoquer la théorie diodoréenne de l'implication et prétendre que, cette implication étant formelle, elle gouverne bien des fonctions propositionnelles et non des propositions.

On examinera donc la nature de l'implication diodoréenne et la fausse apparence à laquelle se sont laissés prendre les partisans des fonctions propositionnelles.

Philon [10] admettait qu'une conditionnelle est vraie si et seulement si l'antécédent n'est pas vrai quand le conséquent est faux. C'est là la conception de l'implication matérielle que les modernes ont reprise. Quant à Diodore, selon le rapport de Sextus, « il dit qu'un conditionnel est vrai chaque fois qu'il n'était ni n'est ni ne sera possible pour l'antécédent d'être vrai et pour le conséquent d'être faux, ce qui est incompatible avec la thèse de Philon. Car, selon Philon, une conditionnelle telle que " S'il fait jour, je suis en conversation " est vraie quand il fait jour et que je suis en conversation, puisque, dans ce cas, son antécédent " Il fait jour " est vrai et que son conséquent " Je suis en conversation " est vrai. Mais, selon Diodore, elle est fausse. Car il est possible pour son antécédent, " il fait jour ", d'être vrai et pour son conséquent " Je suis en conversation " d'être cependant faux, à savoir que je me sois tu. Et il était possible pour l'antécédent d'être vrai et pour le conséquent d'être faux, car, avant d'être en conversation, l'antécédent " il fait jour " était vrai, mais le conséquent " Je suis en conversation " était faux » [11].

A moins de supposer circulaire le critère de l'implication diodoréenne, on devra développer en termes de déterminations temporelles les modalités qui y figurent. On dira qu'une proposition p implique de façon diodoréenne une proposition q si et seulement si ce n'a jamais été le cas et ce n'est ni ne sera jamais le cas que p soit vraie et q fausse. Ou encore, l'implication diodoréenne équivaut à une implication formelle, quand la variable liée a pour domaine les instants du temps. Dire, selon Diodore, que si p alors q c'est dire qu'en aucun temps p n'a été, n'est, ne sera vraie et q fausse.

Mais de quel genre d'implication formelle s'agit-il ? Les deux interprétations nous sollicitent à nouveau.

---

10. Sextus Empiricus, M, VIII, 113.
11. Sextus Empiricus, M, VIII, 115 ; Mates, 1961, p. 98.

Sextus rapporte deux cas de conditionnelles, valides selon Diodore, dont la première appartient à un syllogisme inconclusif. Soit d'abord l'argument épicurien : " Si le mouvement existe, le vide existe ". Comme il commence toujours avec une fausseté et se termine avec une fausseté — Diodore nie et le mouvement et le vide —, il est en lui-même vrai ; mais comme la prémisse de la mineure : " Or le mouvement existe " est fausse à son tour, on n'en peut rien conclure[12]. Le second exemple est : " S'il n'existe pas d'éléments indivisibles, alors des éléments indivisibles existent ". Elle commence par le faux et finit par le vrai, et cette disposition a toujours lieu[13].

On pourrait d'abord refuser de tenir les expressions : " le mouvement existe ", " le vide existe ", " il existe des éléments divisibles " pour des assertions et les regarder comme des fonctions propositionnelles. La conditionnelle épicurienne signifierait alors que quel que soit l'instant t, si le mouvement existe à cet instant, le vide existe à cet instant. La forme complète et exacte des expressions : " le mouvement existe ", " le vide existe ", " il existe des éléments indivisibles " exigerait qu'on écrivît : " le mouvement existe à l'instant t ", " le vide existe à l'instant t ", " il existe des éléments indivisibles à l'instant t ". L'implication diodoréenne ne se distinguerait pas alors d'une proposition universelle en termes d'instants[14]. La liaison de la variable se faisant sur deux fonctions propositionnelles du temps, elle n'exprimerait rien d'autre qu'une loi physique au sens moderne du mot. Son modèle serait une proposition du genre : " La neige est blanche ", qu'on traduirait en termes temporels : " si quelque chose est au moment t de la neige, elle est au même moment blanche ". En conséquence, les valeurs de vérité étant fixées simultanément pour l'antécédent et le conséquent de la conditionnelle, il serait exclu que, dans un même moment, l'antécédent pût être vrai quand le conséquent est faux, conformément au réquisit de Diodore.

Le caractère spécieux de cette interprétation apparaît dès qu'on se demande à quoi a pu servir l'implication diodoréenne. Sextus nous a conservé deux arguments de Diodore destinés à prévenir les objections qu'on lui faisait quand il disait qu'il n'y

12. Sextus Empiricus, M, VIII, 330-333 (Bury, II, pp. 412-413 ; Döring, fr. 143, p. 44).
13. Sextus Empiricus, PH, II, 110-111 (Bury, I, pp. 222-223 ; Döring fr. 141, p. 43).
14. Mates, 1961, pp. 45-46.

a rien à *être*, mais qu'il y a seulement quelque chose à *avoir été* en mouvement[15]. On objectait donc que " si des passés sont vrais, il est impossible que leurs présents soient faux et ils doivent être vrais ; et, de même, les passés doivent être faux, quand les présents sont faux "[16]. Parmi les réponses de Diodore, deux portent sur la question du rôle joué par le mouvement du vrai. Les passés, dit-il d'abord[17], peuvent être vrais, quand leurs présents sont faux. En effet, la proposition au passé " ces hommes se sont mariés " peut être vraie à un même moment du temps, quand la proposition correspondante au présent : " ces hommes se marient " n'a jamais été vraie. Il suffit à cet effet que ces hommes se soient mariés à des moments différents du passé. La correspondance exigerait qu'ils se fussent mariés simultané-ment. Le second argument[18] est du même genre. La proposition au passé : " Hélène a eu trois maris " peut être vraie, puisqu'Hé-lène fut mariée trois fois, sans que l'ait jamais été la proposition au présent : " Hélène a trois maris ", puisque ces trois mariages furent successifs.

Quelle que soit la question de savoir si, comme le dit Sextus[19], ces arguments sont sophistiques, ils prouvent que Diodore utilise systématiquement des assertions temporelles complètes comme antécédents et conséquents d'une conditionnelle. L'impli-cation formelle sur le temps ne concerne pas le temps propre des propositions, mais seulement celui de leur valeur de vérité. Le schéma suivant illustre pourquoi la conditionnelle du premier exemple est invalide. Elle ne pourrait être valide que si l'antécé-dent n'était jamais vrai quand le conséquent est faux.

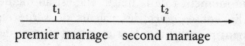

premier mariage    second mariage

---

15. Sextus Empiricus, M, X, 86 (Bury, III, pp. 252-253 ; Döring, 1972, fr. 123, p. 35). Comme le fait remarquer Sedley (1977, pp. 85-86), le texte de Diodore fait écho à Aristote montrant que si la théorie des indivisibles, appliquée au temps, est vraie alors il y a eu mouvement sans qu'il y ait mouvement ( *Physique,* Z, $231^{b}21$ - $232^{a}17$, $240^{b}8$ - $241^{a}6$) (voir plus bas, pp. 71-72). Si, avec Sedley, on admet que Diodore répond à Aristote, cette correspondance suggère que Diodore tient pour valable l'implication aristoté-licienne, et, tenant également pour valable l'antécédent, les indivisibles tempo-rels, conteste l'absurdité du conséquent, rejeté par Aristote sans autre forme de procès.

16. Sextus, M, X, 91 (Bury, III, pp. 255-256 ; Döring, 1972, p. 35).

17. M, X, 97 (Bury, III, pp. 258-259 ; Döring, 1972, pp. 35-36).

18. M, X, 98 (Bury, *ibid.* ; Döring, 1972, p. 36).

19. M, X, 99-100 (Bury, pp. 260-261 ; Döring, 1972, p. 36).

L'antécédent est la proposition au passé portant sur la conjonction du mariage en $t_1$ et du mariage en $t_2$. Elle est vraie immédiatement après l'accomplissement de $t_2$ et elle ne sera jamais fausse. En revanche, le conséquent n'est jamais vrai : il dit qu'il y a eu un moment du passé où les deux mariages étaient simultanés[20]. Dire qu'il y a eu un premier mariage en $t_1$ et un second en $t_2$, c'est énoncer d'authentiques assertions, et non parler, comme le voulait la première interprétation, en termes de fonctions propositionnelles. L'implication formelle porte sur la vérité, variable avec le temps, de ces assertions. Elle est nominaliste.

Aussi doit-elle pouvoir, à la différence d'une implication formelle qui porterait directement sur des fonctions propositionnelles, relier un antécédent et un conséquent situés à deux moments différents du temps. C'est le cas, lorsqu'on prétend faire correspondre à la vérité présente d'un mouvement passé la vérité passée de ce mouvement présent. C'est encore le cas dans le raisonnement diodoréen rapporté par Cicéron : « Si cette liaison " Si tu es né au lever de la canicule, tu ne mourras pas en mer " est véritable, et que l'antécédent de la liaison : " Tu es né au lever de la canicule " soit nécessaire (car toutes les propositions vraies portant sur le passé sont nécessaires...), le conséquent devient aussi nécessaire »[21]. Il est impossible de donner à la conditionnelle le sens imposé par la première interprétation, car il faudrait alors détruire la différence de temps entre antécédent et conséquent et énoncer la loi intemporelle : celui qui naît au lever de la canicule ne meurt pas en mer, car " naître au lever de la canicule " et " mourir en mer " sont alors interprétés comme des fonctions propositionnelles, dont la première n'impliquerait la seconde que si, quand la première est vraie, la seconde est toujours vraie. L'argument rapporté par Cicéron repose sur la différence des temps. Il deviendrait sans effet.

C'est à cette particularité temporelle de l'implication formelle que Diodore doit de se distinguer des anciens Eléates en faisant la part du mouvement[22] comme il fait la part du possible défini en termes de temps et se distingue ainsi des anciens Mégariques. A cet effet il lui fallait admettre la succession d'états, tout en rejetant le changement d'états. Mais admettre la première et

20. Formellement, on infirme l'implication :
$V_N P (p \cdot q) \rightarrow (\exists t)(t < N \cdot V_t(p \cdot q))$.
21. Cicéron, *De Fato*, VII, 14 ; Bréhier, 1962, p. 478.
22. Sextus, M, X, 48 (Bury, III, pp. 243-245 ; Döring, 1972, fr. 122, p. 34).

rejeter le second, c'est nier que l'implication du second par la première soit vraie, puisque la vérité d'un mouvement passé n'a pas de correspondant dans la vérité d'un mouvement présent qu'on saisirait dans son passage.

La définition diodoréenne de l'implication se trouve donc étroitement liée à la conception des moments indivisibles du temps, conception que Sextus a répétée jusqu'à la nausée[23]. L'instance la plus claire de cette conception est probablement celle du mur, écroulé, sans être jamais s'écroulant. " Si le mur s'écroule, il s'écroule, soit pendant que les pierres se touchent encore et s'emboîtent, soit quand elles sont séparées. Mais ce n'est ni quand elles se touchent et s'emboîtent, ni quand elles sont séparées que le mur s'écroule ; donc le mur ne s'écroule pas ". Le commentaire de Sextus est clair : " On conçoit deux temps, celui dans lequel les pierres se touchent et s'emboîtent et celui dans lequel elles sont séparées, et, en dehors d'eux on ne peut concevoir aucun temps tiers. Si donc le mur s'écroule, il doit s'écrouler dans l'un ou l'autre de ces temps ", mais il ne le peut dans aucun cas[24]. Le présent, qui était conçu par Aristote comme une limite mobile sans épaisseur, s'évanouit : si des états différents du monde sont constatés, et ils le sont, on ne saurait donc ni saisir ni poser dans l'être un changement d'état instantané. Le temps est fait de parties indivisibles. On peut alors dire qu'il y a eu du mouvement, sans pour autant être contraint d'avouer un mouvement présent, c'est-à-dire instantané.

En définissant comme il le fait l'implication, Diodore s'attaque en réalité à la définition aristotélicienne du mouvement comme acte de ce qui est en puissance en tant qu'il est en puissance. Selon Aristote, la puissance est présente sous forme de privation dans le mobile. En niant la divisibilité du temps à l'infini, Diodore rejette ce genre de puissance. Le futur ne hante pas le présent-limite sous les espèces d'un besoin. Il sera ou bien il est déjà. Il y a un temps, mais pas de devenir. Il y a de l'engendré et du corrompu, mais pas de génération ou de corruption. De ce qu'il est vrai qu'il y a eu mouvement, on ne

23. Sextus, PH, II, 242 (Bury, I, pp. 312-313 et la réponse du médecin Hérophile) ;
PH, II, 245 (Bury, I, pp. 314-315 ; Döring, 1972, fr. 127, p. 37) ;
PH, III, 71 (Bury, I, pp. 376-377 ; Döring, fr. 124, p. 36) ;
M, X, 87-88, (Bury, III, pp. 252-253 ; Döring, fr. 123, p. 35) ;
M, X, 142-143 (Bury, III, pp. 282-283 ; Döring, fr. 125, p. 36).
24. M, X, 347-349 (Bury, III, pp. 378-379 ; Döring, 1972, fr. 126, p. 37).

peut conclure qu'il a été vrai qu'il y avait alors mouvement, c'est-à-dire encore qu'il est vrai qu'il y a eu passage. Toute la démonstration tient à une implication dont l'antécédent dit qu'il y a eu mouvement et dont le conséquent dit qu'il y a eu passage. Ce sont là des assertions complètes, la première vraie, la seconde fausse, et l'implication formelle qui ne parvient pas à les lier porte sur leur vérité non sur leur contenu.

## 19. LE NOMINALISME DE DIODORE.

Les conditions que, dans ses définitions des modalités, Diodore impose aux valeurs de vérité ont trait à leur comportement temporel. Étant donné ce qu'elles sont maintenant, on assigne ce qu'elles seront. Ce comportement est donc relatif au " particulier égocentrique " : *maintenant*. Or la référence au temps d'une déclaration est elle-même susceptible de trois degrés différents de précision. Ou bien le temps est indéfini : " J'entreprendrai ce travail un jour ". Ou bien le temps est rapporté au moment présent de l'énonciation par l'indication d'une distance fixée par le recours au calendrier : " J'entreprendrai ce travail dans la seconde semaine du mois prochain ". Ou bien la date de l'événement est fixée par rapport à une chronologie à l'intérieur de laquelle se situe l'expérience du locuteur lui-même : " J'entreprendrai ce travail le 1er janvier 1982 ". La référence au temps donne ainsi lieu dans le premier cas à un temps (grammatical), dans le second à ce qu'on a appelé une pseudo-date [25], dans le troisième à une date. Seule la déclaration datée ne dépend pas, au moins apparemment, de l'assignation de maintenant. C'est pourquoi on a pu la regarder comme " éternelle " [26].

---

25. Suivant l'expression de Rescher, 1971.

26. Suivant que les déclarations datées sont proférées avant, pendant ou après l'événement daté décrit, certaines langues maintiennent une référence au temps de l'énonciation dans le verbe de l'énoncé. Dans de telles langues, ces artifices de conjugaison seront considérés comme des variations nécessaires pour établir la synonymie des énoncés, en vertu de la règle : selon qu'un énoncé portant sur un événement daté est prononcé avant, pendant ou après cet événement, le temps de l'énoncé doit être mis au futur, au présent ou au passé. Néanmoins cette modification nécessaire apportée au temps du verbe n'affecte pas le statut logique de la déclaration.

Une date n'est déterminée que par rapport à une origine. On se demandera encore si, pour fixer l'origine, on ne doit pas recourir à un " particulier égocentrique ". On n'entrera pas dans cette question, dont la solution ne changerait pas l'interprétation des définitions diodoréennes.

Le plan de l'examen se trouve ainsi tracé. On devra décider des mérites respectifs des deux interprétations qu'on a distinguées dans le cas des déclarations indéfinies, puis dans celui des dates et des pseudo-dates. C'est le premier qui offre le plus de difficultés.

On sera tenté de croire que l'interprétation réaliste s'impose, qu'on a dérivé la modale d'une fonction propositionnelle et que le mouvement de la vérité aura alors déterminé le temps de l'événement quand la modale gouverne un présent apparent ou — c'est le cas en français — un subjonctif. Ce présent et ce subjonctif, au lieu d'indiquer la simultanéité de l'événement avec le temps de l'énoncé, seront censés indiquer sa simultanéité avec le temps induit sur la variable de la fonction propositionnelle par les prédicats du vrai et du faux ou directement, par le temps grammatical[27]. Citant la définition diodoréenne du possible, Alexandre d'Aphrodise[28] se passe même des prédicats du vrai et du faux et affecte directement le temps à partir d'un présent apparent. " Selon Diodore, dit-il, il est possible pour moi d'être à Corinthe, dans le cas où je suis à Corinthe ou dans le cas où j'irai à Corinthe. Mais si je ne devais jamais être à Corinthe, cela n'aurait pas été possible. Et devenir un grammairien est possible pour un enfant, s'il le devient un jour ". Point d'ambiguïté ici. Il y a possible lorsque la chose est actuellement réalisée ou qu'elle le sera[29]. De même, Boèce ne mentionne pas le prédicat de la

---

27. Pour désigner l'objet des modalités, les définitions emploient un pronom neutre (*quod* disent Cicéron et Boèce, ὅπερ dit Plutarque, ὅ dit Alexandre). Quand on fournit une précision, c'est pour le traduire en un infinitif substantifié (τὸ γενέσθαι dit Alexandre). Bref, on est tenté de croire que là où le français emploierait le subjonctif (" il est possible que j'aille à Paris "), les Anciens utilisent des expressions qui excluent un temps déterminé et font, par conséquent, appel à des fonctions propositionnelles qu'assigneront les prédicats de vérité à défaut d'une traduction directe en termes de temps grammatical.

28. 1883, p. 184.

29. Plutarque (*De Stoic. rep. 46, 1055 d-e*; Döring, 1972, fr. 134, p. 40; *in Plutarch's Moralia,* 1976, XIII, 2, p. 589), Philopon, (1905, 169, 17-21; Döring, 1972, fr. 136, p. 41), Simplicius (1907, 195, 31-196, 24; Döring, 1972, fr. 137, p. 41), rapportent tous la définition diodoréenne du possible en termes objectifs, comme ce qui est ou sera. Cicéron, dans le *De Fato* (6, 12, 7; Döring, 1972, fr. 132 A, p. 39) lie les deux définitions. Diodore, dit-il " dit que seul peut arriver ce qui est vrai ou sera vrai, et tout ce qui est futur, il dit qu'il est nécessaire qu'il arrive, et tout ce qui n'est pas futur, il nie qu'il puisse arriver ". Le temps qui importe pour caractériser la modalité, c'est celui de l'événement, non celui de la vérité.

vérité quand il rapporte, par deux fois[30], la définition diodoréenne de la vérité, donnée en termes purement objectifs. Est possible, dit la définition, ce qui est ou qui sera. Ainsi le possible assigne à une déclaration indéfinie à présent apparent, qui n'est qu'une fonction propositionnelle, le présent ou le futur.

Ceux qui s'en tiendraient à cette apparence commettraient cependant une double erreur. Historiquement, ils emprunteraient à des commentateurs proches du réalisme aristotélicien des arguments pour interpréter Diodore, dont on a vu qu'il refusait énergiquement de recevoir la notion de potentialité réelle. Logiquement, ils oublieraient qu'un possible réaliste légitime *a fortiori* un possible nominaliste. Considérons, en effet, l'assertion " Je suis maintenant ou je serai à Corinthe ". Dire que cette assertion est possible, c'est dire qu'il est vrai maintenant ou qu'il sera vrai que je suis maintenant ou que je serai à Corinthe. Les conditions de vérité imposées à l'assertion sont équivalentes aux conditions de satisfaction qu'on imposait à la fonction propositionnelle.

Pour départager les deux interprétations, il faut remplir trois conditions :

1 - Il faut découvrir des cas où l'interprétation réaliste pèche par défaut ou bien, ce qui revient au même, où l'interprétation nominaliste pèche par excès. La condition nécessaire, n'est pas suffisante, car on pourra plaider une ambiguïté dans l'usage que Diodore fait des mots[31].

---

30. Boèce, 1880, 234, 10-235, 9 et 412, 8-21 (Döring, 1971; fr. 138-139, pp. 42-43). Le commentaire de Boèce ne laisse aucun doute au sujet de l'interprétation choisie : « Alors que, dit-il, il y a deux parties principales du possible, l'une qui est dite selon ce qui, n'existant pas, peut cependant exister, l'autre qui est prédiquée selon ce qui est déjà quelque chose en acte et non seulement en puissance, le possible de cette sorte qui est déjà en acte produit de soi deux espèces : l'une qui, existant, n'est pas nécessaire, l'autre qui, existant, rend encore ce possible nécessaire. Et cela, ce n'est pas la seule subtilité d'Aristote qui l'a reconnu : Diodore, lui aussi, définit le possible ce qui est ou sera. Ainsi Aristote estime possible ce que Diodore dit " futur ", qui, alors qu'il n'existe pas, peut cependant arriver. Quant à ce que Diodore a dit " présent ", cela Aristote l'interprète comme étant possible, qui est dit précisément possible puisqu'il est déjà en acte ». Quelle que soit la justesse du rapprochement que Boèce fait entre Diodore et Aristote — car, en parlant d'un possible qui n'est pas mais peut être, Aristote ne parle pas automatiquement de ce qui sera —, une chose est assurée, c'est que, selon Boèce, Diodore estime possible ce qui est ou qui sera en acte.

31. Selon Mates (1961, p. 39), l'attribution de la nécessité, dans la première prémisse du Dominateur, exige qu'on utilise le mot " nécessaire " en un sens autre que celui qu'utilisent les définitions des modalités, du moins celles des modalités faibles.

2 - Cette prétendue ambiguïté, qui contredit d'ailleurs la réputation laissée par Diodore[32], perdra toute apparence si l'on montre qu'en la supposant on détruit les relations de " carré logique " entre modalités que font attendre les définitions diodoréennes[33].

3 - Une même déclaration singulière, rapportée à un maintenant fixe, admettra comme on va le voir, des comportements symétriques ou asymétriques pour le vrai et le faux suivant qu'on l'interprétera de façon nominaliste ou réaliste. Les effets d'asymétrie seront autant d'arguments contre l'interprétation qui les suscite. D'autre part une même déclaration, toujours rapportée à un " maintenant fixe ", peut changer de forme parce qu'on choisira une origine apparente différente de maintenant et qu'on compensera ce choix en modifiant convenablement les temps de la déclaration. S'il est vrai qu'il pleut aujourd'hui, il est équivalent de dire qu'il était vrai hier qu'il pleuvrait le jour suivant. Une interprétation qui se trouverait rendre les valeurs de vérité sensibles à de tels changements de forme, serait, par là, disqualifiée.

Il est aisé de mettre en défaut la théorie réaliste. Si l'on part de la fonction " il y a en t une bataille navale à Salamine ", les définitions diodoréennes ne permettent pas d'assigner son statut

---

32. Sedley, p. 103 ; voir plus haut, Chap. I, note 23.
33.

Carré des Modalités selon Diodore

(Kneale, 1962, p. 125). De deux contradictoires, l'un est vrai, l'autre faux. Deux contraires ne peuvent être vrais, mais peuvent être faux en même temps. Deux subcontraires ne peuvent être faux, mais peuvent être vrais en même temps. Les subalternes s'impliquent dans le sens descendant : ce qui est nécessaire (impossible) est possible (non nécessaire). Un interprète réaliste, comme Mates, convient qu'il faut respecter les lois du carré logique (1961, p. 37).

modal. Une telle fonction n'étant satisfaite, ni au présent, ni au futur, elle serait tout au plus impossible. En revanche, l'interprétation nominaliste est légitime puisque l'assertion : " il y a eu bataille navale à Salamine " est vraie maintenant et ne sera jamais fausse et qu'elle est donc nécessaire.

L'interprète réaliste est donc acculé à accuser Diodore d'ambiguïté. Mais une fois interprétée en termes d'assertion, la nécessité du passé vient prendre rang à côté des prétendues définitions diodoréennes en termes de fonction propositionnelle et fait que du nécessaire le possible ne suit plus logiquement. En effet, " il y a eu bataille navale à Salamine " est assurément une assertion vraie ou qui sera vraie. Mais on ne peut pas dire qu'elle exprime l'acte présent ou futur d'un événement[34].

C'est ici le lieu d'interroger, par rapport aux déclarations singulières portant sur le futur, les deux interprétations sur la symétrie ou l'asymétrie du vrai ou du faux. Dérivons d'abord " Fabius mourra en mer " d'une fonction propositionnelle " Fabius mourra en mer en t ". Si l'assertion dérivée d'une telle fonction est vraie, la fonction est safisfaite par la mort en mer de Fabius à un moment identique à maintenant ou ultérieur à lui. Cette vérité est donnée une fois pour toutes. Elle est stable. Elle

---

34. L'interprétation nominaliste peut s'écrire :
$$(\exists t)(t < N \cdot p_t) \rightarrow \mathcal{V}_N[(\exists t)(t < N \cdot p_t)].$$
$$(t')(t' > N \rightarrow \mathcal{V}_{t'}[(\exists t)(t < N \cdot p_t)])$$
$$\equiv L_{nom}(\exists t)(t < N \cdot p_t)$$
$$\rightarrow M_{nom}(\exists t)(t < N \cdot p_t)$$
$$\equiv \mathcal{V}_N[(\exists t)(t < N \cdot p_t)]$$
$$V(\exists t')(t' > N \cdot \mathcal{V}_{t'}[(\exists t)(t < N \cdot p_t)]).$$
(Les symboles $L_{nom}$ et $M_{nom}$ désignent respectivement la nécessité et la possibilité au sens nominaliste).

Si dans l'interprétation réaliste :
$$M_{real} \, p \equiv p_N \, V (\exists t') \, t' > N \cdot p_{t'},$$
on substitue à la place de p la formule exprimant que p est passé, on obtient :
$$M_{real} \, p \equiv [(\exists t)(t < N \cdot p_t)]_N \, V(\exists t')(t' > N \cdot [(\exists t)(t > N \cdot p_t)]_t),$$
formule qui illustrerait le texte aristotélicien du *De Caelo* : il sera vrai de dire maintenant de l'an prochain que c'est l'année dernière. Toute impression de paradoxe se dissipe au sujet du possible lorsqu'on dénonce l'invalidité de la conditionnelle :
$$\cdot \, L_{nom} \rightarrow M_{real}$$
Le réaliste peut, avec Aristote, démontrer, dans son langage, la " nécessité " du passé. Il posera :
$$t < N \rightarrow \sim M p_t \, V \sim M \sim p_t;$$
et si la fonction propositionnelle a été satisfaite en t :
$$\sim M \sim p_t.$$
Mais il restera que cette nécessité n'est pas conforme au réalisme, puisqu'elle ɪ ɴtraîne pas, mais au contraire exclut logiquement la possibilité réaliste.

ne produit cependant pas la nécessité, puisque Fabius ne meurt qu'une fois. La contingence de la fonction propositionnelle est donc garantie par l'unicité de son vérificateur ou du moins par le fait que ce vérificateur ne satisfait pas la fonction à tous les instants. En revanche, si l'assertion dérivée est fausse, la fonction n'est jamais satisfaite, ni maintenant, ni dans l'avenir. Ce qui est maintenant faux et ne sera jamais vrai est impossible. Ainsi, lorsqu'on accepte l'interprétation réaliste, ce qui est contingent s'il est vrai devient impossible s'il est faux. Au contraire, soit l'assertion "Fabius mourra en mer". Si elle est vraie, elle deviendra fausse une fois survenue cette mort, puisqu'à partir de ce moment la mort en mer de Fabius n'arrivera plus. Le changement inévitable de la valeur de vérité de l'assertion quand se produit l'événement et non pas l'unicité de cet événement est ce qui garantit la contingence de l'assertion. Si l'assertion est fausse, il est faux maintenant que Fabius mourra en mer. Supposons alors qu'au moment t, futur, Fabius meure sur terre. A partir de ce moment, la négation de "Fabius mourra en mer", c'est-à-dire : "Il n'arrivera pas que Fabius meure en mer" devient vraie, en même temps que l'affirmation : "Fabius mourra en mer" deviendrait fausse si Fabius était mort en mer. Ainsi, l'échéance de l'événement infirmateur d'une assertion déterminée au futur actuellement fausse rend vraie cette assertion, comme l'échéance de l'événement confirmateur d'une assertion déterminée au futur actuellement vraie rendait fausse cette assertion[35]. L'interprétation réaliste détruit pour les futures singulières la symétrie du vrai et du faux que l'interprétation nominaliste respecte.

Reste enfin la question de la résistance ou de la sensibilité des valeurs de vérité aux changements de forme des déclarations. Ici, c'est le nominaliste qui paraît en danger. Si l'assertion "Fabius mourra en mer" est contingente pour son interprétation, la transformée grammaticale de cette assertion, soit "Il a été vrai que Fabius mourra en mer", ne devient-elle pas nécessaire du fait qu'on l'a mise au passé ? Mais examinons de plus près

---

35. Les apparences du langage font obstacle à la compréhension des définitions diodoréennes. On sera tenté de dire : « Si " Fabius mourra en mer " est faux maintenant, il le restera au moment de la mort de Fabius sur terre ». Ainsi raisonneront Cicéron et les réalistes (cf. note 42). Mais c'est transformer une assertion en fonction propositionnelle. Il est vrai que cette dernière n'est jamais satisfaite. Ce n'est pas pour autant que " Fabius ne mourra pas en mer " ne devient pas vraie dès que Fabius est mort (sur terre).

l'assertion transformée. On ne doit pas la comprendre en termes réalistes en la traduisant dans les mots : " Il a été vrai que Fabius mourrait en mer ", car, en cas de fausseté, on reviendrait à un impossible. L'assertion " Il a été vrai que Fabius mourra en mer ", en revanche, suit exactement le statut modal assigné à l'assertion : " Fabius mourra en mer ". Elle est contingente car selon qu'elle est vraie ou fausse maintenant, elle se trouvera infirmée ou confirmée par l'événement[36].

L'interprétation réaliste paraît en meilleure posture lorsqu'il s'agit d'interpréter les pseudo-dates et les dates. Bien que la fonction propositionnelle se trouve alors satisfaite sans aucune indétermination dès qu'on a fixé le Maintenant, elle conserve sa contingence du fait qu'elle ne se trouve pas toujours ou jamais satisfaite. Il faut d'ailleurs payer le prix pour cette contingence universelle, puisque la complète détermination d'un événement à occurrence pseudo-datée ou datée — telle l'éclipse — ne le préservera pas de la contingence. Dans l'interprétation nominaliste, au contraire, toutes les assertions pseudo-datées ou datées sont nécessaires ou impossibles. Si je dis qu'il fait jour maintenant ou qu'il pleuvra demain, ces assertions, si elles sont vraies, ne peuvent pas devenir fausses et si elles sont fausses ne peuvent pas devenir vraies[37]. Ici, même les assertions que le bon sens tiendrait pour contingentes (" Il pleuvra demain ", " Il pleuvra le

---

36. La confusion entre forme grammaticale du passé et passé proprement dit, qu'exprime la thèse de la nécessité des énoncés au passé " est sans conséquence grave en logique des temps " (Boudot, 1973, p. 453). L'auteur paraît se référer à ce qu'il a dit antérieurement (pp. 448-449) : " A aucun moment nous n'avons vu surgir la conclusion redoutée qui identifierait le vrai et le nécessaire. Bien plus, on démontre qu'un énoncé peut être vrai sans être nécessaire : il suffit pour cela qu'il soit vrai quelquefois sans l'être toujours ".

37. Le présent réel est une pseudo-date, puisqu'il affirme la simultanéité de l'énonciation et de l'événement. Dira-t-on que l'assertion " Il fait jour maintenant " sera fausse cette nuit ? Ce serait rendre variable le maintenant et la distance entre l'événement et le maintenant. La classe de synonymie de *l'assertion* de " Il fait jour maintenant " comprend en effet tous les énoncés — en français ou dans une langue traductrice — de même forme prononcés pendant le laps de temps fixé par le module du présent (par exemple, l'heure). Dans cinq heures, les énoncés qui appartiendront à la même classe sont les énoncés : " Il y a cinq heures, il faisait jour ". Ces énoncés sont vrais et ne deviendront jamais faux (dans la mesure où ils incorporent la compensation voulue du module). En revanche, si l'on franchissait le module en disant que l'assertion : " Il fait jour maintenant " sera fausse dans cinq heures, on emploierait de façon ambiguë l'assertion et l'on violerait les conditions strictes de son identité qui exigent qu'on modifie convenablement les énoncés.

Ceux qui parlent en termes d'énoncés devront se contenter de dire qu'un énoncé est strictement lié à son moment d'émission. Pour démontrer le

20 mai 2000 à Paris ”) sont transformées en assertions nécessaires ou impossibles par le nominalisme.

Devra-t-on alors, pour les pseudo-dates et les dates, tenir, conformément au bon sens, une balance égale entre deux interprétations qui entraînent des paradoxes complémentaires ? Ce serait oublier que Diodore récuse la position de bon sens à l'égard des paradoxes, et qu'il n'y a pas équilibre entre les fausses contingences du réalisme et les nécessités choquantes du nominalisme. Que la nécessité s'attache aux propositions présentes ou futures, dès qu'elles sont datées ou pseudo-datées sans ambiguïté, c'est ce qui paraîtra philosophiquement légitime si, avec Diodore, on réduit la contingence à l'indétermination dans l'occurrence temporelle des événements. Loin de se faire équilibre comme le voudrait le bon sens, les paradoxes nominalistes et les paradoxes réalistes s'ajoutent pour corroborer l'interprétation nominaliste, puisque les principes de Diodore obligent à accepter les premiers et à rejeter les seconds.

Il y a enfin tous les textes d'Epictète et de Cicéron dans lesquels Diodore fait explicitement porter les valeurs de vérité sur des assertions fermées[38]. L'interprétation nominaliste est ici obligée. Il en va de même quand ces valeurs portent sur des propositions générales particulières (“ Il y a des parties indivisibles ”) et universelles (“ Il n'y a pas de mouvement ”), dont nous ne savons d'ailleurs rien, hormis les exemples rapportés par Sextus[39]. La cause est entendue. Seul le nominalisme est conforme à la lettre et à l'esprit de Diodore.

Il reste cependant à expliquer pourquoi l'interprétation réaliste est séduisante chaque fois qu'il s'agit d'un vrai “ possible ” et pourquoi seul le caractère indéfini des propositions prévient le nécessitarisme.

Faute de textes, toutes nos conjectures auront quelque chose d'arbitraire. La querelle concernant le nécessitarisme de Diodore montrera toutefois qu'on ne saurait se passer de telles conjectures.

---

caractère nécessaire ou impossible des énoncés datés, ils useront du détour de la forme. Ils poseront, m désignant des unités de module :

$$p_{au\ présent} \equiv P_m F_m p.$$

En admettant le principe

$$P_m p \rightarrow L P_m p,$$

on obtient immédiatement la conclusion Lp (Boudot, 1973, pp. 450-451).

38. Cicéron, *De Fato*, VI, 12 ; IX, 17.

39. Sextus Empiricus, PH, II, 242 (Bury, I, pp. 312-313); Sextus Empiricus, PH, II, 110-111 (Bury, I, pp. 222-223 ; Döring, 1972, fr. 141, p. 43).

## 20. LE NÉCESSITARISME DE DIODORE.

Les Anciens, comme les philosophes classiques, ont cru qu'en niant la troisième prémisse du Dominateur, Diodore s'engageait implicitement à soutenir le nécessitarisme.

De son côté, l'interprétation nominaliste, dont le mérite est d'avoir montré que Diodore s'opposait aux premiers Mégariques, ennemis de tout possible[40], maintient que, tant qu'on en reste à des propositions qui ne sont ni pseudo-datées, ni datées, le nécessitarisme ne s'impose nullement à Diodore, qui doit en revanche le concéder pour ces propositions.

Examinons les arguments des deux parties.

Celui des Anciens peut recevoir la forme suivante[41] : Entendons la définition diodoréenne du possible comme signifiant que " seul est possible ce qui ou bien est déjà le cas ou bien ce qui sera le cas... Cette définition a pour conséquence que tous les événements futurs sont nécessaires. En effet, puisque leur contraire n'est pas déjà présent ni ne le sera, leur contraire n'est pas possible. Mais ce dont le contraire n'est pas possible, doit être lui-même nécessaire. Donc tous les événements futurs seraient nécessaires ".

Ce raisonnement n'est valable qu'en vertu du détour par l'absurde. En effet, le possible *unique* étant supposé vrai maintenant ou à un moment du futur, sa négation est fausse maintenant et à *tous* les moments du futur. Demeurant fausse, elle est donc impossible et, en vertu de la définition croisée des modalités, le possible de départ est nécessaire.

C'est bien ainsi qu'il faut entendre Cicéron commentant Diodore. " Si, dit-il, s'adressant à Chrysippe, tu admets les prédictions des devins, tu mettras parmi les choses impossibles les événements qui sont faussement prédits dans l'avenir : quant aux prédictions véridiques d'événements futurs qui doivent arriver, tu déclareras ces événements nécessaires; telle est l'opinion de Diodore, complètement opposée à la vôtre ". Et donnant l'exemple d'une liaison causale nécessaire, il prend soin de placer l'antécédent dans le passé (" Tu es né au lever de la canicule ")

---

40. Aristote, *Métaphysique,* Θ, 3, 1046ᵇ29-32 : " Il y a des philosophes, les Mégariques, par exemple, qui prétendent qu'il n'y a puissance que lorsqu'il y a acte, et que, lorsqu'il n'y a pas acte, il n'y a pas puissance : ainsi celui qui ne construit pas n'a pas la puissance de construire, mais seulement celui qui construit, au moment où il construit (ὄταν οίκοδομῇ) ".

41. M. Frede, 1974, p. 115.

pour le rendre nécessaire conformément à la prémisse A du Dominateur et surtout de donner une forme négative au conséquent ("Tu ne mourras pas en mer"), pour échapper à la possibilité d'un changement de vérité[42]. La forme négative du conséquent accorde ici la nécessité objective de l'événement avec la nécessité grammaticale de la proposition, puisque cette dernière est et restera fausse[43]. Mais Cicéron prend bien soin de dire, commentant le chapitre " Des Possibles " de Diodore, que " rien n'arrive qui n'ait été nécessaire; tout ce qui peut arriver ou bien est actuellement ou bien sera; les propositions portant sur l'avenir ne peuvent pas plus, de vraies, devenir fausses que les propositions portant sur le passé; mais en celles-ci l'impossibilité de les changer est apparente, et, parce que, dans les propositions portant sur l'avenir, elle n'est parfois pas apparente, elle semble ne pas y être "[44].

Disant cela, Cicéron ne s'attarde pas à montrer qu'une proposition sur le futur a une valeur de vérité stable bien qu'elle soit future, tandis qu'une proposition sur le passé a une valeur de vérité stable, parce qu'elle est passée. Il se contente de montrer qu'une différence de degré dans la précision de la détermination temporelle du futur ne fait pas une différence de degré dans la nécessité de la proposition. C'est donc qu'il n'a aucun égard à la forme grammaticale future qui est la cause de l'instabilité de la valeur de vérité. Et lorsque Bayle ou Leibniz reprennent la question, ils adoptent spontanément un point de vue qui d'emblée exclut et l'ambiguïté dans la désignation et les arguties de grammaire. Ils ne discutent même pas la chose et identifient la philosophie de Diodore au système de la nécessité la plus absolue. Une nuance seulement, à la rigueur évanouissante, distingue l'immobilisme des Anciens Mégariques et le fatalisme logique de Diodore, puisqu'ils s'accordent à reconnaître dans chaque essence, " en quelque sorte, un univers complet et fermé sur lui-même, qui de toute éternité contient tout ce qu'il sera au cours de son déroulement dans la durée : il est fatal, disait Diodore, ou que vous moissonniez, ou que vous ne moissonniez pas; ce ne peut être que l'un ou l'autre, entre les deux contradictoires point de milieu; donc, nécessairement, *quoi qu'il arrive,*

42. Cicéron, *De Fato*, VII, 13, 14; Bréhier, 1962, p. 478, voir note 35.
43. Il en va de même pour l'exemple traité en VI, 12; Bréhier, 1962, p. 477.
44. Cicéron, *De Fato*, IX, 17; Bréhier, 1962, p. 479.

ou bien vous moissonnerez, ou bien vous ne moissonnerez pas "[45].

A cette accusation, le nominalisme répond qu'elle repose sur un sophisme. Si l'on interprète en termes d'assertion le possible, tout futur, vrai ou faux, changera de valeur de vérité et le détour par le faux, auquel le réaliste recourt, est illusoire. Assurément tout possible *sera* nécessaire, puisqu'il se transformera en passé. Mais il *n'est pas* nécessaire. Un possible au moment t a toujours été possible, puisqu'à tout moment du passé il a toujours été vrai qu'il sera. De ceci on peut conclure que si quelque chose est possible, il a été nécessaire qu'il soit possible[46], non qu'il est nécessaire qu'il soit possible non plus, *a fortiori,* qu'il est nécessaire. La rétrogradation du vrai ne change donc pas le possible en nécessaire. Quant à la discrétion du temps, elle permet, si quelque chose est nécessaire en t, de dire en t — 1 qu'il sera toujours vrai. Mais comme cette vérité est future, on n'en saurait rien tirer pour t — 1 et il se peut que cette chose ne soit pas le cas en t — 1. La nécessité ne rétrograde donc pas.

Il reste que l'argument prouve trop et qu'il ne prouve pas assez.

Il prouve trop, car tous les possibles qui se réaliseront devront passer pour contingents.

Il ne prouve pas assez, car dès qu'une assertion se trouve être temporellement déterminée, elle devient nécessaire.

Ces deux défauts paraissent d'ailleurs liés à un même défaut de la doctrine diodoréenne au regard de la contingence. Est contingent, en effet, selon Diodore, une assertion qui change de valeur de vérité. Mais ce changement est susceptible de deux interprétations. Lorsqu'on dit que la proposition fermée : " Il pleut quelquefois " est contingente, on signifie que simultané-

---

45. Robin, 1944, p. 120, qui indique le lien entre le Moissonneur et l'argument paresseux. Le Moissonneur est exposé de la façon suivante dans Ammonius (1961, pp. 251-252) : " Si tu vas moissonner, ce n'est pas que tu vas peut-être moissonner, peut-être non, mais c'est que tu vas moissonner de toute façon *(modis omnibus);* en conséquence c'est de toute nécessité qu'ou bien tu vas moissonner ou bien tu ne vas pas moissonner ". Et Ammonius commente : « Ce qui est donc supprimé, c'est le " peut-être " lui-même, dans la mesure où il n'a lieu ni selon l'opposition de ce qui est moissonner au futur par rapport à ce qui est ne pas moissonner au futur, puisque de toute nécessité l'un des deux se produira, ni selon le conséquent rapporté à n'importe laquelle des deux suppositions ».
46. Le système de Diodore appartient à ce que les modernes appellent *système modal S₄.*

ment (il est vrai maintenant ou il sera vrai dans l'avenir) et (il est faux maintenant ou il sera faux dans l'avenir) qu'il pleut maintenant. La contingence provient alors de la succession d'occurrences d'ondées et d'occurrences de sécheresse. L'interprétation réaliste est en ce cas, elle aussi, légitime, puisque les conditions de satisfaction de la fonction propositionnelle : " Il pleut en t " auront les mêmes conséquences que les conditions de vérité de l'assertion " Il pleut quelquefois ". Mais considérons l'assertion : " Fabius mourra en mer ". Ici encore, réalistes et nominalistes s'accorderont à la tenir pour contingente, mais cette fois ils s'accorderont pour des raisons complètement différentes. Le réaliste invoquera l'unicité de l'événement vérificateur mais dira que, de vraie, la proposition n'est pas devenue fausse. Le nominaliste s'en tiendra au mouvement des temps grammaticaux pour attribuer à la proposition un changement de valeur de vérité. Il y a donc dans l'interprétation nominaliste un recours à l'argutie pour sauver par excès comme contingents tous les futurs indéfinis et c'est aussi ce recours verbal qui explique pourquoi tous les futurs déterminés sont changés en nécessaires. Les prestiges de l'interprétation réaliste s'entendent. Les changements de valeur de vérité des assertions paraissent une assise trop fragile pour supporter la liberté.

Il resterait cependant une issue, si, en interrogeant ce qu'il y a de positif dans la conception diodoréenne et ce qui la démarque des Anciens Mégariques, on parvenait à comprendre et donc à justifier en quel sens et pourquoi l'interprétation nominaliste, la seule historiquement et logiquement recevable, aboutit à des arguments à la fois insuffisants et excessifs.

Une seule différence, dira-t-on, permet de distinguer Diodore des Anciens Mégariques : il déploie dans la succession du temps les événements nécessaires que ceux-ci ramassaient dans une éternité intemporelle et, par là, il permet à l'ignorance humaine de trouer dérisoirement le tissu du fatalisme. On ajoutera que la contingence grammaticale regarde simplement l'incertitude du moment où un événement se produira, qui, s'il était daté ou pseudo-daté, deviendrait nécessaire. La contingence réelle, en revanche, devrait refléter une hésitation due à la Nature elle-même. Le système de Diodore fait donc de la modalité une propriété subjective de notre connaissance. Si, parfois, cette contingence se déguise en contingence réelle, c'est que l'interprétation réaliste, d'ailleurs illégitime, fait un bout de chemin avec l'interprétation nominaliste et que se glisse ainsi l'illusion d'une modalité qui simulerait partiellement la contingence dans les choses.

Allons cependant au terme de la différence décrite. Pour éclairer ce que signifie une contingence réduite à l'indétermination temporelle, reportons-nous à une série de " sophismes " auxquels Diodore a recouru. Ce sont : le " Cornu ", le " Voilé " et le " Sorite ". On verra que tous ces sophismes ont trait au problème de la décision.

Quelle réponse donner à la question : " Avez-vous perdu vos cornes " ? Cette réponse est : ni oui, ni non, bien que Diodore ait accepté les principes de bivalence et du tiers exclu[47]. Que dire à l'argument : " Vous dites qu'il est impossible de connaître et de ne pas connaître la même chose. Or vous connaissez votre père. Mais si je vous montre un homme la tête voilée, vous direz que vous ne le connaissez pas. S'il se trouve que cet homme à la tête voilée est votre père, vous connaîtrez et vous ne connaîtrez pas votre père " ?[48]. Comment répondre au Sorite[49] : supposé qu'un corps soit composé de parties indivisibles, qu'une propriété P soit dite prédominante si, le corps étant composé de n indivisibles, $P(m)$ et $m > \frac{n}{2}$, et que toute propriété prédominante doive être considérée comme s'appliquant au composé tout entier, on part de $n = 3$, on suppose deux parties mobiles et une partie immobile en sorte que le mouvement est prédominant et donc attribuable au composé de trois parties; on ajoute alors une nouvelle partie immobile mais, si le composé des trois parties est en mouvement, celui de quatre est aussi en mouvement et ainsi de suite, en sorte qu'avec deux parties mobiles on en fait mouvoir un nombre quelconque d'immobiles ?

Dans ces trois cas, Diodore dénonce un sophisme nominaliste typique. " Avoir perdu ses cornes ", " connaître quelqu'un ", " être prédominant " sont des prédicats tels qu'on n'en peut pas tirer un énoncé bien formé, c'est-à-dire susceptible de vérifier les lois de la logique. " Avoir perdu " devrait être analysé dans la conjonction " avoir eu et avoir cessé de posséder ", dont chaque terme peut être infirmé indépendamment. " Connaître x ", dans l'usage qu'on en fait, devrait être complété en : " connaître les traits de x ", qui peut être infirmé sans que le soit " connaître x ". Quant au Sorite, il provient de ce qu'on traite un corps composé

47. Sextus, M, X, 112-117, Döring, fr. 129; Sedley, 1977, p. 102.
48. Sedley, 1977, p. 95.
49. Sextus, *ibid.*, Döring, fr. 129; Sedley, p. 92.

quelconque, y compris celui auquel on a attribué la propriété sur laquelle on raisonne en vertu de la prédominance, comme une " boîte noire " et en oubliant le procédé de l'attribution. Pénétrons à l'intérieur du composé. Postulons que pour tout nombre n de parties, on n'attribuera P au tout que s'il est vrai de $m > \frac{n}{2}$. Le Sorite s'évanouit car le prédicat " prédominant " doit s'analyser en " prédominant étant donnée la composition interne " et ce prédicat peut être infirmé (il l'est dans le Sorite dès que $m = 2$ et $n > 4$) quand le prédicat absolu " prédominant " continue d'être vrai.

Ces précautions de syntaxe s'imposent, d'évidence, lorsque l'infini est en cause. Deux arguments complémentaires d'Euclide et de Diodore l'attestent. Le premier est " l'Insaisissable ", important par ses conséquences critiques concernant la parfaite connaissance de soi du sage stoïcien [50]. Il est en quelque sorte l'esquisse antique mais négative de la notion de chaîne dont Dedekind se servira pour démontrer l'axiome de l'infini à partir du Moi connaissant [51]. Un acte de réflexion pouvant toujours s'appliquer à un nombre aussi grand qu'on voudra d'actes de connaissance, la connaissance de soi fournit un infini donné. Les Mégariques tirent de la même description la conclusion que la connaissance de soi laisse toujours échapper une réflexion. Elle est donc insaisissable. Une assertion doit donc être finie. En contrepartie, il est possible que Diodore ait prouvé l'atomisme en appliquant sa définition du possible à la division. Puisqu'aucune division n'est ni ne sera conduite à l'infini, comment pourrait-on regarder cette division comme possible et parler ainsi de divisibilité à l'infini [52].

Or, en nous prévenant contre les fausses apparences d'assertions incomplètes, Diodore nous montre par contraste ce qu'est une assertion véritable. C'est une assertion finie, sur la valeur de vérité de laquelle il nous est possible de décider en principe. Mais revenons à la dernière prémisse du Dominateur, à ce possible qui n'est ni ne sera jamais réalisé. L'assertion qui le pose n'est pas une assertion finie et décidable et c'est pourquoi nous devons la rejeter comme syntaxiquement déficiente.

C'est donc à tort que Cicéron néglige le degré de précision dans la détermination temporelle des assertions. Toute la ques-

---

50. Sedley, 1977, p. 94.
51. Vuillemin, 1962, p. 297, note 2.
52. Sedley, 1977, p. 88.

tion de la liberté est en effet dans ce degré. Il y a du décidé, du décidable et de l'indécidable. Nous ne pouvons changer ce qui est décidé. Pseudo-dates et dates entraîneront donc la nécessité, à laquelle voilà la part faite. Nous ne saurions d'autre part nous leurrer avec des indécidables et des chimères. Lorsque, pour les éviter, nous définissons le possible comme ce qui est ou sera vrai, il ne faudrait donc pas presser le caractère existentiel de cette assertion non plus que la faire parler contre l'intention de Diodore en croyant qu'on pourrait différer indéfiniment l'échéance de l'événement, ce qui serait un moyen détourné de revenir à la prémisse rejetée. L'indétermination qu'appelle la liberté n'est pas l'indéfinité et c'est pourquoi nous est garanti le changement des valeurs de vérité des indéfinies au futur.

Cette indétermination résulte-t-elle de notre ignorance ou d'une irrésolution propre à la Nature ? Nous ne le savons pas. A chaque fois qu'on a mis en question la troisième prémisse du Dominateur, on l'a fait au nom d'exigences subjectives caractéristiques des limitations qu'on impute à notre faculté de connaître. Mais Diodore reporte-t-il sur notre faculté le poids de l'indétermination ? D'autres le feront en s'inspirant probablement de lui. Il desserre l'étau du fatalisme par l'indétermination. S'il refuse de l'ouvrir plus largement, comme le fait apparemment la troisième prémisse, c'est assurément qu'il rejette la spéculation et ne reçoit que des assertions finies. Ce n'est pas pour autant qu'il fait de l'indétermination la propriété subjective de notre faculté de connaître. Son nominalisme critique le rapproche d'une philosophie de l'examen. Il reste compatible avec une conception dogmatique de l'indétermination.

# chapitre 4

# éternel retour
# et temps cyclique :
# la solution de cléanthe

Cléanthe a nié, avec la première prémisse du dominateur, que le passé fût nécessaire. Au delà de cette certitude les conjectures commencent.

On exposera, pour les rejeter, deux d'entre elles, qui prêtent à Cléanthe une solution logique du Dominateur.

La première, d'inspiration nominaliste, voit en Cléanthe l'ancêtre d'Ockham. D'une part, il aurait contesté non pas la nécessité du passé en général, mais la nécessité des propositions ayant la forme grammaticale du passé sans porter sur le passé. Cette mise en cause permet, d'autre part, d'étendre aux propositions pseudo-datées et datées le bénéfice de la contingence que Diodore n'avait assurée que pour certaines propositions indéfinies. On évite le fatalisme en éliminant la modalité *de re* au profit de la modalité *de dicto*. Veut-on cependant débarrasser cette première conjecture de l'imputation d'ambiguïté qu'elle fait peser sur le Dominateur de Diodore ? Il faut alors en étendre le principe et mettre en doute, plutôt que la nécessité du passé, c'est-à-dire la première prémisse du Dominateur, le principe de nécessité conditionnelle, c'est-à-dire la prémisse que le Dominateur emprunte tacitement au paradigme du *De Caelo*. On quitte alors délibérément Cléanthe.

La seconde conjecture, illustrée par Leibniz, renverse la première. Si Cléanthe doute de la nécessité du passé, c'est qu'il refuserait de lui reconnaître autre chose qu'une nécessité conditionnelle. La première prémisse perd tout pouvoir qu'elle ne tirerait pas de la prémisse additionnelle.

On devra rejeter cette seconde conjecture bien qu'elle soit plus plausible historiquement que la première. Elle n'est acceptable, en effet, ni historiquement, comme on verra, ni logiquement, puisqu'elle s'interdit de distinguer ce qui caractérise spécifiquement la " nécessité " du passé. Celle qu'on retiendra est plutôt fondée sur la physique que sur la logique. Elle tire, pour la modalité du passé, les conséquences de l'éternel retour et du caractère cyclique du temps.

21. PREMIÈRE CONJECTURE. NÉCESSITÉ DU PASSÉ SECUNDUM VOCEM ET SECUNDUM REM : LA CONCEPTION D'OCKHAM DANS L'HYPOTHÈSE DE LA RECONSTRUCTION DE PRIOR. MODALITÉ DE DICTO ET MODALITÉ DE RE.

La première interprétation de la thèse de Cléanthe qu'on examinera peut se résumer dans les trois arguments suivants :

I. La validité de l'argument dominateur ne dépend pas, comme dans l'interprétation ici proposée, de la nécessité conditionnelle (la prémisse S est très faible et ce n'est pas sur elle que reposait le poids de la preuve, c'était sur la prémisse NC), mais de l'addition aux prémisses A, B et C de deux prémisses additionnelles affirmant, l'une la rétrogradation de la vérité, l'autre la discontinuité du temps. Ce qui, supposé la discontinuité du temps, engendre l'incompatibilité des prémisses, c'est le jeu mutuel des modalités et du temps, lequel est réglé par la seule forme grammaticale des énoncés. C'est pourquoi on peut appeler " nominaliste " cette interprétation. Dans cette perspective, on peut, pour sortir d'affaire, nier la prémisse C, comme fait Diodore Kronos. On évite alors le nécessitarisme, mais uniquement si les énoncés sur lesquels on raisonne sont des énoncés indéfinis. Dès qu'on mentionne des " pseudo-dates " (hier, aujourd'hui, demain) ou des dates, le nécessitarisme reprend ses droits. Donc, pour mettre en question le nécessitarisme à sa racine, il faut nier l'axiome qui est la véritable raison du nécessitarisme. Cet axiome est A et ce qui permet de le mettre en doute est précisément sa forme grammaticale ambiguë. Nier A est donc bien la voie conforme au génie du nominalisme. C'est la voie d'Ockham.

II. Le système ockhamien des modalités permet d'expliciter et d'exprimer formellement les intuitions nominalistes au niveau de la logique des énoncés indéfinis, pseudo-datés et datés. On lève les ambiguïtés possibles qui se glissent dans les énoncés modaux et temporels.

III. On revient au Dominateur. En distinguant modalités *de dicto* et *de re* dont la confusion créait l'illusion nécessitariste, on répond au défi de Diodore.

I. La reconstruction nominaliste du Dominateur[1] conclura que, limitée à la logique temporelle des propositions indéfinies, la définition diodoréenne des modalités conserve la distinction entre possible et nécessaire. Seul le passage à une logique des pseudo-dates ou, *a fortiori,* à une logique des dates fait dégénérer la distinction et rend inévitable le nécessitarisme. S'il peut en être ainsi, c'est que la distinction diodoréenne des modalités a quelque chose de provisoire. Elle est liée, en effet, à un système pauvre et particulier d'expression du temps. Mais " le sens d'un système de logique temporelle peut rester dissimulé aussi long-temps qu'il n'intègre qu'une partie des déterminations temporel-les du discours "[2]. L'introduction des pseudo-dates, puis des dates, lèvera le voile et fera voir au plein jour ce qui, dans les principes de Diodore, n'était rendu douteux que par un défaut de conséquence imputable à la formulation incomplète du système.

Ce qui rend douteux les principes de Diodore, c'est la confusion qui se glisse entre la forme et la portée temporelle des formules. Nul, mieux qu'Ockham, n'a dénoncé cette confusion. Le troisième postulat qu'il pose, pour résoudre le problème de la prédestination, de la prescience divine et des futurs contin-gents, distingue en effet le mot et la chose : « Certaines proposi-tions, dit-il, portent sur le présent aussi bien en ce qui concerne la forme *(secundum vocem)* qu'en ce qui concerne la chose *(secundum rem).* Dans ce cas, il est universellement vrai qu'à chaque proposition vraie portant sur le présent correspond une proposition nécessaire portant sur le passé — par exemple, si " Socrate est assis ", " Socrate fut assis " sera nécessaire pour tout l'avenir. D'autres propositions portent sur le présent en ce qui concerne la forme seulement et sont équivalentes à des pospo si-tions portant sur le futur, étant donné que leur vérité dépend de la vérité de propositions portant sur le futur. Dans ce cas, la règle selon laquelle à chaque proposition portant sur le présent correspond une proposition portant sur le passé ne s'applique pas. Et ceci n'est pas étonnant, puisqu'il y a des propositions vraies portant sur le passé et portant sur le futur auxquelles ne correspond aucune proposition vraie portant sur le présent. Par exemple, " ce qui est blanc fut noir " et " ce qui est blanc sera noir " sont des propositions vraies, tandis que leur correspon-

---

1. Prior, 1967 ; Boudot, 1973.
2. Boudot, 1973, p. 463.

dante au présent : " ce qui est blanc est noir " est fausse »[3]. En s'interrogeant sur la question de savoir si " A *fut* prédestiné " est une proposition nécessaire, Ockham oppose aux propositions qui portent sur le passé selon la forme et selon la chose *(secundum vocem et secundum rem)* et qui sont nécessaires, celles qui ont une forme passée mais qui en réalité portent sur le futur. La proposition " A fut prédestiné " équivaut à la proposition : " Dieu *donnera* à cet A la vie éternelle " ; " la proposition qui est au présent en sorte d'équivaloir cependant à une proposition future et dont la vérité dépend de la vérité d'une proposition au futur, n'a rien de la nécessité du passé ; de plus, bien que mise au passé, elle a même contingence que sa correspondante au présent "[4].

La solution d'Ockham ne consistera donc qu'à lever les ambiguïtés dans la détermination du temps réel qui se cachent derrière la détermination apparente du temps grammatical. Dans le *Traité sur la prédestination*, Ockham présente l'objection suivante : « A toute proposition sur le présent qui est vraie à quelque moment correspond une proposition nécessaire sur le passé. Par exemple, si " Socrate est assis " est vraie, " Socrate fut assis " sera nécessaire pour tout l'avenir. Mais supposons que " Pierre est prédestiné " est vraie maintenant. Dans ce cas, " Pierre fut prédestiné " sera toujours nécessaire. Alors je demande si oui ou non il peut être damné. S'il peut l'être, supposons qu'il le soit. Alors " Pierre est réprouvé " est vraie du présent ; donc " Pierre fut réprouvé " sera toujours nécessaire du passé. Ainsi " Pierre était prédestiné " et " Pierre était damné " seraient vraies dans un même moment ». A l'objection, Ockham répond : « Je maintiens que la prémisse majeure est fausse ; car à cette proposition, qui est sur le présent de telle sorte qu'elle est néanmoins équivalente à une proposition sur le futur et dont la

---

3. Ockham, 1945, pp. 12-13 ; Ockham, 1969, pp. 46-47. Comme le disent les traducteurs, ce dernier exemple ne justifie pas qu'à une proposition telle que " Pierre est prédestiné ", qui est au présent mais en réalité au futur, ne corresponde pas de proposition nécessaire. Ce que veut dire Ockham, c'est que la vérité de cette proposition a à être établie par ce qui se *sera* passé dans le futur, ce qui la fait ressembler donc à la proposition " Socrate sera assis ", et la distingue de la proposition : " Socrate est assis " dont la vérité est déjà établie actuellement.

Les nécessités de traduction et de citation font que, dans le § 21, on n'observera pas la distinction entre *proposition* et *énoncé*. Dans la plupart des occurrences du mot *proposition,* il conviendrait d'utiliser le mot *énoncé* comme cela est naturel pour un système nominaliste.

4. Ockham, 1945, p. 13 ; Boudot, 1973, pp. 452-453 ; Prior, 1967, p. 121.

vérité dépend de la vérité d'une proposition sur le futur, ne correspond pas une proposition nécessaire sur le passé. Au contraire, la proposition au passé est contingente, comme l'est celle qui lui correspond au présent. Toutes les propositions qui ont trait à la prédestination et à la réprobation sont de cette sorte, car, toutes, elles sont de façon équivalente sur le futur, même si grammaticalement elles sont au présent ou au passé. Donc " Pierre fut prédestiné " est contingente comme l'est " Pierre est prédestiné " »[5].

II. Toute la difficulté est d'exprimer formellement cette intuition. Soit d'abord une logique des pseudo-dates. A cet effet, on construit une structure d'Ockham, qui représente plusieurs évolutions possibles d'un monde possible. Un modèle d'Ockham résultera de l'assignation de valeurs aux variables propositionnelles dans une structure. Comme une structure comporte un passé unique mais plusieurs branchements pour le futur, l'évaluation d'une variable sera rendue relative à une route. Dans un tel modèle[6], a) la prédétermination logique du futur est, comme en métaphysique leibnizienne, satisfaite ; b) on peut sur les formules lire la distinction entre celles qui portent sur le passé et celles qui sont simplement du passé formel ; c) les propositions portant sur le passé sont nécessaires ; d) on ne peut pas conclure au nécessitarisme. On pourra donc distinguer entre une proposition portant sur le passé, même si elle est au futur grammatical (" Dans deux jours il y en aura quatre que je serai arrivé ") et une proposition portant sur le futur (" Il y aura conflit dans dix ans "), même si elle est au passé grammatical (" Il y a trois ans qu'il devait y avoir conflit dans treize ans ")[7]. Dans le " système d'Ockham " ainsi construit, on est en droit, de la proposition p, de conclure à la nécessité qu'il y a n unités de temps que dans n unités de temps p sera vraie, la nécessité étant *de dicto*. En revanche, de p, on ne pourra pas conclure qu'il y a n unités de temps qu'il est nécessaire que dans n unités de temps p sera vraie, où la nécessité serait prédiquée *de re*[8]. Quant à la prédétermination, elle est donc purement logique. On pourrait parmi toutes les propositions futures, également déterminées au point

5. Ockham, 1945, pp. 5-6.
6. Boudot, 1973, p. 456.
7. Les propositions portant sur la prédestination et la réprobation sont de cette dernière sorte (Ockham, p. 38).
8. La formule : $p \rightarrow L\,P_n\,F_n\,p$ est donc légitime, non la formule : $p \rightarrow P_n\,LF_n p$.

de vue logique, distinguer le sous-ensemble propre des propositions qui sont, de plus, causalement vraies et déterminées en ce qu'existent déjà les causes actuelles ou passées de leur vérité. Rien n'oblige, en tous cas, à poser que ce sous-ensemble est coextensif avec l'ensemble des futurs[9].

Si l'on passe maintenant à un système de dates proprement dites, exprimé par des conditions assez naturelles, adjoint à un modèle d'Ockham, on risquera de retomber dans le nécessitarisme. La thèse nécessitariste dépend de deux principes : l'un exprimant que la vérité d'un énoncé daté est omnitemporelle, l'autre définissant le nécessaire comme ce qui est vrai sempiternellement. Le premier, ne faisant qu'exprimer la prédétermination purement logique des futurs, est plausible. Mais le second, parce qu'il passe de la prédétermination logique à la nécessitation réelle, cache précisément la confusion dénoncée par Ockham entre énoncé passé et énoncé portant sur le passé ; il suffit alors de n'accepter comme valide que l'implication allant de la nécessité à la sempiternalité en refusant l'implication converse pour échapper au déterminisme[10].

---

9. Boudot, 1973, pp. 460-462. On voit ici que la prédétermination au sens du système ockhamiste est moins forte que la prédétermination leibnizienne, laquelle, au lieu de l'exclure, inclut la nécessité causale (Leibniz, Gerhardt, VI, p. 27 et pp. 123-124 ; Jalabert, 1962, p. 38 et p. 130). Ce qu'on nomme prédétermination au sens d'Ockham correspond à la simple prescience et futurition ; la prédétermination leibnizienne exige plus, puisqu'elle rend caduc le choix d'une " science moyenne ". — On aperçoit aisément que la sempiternalité du vrai n'entraîne pas la nécessité en comparant les notions aristotélicienne et ockhamienne de la détermination d'une chose, fondement de sa valeur de vérité pour la proposition correspondante. Selon Aristote (Adams et Kretzmann, *in* Ockham, 1969, p. 14), " le fait pour x d'être A en $t_m$ est déterminé en $t_n$ si et seulement s'il est établi par quelque chose d'actuel précédant $t_n$ ou simultané avec lui que x (était ou sera) A en $t_m$ ". En conséquence la détermination de la valeur de vérité implique l'existence d'une chaîne causale aussi ancienne qu'elle. En revanche, pour Ockham, " le fait pour x d'être A en $t_m$ est déterminé en $t_n$ si et seulement s'il est établi par quelque chose actuel à quelque moment que x (était ou sera) A en $t_m$ ". La valeur de vérité de la proposition " x sera A en $t_m$ " peut donc être fixée en $t_n$, aussi reculé qu'on voudra, donc de toute éternité. La détermination du fait : " x sera A en $t_m$ " n'entraîne l'existence d'aucune chaîne causale éternelle correspondante. Il se pourra, par exemple, que la détermination du fait pour x d'être A en $t_m$ remonte seulement en $t_m$ lui-même ou à un instant proche de $t_m$. La prédétermination se trouve alors compatible avec la contingence. En d'autres termes, la prédétermination ockhamienne est logique et regarde seulement la valeur de vérité de la proposition, sans rien préjuger sur la détermination de la chose, tandis que la prédétermination leibnizienne — tributaire, sur ce point, du réalisme aristotélicien de la vérité — lie assignation logique de la valeur de vérité et assignation physique de la cause.

10. Boudot, 1973, pp. 468-472.

## III. Qu'en est-il alors du Dominateur ?

On l'aura noté : pour expliquer la position d'Ockham, on a feint d'accepter la reconstruction de Prior, dont on a précisé les raisons qu'on avait de ne pas l'accepter. On exposera donc d'abord les vertus de la solution ockhamienne dans l'hypothèse de cette reconstruction. C'est seulement lorsqu'on aura abandonné cette hypothèse qu'on pourra examiner de façon véritablement critique les principes ockhamiens dans leur capacité de résoudre le Dominateur. Cet examen d'ailleurs conduira à abandonner la philosophie d'Ockham pour celle de Duns Scot.

La solution d'Ockham consiste à accuser l'ambiguïté de la prémisse attachant la nécessité aux propositions indéfinies ou pseudo-datées au passé. Quant au système des propositions correspondantes dans la logique des dates, il est possible d'y formuler le Dominateur, mais aisé de le réfuter. Car la première prémisse, affirmant la nécessité du passé, n'est pas valable universellement. La supposer valable, c'est faire correspondre à la valeur de vérité d'une proposition l'actualité déjà donnée de l'événement vérificateur ou infirmateur, même si cette proposition, en dépit de sa forme grammaticale, porte en réalité sur le futur. C'est donc d'emblée substituer aux embranchements des possibles contraires une suite linéaire et unique de causes. C'est trancher par la grammaire une question d'ontologie[11].

---

11. « Mais on vérifie facilement que la conclusion de Diodore est invalide en sémantique ockhamiste. De la vérité de " $\sim \alpha$ et $F \sim \alpha$ ", on ne saurait conclure à celle de " $\sim M\alpha$ " (ou de " $L \sim \alpha$ ", qui lui est équivalent). Pour le prouver, supposons que $\alpha$ soit " $Fp$ " et que d'un point x dérivent deux routes. En tout point de la première route " $p$ " est faux, tandis que " $p$ " est vrai en certains points de la seconde route. L'assignation de surface en x selon la première route donne pour valeur à " $\sim p$ et $\sim Fp$ " le vrai, cependant que " $L \sim Fp$ " reçoit le faux pour valeur. Est-ce à dire que l'argumentation diodoréenne recelait quelque vice ? Nullement ; ce sont les prémisses du raisonnement qui doivent être mises en cause. La formule qui exprime que du possible ne peut suivre l'impossible est une loi de la sémantique ockhamiste. De même, parmi les prémisses additionnelles que nous avions introduites " $\alpha \to \sim P \sim F\alpha$ " est valide et, sous réserve qu'on suppose les structures discrètes, c'est-à-dire que dans ces structures chaque point ait un prédécesseur immédiat, " ( $\sim \alpha$ et $\sim F\alpha$ ) $\to P \sim F\alpha$ " l'est également. C'est naturellement le schéma des formules " $P\alpha \to LP\alpha$ ", par lequel s'exprimait en logique diodoréenne la nécessité du passé qui est maintenant invalidé. *On ne pourrait le justifier que si l'on se restreignait à la considération des structures d'Ockham linéaires.* Mais dans de telles structures est également valide le schéma " $\alpha \to L\alpha$ " qui exprime le nécessitarisme » (Boudot, 1973, pp. 462-463).

On voit, par cette citation, que, pour Ockham, la première prémisse du Dominateur, entendue comme signifiant : " $Pp \to LPp$ " n'est pas reçue universellement ; la nécessité, étant prise *de dicto*, s'applique à une forme grammaticale, en elle-même ambiguë, puisqu'on ne sait pas *a priori* si l'événe-

Des solutions nominalistes qu'on peut donner au problème des futurs contingents, la solution d'Ockham est la plus élégante. Elle conserve toutes les lois de la logique des énoncés, de la quantification, de la modalité et des temps (à l'exception de la " loi " douteuse : " ce qui est toujours vrai est nécessaire "). L'amendement qu'elle apporte aux prémisses de Diodore pour éviter sa conclusion ne regarde que la formulation de la première prémisse, puisqu'on ne doute pas que des énoncés portant vraiment sur le passé soient nécessaires. Ces amendements touchent, le premier une subreption métaphysique, le second une subreption grammaticale. Ils sont conformes à la maxime d'économie propre à Ockham mais caractéristiques de tout le nominalisme.

Appliqué aux modalités, le nominalisme pose en principe qu'elles sont des propriétés du discours et non pas des choses. Ce principe est d'ailleurs général, comme le prouve son application à la question des universaux. Ou bien le langage est séparable de l'ontologie et les lois qui gouvernent les entités du langage n'engagent pas à l'égard de l'être. Toutes les tolérances qu'on admettra à l'égard des lois du langage seront alors sans danger, puisque ces lois ne gouvernent que l'usage des signes. Ou bien si l'on soupçonne que tel ou tel usage du langage engage à l'égard de l'être, on éliminera comme douteuse toutes les lois qui relèveraient de ces usages et dont le caractère mixte permettrait de prolonger subrepticement en engagements ontologiques de simples conventions linguistiques. A l'égard des modalités, ou bien on posera donc que les lois modales ne regardent que la manipulation de certains symboles, ou bien on proscrira parmi elles toutes celles qui présentent un caractère mixte, c'est-à-dire métaphysiquement dangereux.

Or qu'est-ce qu'une modalité qui porte uniquement sur le discours ? C'est une modalité dont la portée contient un énoncé complet, expression du discours. Si ce discours comprend des quantificateurs sous une forme explicite ou, comme il arrive lorsqu'on utilise la logique du temps, sous une forme implicite — par exemple lorsqu'on admet que " p fut " est équivalent à " ce n'a pas toujours été le cas que non p "—, la modalité donc est *de dicto* si elle précède la quantification. Soit en revanche une

---

ment sur lequel porte l'énoncé a déjà eu lieu ou non. — L'interprétation réaliste qu'on a donnée de la première prémisse, comme signifiant l'irrévocabilité du passé, exclut, au contraire, l'ambiguïté formelle des énoncés. En conséquence, elle rendra inopérante une telle solution ockhamiste.

expression où l'un de ces quantificateurs a été " exporté " et placé en tête du signe de la modalité. Ce dernier signe gouverne alors une expression contenant une variable libre d'individu. C'est le cas, par exemple, lorsqu'on dit qu'il existe un x tel qu'il est possible (ou il est nécessaire) que x possède telle ou telle propriété. Or deux interprétations paraissent ici ouvertes [12]. Ou bien, l'exportation du quantificateur recevra un sens faible ; on continuera de séparer la modalité et le prédicat. La modalité gouvernera donc une fonction propositionnelle, au lieu d'une proposition. Ou bien, on regardera comme désormais liés modalité et prédicat et on les traitera comme un prédicat unique. On lira l'expression ainsi composée comme signifiant non plus " il est possible (nécessaire) que x possède telle propriété ", mais " x possède telle propriété - possible (-nécessaire) ".

Les Scolastiques avaient une claire conscience de la distinction entre modalité *de re* et modalité *de dicto*. Buridan, par exemple, dans son Commentaire du *De Caelo* [13], dénonce l'ambiguïté de la proposition : " tout ce qui est corruptible se corrompt nécessairement ", qui peut se lire ou bien en un sens composé, ou bien en un sens divisé. En un sens composé, elle signifie que, quel que soit x, si x est corruptible, alors il est nécessaire que x sera corrompu (*Omne corruptibile de necessitate corrumpetur*). En un sens divisé, elle signifie qu'il est nécessaire que, quel que soit x, si x est corruptible, alors x sera corrompu (*De necessitate omne corruptibile corrumpetur*). Le premier sens est *de re*, le second *de dicto*.

Cette dernière distinction apparaît dans toute sa clarté, lorsque le calcul modal est étendu par l'adjonction de l'identité. Selon qu'on traite ou non la modalité comme une propriété possible qualifiant les objets, l'adjonction produit deux sortes de systèmes entièrement différents : les systèmes de l'identité nécessaire et les systèmes de l'identité contingente. Dans les premiers, toute identité est nécessaire de même que toute différence. Cette nécessité résulte de ce que si l'identité de deux êtres entraîne qu'une propriété qui convient à l'un convient à l'autre, alors l'identité avec soi-même, convenant nécessairement

---

12. Hughes et Cresswell, 1972, pp. 183-184, note 131, qui suggèrent de distinguer entre $L(\varphi x)$ et $[L\varphi]x$.
13. Buridan, 1942, p. 118.

à l'un, se communique nécessairement à l'autre[14]. La nécessité est, dans ce cas, traitée comme une quelconque propriété. Naturellement, on tire de cette conception des paradoxes connus. Si Socrate est cet homme qui est assis, il semble difficile d'admettre qu'il est nécessaire que Socrate est cet homme qui est assis[15]. Les systèmes de l'identité contingente évitent ces paradoxes en bornant la substitution des fonctions propositionnelles où figurent des identiques à celles qui ne sont pas gouvernées par une modalité[16]. Une propriété-possible ou une propriété-nécessaire ne forment pas, dans ces systèmes des propriétés authentiques[17]. L'identité n'est définie qu'à l'intérieur d'un monde donné et peut se dissoudre dans un autre. On sauve ainsi les identités contingentes, mais c'est au détriment de l'identité dont on vide le véritable contenu logique. Ces derniers systèmes sont extrêmement nominalistes au point de vue des modalités qui jouent sans danger dans le discours ; il est vrai qu'il est devenu impossible d'identifier un individu et que toute la logique de la quantification se trouve ainsi menacée.

Lorsque modalité et prédicat forment un nouveau prédicat *sui generis,* la modalité est *de re.* Elle introduit dans l'univers des distinctions entre les propriétés qui adviennent aux choses par rencontre, celles qui leur sont inhérentes et essentielles, celles qui, à titre de possibles, sont attachées à leur développement. Dans cet usage, la modalité passe du signe au signifié. Elle n'est plus linguistique. Elle est ontologique. C'est pourquoi le nominalisme doit s'en débarrasser, en montrant que ces usages peuvent être éliminés du discours (ce qui est supposé lorsque dans un contexte *de re* on interprète la modalité comme un opérateur qui, du dehors, agit sur une fonction propositionnelle), soit par un procédé général et régulier, soit par des mesures particulières.

On disposerait d'un procédé général et régulier si l'on disposait d'un système de logique modale où l'on pourrait automatiquement éliminer les modalités *de re* au profit des modalités

---

14. Hughes et Cresswell, 1972, p. 189 *sq.* On a :
  $I_1 : x = x$, $I_2 : x = y \rightarrow [\varphi(x) \rightarrow \varphi(y)]$ et $L(x = x)$.
  (1) $x = y \rightarrow [L(x = x) \rightarrow L(x = y)]$ par les substitutions en $I_2$ : $x = z/\varphi(z)$.
  (2) $L(x = x) \rightarrow [(x = y) \rightarrow L(x = y)]$ permutation en (1)
  (3) $x = y \rightarrow L(x = y)$ modus ponens appliqué à $L(x = x)$.

15. *Id., ibid,* p. 191.

16. *Id., ibid.,* p. 195 : voir $I'_2$.

17. *Id., ibid.,* pp. 199-200, note 151.

*de dicto*. Von Wright a suggéré d'admettre, à cet effet, un " principe de prédication " selon lequel on peut diviser exhaustivement toutes les propriétés en deux catégories exclusives : les propriétés *formelles* dont l'appartenance à un objet est toujours nécessaire ou impossible et les propriétés *matérielles* qui ne peuvent appartenir à un objet que d'une façon contingente[18]. Or d'une part, même l'adjonction du " principe de prédication " à la logique modale la plus classique[19] ne permet pas d'éliminer les modalités *de re* et c'est une conjecture ouverte de savoir s'il existe une méthode effective permettant de construire une formule d'élimination pour toute modalité *de re*[20]. D'autre part à quoi reviendrait le principe de prédication ? Évidemment à faire le partage des vérités de raison et des vérités de fait, mais en ramenant celles-là à des constats de transformations linguistiques, celles-ci étant seules susceptibles d'exprimer un contenu empirique. Dans le Dominateur, la troisième et la première prémisses exprimeraient ainsi des propriétés tombant dans le domaine des propriétés matérielles, tandis que la seconde rejoindrait les tautologies pures et stériles, caractéristiques des propriétés formelles. Cependant libéré des opacités qui favorisent la confusion de l'ontologie et de la grammaire, un langage aussi transparent conserverait-il un pouvoir réel de communiquer les idées ?

S'il veut être efficace, le nominaliste doit formuler des règles particulières d'exclusion. C'est précisément en quoi consiste la méthode d'Ockham. On accepte les implications où figure dans le conséquent une modalité de nécessité *de dicto*[21] et l'on refuse les mêmes implications où la modalité figurerait *de re*[22]. Lorsqu'une expression dissimule une ambiguïté, cas prétendu de la première prémisse diodoréenne, ou bien on lève l'ambiguïté en passant à la logique des pseudo-dates et l'on se borne à admettre les seules expressions *de dicto* ou bien on conserve l'ambiguïté, mais en refusant alors la validité de la formule. On échappe ainsi à la nécessité soit en excluant la première prémisse de Diodore, soit en systématisant, dans un système plus riche et donc plus

---

18. Von Wright, 1951, pp. 26-28 ; Hughes et Cresswell, *op. cit.*, pp. 184-188 :

$$(x) (L\varphi x \vee L \sim \varphi x) \vee (x) (M\varphi x \vee M \sim \varphi x).$$

19. $S_5$.

20. Hughes et Cresswell pensent qu'il n'y a pas de telle méthode (*op. cit.*, p. 187).

21. Soit $p \rightarrow L\, P_n F_n p$.

22. Soit $p \rightarrow P_n L F_n p$.

distinct que celui de Diodore, la distinction des deux usages de la modalité. Ou bien on nie que le passé soit universellement nécessaire. Ou bien quant à ce qui a eu lieu, on accepte qu'il est nécessaire qu'il ait eu lieu sans accepter pour autant qu'il a été nécessaire qu'il ait lieu. Ce qu'on met en doute ce n'est donc pas la première prémisse à proprement parler. C'est seulement l'expression formelle de cette prémisse, qu'on distingue soit la nécessité grammaticale de la nécessité réelle, soit la nécessité de la chose et la nécessité de l'énoncé.

## 22. INSUFFISANCE DE LA SOLUTION D'OCKHAM. MISE EN CAUSE DU PRINCIPE DE NÉCESSITÉ CONDITIONNELLE : JEAN DUNS SCOT.

Le nominalisme d'Ockham échappe au nécessitarisme. La question demeure cependant de savoir s'il lui échappe pour la raison qu'il allègue.

Cette raison, dit-on, c'est l'ambiguïté du temps passé dans un énoncé. Mais Diodore aurait assurément répondu en purgeant lui-même sa première prémisse de toute ambiguïté. Le pouvait-il ? Oui, à condition de considérer au lieu d'énoncés, des propositions à sujet déterminé. Pour de telles propositions, la distinction entre passé et futur est absolument fixée par le maintenant. Dès lors la nécessité du passé, dans l'interprétation même d'Ockham, devient une vérité inéluctable.

Ockham, lui-même, glosant sur l'*Éthique* d' Aristote (Z,2, 1139$^b$5-11), où il est dit qu' " en ceci seul Dieu est empêché : faire que n'aient pas été faites les choses qui l'ont été ", commente : si quelque proposition assertorique (non modale) sur le présent et n'équivalant donc pas à une proposition sur le futur, est vraie maintenant, en sorte donc d'être vraie sur le présent, elle sera toujours vraie du passé. Car si la proposition " cette chose existe ", accompagnée du geste d'indiquer une chose donnée, est vraie maintenant, alors " cette chose a existé " sera toujours vraie par la suite et Dieu en dépit de sa toute puissance ne peut changer sa valeur de vérité[23].

La raison pour laquelle, lorsqu'on reçoit l'interprétation de Prior, le Dominateur n'aboutit pas, tient à l'ambiguïté de l'énoncé sur lequel on raisonne. En effet, on transforme un énoncé portant sur le futur (la troisième prémisse) en un énoncé

---

23. Ockham, 1945, p. 4.

au passé (par le moyen de la seconde prémisse additionnelle de Prior). Puis, grâce à la première prémisse, on fixe la modalité de cet énoncé. Le reste de l'argument ne sert qu'à déduire l'impossibilité de la proposée. Le nécessitarisme résulte donc de ce que la première prémisse s'applique à une proposition qui porte sur le futur bien qu'elle soit grammaticalement exprimée au passé[24].

Une double objection vient cependant détruire cet argument.

La première est interne à la conception même de Prior. Que signifie-t-on, en effet, quand on dit de quelque chose qu'elle ne se réalise pas et qu'elle ne se réalisera jamais ? L'énoncé est à la fois présent et futur, et sa partie future ne fait que continuer et répéter sa partie présente. Si nous représentons le modèle de cet avenir, il exclut, par hypothèse, tout embranchement et il est donc linéaire. Ainsi la chose est déterminée maintenant et elle l'est causalement et non seulement logiquement. C'est aussi la raison pour laquelle elle peut rétrograder. La troisième prémisse du Dominateur appartient donc aux propositions sur le futur qu'Ockham tiendrait pour nécessaires[25] : elle n'est pas un futur contingent. Dès lors, l'argument à partir de l'ambiguïté formelle des propositions au passé ne s'applique plus, puisque le futur dont on parle ici est en réalité déjà donné.

Rejetterait-on cette première objection en niant que la prédétermination de la vérité entraîne ici la prédétermination de la causalité, il restera une difficulté bien plus grande, si l'on abandonne la reconstruction donnée par Prior du Dominateur et donnée d'ailleurs en vue de déceler une ambiguïté dans la première prémisse de cet argument. Posons, en effet, que la première prémisse signifie simplement l'irrévocabilité du passé, due à ce qu'on ne peut réaliser un possible dans le passé. Ainsi formulée, elle ne peut porter que sur de vrais passés, en sorte que la parade ockhamienne perd tout effet.

A quelle condition une autre interprétation est-elle alors possible, qui invaliderait le Dominateur, tout en n'utilisant la première prémisse de Diodore que pour de vrais passés ? La proposition disant que ni maintenant ni jamais dans l'avenir p n'est vraie est vraie maintenant. Donc, d'après les principes

---

24. $\sim p \cdot \sim Fp \rightarrow \underline{P} \sim Fp \rightarrow \sim M \sim \underline{P} \sim Fp \rightarrow \sim Mp.$
      3     5          1            4 et 2

On a souligné les lettres où se glisse l'ambiguïté ; les chiffres renvoient aux numéros des prémisses de Prior (1967, pp. 32-33).

25. Ockham, 1945, note 6.

d'Ockham, sa vérité peut rétrograder sans ambiguïté[26]. Le Dominateur est-il irrésistible ? Il le sera sauf si l'on maintient que la réalisation du possible dans le passé conduit à une proposition certes fausse mais non pas impossible. La non-réalisation du possible n'entraînerait pas alors sa non-réalisabilité. Et l'exclusion qu'on poserait ainsi entre possible et actualisation n'entraînerait pas l'incompatibilité apodictique qui est requise pour qu'on puisse appliquer la seconde prémisse diodoréenne. Le modèle ockhamien du temps à plusieurs embranchements est exclu dans la réalité, puisqu'on a posé que le possible ne se réalisera pas. Les mondes possibles différents ne sont pas pour autant écartés. Bref ce qu'on met alors en cause ce n'est plus la validité de la première prémisse non plus que d'aucune prémisse explicite du Dominateur, c'est la validité de la nécessité conditionnelle, requise pour transformer la non-réalisation dans le futur en non-réalisabilité.

Les interprètes d'Ockham qu'on a cités affirment que, pour éviter le déterminisme dans un système à dates, Ockham a refusé d'admettre que ce qui est toujours vrai soit nécessaire. Ils justifiaient ce refus, qui permet d'aller du nécessaire au sempiternellement vrai et barre le chemin inverse, en limitant la validité de l'axiome : si p est vrai en t, alors il est vrai en t' qu'il est nécessaire que p soit vrai en t ; cet axiome n'est valable que si t' ≧ t. Le nécessitarisme résulterait de l'abandon de cette dernière condition ; alors la prédétermination nécessitante serait légitime. Mais c'est précisément qu'on aurait pris le passé formel t', de l'énoncé rétrogradé de p, pour son passé réel, t[27]. Nier en logique des dates le passage du sempiternellement vrai au toujours vrai, c'est encore faire cesser l'ambiguïté de la grammaire et de la réalité dans la première prémisse. Néanmoins, ces mêmes interprètes se flattent de sauver chez Ockham le principe de nécessité conditionnelle. En effet, posons dans le précédent axiome t = t'. On lit alors : " si p est vrai en t, alors il est vrai en t qu'il est nécessaire que p en t ", qui n'est qu'une autre expression du principe de nécessité conditionnelle, reconnu comme légitime.

L'argument, fait pour rendre la prédétermination logique d'un événement daté compatible avec sa contingence réelle,

---

26. *Si haec propositio sit modo vera : Haec res est, quacumque re demonstrata, semper postea erit haec vera : Haec res fuit* (Ockham, 1945, p. 4 ; cité par Prior, 1967, p. 35).

27. Boudot, 1973, pp. 471-472.

s'applique-t-il cependant au Dominateur ? Non pas, puisque la troisième prémisse interdit la réalisation d'un certain possible pendant tout le temps qui va de maintenant au plus lointain futur. Il ne s'agit donc pas de la prédétermination logique d'un événement futur, mais de la détermination continuée d'un événement sempiternel — comme le requéraient tant le modèle du *Timée* que les interprétations du *De Caelo*. Or, quand on l'applique non plus à un événement transitoire, mais à une durée sempiternelle (du point de vue de l'avenir), le passage contesté du sempiternel au nécessaire change radicalement de sens.

Supposons, en effet, valable la nécessité conditionnelle. Puisque le possible évoqué par la troisième prémisse n'existe pas et continue de ne pas exister dans tout l'avenir, l'axiome qu'on a posé nous contraint de dire qu'il est nécessaire qu'il n'existe pas pendant tout ce temps. Et puisqu'il est nécessaire qu'il n'existe pas pendant tout ce temps, il est impossible qu'il existe pendant tout ce temps, cqfd. On ne voit donc pas qu'Ockham puisse éviter la réduction à l'impossible de la troisième prémisse du Dominateur, s'il admet le principe de nécessité conditionnelle.

Les interprètes ne se sont pas trompés en construisant un modèle ockhamien vérifiant le principe de nécessité conditionnelle. La question est de savoir comment un tel modèle peut encore répondre au défi de Diodore.

Ockham a discuté la mise en cause du principe de nécessité conditionnelle, d'ailleurs pour la rejeter, dans la troisième question de son *Traité sur la prédestination* : " Comment, demande-t-il, peut-on préserver la contingence de la volonté, tant créée qu'incréée, lorsqu'elle cause quelque chose d'extérieur ? En d'autres termes, la volonté, en tant que naturellement première par rapport à l'acte causé, peut-elle causer l'acte opposé au même instant qu'elle cause cet acte, ou bien peut-elle à un autre instant, subséquent, causer l'acte opposé ou cesser l'acte causé " ?[28].

Or la doctrine de Duns Scot affirmait les deux possibilités. Elle reconnaît dans la volonté libre, à côté d'une capacité évidente pour les contraires soit d'actes, soit d'objets successifs, une capacité non évidente pour les opposés sans succession. Ockham lui-même admet la première capacité[29]. Il contestera la seconde.

---

28. Ockham, 1945, p. 32 ; 1969, p. 71.
29. Ockham, 1945, pp. 32-33 ; 1969, p. 83. Le texte fondamental est celui de Scot, Vivès, t. 10, 1843, *In librum primum sententiarum*, D. XXXIX, Q. 1,

Considérons d'abord la volonté créée. Duns Scot, critiquant le naturalisme des philosophes, refuse de la regarder comme une capacité passive d'être mue par une représentation : l'existence d'une volition lui sert d'argument essentiel, car comment la négation de l'objet aura-t-elle la force de déterminer la volonté[30] ? Bref, rien qui soit étranger à la volonté n'est la cause

---

628-629 : " Cette liberté est accompagnée par une puissance manifeste à des opposés. Il n'est pas permis que soit en elle une puissance à vouloir et à ne pas vouloir en même temps, car ceci n'existe pas ; mais en elle est la puissance à vouloir et ensuite à ne pas vouloir, soit à la succession d'actes opposés, et cette puissance est manifeste dans tous les êtres changeants dans lesquels se succèdent des opposés. Cependant il y a aussi (en elle) une autre puissance, qui n'est pas manifeste ainsi et qui est hors de toute succession. Posons en effet la volonté créée n'ayant d'existence que pendant un seul instant et ayant en cet instant telle volition : elle l'aura alors de façon non nécessaire. Preuve : si, en effet, dans cet instant elle l'avait de façon nécessaire, puisqu'il n'y a pas de cause hors de cet instant où elle causerait, la volonté, quand elle causerait, la causerait donc simplement de façon nécessaire. En effet n'est pas seulement contingente la cause qui préexistait à cet instant dans lequel elle cause, et qui alors, en tant que préexistante, a pu causer ou ne pas causer, car de même que cet être quand il est nécessaire ou contingent, de même la cause, quand elle cause, cause alors de façon nécessaire ou de façon contingente. D'où il résulte que dans cet instant elle cause ce vouloir et de façon non nécessaire, donc de façon contingente. "

" Il y a donc une puissance de cette cause à son opposé, qui cause sans succession, et cette puissance réelle est puissance de ce qui est premier naturellement, comme les actes premiers aux opposés, qui sont postérieurs naturellement, comme actes seconds. En effet l'acte premier considéré dans cet instant, où il est premier naturellement par rapport à l'acte second, pose celui-ci dans l'être comme son effet de façon contingente, en sorte qu'en tant que naturellement premier il pourrait également poser son opposé dans l'être ".

30. Duns Scot, Vivès, t. 13, 1843, *In secundum librum Sententiarum*, D. XXV. Q. 1, 199-201 :

" Un docteur moderne (Godefroy) dit ici que quelque chose d'autre que la volonté est la cause effective de la volition en elle et il pose que cette autre chose est un phantasme. Sa raison principale est la suivante : il faut que mouvant et mû soient distincts par le sujet, mais, dans la partie de l'âme intellective, rien ne peut être distinct par le sujet de la volonté ; donc là il n'y a aucun motif pour elle ; donc il faut quelque chose d'autre, en dehors de la partie intellective, et cela, c'est le phantasme. La première proposition il la prouve ainsi : c'est une même chose de poser que moteur et mû ne sont pas distincts par le sujet et qu'une même chose se meut elle-même, ce qui est impossible. D'abord parce qu'une même chose serait alors eu égard à elle-même à la fois en acte et en puissance, parce qu'il est dit (*Physique* 3) que tel est le moteur en acte, tel le mobile en puissance. Il dit aussi que cela, à savoir qu'il ne peut pas y avoir d'automoteur, est le principe de la métaphysique ; le supprimer, donc, c'est se priver du principe véritable de recherche en métaphysique.

La seconde raison est que matière et cause efficiente ne coïncident pas dans une même chose numériquement (*Physique* 2) ; donc pas non plus l'agent et le patient.

De même (*Métaphysique, 5*), le moteur est en relation avec le mû réellement, mais la relation du moteur avec lui-même n'est pas une relation réelle. Preuve

totale de la volition dans la volonté. Regardant la nature des choses par rapport auxquelles notre volonté est libre, on devra donc distinguer trois libertés. La volonté est d'abord libre *ad oppositos actus,* c'est-à-dire à vouloir ou à refuser un même objet. Elle l'est ensuite *ad opposita objecta,* puisqu'elle a pouvoir de tendre à des objets opposés. Elle l'est enfin *ad oppositos effectus,* à l'égard des effets opposés qu'elle peut produire[31]. Regardant la façon dont la contingence ou la possibilité résulte de la liberté, Duns Scot distingue deux capacités. La première résulte de la première liberté, *ad oppositos actus.* Notre volonté peut d'abord exercer *successivement* des actes opposés, c'est-à-dire vouloir après avoir refusé ou refuser après avoir voulu. En revanche il est impossible de vouloir et de refuser dans le même instant, ce qui ne serait rien[32]. La seconde capacité, quant à elle, n'est pas manifeste et elle exclut la succession. " Car si nous supposons qu'il y a une volonté créée qui existe durant un instant unique et qu'à cet instant elle a telle ou telle volition, alors elle ne l'a pas nécessairement. Car si à cet instant elle avait la volition nécessairement (puisqu'elle est une cause uniquement à l'instant dans lequel elle cause une volition), alors, absolument, la volonté, quand elle cause la volition, la causerait nécessairement. Car elle n'est pas maintenant une cause contingente parce qu'elle préexistait avant l'instant durant lequel elle cause et que préexistant alors elle pouvait causer ou ne pas causer. En effet de même que telle ou telle chose, quand elle est, est ou bien nécessairement ou bien de façon contingente, de même une cause, quand elle cause, cause ou bien nécessairement, ou bien de façon

---

en est que les relatifs réellement sont réellement opposés, mais les opposés ne peuvent pas convenir simultanément à la même chose ".

" Autre est l'opinion d'un Docteur plus ancien (St Thomas) qui pose la même conclusion, à savoir que la volonté est mue par autre chose, mais qui pose que cette autre chose est l'objet connu ou compris ".

" Contre la conclusion en soi il y a des raisons de principe, et je les avance en raisonnant comme suit. Un agent naturel ne peut pas être par soi cause de contraires concernant le même être passif..., mais il est dans la puissance de notre volonté d'avoir *ne pas vouloir* et *vouloir,* qui sont des contraires eu égard au même objet. Donc ces deux choses ne peuvent pas résulter d'un agent naturellement, donc pas non plus d'un objet, qui est un agent naturel. Posé donc qu'un objet serait la cause du vouloir, il faut cependant qu'il y en ait un autre qui serait la cause du *ne pas vouloir.* Mais cet objet, autre que la volonté, ne pourrait être qu'un objet mauvais ; mais puisque le mal n'est qu'une privation, il ne pourrait être la cause des actes posés, du type *ne pas vouloir.* Donc il faut qu'il soit effectivement par la volonté " ; commentaire *in* Gilson, 1952, p. 583.

31. Ockham, 1945, p. 33 ; 1969, p. 82, Gilson, *ibid.,* pp. 586-587.
32. Ockham, 1945, p. 33 ; 1969, p. 82.

contingente. Par conséquent quoi que cet acte de volonté cause dans cet instant, et le cause non nécessairement, il le cause de façon contingente. Donc cette capacité de causer l'opposé de ce qu'il cause en fait est sans succession. Et cette capacité réelle est une capacité naturellement première (comme étant de première actualité) pour des opposés qui sont naturellement postérieurs (comme de seconde actualité). Car la première actualité, considérée en cet instant dans lequel elle est, est naturellement première par rapport à la seconde actualité. Ainsi elle la pose de façon contingente dans la réalité comme son effet, en sorte que, en tant que première naturellement, elle pourrait également poser l'opposé dans la réalité " [33].

Duns Scot raisonne sous la fausse supposition de l'existence instantanée d'une volonté créée. Cette fausse supposition, du moins, n'implique nulle contradiction : elle constitue un monde possible. Dans un tel monde, il y aurait un seul acte, lequel exclurait son contradictoire. Si nous en étions réduits à la seule contingence manifeste dans la succession des opposés, un tel monde serait nécessaire puisqu'unique. Mais on a supposé que dans ce monde c'est une volonté libre quoiqu'instantanée qui a agi. Il faut donc que la liberté ne soit pas absorbée par son acte et qu'il y ait une puissance des contraires non déployée et non déployable dans le temps. C'est affirmer logiquement qu'un acte est compatible avec la puissance de son contraire et telle est la

---

33. Cité dans Ockham, 1969, pp. 82-83. « Supposons, commente Gilson (*op. cit.*, p. 587), une volonté créée dont l'existence ne durerait qu'un seul instant. Imaginons en outre que, dans cet unique instant, elle exerce une volition déterminée (*hanc volitionem*). De toute évidence, sa liberté de choix s'épuiserait dans cet acte unique dont on peut dire qu'il remplirait la totalité de son existence. Pourtant, cette volition unique ne serait pas nécessaire, et en voici la preuve : si la volonté exerçait nécessairement cette volition unique, puisqu'elle ne serait cause que dans ce seul instant, elle serait une cause nécessaire, donc une " nature ", c'est-à-dire le contraire d'une volonté. Peu importe ici qu'elle ait ou non existé dans un instant précédent où elle aurait pu vouloir le contraire. C'est dans l'instant présent, le seul où elle existe, qu'il faut la prendre. Or de même qu'en chaque instant présent d'une durée quelconque un être est soit contingent soit nécessaire, de même aussi, dans l'instant présent où elle exerce sa causalité, une cause l'exerce soit de manière contingente, soit de manière nécessaire. Puisque, par hypothèse, il s'agit d'une volonté, elle ne cause pas de manière nécessaire, mais contingente. *Une volonté est donc capable de vouloir le contraire de ce qu'elle veut et de causer le contraire de ce qu'elle cause, dans le temps même où elle le veut et le cause.* Assurément elle ne peut vouloir ni causer simultanément les contraires, mais, en même temps qu'elle veut et cause l'un, elle conserve son aptitude essentielle à vouloir et causer l'autre : *est ergo potentia hujus causae ad oppositum ejus quod causat, sine successione* ».

contingence radicale *ad extra* que suppose, pour être libre, une volonté créée réduite à un instant de vie.

Duns Scot examine ensuite le cas de la volonté divine. Regardant les choses par rapport auxquelles elle est libre, elle se distingue surtout de la volonté humaine en n'étant point libre *ad oppositos actus,* Dieu étant immuable. Quant au genre de contingence qui la relie *ad extra* — et c'est cette contingence radicale qui caractérise le Dieu chrétien et le distingue du Dieu des philosophes [34] —, on retrouve ce qui a été dit de la contingence non successive pour l'homme (la contingence successive se trouvant exclue par l'immutabilité divine) : " Notre volonté, en tant que naturellement première par rapport à son acte met au jour cet acte de façon qu'elle pourrait mettre au jour au même instant son opposé. De la même façon, la volonté divine, dans la mesure où la volition considérée en elle-même est première par rapport à une telle tendance, tend à cet objet de façon contingente de façon qu'au même instant elle pourrait tendre à l'objet opposé. Et ceci est autant du fait d'une capacité logique — c'est-à-dire de la non-incompatibilité des termes — que du fait de la capacité réelle — c'est-à-dire de la priorité naturelle de la volonté par rapport à son acte — "[35].

---

34. Gilson, *op. cit.,* p. 34, p. 262, p. 328, p. 363; Duns Scot, Vivès, t. 4, 1841, *De rerum principio* (Contre la production nécessaire des créatures par Dieu, selon Avicenne), Q. IV, art. I, sect. I, p. 305, " Donc on ne peut poser que la créature, qui a le pouvoir de ne pas être, découle nécessairement de l'être nécessaire, car, bien que formellement elle ne serait pas l'être nécessaire, elle aurait cependant la nécessité d'être, en vertu de quoi, de façon contradictoire, on lui oppose le fait qu'elle peut ne pas être ".

Q. IV, art. I, sect. III, p. 307, " Donc ce n'est du fait de nulle nécessité que Dieu veut quoi que ce soit d'extrinsèque ; il ne fait que ce qu'il veut et comme il le veut ; donc il ne fait ni ne produit nécessairement rien d'extrinsèque ".

35. Ockham, 1969, p. 83 ; Scot, Vivès t. 4, 1841, *De rerum principio,* Q. III, art. III, sect. 1, p. 297, " Ainsi, dans la créature, la volonté est appelée également vouloir, parce que la même volonté qui, par sa nature, en tant que puissance libre, a trait à des opposés, comme à lire et à ne pas lire, et est libre à l'égard de n'importe quelle différence de temps, puisqu'elle peut vouloir ou ne pas vouloir de façon divisée (*divisim*) à l'égard de n'importe quel maintenant. Cependant elle est comprimée par l'acte de façon qu'un acte qu'autre est l'acte par lequel elle veut que ceci soit, autre celui par lequel elle veut qu'il ne soit pas ou ne veut pas qu'il soit, et qu'autre est l'acte de vouloir par lequel elle veut faire ceci demain et non auparavant, et autre celui par lequel elle veut l'opposé ou peut ne rien faire. Mais c'est le contraire en Dieu, comme c'est la même puissance volitive, par laquelle il peut vouloir que ceci soit et vouloir qu'il ne soit pas, et que ceci soit demain, et par laquelle il peut vouloir que la même chose soit avant ou après. Et, en bref, c'est la même puissance, par laquelle il veut ou ne veut pas tout ce qu'il veut ou ne veut pas ; plus, c'est la même puissance, par laquelle il veut que ceci ne soit pas et veut que ceci soit, et avant ou après ou de nouveau : ainsi le même acte de vouloir ne changeant,

La psychologie de la volition suppose une logique des propositions en matière contingente [36]. Soit la proposition : la volonté

---

ni ne variant, ni ne se reproduisant, il veut que ceci soit et peut vouloir l'opposé ".

P. 299 (même section), " Ainsi par le même acte de vouloir, Dieu veut les contradictoires, non qu'ils existent ensemble, car ceci est impossible, mais il les veut ensemble ; de même, c'est par la même intuition, ou par la même science, qu'il sait que les contradictoires ne sont pas ensemble, mais ils sont connus ensemble par le même acte de science, qui est un seul et même acte ".

Leibniz est du côté d'Ockham et rejette comme verbales les subtilités de Duns Scot. Dans les *Essais sur la bonté de Dieu, la liberté de l'homme et l'origine du mal,* Deuxième partie, § 132-XVII (Leibniz, Gerhardt, VI, p. 184 ; Jalabert, p. 93), il cite le principe de nécessité conditionnelle, tel qu'il est formulé au chap. IX du *De Interpretatione* d'Aristote et ajoute : " Les nominaux ont adopté cette maxime d'Aristote. Duns Scot et plusieurs autres scolastiques semblent la rejeter, mais au fond leurs distinctions reviennent à la même chose ".

36. Gilson, *op. cit.,* p. 588 ; Duns Scot, Vivès, t. 10, 1843, *In librum primum sententiarum,* pp. 629-630, " ... *La volonté voulant A peut ne pas vouloir,* cette proposition est fausse au sens de la composition, en tant qu'elle signifie la possibilité de la composition : *la volonté voulant A ne veut pas A.* Mais elle est vraie au sens de la division, en tant qu'elle signifie une possibilité à des opposés successivement parce que la volonté voulant en A peut ne pas vouloir en B. Mais si nous acceptons aussi une proposition au sujet du possible unissant les extrêmes dans le même instant, comme celle-ci : *la volonté ne voulant pas quelque chose en A, peut le vouloir en A,* cette dernière elle aussi doit être distinguée selon la composition et la division. Et au sens composé elle est fausse, car elle dit qu'est possible qu'elle-même soit en même temps voulant en A et ne voulant pas en A. Mais le sens de la division est vrai ; elle signifie alors qu'à cette volonté, à laquelle appartient le vouloir en A, peut appartenir le non vouloir en A, mais sans que ce dernier ait à exister en même temps, puisqu'alors le vouloir ne lui appartiendrait pas.

Et pour faire comprendre cette seconde distinction qui est plus obscure, je dis qu'au sens composé il y a une seule proposition catégorique, dont le sujet est : *la volonté non voulant en A,* et le prédicat : *voulant en A ;* et alors ce prédicat est simplement attribué possiblement à ce sujet, auquel il répugne, et par conséquent il est impossible que convienne à soi ce qui est noté comme convenant possiblement à soi. Au sens de la division, il y a deux propositions catégorique, au sujet du possible, est énoncé possiblement : *vouloir A.* Et ces d'appartenance, est énoncé de la volonté le prédicat : *ne pas vouloir A* et cette catégorique est comprise par composition implicitement. Mais dans l'autre catégorique au sujet du possible, est énoncé possiblement : *vouloir A.* Et ces deux propositions sont vérifiées en A, parce qu'elles signifient que leurs prédicats sont attribués au sujet pendant le même instant. Or ceci est vrai. Car à cette volonté convient dans le même instant : *ne pas vouloir A* avec la possibilité de l'opposé en A ainsi que le signifie la proposition au sujet du possible.

Il y a un exemple de cette distinction dans la proposition : *tout homme qui est blanc court.* Étant posé que tous les hommes blancs courent, et non les noirs ou les basanés, elle est vraie au sens de la composition, et fausse au sens de la division. Au sens de la composition elle est une proposition, ayant un sujet unique déterminé par : *qui est blanc.* Au sens de la division, il y a deux propositions énonçant deux prédicats du même sujet. De même dans la proposition : *tout homme qui est blanc nécessairement est animal.* Au sens de la composition, elle est fausse, parce que le prédicat ne convient pas nécessaire-

qui veut A peut ne pas vouloir A. Au sens composé : la volonté qui veut A ne veut pas A est une proposition absurde et impossible. Au sens divisé et prise dans l'ordre de la succession, la proposition est valable, car la volonté [37] peut vouloir tel objet en un moment A et ne pas le vouloir au moment B. Mais même dans un instant donné, la proposition reste vraie au sens divisé ; car bien que la volonté qui veut A ne puisse pas ne pas le vouloir, cette volonté qui veut A est telle qu'elle puisse ne pas le vouloir. Même le voulant au moment A, elle est de soi capable de ne pas le vouloir au moment A. Cette distinction, Duns Scot le reconnaît, est difficile à saisir : *obscurior,* mais elle est fondée, car, au sens divisé, elle justifie la possibilité de deux propositions affirmatives distinctes : l'une dit que la volonté veut au moment A ; l'autre dit qu'il est possible que la volonté ne veuille pas au moment A. Portant toutes deux sur le même moment, mais non sur le même objet, elles peuvent être simultanément vraies ; et elles le sont en effet, car il est vrai que, dans le moment même où la volonté ne veut pas, elle peut vouloir et que, voulant un objet, elle pourrait en vouloir un autre.

Ockham refuse la capacité sans succession de Duns Scot et il la refuse en disant qu'on ne pourrait pas réaliser un tel possible. " Cette capacité non évidente ne peut être actualisée par aucune capacité, puisque, si elle était actualisée, la volonté voudrait quelque chose en $t_1$ et ne le voudrait pas en $t_1$, et ainsi des contradictoires seraient évidemment vrais dans un même temps "[38]. Par conséquent : " Il est incohérent de dire que la volonté divine en tant que première naturellement pose son effet en réalité en $t_1$ de façon qu'elle peut ne pas le poser en réalité au même instant. Car il n'y a pas d'instants de la nature tels qu'il les imagine, et il n'y a pas dans le premier instant de la nature une telle indifférence en ce qui concerne poser et ne pas poser. Au contraire, si en quelque instant elle pose son effet dans la réalité, il est impossible que par le moyen d'une quelconque capacité l'instant arrive sans que l'effet arrive à cet instant, de même qu'il

---

ment à tout ce sujet. Mais au sens de la division, elle est vraie, parce que d'un même sujet sont affirmés deux prédicats, l'un nécessairement, l'autre absolument sans nécessité, et tous deux conviennent, et les deux propositions catégoriques sont vraies ".

37. Créée.
38. Ockham, 1945, p. 33 ; 1969, p. 85.

est impossible que par le moyen d'une quelconque capacité les contradictoires soient vrais en même temps "[39].

Qu'on ramène à présent la discussion à sa signification logique. Duns Scot soutient qu'on peut au même instant agir et pouvoir agir autrement qu'on n'agit[40]. Ceci signifie que l'acte est

---

39. Ockham, 1969, p. 87. Concernant la question des instants de nature, Baudry, 1958, p. 128 : « *Instans naturae*. Pour expliquer la connaissance que Dieu a des futurs contingents Duns Scot imagine ce qu'il appelle des instants de nature. Dans son traité sur les futurs contingents (p. 35), Guillaume rejette d'un mot cette théorie scotiste. "Non teneo Scotum quia in omnibus illis instantibus naturae erravit". Les raisons pour lesquelles il le fait se trouvent dans E.A., fol. 85a. Quand on dit d'une chose qu'elle est antérieure à une autre d'une antériorité de nature, il ne faut pas s'imaginer qu'elle existe dans un instant dans lequel la seconde n'existe pas. En effet, cet instant serait ou bien dans l'âme ou bien hors de l'âme. On ne peut pas dire qu'il existe dans l'âme car, dans cette hypothèse, si l'âme n'existait pas, cette antériorité de nature n'existerait pas non plus, et de plus, cet instant de nature ne saurait être ni un *habitus,* ni une puissance, ni une *species,* ni l'acte d'intellection ni son objet. On ne peut pas dire qu'il existe hors de l'âme, parce qu'il serait alors ou une substance ou un accident. Ce qui est impossible. En effet, considérons l'antériorité de nature dont Socrate jouit par rapport à sa blancheur. Si on admet que Socrate existe dans un instant de nature dans lequel sa blancheur n'existe pas, ou bien cet instant de nature n'est autre que Socrate et il faudra dire que Socrate est dans Socrate. Ou bien cet instant est une partie de Socrate et alors Socrate sera dans une partie de Socrate. Ou bien cet instant de nature est un accident de Socrate et Socrate sera dans un de ses accidents. D'autre part, on ne peut pas dire que cet instant est quelque chose d'extérieur à Socrate. Il faut donc tenir pour indubitable que l'antériorité de nature n'entraîne pas plus l'existence d'un instant de nature que la plus grande honorabilité ou la plus grande perfection n'entraîne des instants de perfection et d'honorabilité. Les instants de nature admis par Duns Scot n'existent pas. "Indubitanter est tenendum quod non magis sunt instantia naturae quando aliquid est prius alio natura quam sunt instantia honoris et perfectionis quando aliquid est honorabilius et perfectius alio... Universaliter tenendum quod non sunt aliqua instantia naturae nec originis praeter instantia temporis" (E.A., fol. 85a) ».

40. Duns Scot, Vivès, t. 4, 1841, *De rerum principio,* Q. IV, art. II, sect. V, p. 315, " Mais vouloir et refuser, qui sont un en Dieu, sont des noms exprimant le rapport de ce même vouloir divin à des effets différents, en sorte que ce rapport et relation est réellement dans la créature, mais, selon la raison et notre concept, en Dieu, de même que créateur et Dieu disent pour une chose éternelle des relations nouvelles qui sont selon la raison en Dieu, mais selon la chose dans la créature. Par là, on voit que, par un côté il est vrai que Dieu veut et ne veut pas en même temps une chose, en tant en effet que cet acte est identique avec Dieu, ne connotant rien.

D'un autre côté ils ne sont pas une même chose ni en même temps, mais successivement, tant qu'ils disent une connotation extérieure, en sorte qu'il y a succession selon la chose dans les connotés, mais selon la raison et notre concept en Dieu ".

(Même section, p. 316), " De même que l'intuition divine voit que l'une et l'autre partie de la contradiction en même temps non pas existent, mais peuvent arriver *(fore),* non en conjonction *(conjunctim)* mais en division *(divisim),* de même aussi la volonté divine, par un seul vouloir immuable, se porte sur l'un et l'autre extrêmes de la contradiction, elle veut en les voulant

compatible avec la puissance de son opposé. Ockham répond qu'il y a incompatibilité, puisque réaliser le possible contraire serait entrer en contradiction avec l'acte. La volonté divine elle-même ne peut pas cela. On le voit, Ockham admet le principe de nécessité conditionnelle. L'acte exclut, *pendant* qu'il est, la puissance de son opposé, dont la réalisation ne pourra avoir lieu qu'après que lui-même aura disparu. Mais cette représentation successive de la puissance, toute légitime qu'elle soit en ce qu'elle suggère dans la puissance quelque chose de positif et comme une tendance qui dépasse la simple réalité logique ou non-contradiction, paraît mal fondée chez Ockham. Lorsqu'il prétend réduire Scot à l'absurde, il ne fait, en réalité, que céder lui-même au sophisme de la distribution des modalités et confondre la contradiction réelle entre acte et acte contraire avec la contradiction apparente entre acte et possible contraire[41].

---

simultanément, non cependant qu'ils existent ensemble, mais simultanément elle veut qu'ils puissent arriver [je propose de corriger ici *forte* en *fore*] non en conjonction mais en division. Et de même que l'intuition divine voit la contingence des causes et les effets qui résulteront d'elles de façon contingente, de même le vouloir divin veut que les causes créées agissent de façon contingente et que leurs effets arrivent de façon contingente, ou, au contraire, nécessaire, selon l'ordre des causes ".

41. Duns Scot conteste explicitement le principe de nécessité condition-nelle dans un texte qui met en valeur sa virtuosité de dialecticien : Vivès, t. 10, 1843, *In librum primum sententiarium*, pp. 630-631.

" La proposition d'Aristote : *il est nécessaire que tout ce qui est soit pendant qu'il est* peut être catégorique ou hypothétique, comme l'est aussi la proposi-tion : *il est nécessaire qu'un animal coure, si un homme court.* En tant que conditionnelle, celle-ci donne lieu à distinction, selon que *nécessaire* peut vouloir dire la nécessité de conséquence ou du conséquent. Au premier sens elle est vraie, fausse au second. Or le second, qui est une catégorique, signifie que le tout : *coure si un homme court* est prédiqué d'animal avec le mode de la *nécessité*, et la catégorique est vraie, parce que le prédicat ainsi déterminé appartient nécessairement au sujet. Mais il ne s'agit pas du prédicat absolument et donc conclure à partir du prédicat ainsi déterminé au prédicat pris absolu-ment est l'erreur *secundum quid ad simpliciter.* De même je dis ici que, si l'on accepte la proposition d'Aristote comme temporelle hypothétique, alors la *nécessité* note la nécessité de la conséquence ou celle du conséquent. Si de la conséquence, elle est vraie ; si du conséquent, elle est fausse. Mais si on la prend pour une catégorique, alors ce qui est, *quand il est,* ne détermine pas une composition implicite dans ce qui est, mais une composition principale signifiée par le fait que ce qui est *soit,* et alors le prédicat que *cela soit quand il est* est affirmé du sujet qui est avec le mode de la nécessité, et ainsi la proposition est vraie. Il ne suit donc pas qu'il est nécesaire qu'il soit, mais il y a sophisme du *secundum quid ad simpliciter,* comme il apparaît dans l'autre cas. Donc aucun sens vrai de cette proposition ne dénote que être quelque chose dans l'instant où il est soit simplement nécessaire, mais seulement soit nécessaire *secundum quid,* à savoir quand il est, et comme avec ceci s'accorde le fait que dans l'instant où elle est la chose est simplement contingente, par

En toute vraisemblance, ni Scot, ni Ockham n'ont connu le Dominateur. Il est simplement arrivé que des difficultés semblables ont appelé des réponses qu'on peut comparer systématiquement avec celles des Anciens.

---

conséquent aussi s'accorde le fait que dans cet instant son opposé peut lui appartenir ".

La conséquence de la mise en cause de la nécessité conditionnelle pour la liberté est clairement exprimée par Scot (*ibid.,* p. 637) : " De même que notre volonté, en tant que première naturellement par rapport à son acte, produit cet acte en sorte qu'elle puisse au même instant produire l'acte opposé, de même, la volonté divine, en tant qu'elle est elle-même sous une volition, est première naturellement par rapport à une telle tendance, et tend à cet objet de façon contingente en sorte que dans le même instant elle peut tendre à l'objet opposé, et ceci tant au point de vue du possible logique (qui est la non-contradiction de termes, comme on l'a dit à propos de notre volonté) que de la puissance réelle, qui est première par rapport à son acte naturel ".

Dans l'édition Vivès, Lychet expose, dans son Commentaire, les objections d'Ockham :

1. — Il n'y a pas une telle puissance à des opposés non manifeste dans le même instant, car aucune puissance, même infinie, ne pourrait réduire à l'acte une telle puissance sinon par une contradiction dans les faits (p. 641). Cet argument n'est autre que le sophisme de la distribution.

A ce premier argument, Grégoire de Rimini a répondu en posant d'abord (p. 643) : " que ce qui est dans un instant donné peut ne pas être dans cet instant, en sorte que la proposition qui énonce qu'il n'est pas peut être vraie dans cet instant. Ceci peut être compris de trois façons. a) Que ceci est possible au sens composé, en sorte que dans cet instant cette chose en même temps qu'elle est n'est pas dans cet instant. Alors tant la proposition énonçant qu'elle est que la proposition énonçant qu'elle n'est pas conjonctivement et simultanément dans le même instant seront vraies. Mais ce sens est véritablement impossible, parce qu'il implique contradiction. b) On peut concevoir ou comprendre que cela est possible au sens divisé, et ceci de deux façons. Selon la première, la chose, qui est dans quelque instant donné, peut déjà, étant posée dans l'être, cesser d'être, et de l'être passer au non-être dans le même instant donné. La proposition énonçant qu'elle est cesse d'être vraie, et de vraie devient fausse en sorte que dans cet instant elle est fausse, et conversement, son opposée cesse d'être fausse et devient vraie. Mais ce sens est impossible, parce qu'un tel passage et une telle succession ne sont pas possibles dans l'instant. Selon la seconde façon, il est absolument et simplement possible que cette chose ne soit pas alors et qu'elle ne soit pas posée dans l'être par sa cause. La proposition énonçant qu'elle n'est pas dans cet instant est vraie. Ce sens est vrai et ne contient rien d'inconvenant ".

2. — Le second argument d'Ockham contre Scot se fonde sur la nature du passé (p. 641) : " Il est communément admis par les philosophes et les théologiens que Dieu ne peut pas faire du passé un non-passé, sans qu'il soit ensuite vrai de dire que le passé a existé. Donc comme, par hypothèse, la proposition est déterminément vraie : *la volonté veut en A* et que, par conséquent, elle sera toujours vraie par la suite, tandis que n'a jamais été vraie la proposition : *la volonté ne veut pas ceci en A*, la proposition : *la volonté n'a pas voulu ceci en A* a toujours été impossible ".

A quoi Grégoire de Rimini répond (p. 643) : « Supposons que Dieu ne puisse pas faire que le passé ne soit pas passé (bien que plusieurs théologiens contestent cette supposition). Je dis que si la volonté veut quelque chose dans

Ockham n'a pas vraiment mis en cause la première prémisse. Il a seulement levé l'ambiguïté qui s'attache à l'une de ses expressions modales. Il n'est donc pas comparable à Cléanthe. Tout son effort porte sur la distinction entre logique et réel, entre prédétermination du vrai et prédétermination de la cause. Si l'on mesure le système qu'on est en droit de lui attribuer à son efficacité pour résoudre le Dominateur, ce système reste faible, même lorsqu'on s'en tient à la reconstruction de Prior. Ockham fait sien le principe de nécessité conditionnelle. S'agissant d'un événement sempiternel, la nécessité se communique à toute sa durée. Tout ce qu'on pourrait ajouter en faveur d'Ockham regarde le caractère négatif d'un tel événement sempiternel : l'exacte symétrie qu'on postule entre propositions affirmatives et propositions négatives est douteuse pour un nominaliste. Le plus vraisemblable est que, s'il avait connu le Dominateur, Ockham l'aurait regardé à la façon d'un Carnéade : d'une part le nécessitarisme diodoréen ne l'aurait pas effrayé, puisqu'il concerne le discours et non la réalité ; de l'autre, la vérité formelle d'une proposition n'entraînant pas de conséquence causale, la prédétermination du vrai est sans portée ontologique [42].

---

l'instant B, dans la suite sera toujours vraie la proposition : " la volonté a voulu ceci dans l'instant B ", en sorte qu'est nécessaire la conséquence : " la volonté veut ceci en B ". Donc, après B, sera toujours vraie, si elle est formée, la proposition : " la volonté a voulu ceci en B ". Mais je dis que l'antécédent est contingent et peut ne pas être vrai, même dans l'instant B. Et si l'on pose qu'il n'est pas vrai en B, comme il est possible de le faire en vertu du troisième sens permis, " cette volonté a voulu ceci en B " ne sera pas vraie après B, et, par conséquent, pas non plus nécessaire, non plus que son opposée impossible ».

Quant à Ockham, on a soutenu qu'il contestait, lui aussi, le principe aristotélicien de nécessité conditionnelle. Il écrit en effet, dans le *Commentaire* au chapitre IX du *De Interpretatione :* " Sciendum est, quod ista propositio : *Omne quod est quando est necesse est esse,* de virtute sermonis est simpliciter falsa " (cité par Boehner *in* Ockham, 1945, p. 71). Mais Ockham signifie simplement, par là, que la nécessité absolue ou simple, c'est-à-dire non qualifiée par la condition temporelle du *quando* de la chose ou de l'événement, ne doit pas être acceptée. Cette fausse interprétation d'Aristote rejetée, Ockham accepte le principe sous sa forme authentiquement aristotélicienne : " Il est nécessaire, si une certaine chose existe à un certain moment, qu'elle existe alors "*(ibid.).* Il précise : " ... Mais le Philosophe dit que cette proposition est nécessaire : tout ce qui est, est, quand il est ; car cette proposition ne peut pas être fausse. Et, de même, la proposition suivante est nécessaire. Tout ce qui fut, fut, quand il fut. Et de même : tout ce qui sera, sera, quand il sera " (*ibid.,* p. 72).

Ce qui a pu tromper le commentateur (*ibid.,* pp. 70-72) est l'interprétation que Lukasiewicz a donnée du texte d'Aristote, interprétation dans laquelle la condition temporelle est omise. La discussion contre Scot le prouve : ce qui est en jeu, dans le principe aristotélicien, c'est la possibilité de coexistence *au*

Duns Scot, reprenant, sans le savoir, Platon, fait porter ses doutes sur le principe de nécessité conditionnelle. Le refus de cette nécessité, très conforme à l'esprit moderne, n'entraîne aucune contradiction. Ainsi la théorie de Duns Scot est cohérente. Par ce refus, elle échappe au Dominateur, sans avoir à mettre en cause aucune des trois prémisses explicites du texte d'Épictète. Elle est donc aussi sans rapport avec la solution de Cléanthe.

### 23. RETOUR A CLÉANTHE ET SECONDE CONJECTURE : CARACTÈRE CONDITIONNEL DE LA NÉCESSITÉ DU PASSÉ SELON CLÉANTHE ; L'INTERPRÉTATION DE LEIBNIZ.

Ceux qui ont interprété Cléanthe par Ockham ont prêté au premier une attitude nominaliste, que ce qu'on sait par ailleurs de sa doctrine rend assez improbable. Ce n'est pas qu'ancien boxeur, Cléanthe, que Diogène Laërce nous présente comme lourdaud, ait dédaigné l'esquive. C'est que cette esquive suppose une ambiguïté dans la première prémisse du Dominateur. Si elle avait été possible, il ne fait pas de doute que chacun eût adopté cette solution simple, plutôt que de s'embarrasser dans les détours et les obscurités de systèmes non canoniques de logique. Il faut donc supposer qu'en niant la validité de la première prémisse Cléanthe a voulu dire non pas que les propositions au passé mais ne portant pas sur le passé ne sont pas nécessaires, mais que les propositions portant sur le passé ne sont pas nécessaires. C'est bien ainsi, au sens fort, que Leibniz a entendu sa position.

---

*même instant* d'un acte et de la puissance contraire. Ockham, avec Aristote, nie cette possibilité que Scot affirme (voir plus bas, pp. 266-267).

42. Ce qu'Ockham refuse, c'est non pas le principe de nécessité, mais l'inférence qui va de la vérité à la vérité nécessaire. Sa position rappelle celle d'un Carnéade (voir plus bas, pp. 245-251). De la vérité, Ockham refuse de passer, en effet, à la vérité nécessaire. Ce refus que Boehner (Ockham, 1945, p. 68) interprète comme un refus de principe de nécessité conditionnelle, au vu de la *Quaestio II*ª, B, *ad sec.* du *Tractatus* et du quatrième article *(L et seq)*, implique seulement, au sens de Carnéade, l'abandon de la définition dogmatique du vrai. Les textes allégués disent : 1° que de la science nécessaire à la nécessité de l'objet su la conséquence n'est pas bonne *(ibid.,* p. 18) ; 2° que de l'immutabilité de la valeur de vérité d'un énoncé portant sur un futur contingent à sa nécessité, la conséquence n'est pas bonne *(ibid.,* p. 29). Or ceci implique seulement qu'une proposition peut être déterminément vraie, sans que, pour autant, la chaîne des causes soit déjà présente.

" C'est une question, écrit-il dans un texte qui pourrait être plus clair, si le passé est plus nécessaire que le futur. Cléanthe a été de ce sentiment. On objecte qu'il est nécessaire *ex hypothesi* que le futur arrive, comme il est nécessaire *ex hypothesi* que le passé soit arrivé. Mais il y a cette différence qu'il n'est point possible d'agir sur l'état passé, c'est une contradiction ; mais il est possible de faire quelque effet sur l'avenir : cependant la nécessité hypothétique de l'un et de l'autre est la même ; l'un ne peut être changé, l'autre ne le sera pas et, cela posé, il ne pourra pas être changé non plus "[43].

Leibniz paraît dire que Cléanthe, ayant identifié la nécessité hypothétique du passé et celle de l'avenir ajoutait à la nécessité hypothétique du passé quelque chose qui expliquait pourquoi la délibération ne pouvait pas s'y rapporter. Mais quelle est cette chose ? N'est-ce pas elle qui, pour Aristote comme pour Diodore et presque pour tous les Anciens, fait précisément dégénérer la nécessité hypothétique en une sorte de nécessité absolue, en précisant qu'il ne s'agit que d'une sorte de nécessité absolue, puisqu'elle est uniquement rétrospective et que, dans l'événement, elle ne touche que son temps et non son mode de production ? Et quelle position Leibniz adopte-t-il lui-même ? Les " actions volontaires, et leurs suites, écrit-il, n'arriveront point quoi qu'on fasse, ou soit qu'on les veuille ou non, mais parce qu'on fera et parce qu'on voudra faire ce qui y conduit. Et cela est contenu dans la prévision et dans la prédétermination, et en fait même la raison. Et la nécessité de tel événement est appelée conditionnelle, hypothétique, ou bien nécessité de conséquence, parce qu'elle suppose la volonté et les autres *réquisits ;* au lieu que la nécessité qui détruit la moralité, et qui rend le châtiment injuste et la récompense inutile, est dans les choses qui seront quoi qu'on fasse et quoi qu'on veuille faire, et, en un mot, dans ce qui est essentiel ; et c'est ce qu'on appelle une nécessité absolue. Aussi ne sert-il de rien, à l'égard de ce qui est nécessaire absolument, de faire des défenses ou des commandements, de proposer des peines ou des prix, de blâmer ou de louer ; il n'en sera ni plus, ni moins "[44]. Rapprochons à présent ce texte de celui, déjà cité, de l'*Éthique à Nicomaque* (Z,2,1139$^b$5-11) rappelant que choix volontaire et projet ne se rapportent pas au passé.

---

43. Leibniz, Gerhardt, VI, p. 214 ; Jalabert, p. 226.
44. Leibniz, Gerhardt, VI, p. 380 ; Jalabert, p. 383.

Aristote dit que le passé fait dégénérer la nécessité conditionnelle de l'événement en une sorte de nécessité absolue, et
Leibniz paraît en accord avec lui sur ce point, tout en rendant
plus rigoureuses les conditions de la nécessité hypothétique, à
laquelle il ne suffit plus de s'appliquer aux événements momen-
tanés, puisqu'on exige, de plus, les réquisits de la délibération
volontaire. Leibniz donne même la raison de son accord : c'est
une contradiction de prétendre agir sur le passé ; or est possible
ce qui n'est point l'antécédent d'une conséquence contradictoire. Si une chose est possible, on peut agir sur elle ; or on ne
peut agir sur le passé ; donc le passé n'est pas possible. On le voit,
Leibniz accorde donc que la nécessité du passé ne signifie rien
d'autre que l'impossibilité de réaliser le possible dans le passé.
Mais c'est là précisément une conclusion qui contredit Cléanthe
et accorde Leibniz avec les adversaires de ce dernier, parmi
lesquels on comprendrait Aristote.

Pour ressaisir les intentions leibniziennes, revenons au Dominateur. Leibniz loue Aristote d'avoir distingué entre nécessité
hypothétique et nécessité absolue. Il prétend même lui emprunter cette distinction. Il le blâme au contraire pour ses doutes au
sujet du principe du tiers exclu. Or, dans le chapitre IX du *De
Interpretatione,* Aristote joignait ces doutes à cette distinction
pour échapper au Dominateur, dont il admettait les trois
prémisses, que Diodore lui avait d'ailleurs empruntées. Lorsque
Leibniz crédite Cléanthe de la distinction entre les deux sortes
de nécessité, il l'interprète comme équivalant à nier la première
prémisse, c'est-à-dire la nécessité absolue du passé. Comme
lui-même, étant donné sa théorie des mondes possibles, admet
l'existence dans l'entendement divin de possibles qui ne passeront jamais à l'existence empirique et qu'il ne met pas en doute
la seconde prémisse de Diodore, on peut supposer qu'il prête à
Cléanthe une doctrine voisine de la sienne. Croire que le passé
est absolument nécessaire, c'est confondre la nécessité hypothétique et la nécessité absolue. Tout événement, passé ou futur, est
déterminé. Or ce qui est déterminé n'est point nécessaire, si ses
conditions d'existence, qui l'on fait ou le feront choisir, dépendent du principe du meilleur et non seulement du seul principe
logique de non-contradiction. Mais tout événement, en tant qu'il
fait partie de ce monde, existe sous la condition de ce que
Leibniz appelle l'élection du meilleur et de ce que Cléanthe
appelait la Providence divine.

La distinction des deux nécessités qui pour Leibniz et pour Cléanthe interprété par Leibniz, mais non pour Aristote, suffit à éviter le fatalisme, est, à son tour, susceptible de deux expressions différentes. Ou bien, lorsqu'on affirme que le passé est nécessaire hypothétiquement, on dit qu'il est nécessaire que si un événement s'est produit il se produit ; d'où il est impossible de tirer qu'il est nécessaire simplement et absolument que cet événement se soit produit. On bien l'on pose que si un événement s'est produit, il a été nécessaire qu'il se soit produit pendant qu'il s'est produit ; la nécessité est donc conditionnelle en ce qu'elle dépend de la durée passée de l'événement ; d'où il est à nouveau impossible de tirer qu'il est nécessaire simplement et absolument que cet événement se soit produit.

Sous ses deux expressions différentes, dont la première paraît plus leibnizienne, la seconde plus aristotélicienne (bien qu'Aristote lui-même n'en fasse pas usage pour le passé), la nécessité hypothétique entraîne une complète symétrie du passé et du futur. En effet, d'un futur on peut dire, comme d'un passé, d'une part qu'il est nécessaire qu'il sera s'il est, comme le passé est nécessaire du fait qu'il a été, de l'autre qu'il est nécessaire qu'il soit pendant qu'il sera, comme il est nécessaire que le passé ait été pendant qu'il a été. Du point de vue de la Providence divine, d'ailleurs, le principe du meilleur et le principe de la détermination s'appliquent également à l'un et à l'autre. Si Leibniz les distingue, c'est qu'il fait appel à l'impossibilité de réaliser le possible dans le passé et que, par conséquent, il superpose à la nécessité hypothétique, qui convient à toutes les existences, passées et futures, une irrévocabilité caractéristique du passé et propre à faire celui-ci nécessaire, toujours hypothétiquement, mais en un sens autre que le futur. Il est probable qu'il prête à Cléanthe la même distinction.

Selon Aristote, la nécessité conditionnelle dégénère en une sorte de nécessité absolue lorsque d'une part les limites d'un événement appartiennent au passé ou que, d'autre part, bien qu'elles appartiennent au futur, il existe dès à présent une chaîne causale qui les détermine et permet donc de les regarder comme déjà données[45]. Le partage se fait entre ce sur quoi on peut encore délibérer et le reste, qui comprend ce sur quoi on a pu mais on ne peut plus délibérer — l'irrévocable —, et ce sur quoi

---

45. C'est le cas pour " l'éclipse de demain " (*Métaphysique*, K,8,1065ᵃ 16 ; voir plus bas, p. 163).

la délibération ne peut pas porter et qui relève de la nécessité extérieure. Pour le Cléanthe leibnizien, au contraire, le passé, à lui seul, bien qu'il retire l'événement à la délibération, ne le précipite pas dans une nécessité plus forte que ne l'est la nécessité hypothétique commune aux existants. L'irrévocabilité qui empêche de réaliser le possible dans le passé ne confère pas à ce passé une nécessité brute[46].

L'autorité de Leibniz n'est pas rien. Deux arguments cependant empêchent de se ranger à son opinion. Le premier a trait à l'économie interne du Dominateur, le second à la vraisemblance historique du Cléanthe leibnizien.

En premier lieu, Leibniz, pensant interpréter Cléanthe, adopte une attitude singulière envers la première prémisse du Dominateur. D'un côté il affaiblit sa force modale, lorsqu'il dit que la nécessité du passé n'est pas absolue, mais hypothétique. De l'autre, il la rehausse, lorsqu'il refuse de la ravaler à la nécessité hypothétique générale, telle qu'il l'attribue aux futurs, et qu'en conséquence il refuse la symétrie complète du passé et du futur. A aucun moment il ne précise en quoi consiste ce surplus modal qui distingue la nécessité du passé de la nécessité de l'existant en général sans toutefois l'assimiler à la nécessité métaphysique. Une symétrie complète du passé et du futur entraînerait probablement, dans l'esprit de Leibniz, l'extravagance d'un Pierre Damien, disant que Dieu pouvait faire que ce qui a été ne fût pas. S'il y a extravagance c'est que la nécessité du passé a ceci de spécifique qu'il est impossible d'y réaliser le possible. Il faut donc reconnaître au temps un caractère asymétrique et linéaire. Mais, s'il en est ainsi, on ne voit pas ce qu'on a gagné pour résoudre le Dominateur. L'interprétation de la première prémisse ne requiert, en effet, rien d'autre que l'irrévocabilité du passé. Leibniz ne paraît, d'autre part, contester aucune des autres prémisses de l'argument. Il a certes le mérite de montrer toute la différence qui existe entre l'irrévocabilité du passé et la nécessité d'une déduction mathématique. Mais Diodore s'accommode de cette différence.

Reste la question de la vraisemblance historique de la reconstruction leibnizienne. Observons d'abord que la distinction de deux sortes de nécessité est connue des Anciens comme étant

---

46. Cette distinction correspond à la solution que Schuhl donne de l'argument dominateur. Comme l'a remarqué von Fritz, il retrouve ainsi la " solution de Cléanthe " (1962, p. 145).

aristotélicienne. Si le stoïcien Cléanthe avait fait un tel emprunt à Aristote, les sources antiques l'auraient noté. Surtout, en interprétant comme il le fait la première prémisse, Leibniz n'en nie pas plus la validité que ne l'avait fait Ockham. La prémisse affirme la nécessité du passé : Ockham avait précisé le sens du mot *passé,* Leibniz précise le sens du mot *nécessité.* Ces précisions purifient, elle ne contestent pas la prémisse même.

Cette prémisse, le texte d'Epictète rapporte que Cléanthe se proposait non de l'amender, mais de la rejeter. Il faut donc que les conjectures qu'on a rapportées jusqu'ici soient étrangères à son projet. On a vu, en particulier, Leibniz défendre, sans la justifier, la linéarité du temps, pour sauver l'asymétrie du passé et du futur. C'est ainsi qu'il demeurait impossible de réaliser le possible dans le passé. S'il faut invalider la première prémisse, n'est-ce pas cette impossibilité qu'il faut mettre en question ?

Une dernière conjecture est alors possible qui permettrait d'interpréter par la physique et la conception du temps propre aux Stoïciens la négation de la première prémisse du Dominateur. On examinera d'abord la condition de possibilité de cette interprétation. On montrera ensuite qu'elle paraît correspondre à la théorie de Cléanthe.

24. TROISIÈME CONJECTURE : TEMPS CYCLIQUE ET CONCEPTION NUMÉRIQUE DE L'IDENTITÉ DES ÊTRES DANS L'ÉTERNEL RETOUR.

Un texte des *Problèmes* d'Aristote permet de déterminer la question. L'impossibilité de réaliser le possible dans le passé reposait sur la linéarité du temps. Réaliser le possible dans le passé ferait coïncider l'année dernière et maintenant. Or il existe des philosophes pour avoir soutenu cette absurdité.

" De quelle façon, demande le pseudo-Aristote[47], doit-on comprendre ces mots *avant* et *après* ? Faut-il les entendre de la façon suivante : Ceux qui ont vécu au temps de la guerre de Troie nous sont antérieurs ; à ceux-ci sont antérieurs ceux qui ont vécu plus anciennement, et ainsi de suite à l'infini, les hommes qui se trouvent dans le passé étant toujours tenus pour antérieurs aux autres ? Ou bien, s'il est vrai que l'Univers ait un commencement, un milieu et une fin ; que ce qui, en vieillissant, est parvenu à sa fin, soit, par là-même, revenu de nouveau à son

---

47. *Problemata*, XVII, 3,916ᵃ18-39.

commencement; s'il est vrai, d'ailleurs, que les choses antérieures soient celles qui sont les plus proches du commencement; qui empêche alors que nous ne soyons plus voisins du commencement [que les hommes qui vécurent au temps de la guerre de Troie]? S'il en était ainsi, nous leur serions antérieurs. Puisque, par son mouvement local, chaque ciel et chaque astre parcourt un cercle, pourquoi n'en serait-il pas de même de la génération et de la destruction de toute chose périssable, de telle sorte que cette même chose puisse, elle aussi, naître et périr de nouveau? Ainsi dit-on également que les choses humaines parcourent un cercle. Croire que les hommes qui naissent sont toujours numériquement les mêmes, c'est une sottise; mais on émettrait une meilleure opinion en disant qu'ils sont conservés spécifiquement. Il peut donc se faire que nous soyons antérieurs même [aux contemporains de Troie]. A la série des événements, on assignera donc une telle disposition, qu'il faille revenir à l'état qui a servi de point de départ et reprendre sans discontinuité une marche qui repasse par les mêmes choses. Alcméon a dit que les hommes sont périssables parce qu'ils ne peuvent souder leur fin à leur commencement. Il a fort joliment dit, pourvu qu'on entende qu'il s'est exprimé d'une manière figurée et que l'on ne veuille pas prendre ce propos au pied de la lettre. Si la suite des événements est un cercle, comme le cercle n'a ni commencement ni fin, nous ne pouvons, par une plus grande proximité à l'égard du commencement, être antérieurs à ces gens-là, et ils ne peuvent pas non plus nous être antérieurs ".

Supposons donc que la première prémisse du Dominateur signifie simplement l'impossibilité de réaliser le possible dans le passé. A quelle condition cette impossibilité disparaîtra-t-elle? Il faudra et il suffira 1º que l'univers soit soumis aux générations et aux corruptions en sorte qu'il ait un milieu, un début, une fin, 2º que ces générations et corruptions forment un cycle reproductif, 3º que cette reproduction soit numérique et non seulement spécifique. Les deux premières conditions s'entendent aisément. La troisième est nécessaire. En effet, si la reproduction de l'univers était seulement spécifique, on pourrait numéroter chaque univers successif ou, si cette succession a lieu de toute éternité, on pourrait du moins le distinguer. Il y aurait l'univers où a vécu Socrate et l'univers où Socrate n'a pas existé. L'horloge serait, pour ainsi dire, étrangère à l'univers, puisque ses phases seraient discernables. Mais si l'univers se répète numériquement, les phases deviennent indiscernables et c'est le même temps qui se répète. Alors, et alors seulement, il y a symétrie complète entre passé et futur. Alors, et alors seulement, on peut réaliser le possible dans le passé. Alors, et alors seulement, on peut contester la validité de la première prémisse du Dominateur entendue en son sens aristotélicien.

Quelles écoles l'opposition aristotélicienne entre systèmes spécifiques et numériques recouvre parmi les disciples d'Héraclite et de Pythagore n'importe pas ici. La question est de savoir si ce même conflit a existé dans le stoïcisme ancien. Zénon, dans son traité de l'*Éternité du monde,* dirigé contre les Péripatéticiens, soutenait que l'éternité de l'univers est cyclique. Après 365 fois 10 800 ans, selon le compte de Diogène de Babylone, l'embrasement final purifie l'univers et restaure le temps[48]. Ni Cléanthe, ni Chrysippe ne semblent, sur cette partie de la doctrine, s'être écartés de Zénon. Rien ne permet de douter que le stoïcisme ancien s'accordait sur " les palingénésies périodiques "[49] de l'univers. C'est Panétius, qui, le premier dans l'École, mettra en doute le renouvellement de l'univers à chaque conflagration universelle[50].

" Voici, dit Eusèbe dans sa *Présentation évangélique*[51], ce qu'enseignent les Stoïciens au sujet de l'embrasement (ἐκπύρωσις) du Monde : Les plus anciens partisans de cette secte ont pensé que toutes choses, au bout de certaines périodes extrêmement longues, étaient éthérifiées, qu'elles se dissociaient toutes en un feu semblable à l'éther... "

" Il est évident, d'après cela, que Chrysippe n'a pas considéré cette dispersion comme atteignant l'existence même [du Monde], car cela est impossible, mais comme jouant le rôle de transformation (μεταβολή); car ceux qui enseignent cette dissociation de l'Univers à l'état de feu, qu'ils nomment embrasement (ἐκπύρωσις), n'admettent pas que cette destruction du Monde, qui se reproduit après de très longues périodes, soit, à propre-

48. Bréhier, 1962, pp. XVIII-XIX.
49. Goldschmidt, *op. cit.,* 1977, p. 42.
50. Cicéron, *De Natura Deorum,* XLVI, 119, *in* Bréhier, p. 450.
51. Cité par Duhem, 1951, t. I, p. 277. Sur la suggestion du Père M. Régnier, on a corrigé, dans la traduction de Duhem, le mot *insistait* par le mot *hésitait.* Duhem ajoute ce texte d'Aetius (Arnim, *S. V. F.,* II, p. 184) : " Ils disent, écrit Aetius, que l'organisation [de l'Univers] subsiste éternellement, qu'il existe certains temps périodiques au terme desquels les mêmes choses sont toutes engendrées de nouveau et de la même manière, au bout desquels la même disposition et la même organisation du Monde se retrouveront saines et sauves ".

ment parler, une destruction ; ils usent de l'expression : destruction (φθορά) dans le sens de transformation naturelle. Il a plu, en effet, aux philosophes stoïciens que l'Univers se transformât en feu, comme en sa semence (σπέρμα), puis que, de ce feu, se produisît, de nouveau, une disposition toute semblable à celle qui existait auparavant. Ce dogme, les principaux philosophes de la secte et les plus anciens, Zénon, Cléanthe et Chrysippe l'admettaient. On dit que Zénon [de Tarse], qui fut le disciple de ce dernier et son successeur à la tête de l'École stoïcienne, hésitait sur l'embrasement de l'Univers... "

" La raison commune reparaît alors pour recommencer la même marche (ἐπὶ τοσοῦτον) ; la commune nature, devenue plus ample et plus pleine, desséchant enfin toutes choses, et les reprenant en elle-même, est engendrée à la pleine existence ; elle reprend son cours selon la règle qu'elle avait une première fois suivie ; elle recommence cette restauration (ἀνάστασις) qui accomplit la très Grande Année ; suivant cette Grande Année, en effet, se produit ce renouvellement (ἀποκατάστασις) [du Monde] qui part d'un certain état et revient, de nouveau, au même état. La nature recommence, dans l'ordre suivant lequel elle s'était, une première fois, disposée d'une manière semblable, à accomplir de nouveau, selon la même loi, la même suite d'événements ; et depuis une éternité, les mêmes cycles périodiques se reproduisent sans cesse. "

Dans une telle vision du monde, on est conduit à dire, contrairement à Aristote, de maintenant que c'est l'année dernière et de l'année dernière que c'est maintenant. Le bouleversement des notions physiques entraîne naturellement le bouleversement des notions modales, la possibilité de réaliser le possible changeant radicalement de sens dès lors qu'elle regarde le passé aussi bien que l'avenir.

Simplicius rapporte que les Stoïciens étaient divisés sur la question de savoir si l'Éternel Retour devait reproduire l'identité numérique ou seulement spécifique des êtres. Et il distingue deux sortes d'identités numériques, la première paraissant être absolue, la seconde ne portant que sur l'essence de l'individu : " Cette question, dit-il, [52] vient bien à propos de la palingénésie (παλιγγενεσία) des Stoïciens. Ceux-ci disent, en effet, que, par la palingénésie, renaîtra un homme qui est le même que moi ;

---

52. Simplicius, 1895, *In Aristotelis Physic.*, p. 886. Arnim, *S.V.F.*, II, n° 627, pp. 190-191.

aussi se demandent-ils fort justement si je serai alors numériquement le même que maintenant, si je serai le même par
identité essentielle ( διὰ τὸ τῇ οὐσίᾳ εἶναι ὁ αὐτός), ou bien si je
serai différent par le fait de mon insertion dans un Univers autre
que celui-ci ". Ainsi tout revient à savoir si, dans l'Ancien
Stoïcisme, on s'accordait à soutenir le retour de l'identité
numérique et quel genre d'identité on entendait par là.

Le témoignage d'Alexandre d'Aphrodise permet d'attribuer à
Chrysippe l'affirmation de l'identité numérique entendue
comme ne portant que sur l'essence de l'individu. " Selon les
Stoïciens, dit-il[53], il faut vraiment qu'après la mort de Dion,
advienne, à un certain moment, la séparation de l'âme et du
corps de celui que désigne le nom de Dion ; ils pensent, en effet,
qu'après l'embrasement, toutes choses seront, dans le monde,
engendrées de nouveau, et numériquement les mêmes, en sorte
que tel homme en particulier (ὁ ἰδίως ποῖος) sera, derechef, le
même qu'auparavant, et naîtra ainsi en ce nouveau monde. C'est
ce que dit Chrysippe en ses livres Περὶ Κόσμου... [54] ".

" Ils disent encore que les hommes particuliers qui sont
engendrés ultérieurement ne sont affectés, par rapport à ceux qui
avaient existé auparavant, que de différences atteignant seulement certains des accidents extrinsèques ; telles sont les différences capables, durant sa vie, d'affecter Dion, qui n'en demeure pas
moins le même, car elles n'en font point un autre homme ; qu'il
ait, tout d'abord, par exemple, des verrues sur le visage et
qu'ensuite il n'en ait plus, cela ne le rend point un autre homme ;
ce sont des différences de cette sorte qui se produisent, disent-
ils, entre les hommes particuliers d'un monde et ceux d'un autre
monde ".

Nul doute que, tant qu'entre l'individu numérique et sa
détermination essentielle quoique propre[55] subsiste une différence, il est impossible d'affirmer l'indiscernabilité de ses déterminations totales. Avoir ou non une verrue permet, en tout cas,
d'assigner deux moments différents d'un même sujet ou deux
palingénésies différentes de l'univers. Les différences accidentelles et transitoires permettent de marquer le temps successif de

---

53. Alexandre d'Aphrodise, *In Aristotelis analyticorum priorum librum I
commentarium*, 1883, p. 180 ; Arnim, *S.V.F.*, n° 624, vol. II, pp. 189-190.
54. Texte confirmé par le même Alexandre, p. 181, 13.
55. Sur la théorie du τὸ ἰδίως ποιόν, qui est, selon Chrysippe, ce qui
caractérise chaque être d'une manière permanente, voir : Bréhier, 1910,
pp. 111-112 et Goldschmidt, 1977, p. 17.

deux états d'un même individu ou de deux palingénésies universelles[56]. En conséquence, Chrysippe ne saurait avoir soutenu leur identité numérique absolue.. Il ne saurait, non plus avoir mis en question la linéarité du temps. Aussi s'est-il gardé de mettre en cause la première prémisse du Dominateur.

Il faut donc user d'une extrême prudence dans l'interprétation des textes stoïciens. Lorsqu'ils revendiquent l'identité numérique des palingénésies, cette identité peut être imparfaite. Le témoignage d'un Tatien, à propos de Zénon, paraît certes aller plus loin : " Zénon, dit-il[57], déclare qu'après l'embrasement, les mêmes hommes s'adonneront aux mêmes besognes, je veux dire qu'Anitus et Melitus feront encore des réquisitoires, que Bousiris recommencera à tuer ses hôtes, qu'Hercule, de nouveau, exécutera des travaux athlétiques ". S'agit-il d'une identité numérique parfaite ? On sait que Cléanthe est resté fidèle aux théories de Zénon, tandis que Chrysippe a innové, n'hésitant pas à s'opposer à Cléanthe. Il est difficile de saisir avec exactitude ces différends. Un texte de Nemésius suggère toutefois quelque liaison entre l'insistance sur la périodicité astronomique — elle même interprétée astrologiquement et justifiant la divination — et l'interprétation des palingénésies en termes d'identité numérique absolue[58]. Or Cléanthe paraît avoir été particulièrement soucieux d'astronomie. Il avait construit une théorie originale du Soleil qu'il supposait se mouvoir dans sa sphère, suivant une spirale comprise entre les deux tropiques, toutes les étoiles, fixes et errantes étant transportées d'Orient en Occident[59]. Tandis que Zénon et les autres Stoïciens faisaient de l'éther le dieu suprême, il attribuait au Soleil cette dignité[60], raison probable pour laquelle il accusa Aristarque d'impiété. La chaleur nourricière du Soleil soutient la vie universelle[61]. Ce feu est l' " hegemon " ; il

---

56. Origène dit (Arnim, *S.V.F.*, II, n° 626, p. 190) que, selon les Stoïciens, " il se produit périodiquement un embrasement de l'univers et qu'après cet embrasement renaît une disposition du monde exempte de toute différence à l'égard de la disposition qui était auparavant réalisée. Beaucoup d'entre eux ont atténué cet enseignement ; ils disent qu'aux choses d'une période advient une petite différence, une différence extrêmement faible par rapport aux choses de la période précédente ". Il est probable que Chrysippe fut le premier à atténuer l'ancienne doctrine.

57. Tatianus, *Adversus Graecos*, cap. V ; Arnim, *S.V.F.*, I, n° 109.

58. Nemesius, *De Nat. Hom.*, cap. 38, p. 277 ; Arnim, *ibid.*, I,109, p. 32.

59. Tannery, 1912-1950, t. II, pp. 160-162.

60. Cicéron, *Premiers Académiques*, XLI, Bréhier, p. 246 ; Cumont, 1909, p. 15 note 3.

61. Cicéron, *De Natura Deorum*, IX, 24 *sq.*, Bréhier, p. 417.

est automoteur et raisonnable[62]. Êtres de feu, les étoiles se meuvent par volonté et sont divines[63]. Développement probablement original de la théorie du feu artiste telle que Zénon l'avait enseignée, la doctrine de Cléanthe était propre à helléniser la sympathie universelle et le culte solaire venus des Chaldéens[64]. C'est elle surtout, parmi les doctrines stoïciennes " qui représentait le feu éthéré comme le principe primordial et regardait les étoiles comme la plus pure manifestation de son pouvoir "[65].

Cléanthe insistait sur le fondement astronomique de la sympathie et du destin. Sa théorie du feu principe le destinait à légitimer philosophiquement le culte solaire des " Chaldéens ", comme le montre l'*Hymne à Zeus*. Assurément, aucun texte ne nous est conservé qui lui attribue explicitement une interprétation numérique parfaite de la palingénésie et l'oppose sur ce point à Chrysippe. Mais tous les éléments qui restent de sa doctrine vont dans ce sens. Il était donc dans la logique du système de renoncer à une conception linéaire du temps et à tirer de la palingénésie la conséquence qui, aux yeux d'un Origène, est la seule possible : l'identité numérique parfaite[66]. Mais si le temps est symétrique, réaliser le possible dans le passé en induisant ainsi un retournement du temps cesse de produire une absurdité. Ce qui scandalisait Aristote cesse de créer difficulté. Dès lors il devient légitime de mettre en doute la première prémisse du Dominateur. En somme, les Stoïciens étendaient à tout l'univers le retour cyclique qui, chez Aristote, restait limité au Ciel, l'ekpurôsis réalisant une sorte de synthèse entre Héraclite et Aristote et répondant à la négation du mouvement chez Diodore.

Le fatalisme de Cléanthe et d'Antipater[67] est d'ordre non plus logique mais physique. La totale détermination du monde sublunaire par le monde supralunaire, conformément aux dogmes astrologiques, et la totale stabilité du système des équations astronomiques, conformément au dogme de l'éternel retour, résolvent la liberté dans l'acceptation joyeuse du destin. C'est ce

---

62. *Ibid.*, XL, 30, p. 419.
63. *Ibid.*, XV, 40, p. 422.
64. Cumont, 1929, pp. 160-162.
65. Cumont, 1912, p. 69 ; sur le feu intelligible chez Cléanthe, Cumont, 1909, p. 15, note 2.
66. Origène, *Contra Celsum*, V, XX ; Arnim, *S.V.F.*, II, n° 626, p. 190.
67. Qui maintint dans le stoïcisme moyen la doctrine de la conflagration.

panthéisme qui soutient la mise en cause de la première prémisse de Diodore. Comme dit Stobée, " Quant à Cléanthe il parle ainsi : ... La tension qui est dans la substance de l'univers ne cesse pas de produire toujours la même révolution et le même arrangement. En effet de même que toutes les parties d'un même individu naissent des semences aux moments convenables, de même aussi les parties de l'univers, au nombre desquelles sont tant les animaux que les plantes, naissent aux moments convenables. Et de même que certaines raisons des parties se condensant en une semence se mélangent et se séparent à nouveau quand naissent les parties, de même toutes choses proviennent d'un seul être et toutes se condensent en un seul, la révolution ayant été accomplie et conformément à l'ordre "[68].

---

68. Stobaeus, *Ecl.* I, 17, 3, p. 153, 7 W (Arii Did., fr. 38 Diels), Arnim, *S.V.F.*, I, n° 497, p. 111.

# chapitre 5

# la liberté comme élément du destin : Chrysippe

Les incertitudes au sujet de la solution de Chrysippe justifient l'établissement de certains " Lemmes " préalables.

1 - On se fondera d'abord sur la théorie chrysippéenne de la divination pour montrer que, si Chrysippe met en cause la seconde prémisse du Dominateur, ses doutes portent sur la lettre de cette prémisse. Ce qu'il conteste, c'est que du possible l'impossible ne suive pas logiquement. En revanche, il admet la validité de la forme affirmative qu'on est tenté de donner à cette prémisse : du nécessaire le nécessaire suit logiquement[1].

2 - Le contre-exemple qu'on avance pour infirmer la prémisse sous sa forme négative n'en infirme nullement la forme affirmative. Ce qu'il met en réalité en question, c'est la définition " croisée " des modalités.

3 - Les définitions stoïciennes des modalités confirment que Chrysippe admet un système non canonique des modalités.

4 - Ce système est bien apparenté à celui que Prior a attribué à Chrysippe et qu'il a appelé " système Q ".

25. LES DOUTES DE CHRYSIPPE PORTENT SUR LA LETTRE, C'EST-À-DIRE SUR LA FORME NÉGATIVE DE LA SECONDE PRÉMISSE DU DOMINATEUR, NON SUR SA FORME POSITIVE.

A première vue, Cicéron déclare que Chrysippe met en cause la seconde prémisse du Dominateur sous sa forme positive, c'est-à-dire en tant qu'elle poserait que du nécessaire le nécessaire suit logiquement.

C'est dans le *De Fato* (VII (14)), qu'il analyse la question du

---

1. Chrysippe (cf. note 12) admet la thèse " affirmative " :
$(B_1)$     $L(p \rightarrow q) \rightarrow (Lp \rightarrow Lq)$.
Il rejette la forme " négative " de la deuxième prémisse :
$(B)$     $L(p \rightarrow q) \rightarrow (\sim Mq \rightarrow \sim Mp)$,
forme équivalente à :
$(B)''$     $L(p \rightarrow q) \rightarrow (Mp \rightarrow Mq)$

rapport entre divination et nécessité des futurs. « Si cette liaison : " Si tu es né au lever de la canicule, tu ne mourras pas en mer " est véritable, et que l'antécédent de la liaison : " Tu es né au lever de la canicule " soit nécessaire (car toutes les propositions vraies portant sur la passé sont nécessaires, comme le veut Chrysippe, s'éloignant ainsi de l'opinion de son maître Cléanthe, parce que ces propositions ne peuvent pas changer et passer du vrai au faux), donc, si l'antécédent dans la liaison est nécessaire, le conséquent devient nécessaire aussi. Sans doute, Chrysippe ne croit pas ce principe valable dans tous les cas » [2].

Comment interpréter ce texte ?

La conditionnelle est dite véritable ou saine, non pas parce qu'elle est seulement vraie, mais parce que c'est une loi astrologique et qu'elle exprime donc une nécessité. L'antécédent de la conditionnelle est, quant à lui, nécessaire puisqu'il est vrai au passé. Faut-il donc entendre que dans un tel cas Chrysippe refuserait de conclure que le conséquent, " Tu ne mourras pas en mer " est lui-même nécessaire ?

S'il en était ainsi, c'est toute la science par inférence qui deviendrait impossible. Mais Chrysippe est dogmatique. Il est, en fait, si convaincu que le raisonnement précédent est légitime quant à la forme et que, si l'on en acceptait les prémisses, la divination entraînerait inévitablement la nécessité, que, pour éviter cette conclusion indésirable, il propose de donner à la divination une forme nouvelle, non plus conditionnelle, mais conjonctive.

« Ici, dit Cicéron (VIII (15)), Chrysippe s'agite ; il espère que les Chaldéens et les autres devins s'abusent, qu'ils n'emploieront plus, pour énoncer leurs principes, des formules de ce genre : " Si quelqu'un est né au lever de la canicule, il ne mourra pas en mer ", mais qu'ils diront plutôt : " Il n'arrive pas et que quelqu'un soit né au lever de la canicule et qu'il doive mourir en mer " ». Que signifie cette tranformation bizarre à première vue ? Il faut évidemment que, si la forme conjonctive rend le destin et la divination compatibles d'une part, les futurs non nécessaires de l'autre, cette forme soit, pour Chrysippe, plus faible que la forme conditionnelle qui est reprochée aux astrologues. Comme le montre le texte cité plus haut (VII (14)), la conditionnelle astrologique exprime une nécessité : " Il est nécessaire que si quelqu'un est né au lever de la canicule, il ne mourra pas en

---

2. Bréhier, 1968, p. 478.

mer " » ; comme l'antécédent est lui-même nécessaire, puisqu'il est passé, il est inévitable de poser la nécessité du conséquent futur. Il faut donc qu'en passant de cette forme conditionnelle à la forme conjonctive, on affaiblisse la nécessité astrologique. Puisque le doute ne peut, selon Chrysippe porter sur la nécessité qui s'attache à l'antécédent, il faut que que la forme conjonctive affaiblisse la liaison même de l'antécédent et du conséquent. Quelle est la raison de cet affaiblissement dans la force des conséquences ?

Sextus ayant distingué l'implication " saine " selon Philon et selon Diodore [3], examine une troisième théorie de la conditionnelle correspondant probablement à la thèse de Chrysippe. « Et ceux, dit-il, qui introduisent la notion de connexion (συνάρτησις), disent qu'une conditionnelle est saine lorsque le contradictoire de son conséquent est incompatible avec son antécédent. Selon eux, les conditionnelles mentionnées plus haut [pour illustrer les doctrines de Philon et de Diodore Kronos] sont malsaines, mais la suivante est vraie : " S'il fait jour, il fait jour " » [4]. La conditionnelle posée par Chrysippe est donc plus forte que la conditionnelle posée par Diodore et *a fortiori* par Philon, c'est-à-dire que l'implication matérielle de Philon et que l'implication formelle de Diodore. Chrysippe ajoute en effet, dans la conditionnelle, une clause modale. L'incompatibilité entre négation du conséquent et vérité de l'antécédent transforme la conditionnelle en une sorte d'implication " stricte " [5], c'est-à-dire en l'énoncé d'une loi, sous la réserve que la nature de cette incompatibilité — est-elle logique, est-elle physique ? — n'est pas précisée par Chrysippe et que, par conséquent, on ne saurait sans un examen préalable assigner formellement ce que l'implication a de strict. Ajoutons que l'exemple de Sextus peut induire en erreur. Lorsqu'on dit que s'il fait jour, il fait jour, il semble qu'on puisse préfixer la modalité du nécessaire à la conditionnelle, et comprendre qu'il est nécessaire que s'il fait jour, il fasse jour. Mais le texte de Cicéron d'une part, de l'autre la définition même de Sextus qui invite à comprendre l'incompatibilité du contradictoire du conséquent avec l'antécédent sous la forme d'une conjonction, font alors difficulté.

---

3. Voir plus haut, p. 70.
4. Sextus, *PH II*, 111-112.
5. Une implication est stricte au sens de Lewis lorsque n'est pas possible la conjonction de l'antécédent et de la négation du conséquent (Hughes and Cresswell, 1972, p. 217).

Si les lois de la divination étaient exprimées sous forme conditionnelle au sens des astrologues, la conditionnelle serait, pour Chrysippe, nécessaire et non seulement vraie, comme elle le serait, si seule la condition de Philon était respectée ou même si l'on ajoutait la condition de Diodore, pour autant toutefois qu'on conteste que la permanence d'une hypothétique philonienne suffise à lui attribuer la nécessité. L'antécédent étant nécessaire, le conséquent le serait aussi[6].

Il faut donc que la conditionnelle saine de Chrysippe se distingue formellement tant des conditionnelles de Philon et de Diodore, puisqu'elle est plus forte qu'elles, que de la conditionnelle astrologique critiquée par Chrysippe dans le texte de Cicéron, puisqu'elle doit être plus faible que cette dernière. La conditionnelle astrologique exprime qu'il est nécessaire que si l'événement p a eu lieu l'événement q aura lieu ; la " conditionnelle " de Chrysippe exprime seulement qu'il est impossible qu'on vérifie à la fois que p a lieu et que q n'aura pas lieu.

Mais alors comment expliquer qu'en prenant une forme conjonctive, les prédictions puissent perdre leur nécessité ?

On pourrait d'abord chercher la raison de cet affaiblissement dans le fait que, tandis que la conditionnelle et la disjonction chrysippéennes ne sont pas des fonctions de vérité, la conjonction l'est[7].

Mais, si du seul fait de passer à la forme conjonctive l'argument astrologique perdait sa force nécessaire, il faudrait que la conjonction (niée) fût simplement vraie. Dans ce cas, en effet, on ne pourrait, d'une assertorique, tirer une conséquence nécessaire[8]. Qui ne voit cependant que ce serait ainsi réduire les

---

6. Comme le remarque Frede, 1974, p. 88.

7. Frede, p. 96. On rencontre un problème analogue dans une discussion d'Ockham, rapportée par Prior, 1962, p. 242. Soit la conditionnelle : " Si A va se produire, Dieu connaît qu'il le fera ". Si l'antécédent est faux, le conséquent l'est, le tout est vrai. Si l'antécédent est vrai, le conséquent l'est, le tout l'est. Mais si l'antécédent est neutre, le conséquent sera faux ; le tout ne sera ni vrai ni faux. Prenons au contraire la forme conjonctive : " A va se produire " et " Dieu ne connaît pas que A va se produire ", ne peuvent être vrais ensemble. Dans ce cas on ne peut tirer de la conjonction la conditionnelle correspondante.

Cette discussion toutefois ne s'applique pas à notre cas, où l'on est en face de propositions modales et non simplement assertoriques. Mais l'analogie des conséquences est remarquable.

8. Frede, p. 88. D'autre part, Frede remarque que si l'on avait $L(p \cdot q)$, on en tirerait la nécessité de p et de q, par la thèse : $L(p \cdot q) \rightarrow (Lp \cdot Lq)$. Cette thèse est en effet démontrable en logique modale (Hughes et Cresswell, 1972, T. 3, p. 34) sans requérir la seconde prémisse du Dominateur, que seule sa converse requiert.

lois astrologiques à de simples concomitances répétées ? Chrysippe deviendrait une sorte de Hume astrologue. Il faut donc préciser la nature de la modalité qui affecte la conjonction. Cicéron a d'ailleurs explicitement prévenu cette solution au chapitre VI du *De Fato* (12). « Ces propositions, remarque-t-il : " Fabius est né au lever de la canicule " et " Fabius mourra en mer " se contredisent entre elles ; et puisqu'il est posé comme certain chez Fabius qu'il est né au lever de la canicule, ces propositions : " Fabius existe " et " Fabius mourra en mer " se contredisent aussi. Donc cette proposition conjonctive : " Et Fabius existe, et Fabius mourra en mer " est faite de propositions contradictoires, et l'événement, selon le principe, ne peut avoir lieu. Donc cet événement : " Fabius mourra en mer " est du genre de ceux qui sont impossibles. Donc toute proposition fausse concernant l'avenir énonce un événement impossible »[9]. Dans ce raisonnement, il est incontestable que la conjonctive, étant contradictoire, est impossible, car le contester serait renoncer à l'astrologie et au destin. Mais dans cette conjonctive l'un des termes est vrai, à savoir que Fabius existe. Il faut donc que ce soit l'événement noté par l'autre terme qui " ne puisse pas avoir lieu ". C'est ce que concluait Cicéron. Chrysippe aurait contesté cette conclusion. En effet, comme il le dit expressément, Cicéron se donne le droit, de la liaison d'antécédent à conséquent, de passer à la négation d'une proposition conjonctive (IX (16)) et, naturellement, d'une telle négation à une telle liaison[10]. Il faut donc, si la forme conjonctive sauve les possibles sans détruire le destin, que ce soit ce passage que Chrysippe met en doute, et non pas la seconde prémisse du Dominateur en général, sans laquelle toute science deviendrait impossible.

---

9. Bréhier, 1962, p. 477.

10. Si " Fabius est né au lever de la canicule " est désigné par " Pp " et " Fabius mourra en mer " par " Fq ", on peut exprimer le raisonnement de Cicéron de la façon suivante, où " $\hookrightarrow$ " désigne la conditionnelle saine de Chrysippe :

$$Pp \hookrightarrow \sim Fq \equiv \sim M(Pp \cdot \sim \sim Fq)$$
$$\equiv \sim M(Pp \cdot Fq)$$
$$\equiv \sim M \sim (\sim Pp \vee \sim Fq)$$
$$\equiv \sim M \sim (Fq \rightarrow \sim Pp)$$
$${}^*\equiv (MFq \rightarrow M \sim Pp)$$

Or $\sim M \sim Pp$

Donc $\sim MFq$.

Le moment invalide du raisonnement est marqué d'un * (voir note 12).

26. Doute de Chrysippe sur la définition croisée des modalités. De ce qu'il n'est pas possible qu'un événement ait lieu, on ne peut conclure a la nécessité de son contraire.

Ce raisonnement est confirmé par un argument, en apparence bizarre, qui nous est rapporté par Alexandre d'Aphrodise[11]. Chrysippe construit un contre-exemple non pas, comme on le dit souvent, à la forme affirmative de la seconde prémisse du Dominateur, demandant que le nécessaire suive du nécessaire, mais à une forme négative demandant que le possible suive logiquement du possible et seulement de lui[12].

---

11. *In Anal. Pr.*, 177, 25-33. « Chrysippe, en soutenant que rien n'empêche qu'un impossible découle d'un possible ne dit rien contre la preuve exposée par Aristote, mais il essaie de montrer qu'il n'en est pas ainsi à l'aide d'exemples qui ne sont pas construits correctement. En effet, il dit que dans la proposition conditionnelle " si Dion est mort, celui-ci est mort ", qui est vraie Dion étant désigné, l'antécédent " Dion est mort " est possible, car il peut être vrai que Dion meure, tandis que " celui-ci est mort " est impossible, car, après la mort de Dion, la proposition " celui-ci est mort " se détruit, puisque l'objet désigné n'existe plus. En effet, la désignation concerne un vivant et est attribuée à un vivant. Alors si, lorsqu'il est mort, " celui-ci " n'est plus possible et Dion ne subsiste plus, de manière que " celui-ci est mort " ne peut pas être dit de lui, " celui-ci est mort " est impossible. Cette proposition ne serait pas impossible si, après la mort de Dion, il était possible d'attribuer de nouveau " celui-ci " à ce à quoi, précisément, quand Dion vivait, on attribuait " celui-ci est mort " dans la proposition conditionnelle. Puisque cela ne peut pas se faire, il s'ensuit que " celui-ci est mort " est impossible » (trad. Mignucci, 1978, p. 318).

12. Il s'agit de la formule :
$$(B)' \qquad {}^* \sim M(p \cdot \sim q) \to (Mp \to Mq).$$
Cette formule, rejetée par Chrysippe, est équivalente aux formules :
$$^* \sim M(p \cdot \sim q) \to (\sim Mq \to \sim Mp)$$
et
$$^* \sim M \sim (p \to q) \to (Mp \to Mq)$$
où le signe de l'implication dans l'antécédent est le signe de l'implication philonienne, non de l'implication chrysippéenne.
Quant à la formule :
$$(B)'' \qquad \vdash L(p \to q) \to (Mp \to Mq),$$
dont on peut considérer qu'elle est une autre forme négative de $(B_1)$ en dépit des apparences, on la démontre à partir de $(B_1)$ de la façon suivante (Hughes et Cresswell, 1972, p. 37, T. 8) :

1     $\vdash L(p \to q) \to (Lp \to Lq)$     (axiome $B_1$)

2     $\vdash L(\sim q \to \sim p) \to (L \sim q \to L \sim p)$ Sb $\sim q/p$ et $\sim p/q$ en 1.

3     $\vdash L(p \to q) \to (\sim L \sim p \to \sim L \sim q)$
    $(\vdash \sim q \to \sim p \equiv p \to q$, 1, 2, Syll., Mod. pon. et contraposition dans le second membre)

4     $\vdash L(p \to q) \to (Mp \to Mq)$ (Définition croisée de M et L).

La validité de la démonstration dépend en 4 de la validité de l'implication
$$\sim L \sim p \to Mp,$$
c'est-à-dire de la définition croisée des modalités.

La conditionnelle choisie est : " Si Dion est mort, celui-ci est mort ". Elle est non seulement vraie [13], mais " saine ". Car il y a incompatibilité entre la négation du conséquent et l'affirmation de l'antécédent. Cette conditionnelle est donc " saine " selon Chrysippe, *a fortiori* selon Diodore ; c'est une implication " stricte ". Or " Dion est mort " est possible, car il peut être vrai un jour que Dion soit mort. Mais " celui-ci est mort " n'est pas possible. L'emploi de " celui-ci " suppose en effet qu'on puisse montrer l'objet, et l'on ne peut précisément plus le montrer, une fois Dion mort.

On examinera successivement 1° la portée de l'exemple d'Alexandre, 2° sa convenance avec la question discutée dans le Dominateur, 3° sa liaison avec l'expression conjonctive propre aux lois chrysipéennes.

1 - On pourrait comprendre cet argument comme un argument *ad hominem* [14]. En ce cas, ce serait l'*énoncé* " Celui-ci est mort " qui deviendrait impossible, parce qu'on ne pourrait pas le proférer ou le formuler.

Mais le recours à l'énoncé est inutile et l'on peut supposer l'argument formulé en termes de propositions et pris en compte par Chrysippe lui-même. " Celui-ci est mort " sera alors entendu comme un " lecton ", c'est-à-dire comme la classe de tous les énoncés de la même forme, mais rendue déterminée si l'on pose que " celui-ci " ne doit jamais renvoyer à quelqu'un d'autre que Dion. Dans le cas contraire, la valeur de vérité du conséquent changerait avec l'individu qui lui sert de référence, et cette ambiguïté transformerait l'argument en un simple sophisme. Il

---

On pourrait se demander si Chrysippe conteste $(B)''$, comme il conteste $(B)'$.

L'implication saine chrysippéenne est :

$$p \overset{c}{\to} q \equiv \ \sim M(p \cdot \sim q),$$

équivalente à $\sim M \sim (p \to q)$, mais non à $L(p \to q)$. C'est donc bien, dans les formules qu'il utilise, $(B)'$ que Chrysippe conteste.

Le soin qu'il prend à refuser la forme " conditionnelle " des Chaldéens montre qu'il accepte la validité de $(B_1)$. En conséquence 1° ou bien Chrysippe refuse dans tous les cas l'implication $\sim M \sim \ \to L$ et il est conduit, contestant $(B)'$, à contester $(B)$ et $(B)''$, 2° ou bien, ce qui paraît plus probable, il limite à certains cas seulement l'invalidation de l'implication et pose en particulier sa validité dans une formule commençant par $L$ ; il accepte donc $(B)$ et $(B)''$, par exemple dans les raisonnements mathématiques.

13. Frede, 1974, p. 116 dit de cet énoncé implicatif qu'il est vrai, ce qu'il faut entendre naturellement au sens de Chrysippe. L'énoncé :

$$(p \to q) \to (Mp \to Mq)$$

peut évidemment être infirmé.

14. Kneale, 1962, p. 127.

faut donc que la conditionnelle soit saine au sens de Chrysippe puisqu'il y a incompatibilité entre l'antécédent et la négation du conséquent. En effet, posé que Dion est mort, il ne se peut pas que, " celui-ci " désignant Dion, " celui-ci n'est pas mort " soit vrai[15]. D'autre part l'antécédent est possible. Cependant le conséquent n'est pas possible. En effet, en vertu de la définition chrysipéenne[16], est impossible ce qui est tel que s'il est capable d'être vrai, alors les circonstances extérieures s'opposent à ce qu'il soit vrai. Or " celui-ci est mort " répond exactement à la définition. Ou bien la proposition est capable d'être vraie, ce qui est le cas quand Dion vit et qu'alors " celui-ci " désigne bien Dion, mais alors les circonstances extérieures s'opposent à ce qu'elle soit vraie. Ou bien Dion étant mort, la même proposition n'est plus capable d'être vraie, puisqu'on ne peut plus montrer Dion, une fois qu'il est mort. Le sujet désigné ayant péri, toute proposition ayant pour forme la forme déictique (" ceci " renvoyant au sujet) se trouve automatiquement détruite[17], puisque l'indicateur n'y peut plus renvoyer au sujet. Ce n'est pas dire seulement que nous ne serions pas capables de formuler ou d'exprimer de tels énoncés : ce sont les propositions elles-mêmes qui n'existent pas[18], faute de faits correspondants.

2 - Un tel argument convient à merveille pour répondre au Dominateur. Chrysippe admet, avec Diodore, la validité de la conditionnelle suivante, fondée sur la première et la troisième prémisses ainsi que sur le principe de nécessité conditionnelle : " S'il y a un possible qui ne se réalise pas et ne se réalisera jamais, le passé étant irrévocable et une proposition étant nécessaire durant qu'elle est vraie, alors une conséquence contradictoire s'ensuit ". Mais Chrysippe, qui s'écarte de Cléanthe et s'accorde avec Diodore en acceptant cette conditionnelle, s'écarte et de

---

15. Si p = Dion est mort, q = celui-ci est mort, le tableau des valeurs de vérité fait que la conjonction $(p \cdot \sim q)$ serait vraie si p était vraie, q fausse, ce qui est impossible.

16. Mignucci, 1978, p. 330.

17. φθείρεται.

18. Prior, 1967, p. 149 ; il rapproche justement ici Ryle de Chrysippe. On sait que, lorsqu'un sorite était proposé, l'attitude correcte était, selon Chrysippe, de garder le silence où se présentaient les cas limites (Cicéron, *Premiers Académiques,* II, XXIX (93) ; Bréhier, 1962, p. 229). Les sceptiques, interprétant cette attitude comme une suspension du jugement, y voyaient l'échec du dogmatisme. Loin cependant qu'il s'agisse là d'une " recommandation procédurière plutôt que d'une solution logique " (Sedley, *op. cit.*, p. 91), une telle solution ressort directement du fait que dans ces cas limites la proposition est détruite.

Cléanthe et de Diodore, lorsque, constatant qu'une conséquence contradictoire est impossible, ceux-ci ajoutent que l'impossible ne suit pas du possible et déclarent donc impossible l'antécédent de la conditionnelle à partir de l'impossibilité de son conséquent. On peut, on doit, selon Chrysippe, admettre cette conditionnelle. Mais il peut se produire que, le conséquent y étant reconnu impossible, l'antécédent n'en demeure pas moins possible. En effet, l'antécédent a la forme d'une prémisse existentielle : " il y a un possible de telle et telle nature », comparable à une proposition singulière dont le sujet est un nom propre telle que " Dion est mort ". Le conséquent, quant à lui, a, du fait de la réalisation du possible que le Dominateur suppose comme moyen de preuve, la forme d'une proposition déictique, portant sur un possible, comparable à la proposition déictique : " celui-ci est mort ". Et les antécédents " il y a un possible de telle et telle nature " ou " Dion est mort " demeurent des possibles, bien que leur ecthèse déictique " ce possible a telle et telle nature " ou " celui-ci est mort " soient impossibles, le démonstratif ne renvoyant à rien. L'impossibilité de la proposition déictique n'entraîne donc pas l'impossibilité de la proposition non déictique dont elle est la conséquence logique.

Il y a cette différence entre l'exemple avancé par Alexandre et la solution donnée par Chrysippe au Dominateur : dans le premier cas, une proposition singulière dont le sujet est un nom propre, dans le second cas une proposition existentielle est possible quand la proposition déictique correspondante est impossible. La proposition déictique se trouve " détruite ", dans le premier cas parce que son sujet a cessé d'exister, dans le second parce que son sujet n'existe pas et n'existera jamais. Or l'inexistence du sujet n'interdit ni la formulation, ni l'existence d'une proposition modale ; mais elle interdit et la formulation et l'existence d'une proposition déictique [19].

Dès lors, ce que Chrysippe met en question dans la seconde prémisse du Dominateur, c'est le principe selon lequel lorsqu'un antécédent à sujet inexistant est la condition valide d'un conséquent déictique, l'impossibilité propre à ce dernier doit entraîner l'impossibilité du premier. Ce n'est donc pas la forme affirmative

---

19. Ce chapitre était rédigé quand l'article de Mignucci (1978) est venu à ma connaissance. Les conclusions de Mignucci et les miennes propres s'accordent et pour l'analyse du texte de Cicéron et pour celle de l'exemple d'Alexandre, à propos duquel on lira (pp. 321-323) les intéressantes observations grammaticales de l'auteur.

de la seconde prémisse qui est en cause, mais sa forme négative et, à travers elle, la définition croisée des modalités. Car c'est la " destruction " des propositions déictiques qui invalide cette définition. Ainsi, des conditionnelles se trouvent valides, au sens de Chrysippe, dans lesquelles l'antécédent est vrai (ou même nécessaire), comme dans le cas de l'exemple avancé par Alexandre, puisqu'il s'agit d'une proposition vraie au passé et la négation du conséquent n'est pas vraie, en sorte qu'il y a bien contradiction entre antécédent et négation du conséquent. Cependant la non-vérité de la négation du conséquent dans tous les mondes possibles ne suffit pas à assurer la vérité de ce conséquent dans l'un quelconque de ces mondes, puisque ladite vérité exigerait la formulabilité ou la réalisation positive de la proposition correspondante dans un monde possible, et c'est ce qui précisément n'est pas donné. Et puisque ce conséquent ( " celui-ci est mort " ou " ce possible ne se réalise pas et ne se réalisera jamais " ) ou bien est capable d'être vrai dans les mondes où l'antécédent est faux (Dion étant vivant ou étant donné un possible de telle ou telle nature) mais alors est empêché d'être vrai par les circonstances extérieures précisément exprimées par la négation de l'antécédent, ou bien n'est pas capable d'être vrai du fait que la proposition est détruite dans tous les mondes où l'antécédent est vrai, ce conséquent est impossible. Ainsi soit dans l'exemple d'Alexandre, soit dans le Dominateur (mis sous la forme : " S'il existe un possible qui n'existe pas et qui n'existera jamais, alors ce possible n'existe pas et n'existera jamais " ), figure une conditionnelle saine dans laquelle d'un antécédent possible découle logiquement un conséquent impossible.

3 - Reste à déterminer la liaison entre l'argument d'Alexandre et la prédilection de Chrysippe pour la forme conjonctive. Cet exemple, comme celui de Sextus, pourrait, en effet, tromper. La conditionnelle est saine, selon Chrysippe, parce qu'il est impossible que Dion soit mort et que celui-ci ne soit pas mort. Ainsi, ce qui exprime une conditionnelle saine, c'est l'impossibilité de la conjonction du prétendu antécédent et de la contradictoire du prétendu conséquent. Cependant, on peut donner à cette forme proprement chrysippéenne une expression équivalente en termes d'implication philonienne : la conditionnelle sera saine, du point de vue de Chrysippe, lorsqu'on lui préfixera l'opérateur modal : " il est impossible que non ". En revanche, on n'aura pas le droit de lui préfixer l'opérateur de nécessité positive, qui

possède une force logique plus grande. En conséquence, la prédilection de Chrysippe pour la forme conjonctive tient moins à cette forme même qu'à la nature négative et affaiblie de l'opérateur modal qu'elle appelle. Les devins sont coupables non pas de transformer le *et* en *si, alors,* mais, ce faisant, de passer subrepticement des mots " il est impossible que non " aux mots " il est nécessaire que "[20].

On aperçoit clairement comment l'exemple d'Alexandre et le Dominateur imposent la forme conjonctive choisie par Chrysippe. En effet, tant pour cet exemple que pour le Dominateur, on peut seulement montrer qu'il est impossible qu'on ait pas la conjonction d'une proposition p avec la négation d'une proposition q. On ne peut pas montrer, en revanche, qu'il est nécessaire que si p, alors q. Car on peut établir que la négation de q n'est pas vraie, sous la supposition de la vérité de p ; mais on n'est pas en droit de conclure, sous la même supposition, à la vérité de q, puisque q est détruite.

## 27. LE SYSTÈME NON CANONIQUE DES MODALITÉS SELON CHRYSIPPE.

Les définitions stoïcienne et probablement chrysipéenne des modalités que nous ont transmises Diogène Laërce[21] et Boèce[22] sont complexes. Les interprètes ont tous supposé que les définitions croisées doivent être la règle et ont plié leur interprétation à cette supposition. Indépendamment de cette supposition, les textes sont ambigus[23].

---

20. Chrysippe admet :
$$\vdash L \sim p \to \sim Mp, \vdash M \sim p \to \sim Lp, \vdash Lp \to \sim M \sim p$$
et
$$\vdash Mp \to \sim L \sim p \text{ et rejette les converses.}$$
C'est parce qu'on rejette
$$^* \sim M \sim p \to Lp$$
qu'on invalide (B'), soit :
$$^* \sim M \sim (p \to q) \to (\sim Mq \to \sim Mp).$$
Si elle était légitime, la définition croisée permettrait de tirer de l'antécédent $L(p \to q)$, puis d'obtenir, par $(B_1)$, le conséquent.
Il est remarquable que Chrysippe utilise la forme du sorite pour défendre des thèses stoïciennes ; mais il l'utilise non sous la forme hypothétique de Carnéade, mais comme une conjonction niée (Sedley, *op. cit.,* p. 91, qui ajoute justement que " cette formulation... sert à montrer que la relation des deux propositions est quelque chose de moins que celle de l'implication stricte " ; toutefois le non nécessaire n'est pas, pour autant, identique à ce qui est simplement possible).
21. VII, p. 75.
22. *In De Int.,* II, p. 234.
23. Frede, 1974, pp. 107-114.

Cependant quelqu'interprétation qu'on choisisse pour le mot *possible,* on constatera l'invalidité des définitions croisées. Soit l'interprétation la plus favorable à leur validité[24]. " Est possible ce qui peut être vrai et que des circonstances extérieures n'empêchent pas d'être vrai ". On passera au possible négatif, en changeant les mots " vrai " en " faux " : " Est possible que non ce qui peut être faux et que des circonstances extérieures n'empêchent pas d'être faux ". Prenons la négation de cette proposition. " N'est pas possible que non ce qui ne peut pas être faux ou ce que des circonstances extérieures empêcheront d'être faux ". Or le nécessaire est défini " ce qui, *étant vrai,* ne peut pas être faux ou, s'il le peut, est empêché d'être faux par les circonstances extérieures ". On voit immédiatement que le nécessaire entraîne l'impossible que non, puisque le vrai entraîne le non faux, mais que la converse n'est pas légitime si le non faux n'entraîne pas automatiquement le vrai, comme il arrive dans les cas où la proposition est " détruite "[25].

Revenons, à présent, à la forme conjonctive que Chrysippe veut donner aux prédictions des devins à la place de la forme conditionnelle habituelle. Le plus souvent, cette forme conjonctive consiste dans l'impossibilité de la négation d'une conjonction en rapport avec le destin. Cette expression particulière suggère évidemment un lien entre la mise en cause de la définition croisée des modalités d'une part, la substitution de la forme conjonctive conditionnelle de la divination d'autre part. Examinons la nature de ce lien.

Cicéron, mettant en scène Chrysippe, aux prises avec le raisonnement paresseux, lui fait distinguer deux sortes d'assertion. " Il y a en réalité, dit-il, des assertions isolées et des assertions liées ensemble. Voici une assertion isolée : " Socrate mourra tel jour "; qu'il ait fait telle chose ou qu'il ne l'ait pas faite, le jour de sa mort est déterminé. Mais si le destin porte qu'Œdipe naîtra de Laius, on ne pourra dire : " soit que Laius ait eu des rapports avec une femme, soit qu'il n'en ait pas eu "; car l'événement est lié et " confatal "; ainsi le nomme-t-il; car le destin porte et que Laius aura des rapports avec sa femme et qu'il procréera Œdipe "[26]. Chaste, Laius n'aurait pas été tué par son fils, et cette chasteté était dépendante de son assentiment,

---

24. La seconde de Frede, 1974, p. 108, p. 112.
25. Mignucci, 1978, pp. 327-330; Vuillemin, 1963.
26. Cicéron, *De Fato,* XIII (30); Bréhier, 1962, p. 484.

c'est-à-dire de sa nature. C'est donc une illusion de penser que Laius est le jouet de destins extérieurs, qui l'entraînent malgré lui, puisque l'acte qui est le point de départ de ses malheurs vient de lui. L'argument paresseux pose immédiatement qu'il est impossible qu'Œdipe ne naisse pas de Laius et donc qu'il ne tue pas ce dernier, puisque cette impossibilité a lieu, que Laius ait, ou non, des rapports avec une femme. Tout ce que nous avons le droit d'affirmer, c'est qu'il n'est pas possible que Laius ait des rapports avec une femme *et* qu'Œdipe ne naisse pas de lui. Pour que l'édit du destin soit légitime, c'est-à-dire pour que la conjonction de ces deux propositions soit impossible, il faut que si elle est capable d'être fausse, les circonstances extérieures l'empêchent d'être vraie. On suppose, afin que la prophétie ait son sens, non plus apotreptique, mais dramatique, que le premier des termes de la conjonction est vrai (et même nécessaire) et que Laius a eu des rapports avec une femme et que le second terme porte sur un futur. Dire que la conjonction est capable d'être fausse, c'est donc dire qu'il est possible qu'Œdipe ne naîtra pas de Laius. Mais si cette proposition est bien capable d'être fausse quand on la considère intrinsèquement ou logiquement, puisque rien dans l'analyse d'Œdipe ne contient l'assassinat de Laius, les circonstances extérieures, celles qui, précisément, mènent le drame, l'empêchent d'être fausse. Ce qu'interdit le destin, c'est que, dans la conjonction fatale de deux événements, l'événement antérieur puisse avoir eu lieu sans être automatiquement suivi par l'événement encore futur. Or de l'impossibilité de la conjonction de p et de la négation de q, on ne peut tirer la conjonction de l'impossibilité de p et de l'impossibilité de la négation de q.

Supposons en revanche que nous ayons formulé les *confatalia* chrysippéens en termes de conditionnelle nécessaire. S'il est nécessaire que Laius a eu des rapports avec une femme et qu'Œdipe naîtra de lui, alors il est nécessaire que Laius a eu des rapports avec une femme et il est nécessaire qu'Œdipe naîtra de lui. La formulation du destin sous la forme d'une conditionnelle astrologique entraîne donc non seulement l'impossibilité qu'Œdipe ne naîtra pas de Laius, mais la nécessité qu'Œdipe naîtra de Laius. L'argument paresseux devient alors légitime, puisqu'on peut détacher la nécessité du terme ultérieur[27].

---

27. Soient :
    Pp = Laius a eu des rapports avec une femme
    Fq = Œdipe naîtra de Laius.

La prédiction au sujet d'Œdipe n'aurait donc pas dû avoir la forme : " Il est nécessaire que Laius ait des rapports avec une femme et procrée Œdipe " mais seulement : " il n'est pas possible qu'il n'arrive pas et que Laius ait des rapports avec une femme et procrée Œdipe ". Il est probable que si, dans la définition des modalités, les Stoïciens insistent sur les clauses de non-empêchement, c'est qu'ils exprimaient les lois de la nature sous la forme : il n'est pas possible qu'on n'ait pas telle ou telle conjonction.

Le destin porte sur des *confatalia*. L'illusion de la nécessité vient de ce qu'on isole l'une des assertions liées — la naissance d'Œdipe — pour lui faire supporter tout l'enchaînement des causes. Ainsi s'explique l'exemple célèbre du cylindre. " De même que, en poussant le cylindre, on lui a fait commencer son mouvement, mais on ne lui a pas donné la propriété de rouler, de même la représentation imprimera, certes, et marquera sa forme dans l'âme, mais notre assentiment sera en notre pouvoir ; poussé de l'extérieur, comme on l'a dit du cylindre, il se mouvra par sa force propre et par sa nature. Si une chose se produisait sans cause antécédente, il serait faux de dire que tout arrive par le destin ; mais s'il est vraisemblable que tout ce qui arrive a une cause antécédente, quelle raison apporter, pour ne pas reconnaî-tre que tout arrive par le destin, pourvu que l'on comprenne bien la distinction et la différence entre les causes ? "[28].

Il ne se peut pas que tel cylindre, si l'impulsion extérieure lui est imprimée, n'ait pas tel mouvement. Ce n'est pas pour autant que ce mouvement exprime une nécessité brute. Car du point de vue de la providence il ne s'agit que d'une non-possibilité de ne pas produire à l'être telle conjonction étant posée la perfection maxima de l'ouvrage conformément au principe du meilleur. Et du point de vue de l'homme, il ne s'agit que de ne pas pouvoir éviter les conséquences liées à ses actes, sans que pour autant l'assentiment qu'il donne à des représentations émouvantes en soit la suite brute et inévitable.

---

La loi des *confatalia* s'écrit : $\sim M(Pp \cdot \sim Fq)$. Une fois donné Pp et donc LPp, tout ce qu'on peut conclure, si l'on n'utilise pas la définition croisée des modalités, c'est : $\sim M(Pp \cdot \sim Fq) \cdot \sim M \sim Pp \equiv \sim M \sim (Pp \cdot Fq)$.

En revanche, la loi conditionnelle $L(Pp \to Fq)$ et la donnée de Pp permet-tent de détacher LFq, comme le veut l'argument paresseux.

28. *De Fato*, XIX (43) ; Bréhier, 1962, pp. 489-490 ; l'assentiment n'est pas assigné par la chaîne déterminée des images (Cherniss, 1976, II, p. 591, note e).

Leibniz a donné de ce texte et de sa continuation par Aulu-Gelle[29] un commentaire célèbre. Le cylindre de Chrysippe est semblable à l'inertie du bateau leibnizien que le fleuve entraîne plus ou moins vite. D'une part il y a donc une nature et une spontanéité propres à tel possible, lesquelles ne sont pas matérielles, comme le suggère faussement la métaphore du cylindre et d'ailleurs aussi du bateau, mais formelles, et qui constituent la perfection de l'individu, dans laquelle est enfermé son assentiment[30]. Voici pour la liberté. D'autre part, du point de vue de la théodicée, si l'on rétorque que le cylindre par nature raboteux et le bateau pesant ou mal profilé attestent contre la providence, il faut répondre que le mal partiel est en vue du bien général, comme les épigrammes et les inscriptions, qui réhaussent l'élégance et la grâce du tout dans la comédie antique[31]. Le développement que Cicéron a donné à ces deux thèmes dans *De Natura Deorum* suffit à attester le lien entre Leibniz et Chrysippe[32]. Ni pour l'un, ni pour l'autre, prévision et préordination providentielle n'entraînant le nécessitarisme[33]. Tous deux admettent que les représentations inclinent sans contraindre. Aux *confatalia* correspondent les compossibles, et la préformation leibnizienne a ses origines dans l'ordre des natures, selon Zénon et selon Cléanthe, suivis par Chrysippe. Il arrive même assez souvent que Leibniz exprime sous forme négative la conditionnelle nécessaire : " Ils disent, écrit-il, que ce qui est prévu ne peut pas manquer d'exister, et ils disent vrai ; mais il ne s'ensuit pas qu'il soit nécessaire "[34]. Leibniz comme Chrysippe explique le mal par la concomitance et répète l'adage du droit : *Incivile est nisi tota lege inspecta judicare*. Une différence cependant les oppose. Leibniz retient la définition croisée des modalités et échappe au nécessitarisme en distinguant deux sortes de nécessité, dont la première ou nécessité brute et métaphysique remonte au principe de non-contradiction, tandis que la seconde

---

29. *Noct. Att.*, L. VII , c. 2, cité par Leibniz, Gerhardt, VI, p. 312 ; Jalabert, p. 326 (Marache, t. II, p. 86).

30. Leibniz, Gerhardt, VI, p. 314 ; Jalabert, p. 328.

31. Leibniz, Gerhardt, VI, p. 313 ; Jalabert, p. 327. L'image stoïcienne de la comédie est reprise par Plutarque, *Moralia*, XIII, Part II, 1065 (Cherniss, 1976, II, p. 709-713), qui la retourne contre Chrysippe comme impie. " Mais cette réfutation, dit Leibniz (Gerhardt, VI, p. 313 ; Jalabert, p. 326), n'est pas grand'chose ".

32. Surtout L. II, ch. XIV et XXXIII.

33. Leibniz, Gerhardt, VI, p. 330 ; Jalabert, p. 345 qui cite Cicéron : *Sequitur porro nihil deos ignorare, quod omnia ab iis sint constituta*.

34. Leibniz, Gerhardt, VI, p. 123 ; Jalabert, p. 130.

ou nécessité conditionnelle — qui peut et finalement doit être morale — relève du principe du meilleur. Au contraire, Chrysippe ne paraît pas faire cette distinction. Mais qu'on réfléchisse à son procédé! Imaginons qu'il distingue deux sortes de loi. Les unes, mathématiques, comprennent et la forme affirmative de la seconde prémisse, en vertu de laquelle le nécessaire suit logiquement du nécessaire, et la définition croisée des modalités. La seconde prémisse est donc valable sous sa forme négative; de l'impossible le possible ne suit pas logiquement. D'autres lois, en revanche, sont valables pour la réalité physique. Ici, la seconde prémisse est encore valable sous sa forme affirmative, mais la définition croisée des modalités et donc la forme négative de la seconde prémisse ne s'appliquent plus. L'exclusion de la définition croisée servirait alors à faire le tri entre incompatibilités purement logiques, qui lui sont soumises, et incompatibilités physiques ou lois causales, qui lui échappent.

Un texte de Diogène Laërce (75) le fait bien voir. « Est nécessaire, dit-il, la proposition qui, étant vraie n'est pas capable d'être fausse, ou bien celle qui en est capable, mais qui est telle que les circonstances extérieures s'opposent à ce qu'elle soit fausse. » On dira, en revanche, qu'est simplement impossible la négation d'une proposition en omettant le premier terme de la disjonction de Diogène; il s'agit alors d'une proposition qui est capable d'être fausse, mais qui est telle que les circonstances extérieures s'opposent à ce qu'elle soit fausse. Sans pouvoir être jamais fausse, cette dernière proposition peut ne pas être vraie, si elle vient à être détruite. Selon Diodore, était nécessaire ce qui, étant vrai, ne devenait jamais faux. Chrysippe apporte une double modification à cette définition. Il dissocie ce qui est positivement nécessaire et ce dont la négation est impossible, le second terme étant privé de la clause initiale de vérité. Il introduit l'idée des circonstances extérieures, constitutives des compossibles et du destin.

La distance qui sépare Chrysippe de Leibniz ne serait plus alors imputable qu'au principe suivant, d'ailleurs fondamental. Chrysippe, fidèle au panthéisme des fondateurs de la Stoa, ne conçoit pas de distinction entre l'entendement et la volonté divine; il n'y a donc qu'une nécessité du destin. Pour en borner la dureté tant pour la liberté que pour la théodicée, on devra donc refuser la permission de passer de l'impossibilité de ne pas être à la nécessité d'être, des conjonctives aux hypothétiques. Au contraire, le Dieu trans-mondain de Leibniz permet cette

distinction : aux hypothétiques " saines " de Chrysippe, correspondent les nécessités brutes, aux simples conjonctives " astrologiques " les nécessités conditionnelles. Mais ces dernières
donnent encore lieu à une différence qui fait défaut chez le
philosophe stoïque. Car il y a la science de simple intelligence
qui regarde la nécessité conditionnelle des compossibles, et il y
a la science de vision qui regarde le décret de création, pris en
vue du meilleur.

## 28. Un système apparenté au système " Q " de Prior.

C'est Prior qui a construit un système de logique modale ou
temporelle nommé système Q, pour tenir compte de situations
où, les propositions n'existant pas, on ne peut dire ni qu'elles
sont vraies ni qu'elles sont fausses [35].

---

35. Prior, 1957, montre p. 49 comment éviter grâce au système Q le
paradoxe : " S'il n'est pas possible que je n'existe pas (en ce sens qu'il n'est pas
possible qu'il n'y ait pas de faits me concernant), alors il est nécessaire que
j'existe ". Ce paradoxe est forcé. Qui admettrait l'antécédent ? C'est en 1967
qu'il fait référence à Chrysippe et à l'argument sur Dion (p. 152).

« Si, dit-il, rien n'existe, " cet homme n'existe pas " n'est jamais faux
($\sim M \sim [\sim (Ex) E!x \rightarrow \sim E!a]$ où " E!x " signifie " il existe un x "), car il est
vrai chaque fois qu'il y a une telle proposition. Et il *est* possible que rien n'existe
($M \sim (Ex) E!x$)). Ainsi, nous avons : $\sim M \sim (\alpha \rightarrow \beta)$ et $M(\alpha)$ qui sont vraies,
bien que le $M\beta$ (à savoir $M \sim E!a$) soit faux ; c'est dire que (B)' n'a pas de
validité universelle. Et l'exemple est *presque* celui de Chrysippe, sauf que j'ai
remplacé son " Dion n'existe pas " par " Rien n'existe ", en vertu de quoi la
conséquence " Cet homme n'existe pas " est peut-être plus claire. Il est
peut-être un peu forcé de dire qu'il se pourrait que rien n'existât, mais si l'on
admettait qu'être de la *façon* qui est fondamentale, par exemple être un
homme, est " essentiel " ou " nécessaire " dans tout ce qui est de cette façon,
on pourrait dire qu'il se pourrait que si aucun <u>homme</u> n'existe, alors cet homme
n'existe pas, qu'il se pourrait qu'aucun homme n'existât et qu'il ne se pourrait
pas ( *ce n'est* le cas dans aucune situation possible) que précisément *cet* homme
n'existât pas (Prior, 1967, p. 151). On pourrait croire que l'idée de destruction
des propositions permettra de même, dans la théorie chrysippéenne, de nier la
validité de la rétrogradation des futurs. En effet : $p \rightarrow PFp$, sous forme
quantifiée, se lira (Prior, 1967, p. 152) : $(\exists x) \varphi x \rightarrow P(\exists x)F\varphi x$.

L'antécédent peut être vrai et le conséquent faux, si ce conséquent est
" détruit ", c'est-à-dire, faute de faits, n'existe pas comme proposition. Mais la
divination interdit cette issue : simplement, l'inéluctabilité du conséquent sera
exprimée sous forme négative $\sim M \sim P(\exists x)F\varphi x$, et non sous la forme affirmative : $LP(\exists x)F\varphi x$. (On n'a pas de définition croisée de G (" cela sera toujours le
cas que ") et F, ni de H (" cela a toujours été le cas que ") et de P et $\sim P \sim$ ;
$\sim P \sim (p \rightarrow q) \rightarrow (Pp \rightarrow Pq)$ n'est pas une thèse (Prior, *Ibid.*, p. 156).

On pourrait être tenté de rapprocher ici Chrysippe et Aristote, en comparant
les propositions détruites du premier avec les propositions sans valeur de vérité
du second. Ce rapprochement serait trompeur.

Tel qu'il est conçu par Prior, le système Q s'écarte toutefois du modèle chrysippéen, en ce que ce dernier considère comme valide le principe de nécessité conditionnelle qui ne figure pas en Q. On peut parler de parenté, non d'identité.

Le système Q a été axiomatisé [36] et étudié du point de vue des modèles sémantiques [37]. S'il est modalement ou temporellement non "canonique", par son refus des définitions croisées, il conserve les lois de la logique, soit celles des énoncés, soit celles de la quantification. Si l'on interprète les modalités comme ayant un sens causal — et par là on se rapproche des intuitions stoïciennes concernant le destin — on constate que la logique "canonique" de la causalité [38] conduit 1o à un effondrement des distinctions modales si l'on maintient, comme il est normal de la faire lorsqu'on donne un sens univoque à l'identité, le principe de la substitution des identiques, et 2o au nécessitarisme causal. Pour remédier au second défaut, on renoncera à la définition croisée des modalités causales. Pour remédier au premier défaut, il faut n'admettre comme termes singuliers que les descriptions qui conservent la même référence dans tous les mondes physiquement possibles. Or ceci revient à dire que s'il est nécessaire causalement que a, si, d'autre part a = b, il est nécessaire causalement aussi que b, la nécessité causale s'attachant non pas à la manière subjective que nous avons de décrire les individus, mais à leur essence propre[39]. Cet "essentialisme causal" est assez conforme à la représentation chrysippéenne du destin [40].

---

1 - Toute proposition stoïcienne a une valeur de vérité. Une proposition détruite, c'est-à-dire telle que les conditions nécessaires de son emploi ont disparu (Frede, p. 49), est toute différente d'une proposition sans valeur de vérité.

2 - Les propositions détruites n'ont pas de rapport assigné aux futurs.

3 - L'impossibilité d'une conjonction n'équivaut en rien à une contingence, bien qu'on ne puisse l'assimiler à une nécessité positive.

36. Par Bull (Prior, 1967, p. 154 ; Hughes et Cresswell, 1972, p. 304).

37. Føllesdal, 1965 et 1966.

38. Proposée par Burks ; voir Føllesdal, 1966, p. 12.

39. Føllesdal, 1965, pp. 272-273, qui retrouve ainsi l'exemple de Prior.

40. Dans un tel système passé et avenir sont symétriques. Mais l'addition de la première prémisse du Dominateur, reçue par Chrysippe, rétablit l'asymétrie du temps (qui tempère l'idée d'identité numérique absolue dans l'éternel retour et oppose donc Chrysippe à Cléanthe). Le système Q paraît avoir pour lui beaucoup d'affinités avec la logique aristotélicienne des possibles *ad unum* (les vertus).

troisième partie

les systèmes de la contingence :
lycée, jardin, académie

# chapitre 6

## aristote
## vers une réhabilitation de l'opinion
## comme connaissance probable
## des choses contingentes

Le texte d'Épictète, où le Dominateur est exposé, ne mentionne que l'École de Mégare et le Portique.

Les autres écoles de philosophie ont cependant, elles aussi, répondu au défi de Diodore. Le *De Fato* de Cicéron en témoigne pour les Académiciens et les Épicuriens et il est probable que le chapitre IX du *De Interpretatione* contient la réponse même d'Aristote.

En contestant respectivement la première et la seconde prémisse du Dominateur, Cléanthe et Chrysippe ne se comportaient pas seulement en logiciens. La thèse du retour éternel numériquement identique et celle des *confatalia* supposent une image physique du monde et, par conséquent, une certaine représentation de la causalité ; ici la sympathie d'enchaînement où une place est faite à la spontanéité, là l'ordre des palingénésies toujours renouvelées.

Les solutions qu'apportent les autres écoles ont le même caractère. Lorsqu'Aristote, Épicure, Carnéade, Platon mettent en cause certaines des prémisses logiques implicites dans le Dominateur, ils le font au nom d'une conception physique et d'un principe déterminé de causalité. Le hasard et la fortune, le *clinamen,* la spécificité de la cause volontaire, la spécificité des mouvements spirituels viennent ici au secours de la liberté.

### 29. LE CHAPITRE IX DU « DE INTERPRETATIONE ».

Le chapitre IX du *De Interpretatione* est l'un des textes les plus difficiles et les plus contestés d'Aristote. On en donnera la traduction. On en analysera l'introduction pour déterminer avec précision le problème qu'il pose : celui des futurs contingents. La solution du problème doit, selon Aristote, respecter les deux principes logiques de non-contradiction et du tiers-exclu. Elle exige, en revanche, qu'on abandonne la théorie mégarique et en particulier la définition diodoréenne du possible. La solution explicite d'Aristote tient en deux principes : il faut distinguer entre nécessité absolue et nécessité conditionnelle, il faut limiter la validité du principe de bivalence. La conception générale d'Aristote confirme la leçon du chapitre IX du *De Interpretatione*. Aristote a tenté, non de réformer la logique dont il venait de fixer les principes, mais de réhabiliter l'opinion comme connaissance du contingent ; une telle connaissance a valeur de probabilité.

## Traduction du texte (chapitre IX du *De Interpretatione*)

18ª28. S'appliquant à ce qui est et à ce qui fut, il est nécessaire que ou l'affirmation ou la négation soit vraie ou fausse. Et s'appliquant aux choses universelles en tant qu'universelles, toujours l'une est vraie, l'autre fausse et s'appliquant aux choses singulières, il en va de même comme on l'a dit. Mais, s'appliquant aux choses universelles qui ne sont pas dites en tant qu'universelles, cela n'est pas nécessaire ; on en a également parlé. Cependant, s'appliquant aux choses singulières et futures, il n'en va pas de même.

18ª34. En effet si toute affirmation ou négation est ou vraie ou fausse, il est nécessaire aussi pour toute chose d'exister ou de ne pas exister. Car si quelqu'un dit que telle chose sera, tandis que quelqu'un d'autre dit que cette même chose ne sera pas, il est évident que nécessairement l'un des deux seulement dit la vérité, puisque toute affirmation est ou vraie ou fausse. En effet, s'appliquant à ce genre de choses, il n'arrivera pas que les deux disent simultanément la vérité.

18ª39. Car s'il est vrai de dire que le blanc ou que le non-blanc est, il est nécessaire pour le blanc ou pour le non-blanc d'être, (18ᵇ) et si le blanc ou le non-blanc est, il était vrai de l'affirmer ou de le nier. Et si le blanc n'est pas, on est dans l'erreur, et si on est dans l'erreur, le blanc n'est pas. Il en résulte qu'il est nécessaire que ou l'affirmation ou la négation soit vraie.

18ᵇ5. Rien alors n'est ni ne devient ni ne sera, ni ne sera pas soit par l'effet du hasard, soit d'une manière indéterminée, mais tout arrive nécessairement et sans aucune indétermination. En effet ou bien c'est celui qui affirme qui dit la vérité, ou bien c'est celui qui nie. Sinon c'est indifféremment qu'un événement arriverait ou n'arriverait pas. Car ce qui est indéterminé ne se produit ou ne se produira pas plutôt de cette façon que de cette autre.

18$^b$9. En outre, si le blanc est maintenant, il était vrai antérieurement de dire que le blanc sera, en sorte qu'il était toujours vrai de dire de n'importe quel événement accompli qu'il sera. Mais s'il était toujours vrai de dire qu'il est ou qu'il sera, il n'est pas possible qu'il ne soit pas ou qu'il ne sera pas. Mais ce qui ne peut pas ne pas arriver, il est impossible qu'il n'arrive pas. Et ce qui est dans l'impossibilité de ne pas arriver arrive nécessairement. Donc tous les futurs arrivent nécessairement.

18$^b$15. En conséquence rien ne sera de façon indéterminée ou par l'effet du hasard ; car ce qui dépend du hasard n'est pas nécessairement.

18$^b$17. Il n'est pas non plus possible de dire que ni l'affirmation ni la négation ne sont vraies, par exemple de tel événement ni qu'il sera ni qu'il ne sera pas. D'abord, si l'affirmation est fausse, la négation alors n'est pas vraie et si la négation est fausse il arrive que la négation n'est pas vraie. Et, de plus, s'il est vrai de dire qu'une chose est blanche et noire, il faut que les deux qualités lui appartiennent. Lui appartiendront-elles jusqu'à demain, alors elles lui appartiendront jusqu'à demain. Supposons, en revanche, que demain l'événement ni ne sera ni ne sera pas : rien d'indéterminé n'aurait alors lieu, telle une bataille navale. Car il ne faudrait à la bataille navale ni n'arriver, ni ne pas arriver.

18$^b$26. Telles sont donc, avec d'autres semblables, les absurdités qui se produisent, si, pour toute affirmation et négation, soit s'appliquant à des universels en tant qu'universels soit s'appliquant aux choses singulières, il est nécessaire que l'une des opposée soit vraie, l'autre fausse et s'il n'y a rien d'indéterminé dans les événements mais que tout soit et arrive par l'effet de la nécessité. En conséquence, il n'y aurait plus à délibérer ni à se donner de la peine, dans l'idée que, si nous accomplissons telle action, tel résultat suivra, tandis que si nous ne l'accomplissons pas, ce résultat ne suivra pas.

18$^b$34. Rien n'empêche, en effet, que dix mille ans à l'avance, celui-ci dise que ceci sera, celui-là que ceci ne sera pas, en sorte que nécessairement sera celui des deux cas qu'il était vrai alors de prédire. D'ailleurs peu importe qu'il y ait eu des gens à former l'affirmation ou la négation. Car il est clair que la réalité est ce qu'elle est, même s'il n'y a eu personne à former l'affirmation et la négation. En effet ce n'est pas parce qu'il l'a affirmé ou nié que l'événement sera ou ne sera pas, quand bien même on l'aurait annoncé dix mille ans à l'avance plutôt qu'à n'importe quel autre moment. Il en résulte que si, de tout temps, il en allait de telle sorte (19$^a$) que l'une des propositions contradictoires disait la vérité, il était nécessaire que cela arrive et chacun des événements s'est alors toujours déroulé de façon à arriver nécessairement. Car ce dont on a dit avec vérité qu'il sera, il n'est pas possible qu'il n'arrive pas; et quant à ce qui est arrivé, il était toujours vrai de dire qu'il sera.

19$^a$6. Si ces conséquences sont impossibles, — nous voyons en effet qu'il y a un principe des futurs dans la délibération comme dans l'action et que la puissance d'être et de ne pas être est entièrement dans les choses qui n'existent pas toujours en acte, choses qui, puisqu'elles peuvent être ou ne pas être aussi bien l'une que l'autre, peuvent donc aussi arriver et ne pas arriver. De nombreux cas de ce genre nous sont visibles. Par exemple, ce vêtement peut être coupé en deux et ne sera pas coupé en deux, mais s'usera auparavant. De même, il peut ne pas être coupé, car il ne pourrait plus s'user auparavant, s'il n'avait pas la possibilité de ne pas être coupé en deux. Aussi, il en va de même pour tous les autres événements qui sont dits selon le même genre de puissance, — il est alors évident que tout ni n'est ni n'arrive par l'effet de la nécessité, mais que pour certaines choses elles se produisent de façon indéterminée et qu'alors l'affirmation ou la négation ne sont pas plus vraies l'une que l'autre, alors que, pour certaines autres, l'une des deux est vraie le plus fréquemment, bien qu'il se produise que l'autre arrive et non pas elle.

19$^a$23. Il est nécessaire que ce qui est soit tant qu'il est et que ce qui n'est pas ne soit pas tant qu'il n'est pas. Mais ce n'est pas pour autant que ce soit nécessairement que tout ce qui est est ni que tout ce qui n'est pas n'est pas. Car c'est une chose que tout ce qui est est nécessairement quand il est, et c'en est une autre qu'il est nécessairement d'une façon simple. Il en est de même pour tout ce qui n'est pas.

19$^a$27. Le même argument s'applique aussi à la contradiction. Tout nécessairement est ou n'est pas, sera ou ne sera pas, sans dire pour autant, si l'on divise, que l'un des deux est nécessaire.

19$^a$30. Je prends un exemple. C'est nécessairement que demain il y aura ou il n'y aura pas bataille navale. Mais ce n'est pas pour autant ni qu'une bataille navale arrive nécessairement demain ni qu'elle n'arrive pas. Ce qui est nécessaire cependant, c'est qu'elle arrive ou n'arrive pas.

19$^a$32. En conséquence, puisque les propositions sont vraies autant qu'elles se conforment aux choses mêmes, il est clair que chaque fois que celles-ci se comportent de façon indéterminée et sont en puissance de contraires, il est nécessaire qu'il en aille de même aussi pour la contradiction. C'est ce qui se passe pour les êtres qui ne sont pas toujours existants ou qui ne sont pas toujours non existants. Car il est nécessaire alors que l'une des deux propositions contradictoires soit vraie ou fausse, mais ce n'est pas celle-ci ou celle-là, mais n'importe laquelle et quand l'une est plus vraie que l'autre, elle n'est pas cependant déjà vraie ou fausse. En conséquence, il est clair qu'il n'est pas nécessaire que, pour toute affirmation ou négation prise parmi des proportions opposées, l'une soit vraie, l'autre fausse. Car ce n'est pas sur le modèle des choses qui sont que se comportent les choses qui, n'étant pas, sont en puissance d'être ou de ne pas être, mais c'est de la façon qu'on vient d'expliquer.

30. Articulation du texte; l'introduction (18ᵃ28-34); le problème posé.

Le texte se divise naturellement en deux parties, la première (18ᵃ34-19ᵃ22) où la théorie mégarique est exposée et réfutée avec un intermède concernant la validité du tiers-exclu (18ᵇ17-25), la seconde où Aristote expose sa propre solution (19ᵃ23-19ᵇ4). Une remarque de Pacius[1] qui répartit toutes les théories possibles concernant les paires d'énoncés singuliers contradictoires sur le futur en quatre groupes — les deux énoncés sont vrais ou sont faux, l'un est vrai, l'autre est faux actuellement, l'un est vrai, l'autre est faux mais seulement en puissance —, permet de diviser plus finement le texte et de l'articuler logiquement. Il se réduit à une chaîne d'implications : si l'on admet le principe de non-contradiction — les deux énoncés ne sont pas vrais —, alors si l'on admet le principe du tiers-exclu — les deux énoncés ne sont pas faux —, on ne peut, au cas où l'on admette encore la validité universelle du principe de bivalence — l'un des énoncés est vrai, l'autre est faux actuellement —, éviter de tenir pour nécessaires tous les énoncés portant sur le futur. Par contraposition, l'existence de futurs contingents exigera, si l'on conserve la non-contradiction et le tiers-exclu, qu'on mette en question la bivalence et que, par conséquent, l'un des énoncés soit vrai et l'autre faux mais seulement en puissance.

---

1. Cité par Edghill *in The Works of Aristotle*, 1928, p. 18ᵃ, note 5.

Aristote retire d'abord de l'objet de son examen trois sortes d'énoncés contradictoires. Les deux premiers : énoncés singuliers portant sur le présent et sur le passé, énoncés universels pris universellement, sont l'un actuellement vrai, l'autre actuellement faux. Les énoncés universels qui ne sont pas pris universellement constituent une troisième classe. Ce sont des opposés indéterminés ou indéfinis (l'homme est blanc/l'homme n'est pas blanc). Lorsqu'on les traite comme deux opposés particuliers, ils sont sub-contraires et peuvent être vrais, mais non pas faux en même temps ; il n'y a pas de difficulté à leur propos, car l'un n'est pas vraiment la négation de l'autre[2].

Tandis que les énoncés universels, pris universellement ou non, suivent les mêmes lois, qu'ils portent ou non sur le futur, leur rapport au futur distingue les énoncés singuliers. L'opposition selon la quantité est un critère nécessaire pour déterminer la quatrième classe d'énoncés. Comme le remarque saint Thomas[3], il faut considérer la matière pour obtenir un critère suffisant. Le mot qui désigne ici le futur s'oppose ordinairement au participe futur du verbe *être,* comme ce qui est en matière contingente s'oppose à ce qui est en matière nécessaire ou impossible[4]. Des assertions qui résultent d'une prédication essentielle, telles que : " Socrate sera un homme " ou " Socrate sera un âne " affirment ou nient une propriété d'un sujet non en tant qu'il est tel sujet singulier, mais selon la raison des universaux[5], comme l'exige la science : une opposition de singulières futures est donc traitée comme l'opposition entre une universelle et sa contradictoire, où les valeurs de vérité opposées sont actuelles. L'enquête se bornera donc à décider si dans les énoncés singuliers portant sur le futur en matière contingente il est nécessaire que l'un des opposés soit vrai, l'autre faux actuel-

---

2. Aristote, *De Interpretatione,* VII, 17ᵇ28-33.

3. Saint Thomas, *De Interpretatione,* Liber Primus, Lectio XIII, 1-3, (Oesterle, *De Interpretatione,* 1962, 6, pp. 102-103).

4. Le texte dit : " ἐπὶ δὲ τῶν καθ' ἕκαστα καὶ μελλόντων ", *in singularibus et futuris.* Ammonius (*In De Int.,* 138-139, trad. Moerbeke, 264-265) précise qu'il faut comprendre ici par futur ce qui est pris en matière contingente. Il rappelle que, dans le *De Generatione et Corruptione* (II, 11, 337ᵇ3), Aristote oppose " mellon " ou futur et " esomenon " (participe futur de *sum*); *esomenon* signifie ce qui se produira de toute façon comme lorsque nous disons : l'hiver ou l'été viendra, une éclipse aura lieu ; quant au mellon, c'est un futur qui peut se produire ou non, comme : " je me promènerai, je naviguerai ".

5. Saint Thomas, *op. cit.* (Oesterle, p. 104) : " secundum universalium rationes ".

lement[6]. Ces énoncés revêtent deux formes grammaticales différentes. Il s'agira tantôt de prédicatives singulières (" ceci sera blanc "), tantôt de particulières " pseudo-datées " (" il y aura bataille navale demain "). Toute prédication singulière future et toute existence singulière future ne sont pas accidentelles : Socrate sera essentiellement raisonnable et le Ciel aura nécessairement tel mouvement. Mais tel homme sera assis ou debout par accident, et il existera par accident. C'est à ce double domaine que l'enquête se limite.

### 31. VALIDITÉ DES PRINCIPES DE NON-CONTRADICTION ET DU TIERS-EXCLU ($18^a38$ et $18^b17$-25).

Une simple remarque écarte pour les énoncés portant sur le futur en matière contingente la possibilité de faire exception au principe de non-contradiction. Son application au futur ne pare d'aucune apparence nouvelle la négation de ce principe, que certains croient héraclitéenne et qui a pour répondant physique le mouvement universel[7].

En revanche, Aristote explicite ses raisons de maintenir la validité du tiers-exclu pour les futurs. Il le fait après avoir exposé la théorie mégarique, car, en mettant en cause ce principe, non seulement on n'échapperait pas à la difficulté propre à cette théorie et qui regarde la modalité, mais on ajouterait à cette difficulté des apories spécifiques, analysées par la *Métaphysique* à propos de la doctrine d'Anaxagore[8] et qui regardent la vérité.

Selon la vérité, puisque, s'il n'y a pas disjonction du vrai et du faux, lorsque les futurs se seront accomplis en sorte de vérifier l'un des deux énoncés opposés, l'autre ne s'en trouvera pas pour autant infirmé[9].

Selon la modalité, supposons, conformément à la doctrine du mélange universel, répondant physique de la négation du tiers-

---

6. Comme le remarque saint Thomas, "Aristote n'a pas jusqu'ici fait mention de la matière contingente, parce que les choses qui arrivent de façon contingente relèvent exclusivement des choses singulières, tandis que celles qui sont inhérentes ou exclusives par soi sont attribuées aux choses singulières selon les raisons de leurs universaux. Toute l'enquête porte donc ici sur la question de savoir si dans les assertions singulières sur le futur en matière contingente il est nécessaire que l'un des opposés soit déterminément vrai et l'autre déterminément faux " (*op. cit.*, Oesterle, p. 104).

7. *Métaphysique*, Γ, 3, $1005^b24$ ; 7, $1012^a25$.

8. *Métaphysique*, Γ, 7, $1012^a26$ ;

9. C'est là un cas particulier de la réfutation générale donnée par *Métaphysique*, Γ, 7, $1011^b25$-29.

exclu, que soient vrais deux contraires présents : il est vrai que telle chose est simultanément blanche et noire [10] (principe des homéomères). La conjonction de ces deux états est donc nécessaire (δεῖ). Mais, rien ne distinguant le comportement logique des singulières présentes et des singulières futures, de ce qu'il est vrai que telle chose sera blanche demain et que cette même chose sera noire, on doit conclure qu'il est nécessaire que telle chose sera simultanément blanche et noire demain. Tout ce que la doctrine des homéomères a de spécifique, c'est d'exprimer le nécessitarisme du futur en termes de conjonction au lieu de l'exprimer en termes de disjonction.

Pour contraindre la précédente formule à porter sur un prédicat unique, substituons-y au mot *noir* les mots *non blanc.* Il résulte de cette substitution que s'il est vrai que telle chose sera blanche demain et que cette même chose sera non blanche demain, alors il est nécessaire qu'elle sera blanche et non blanche demain. Une telle expression ne revient-elle pas à nier le principe de non-contradiction ? L'absurdité spécifique que produit la négation du tiers-exclu ne peut toutefois apparaître comme le montre la fin du livre Γ de la *Métaphysique,* que lorsqu'on passe de l'affirmation que tout est vrai à l'affirmation que tout est faux. La formule précédente, où l'on aura substitué des négations aux affirmations, se lira en effet : " S'il est vrai que telle chose ne sera pas blanche demain et que cette même chose ne sera pas non blanche demain, alors il est nécessaire qu'elle ne sera ni blanche ni non blanche demain. " Aristote introduit alors l'exemple de la bataille navale. Si le tiers-exclu est en défaut, il faudra que la bataille ni n'arrive ni n'arrive pas demain. En abandonnant l'un des principes fondamentaux de la logique, l'intuitionnisme [11] espérait faire sa place à l'indétermination.

---

10. Les manuscrits principaux ont : μέγαν (grand) au lieu de μέλαν (noir) et Edghill adopte, après Boèce et Moerbeke, cette lecture, qui rend le texte inintelligible. La correction de μέγαν, adoptée par Minio Paluello, 1949, est nécessaire. Elle est, de plus, conforme aux textes d'Aristote qui examinent la théorie des homéomères d'Anaxagore. Selon ce dernier, tout était mélangé à l'origine (*Métaphysique*, A, 8, 989ᵃ30-989ᵇ21). Comme exemple d'intermédiaire réel — donc essentiel lorsqu'on traite, comme c'est le cas ici, des conditions logiques de la pensée du mouvement —, Aristote donne justement celui du gris entre le blanc et le noir (Γ, 7, 1011ᵇ29-30 et 36).

11. εἰ δὲ μήτ' ἔσται μήτε μὴ ἔσται αὔριον, οὐκ ἂν εἴη τὸ ὁπότερ' ἔτυχεν (18ᵇ22-23). Ceux qu'Aristote vise alors sont bien les partisans de la logique intuitionniste propre à Anaxagore, où l'on n'a pas le droit de substituer une affirmation (blanche) à une double négation (non-non noire). La conjonction d'un énoncé simplement nié et de ce même énoncé doublement nié

$$(\sim p. \sim \sim p)$$

Tout ce à quoi il aboutit, c'est à une conjonction d'impossibles.

L'indétermination faisant place à la nécessité due à l'impossibilité, on ajoute les difficultés du nécessitarisme à celles de l'intuitionnisme.

Nous ignorons si, à l'époque d'Aristote, il s'est trouvé des philosophes pour douter du tiers-exclu afin d'échapper au nécessitarisme, comme le fera Épicure. En tous cas, le Stagirite rejette une telle solution comme illusoire.

## 32. Examen et critique de la théorie mégarique ($18^a34$ - $18^b17$ et $18^b25$ -$19^a22$).

Aristote rapporte deux démonstrations de la thèse mégarique ; la première plutôt logique, la seconde se référant davantage à la réalité[12].

La première ($18^a34$ - $18^b9$) tient en deux moments. Le premier, bref et général ($18^a34$-39), exprime le principe de correspondance, fondement de la sémantique d'Aristote, en retenant seulement le passage de la vérité à l'être, mais en lui donnant une force apodictique, une précision modale qui annonce le principe de nécessité conditionnelle.

---

violerait certes le principe de non-contradiction. Aristote présente polémiquement la thèse intuitionniste en ces termes lorsqu'il dit, par exemple, que " le produit du mélange n'est ni bon, ni non bon, de sorte qu'on ne peut rien dire de vrai " ($1012^a27$-28); ce qu'Anaxagore affirme en réalité, c'est la possibilité de la fausseté simultanée du produit du mélange.

Mais de même qu'on peut asserter la conjonction

(a)   $\sim$ Dém(p)$\cdot \sim$ Dém($\sim$ p)

où le prédicat Dém (" démontrable ") s'applique à l'énoncé p, et ceci parce qu'il y a un tiers-exclu lorsque p est indémontrable, à savoir Dém(p), de même : on peut asserter la conjonction

(a′)   $\sim$ Bon (produit du mélange).   $\sim$ Bon ($\sim$ produit du mélange).

En effet le bon est convertible avec le vrai. D'autre part le " produit du mélange " doit être regardé comme l'expression d'un énoncé puisque seul un énoncé est vrai ou faux. Il y a, ici aussi, un intermédiaire. Un énoncé tel que (a) ne violerait le principe de non-contradiction que si l'on pouvait substituer à $\sim$ Dém ($\sim$ p) l'énoncé Dém (p); dans (a′) la même difficulté se présenterait si de la non-vérité de la négation d'un énoncé on se donnait le droit de conclure à la vérité de son affirmation, ce qu'interdit précisément la logique intuitionniste. Dans la *Métaphysique*, Γ, 8, Aristote remarque que : " manifestement, il y a des propositions contradictoires qui ne peuvent pas être vraies en même temps, et, d'un autre côté, il y en a qui ne peuvent toutes être fausses bien que ce dernier cas paraisse plus concevable, d'après ce que nous avons dit " ($1012^b2$-41; trad. Tricot, 1953, I, p. 241); sur l'intuitionnisme d'Anaxagore et sa théorie du continu, voir Weyl, 1963, p. 41.

12. Ammonius, *In De Int.*, 130-131 (251-252).

*(C) Si toute affirmation ou négation est vraie ou fausse, pour l'état de choses correspondant il est nécessaire ou il est impossible d'exister.*

Le sens oblige à choisir le sens divisé de la nécessité[13]. Cette thèse étant universelle, on peut raisonner sur une affirmation ou une négation portant sur le futur, mais dont la valeur de vérité est au présent :

*(C_F) Si toute affirmation ou négation portant sur un futur est vraie ou fausse, pour l'état de choses correspondant il est nécessaire ou il est impossible de devoir exister[14].*

Le second moment de la première démonstration (18[a]39-18[b]9) porte sur un exemple en matière contingente (le blanc). On aurait attendu que, de la position explicite de la bivalence (curieusement déduite comme nécessaire à la ligne 18[b]4), on eût tiré, par détachement, la nécessité mégarique, comme paraît l'exiger logiquement la suite du texte, qui décrit le nécessitarisme. Ces lignes, peut-être corrompues, se contentent d'appliquer (C) à l'exemple, de compléter l'analyse du vrai par celle du faux. Elles évoquent encore le passage de l'être à la vérité et, plus précisément, de l'être actuel d'un état de choses à sa vérité passée[15], un probable empiètement sur la seconde démonstration.

---

13. Εἰ γὰρ ἀληθὲς εἰπεῖν ὅτι λευκὸν ἢ οὐ λευκὸν ἔστιν, ἀνάγκη εἶναι λευκὸν ἢ οὐ λευκόν (18[a]39 - 18[b]1).

Au point de vue grammatical, il n'existe aucun argument décisif qui permettrait de choisir entre la division (Lp V L ~ p) et la composition de la nécessité L(p V ~p) (sur ce point, Frede, 1968, pp. 16-17).

On pourrait donc nous objecter une décision non fondée et comprendre avec Edghill (*op. cit.,* 19[a]30-32), le conséquent de (C) au sens composé.

La formule : (F) ˙L(p V ~ p) → (Lp V L ~ p) n'est pas une thèse. (Hughes et Cresswell, 1972, p. 38).

Si l'on acceptait l'interprétation au sens composé, la négation de (F) suffirait à éviter le nécessitarisme des Mégariques. Il faudrait donc supposer qu'Aristote attribue à ces derniers la thèse (F), dont l'invalidité modale est pourtant évidente.

14. Ammonius expose ainsi ce passage : " Supposons que deux individus feignent de pratiquer la divination au sujet de quelque événement singulier, tentant de prédire, disons au sujet d'un infirme, l'un qu'il sera guéri, l'autre qu'il ne sera pas guéri. Il est en effet évident qu'il est nécessaire de dire vrai l'un des deux cas, faux l'autre. Si donc celui qui annonce la guérison dit le vrai, il est nécessaire que le malade guérisse (on a postulé auparavant en effet que la vérité du discours est de toute façon suivie par l'arrivée des choses); mais si celui qui a dit la négative a dit vrai, il est évident qu'il est impossible que le malade guérisse. C'est pourquoi ou bien il est nécessaire que la chose se produise ou bien il est impossible que l'événement ait lieu. Donc la contingence est supprimée " (140 (267-268)).

15. Le transfert du temps est exprimé par l'imparfait ἦν . S'il y a du blanc

La seconde démonstration, au dire d'Ammonius, procède à partir de " thèses plus évidentes et plus généralement accordées "[16]. En énonçant le principe de rétrogradation de la vérité, elle montre pourquoi les Mégariques se donnent le droit de postuler l'antécédent de (C) et de ($C_F$), c'est-à-dire le principe de bivalence. Aristote donne successivement à l'énoncé du principe de rétrogradation trois formes : l'une indéfinie ($R_I$, 1.10), la seconde quantifiée ($R_Q$, 1.11), la troisième diodoréenne ($R_D$, 1.12) :

($R_I$) : Si quelque chose est le cas maintenant, il était vrai à n'importe quel moment du passé que cette chose sera le cas ;

($R_Q$) : Si quelque chose est le cas maintenant, alors il a toujours été vrai que cette chose sera le cas ;

($R_D$) : Si quelque chose est le cas maintenant, alors il a toujours été vrai que cette chose est ou sera le cas.

Étant donné que Diodore définit le possible comme ce qui est ou sera le cas, ($R_D$) signifie que le possible diodoréen est nécessaire[17]. En conséquent, si l'on accorde que ce qui a été vrai et prévisible de toute éternité ne peut pas ne pas arriver, tout ce qui est en acte est nécessaire. Mais, de même que de (C) on pouvait, dans la première démonstration, conclure à ($C_F$) de même, s'il est légitime de poser ($R_D$) qui rétrograde du présent au passé, il est légitime de poser ($R_F$), qui rétrograde du futur au passé :

($R_F$) : A supposer que quelque chose sera le cas, alors il a toujours été vrai que cette chose est ou sera le cas.

En effet, puisque la thèse ($R_D$) est supposée valable pour une chose quelconque quelle que soit la modalité de sa matière, refuser d'appliquer la rétrogradation au futur reviendrait à postuler que seuls les futurs peuvent être contingents ; le monde futur suivrait alors d'autres lois que le monde passé, une supposition d'autant plus ridicule que, la coupure entre passé et futur se déplaçant constamment, le même événement qui n'aurait pas

---

ou s'il n'y a pas de blanc, il était vrai qu'il y aura du blanc maintenant ou il était vrai qu'il n'y aura pas de blanc maintenant.

Ammonius insiste sur cet imparfait (141 (269)) : " ce n'est pas seulement selon le temps même dans lequel les choses arrivent et subsistent qu'il est vrai d'en dire qu'elles sont comme elles sont, mais la prédiction à leur sujet est vraie aussi avant l'événement ".

16. 148 (274-275).

17. Sedley, 1977, p. 80, donne douze ans (334-322) pour une influence possible de Diodore sur Aristote, ce qui obligerait à assigner une date tardive au chap. IX du De Interpretatione. La question de la chronologie relative de ce chapitre est pour le moins ouverte (sur ce point, Celluprica, 1977, p. 16).

été toujours vrai dans le passé tant qu'il reste futur, le deviendrait dès le moment de son actualisation. S'il peut exister du contingent dans l'avenir, il doit avoir pu exister du contingent dans le passé.

La thèse de rétrogradation, caractéristique de la philosophie mégarique selon Aristote, implique et exprime le second aspect du principe de correspondance, mais sans en respecter les limites. De l'existence d'un état de choses, on est en droit de conclure à la vérité de l'énoncé qui le dit exister. Mais le principe de rétrogradation étend au temps tout entier cette vérité et, par conséquent, entraîne le nécessitarisme sous la seule supposition que ce qui a toujours été vrai est nécessaire. Il permet de poser le principe de bivalence à partir du principe du tiers-exclu. D'un événement futur on peut dire, en vertu du tiers, qu'il sera le cas ou qu'il ne sera pas le cas. En conséquence de la rétrogradation, il a donc été toujours vrai ou il a été toujours faux qu'il est ou sera le cas : d'où résulte la bivalence. Ainsi ce qui légitime la seconde démonstration, c'est le détachement de la bivalence à partir de la rétrogradation. C'est ce détachement qui permettait de tirer de ($C_F$) la conclusion mégarique :

*(M) Tous les futurs sont ou nécessaires ou impossibles.*

La nécessité se communique alors ($18^b25$ - $19^a6$) à tout ce qui relève du devenir. Elle est apparente quand l'événement a été annoncé par divination. Elle reste valable en dehors de toute prophétie, car c'est la vérité qui dépend de l'existence, non l'inverse. La nécessitation de l'être par le vrai est donc indépendante de la divination[18]. Ces conséquences sont contraires à

18. C'est la vérité de la chose — au futur comme aux autres temps — qui permet l'énoncé de la chose, non l'inverse (*Métaphysique*, I, 1, $1053^a33$). Saint Thomas, qui accepte ce principe pour la science humaine, le refuse pour la science divine (*S.T.*, I, q 14, a. 8 : *scientia Dei est causa rerum*). Cette position s'explique par l'intervention de la création. Saint Thomas évite le nécessitarisme en qualifiant la science de Dieu (*ibid.*, ad. 2). " La science de Dieu est la cause des choses en tant que les choses sont dans la science. Or il n'a pas été dans la science de Dieu que les choses seraient de toute éternité. Donc, bien que la science de Dieu soit éternelle, il ne s'ensuit cependant pas que les créatures soient de toute éternité ". La divination n'a pas été seulement, dans l'Antiquité, l'objet d'une superstition populaire. Elle était aussi, on l'a vu, un axiome du stoïcisme. Certains Péripatéticiens tels que Dicéarque et Cratippe l'admettaient (Pauly, 1842, Bd II, p. 1118). Aristote compte lui-même (*Probl.* sect. XXX, p. 471) la mélancolie au nombre des prédispositions à la divination par l'extase (*ibid.*, p. 1121 ($\Lambda$ 1, $954^a25$) et p. 1123 ($\Lambda$ 14, $957^a35$-37) sur les songes). Mais les Péripatéticiens rejoignent les Cyniques et les Épicuriens pour s'opposer aux oracles. Somme toute, la réduction de l'importance de la divination, dans le *De Interpretatione*, s'accorde avec la tendance rationaliste générale de l'aristotélisme.

l'expérience du devenir, à la contingence et à la puissance des contraires tant dans la volonté humaine que dans les événements dus au hasard ou à une causalité non nécessitante. Elles conduisent à l'inaction et à l'acceptation fataliste des événements (argument paresseux). Sans la contingence des choses qui n'existent pas toujours en acte ($19^{a}6$-22), le monde sublunaire ne serait pas ce qu'il est.

## 33. Solution d'Aristote ($19^{a}22$ - $19^{b}4$) : nécessité conditionnelle et exceptions au principe de bivalence.

Avant de quitter les Mégariques, Aristote avait conclu que, dans la thèse ($C_F$), le conséquent étant inadmissible, on devra rejeter l'antécédent. De la négation du nécessitarisme, on conclura à l'invalidité de la bivalence ($19^{a}16$-22). Il est donc naturel qu'Aristote expose sa propre solution sous la forme d'une contraposition. Les futurs n'étant pas tous nécessaires, à toute proposition portant sur le futur ne correspondra pas une valeur de vérité déjà donnée. A l'antécédent de cette contraposée répond la distinction entre deux sortes de nécessité ($19^{a}23$-27), au conséquent les exceptions concernant le principe de bivalence ($19^{a}27$ - $19^{b}4$).

En distinguant deux sortes de nécessité, Aristote fait abstraction de la différence entre futur et passé[19]. Il ne fait nullement abstraction de la condition temporelle en général[20].

Trois interprétations de la nécessité conditionnelle sont

---

19. Comme le remarque Ammonius, 153 (289).
20. Moerbeke traduit Ammonius commentant Aristote 153 (290) ὅταν ᾖ par *quamdiu existerit*. Le texte dit : τὸ μὲν οὖν εἶναι τὸ ὂν ὅταν ᾖ, καὶ τὸ μὴ ὂν μὴ εἶναι ὅταν μὴ ᾖ, ἀνάγκη. L'expression ὅταν ᾖ, chez Aristote, signifie soit une itération portant plutôt sur des futurs indéterminés, soit une cause générale. Boèce traduit par " quando est " (" quando non est "), Guillaume de Moerbeke par " cum fuerit " et Saint Thomas par " dum est ". (Selon Hintikka, cette clause signifierait que les énoncés sont datés, 1964, pp. 472-473; voir également Boudot, 1973, 4, p. 467). Si nous nous reportons au texte de la *Métaphysique*, Θ, 3 ($1046^{b}29$), qui traite de la réalité des possibles et de la réfutation des Mégariques par l'analyse du mouvement, Aristote emploie l'expression : ὅταν ενεγῇ μόνον δύνασθαι (" il n'y a puissance que chaque fois qu'il y a acte ", le répétitif s'appliquant à n'importe quel temps indéterminé. C'est ce sens que je retiendrai, identifiant par conséquent : ὅταν ᾖ avec ὅταν ἐνεργῇ. Le mot être *simpliciter* se rapporte à ce qui est en général, donc en puissance *ou* en acte (ce qui est éminemment le cas pour un futur contingent), tandis que la clause " chaque fois qu'il est " indique que le sujet est passé à l'acte.

possibles. Les deux premières expriment respectivement la nécessité du conséquent :

*Si p a lieu, alors il est nécessaire que p ait lieu,*
et la nécessité de la conséquence :

*Il est nécessaire que, si p a lieu, p a lieu.*
La seconde interprétation est une tautologie [21] ; on n'en peut tirer le nécessitarisme, mais elle ne traduit pas le texte d'Aristote. La première, en dépit de sa forme hypothétique, affirme la nécessité simple ou absolue (brute) de l'événement : elle correspond, selon Aristote, aux thèses mégariques. La nécessité porte, dans le conséquent, sur une proposition temporellement déjà déterminée. Elle est donc *de dicto* et correspond, pour la proposition, au fait d'être toujours vraie.

Il faut donc en arriver à une troisième interprétation, où l'on pose une liaison de condition entre un événement et sa nécessité, comme dans le premier cas, mais en subordonnant la nécessité à la durée de l'acte de l'événement. La nécessité, devenue elle-même objet d'une condition temporelle, porte sur un énoncé ouvert à variable temporelle et est assujettie à la même variable ; elle est *de re*. Le principe correspondant s'exprimera sous forme quantifiée :

*Quel que soit t, si p a lieu pendant le temps t, il est nécessaire pendant le temps t que p ait lieu pendant le temps t.*
La quantification peut se faire sur l'avenir, comme sur le présent et sur le passé ; mais le temps de la nécessité ne saurait différer du temps de l'événement décrit par l'énoncé.

Les exemples qu'Ammonius [22] donne de la nécessité simple : " les angles d'un triangle ont leur somme égale à deux droits ", " le Ciel se meut toujours ", " le feu est chaud ", " Socrate est mortel " expriment des cas de prédication essentielle, dans lesquels l'appartenance nécessaire du prédicat au sujet est, soit éternelle, soit coexistensive à la durée du sujet. Les énoncés : " le soleil est occulté par la lune ", " Socrate marche " fournissent des exemples de nécessité conditionnelle, dans lesquels l'appartenance du prédicat au sujet n'est nécessaire que durant l'actualité de l'événement : occultation ou marche.

Comme le prouve l'exemple de l'éclipse, modèle des événements prévisibles et nécessaires, la nécessité conditionnelle à elle

---

21. C'est ainsi, selon Lukasiewicz, 1957, p. 131, qu'Alexandre comprend le *De Interpretatione* et maint scolastique est d'accord avec lui (Prior, 1962, p. 211).

22. 153 (289).

seule ne garantit nullement la contingence, dont elle définit une condition nécessaire, non suffisante. Dans le monde de Diodore, les modalités dépendent du statut logique des propositions, c'est-à-dire du comportement de leurs valeurs de vérité au cours du temps. Ce n'est pas la nature de la réalité et le type de rapport temporel du prédicat au sujet qui fait alors la nécessité d'un état de choses, c'est la stabilité des valeurs de vérité d'un *dictum*. Rétrogradation de la vérité d'une part, éternité et simplicité de la nécessité d'autre part vont de pair. Au contraire, les modalités aristotéliciennes dépendent des genres de la prédication et du rapport réel du prédicat au sujet. Lorsque ce rapport est celui de l'accident, il impose à la nécessité, conçue *de re,* une validité seulement temporelle. Une telle nécessité conditionnelle, inséparable de son contexte temporel, ne saurait, par elle-même, rétrograder, quoique des considérations extrinsèques tirées de la causalité puissent, comme dans le cas de l'éclipse, fonder la rétrogradation.

Il faut analyser, à présent, la conséquence qu'entraîne la nécessité conditionnelle pour la contraposée de ($C_F$). Cette conséquence (19ᵃ27-32) est l'abandon du principe de bivalence. En effet, s'agissant d'accidents futurs, tout ce qu'on peut dire pour l'état de choses correspondant c'est qu'il sera nécessaire qu'il soit pendant qu'il sera ou qu'il sera impossible qu'il ne soit pas pendant qu'il ne sera pas. En revanche — sauf à invoquer une rétrogradation extrinsèque —, on ne pourra pas dire de l'état de choses correspondant qu'il est nécessaire *simpliciter* ou qu'il est impossible *simpliciter* qu'il doive être. En conséquence, on ne pourra pas non plus maintenir que toute affirmation ou négation portant sur le futur est vraie ou fausse.

La nécessité conditionnelle de l'éclipse dégénère, car, les positions et les mouvements respectifs de la lune et du soleil étant donnés, les lois de l'astronomie garantissent la rétrogradation. Il est donc déjà vrai qu'il y aura éclipse à tel moment. La nécessité simple s'applique à ce genre d'accidents. Mais si rien actuellement dans les causes présentes ne rend inéluctable l'existence future de la bataille navale, cette bataille ne sera nécessaire que si elle a lieu et pendant qu'elle aura lieu. Il n'est donc pas déjà vrai qu'elle aura lieu. En un sens composé, on peut dire qu'il est vrai que demain une bataille aura lieu ou non, car le temps n'a qu'une occurrence vide dans la disjonction. On n'est pas fondé, en revanche, à distribuer la vérité, pas plus qu'on ne l'était à distribuer la nécessité, en disant qu'il est déjà vrai qu'il y aura bataille navale demain ou que c'est déjà faux[23].

---

23. L'exemple de la bataille navale est repris dans trois propositions : la première où la nécessité est composée, la seconde ou elle est distribuée, la troisième où, à nouveau, elle est composée. Aristote rejette la seconde et accepte les deux autres.

Le texte retenu par Bekker en 19ᵃ31 comporte le mot ἔσεσθαι, que le texte de Minio-Paluello corrige en γενέσθαι.

Le premier choix était celui de Boèce, qui traduit les deux termes par *futurum esse*. Mais alors la troisième proposition (l. 32) ne fait que répéter la première (l. 30). Si l'on veut éviter une redondance aussi choquante à deux lignes d'intervalle, il faut choisir la leçon de Minio Paluello et rappeler 18ᵇ13. C'est ainsi que Guillaume de Moerbeke avait, dans sa traduction latine, opposé *fore* et *fieri*.

Dans *Métaphysique* (K, 8, 1065ᵃ14-17) Aristote discute la thèse du déterminisme universel fondé sur des arguments physiques empruntés à la régression des causes. Tout hasard, toute contingence seront impossibles si l'on admet pour l'être par accident la régression des causes jusqu'à une cause elle-même nécessaire. Or on peut concevoir cette régression des causes de deux façons, selon qu'on l'applique à ce qui est ou à ce qui devient. " Même si la cause était supposée non plus ce qui est (ὄν), mais ce qui arrive (γιγνόμενον), les conséquences seraient les mêmes : tout deviendrait nécessairement ; car l'éclipse arrivera demain, si ceci arrivait, et ceci arrive si telle autre chose arrive elle-même, et cette autre chose, si une troisième chose arrive. "

On ne saurait, avec Bonitz (*Aristotelis Metaphysica*, vol. II, 1849, p. 464) et Tricot (II, p. 611) entendre qu'Aristote, dans le texte de la *Métaphysique*, oppose l'être présent ou passé au futur. Cette interprétation était celle de saint Thomas, qui commentait ainsi Aristote (p. 540, nᵒ 2282) : " Quelqu'un pourrait objecter à cet argument, en disant que la cause des futurs contingents n'est pas déjà posée comme le présent et le passé, mais est jusqu'ici contingente comme le futur. Le résultat, en effet, c'est qu'alors tout arrive nécessairement comme c'était le cas auparavant [où l'on raisonnait sur ce qui est, non sur ce qui devient]. Si en effet, telle cause est future, il faut qu'elle soit future dans quelque temps déterminé et déterminément distinct du présent actuel. Supposons que ce soit demain. Si donc l'éclipse, qui est par soi la cause de certains futurs accidentels, est un futur qui se produira demain, et si tout ce qui arrive arrive par quelque cause, il faut que cette éclipse elle-même en tant que futur qui se produira demain arrive, si ceci se sera produit, c'est-à-dire à cause de quelque chose qui lui préexiste... ". Saint Thomas pense ainsi qu'après avoir raisonné sur des causes présentes ou passées, Aristote raisonne maintenant sur des causes à venir et étend donc au futur une causalité que cette extension ne sauve pas du déterminisme.

Mais il est clair qu'Aristote considère que le phénomène de l'éclipse est déterminé. Il n'examine pas les effets qui résulteront de ce phénomène posé comme futur. Il examine si, pour ce phénomène posé lui-même comme effet futur, il existe un enchaînement de causes, une régression déjà donnée, ce qui est précisément le cas. D'ailleurs le mot γιγνόμενον comme le mot ὄν, renvoie à un présent. L'opposition des deux cas distingués par Aristote ne porte donc pas sur l'indice temporel de la causalité, mais sur la question de savoir si cette dernière s'applique à des êtres ou à des événements (comme le marque bien Ross dans son Commentaire (t. II, p. 322). Et si l'on se demande pourquoi Aristote introduit cette opposition quand il défend la possibilité de la contingence soit dans le contexte de la causalité soit dans celui de la logique, on devra tenir compte de cet exemple de l'éclipse déterministe pour répondre. Il a

Lorsqu'une propriété appartient essentiellement à un sujet, elle lui appartient selon la nécessité simple. L'énoncé qui exprime cette appartenance est nécessairement vrai, sa contradictoire impossible. La division de la modalité est donc légitime. Lorsqu'une propriété appartient accidentellement à un sujet, elle lui appartient selon la nécessité conditionnelle. La division de la modalité dans la disjonction des contradictoires est alors illégitime, puisque l'attribution d'une valeur de vérité à l'une déterminée des parties ne peut se faire en l'absence d'une condition qu'il est éventuellement dans la nature des choses de ne préciser qu'au moment de l'événement, ce qui définit précisément la contingence dans l'univers.

Il y a correspondance entre vérité des énoncés et réalité des états de choses ( 19$^a$32-19$^b$4 ). La contingence a lieu dans les êtres qui ne sont pas toujours et qui ne sont pas non plus toujours privés d'être. Dans les énoncés contradictoires correspondants, bien que chacun d'eux sont nécessairement vrai ou faux, il faut donc dire que ce n'est pas déterminément, soit qu'il y ait complet équilibre entre les deux événements, soit que l'un d'eux possède une plus grande probabilité d'occurrence que l'autre. Même dans ce dernier cas, on ne saurait attribuer déjà (ἤδη)[24] à l'énoncé le plus fort une valeur de vérité défini. Ontologiquement, la contingence est le fait des êtres en puissance (δυνατῶν), susceptibles d'une nécessité seulement conditionnelle, la nécessité simple caractérisant les êtres proprement dits (ὄντων) qui sont toujours en acte. Logiquement, toutes les disjonctions

---

clairement aperçu que toute solution des difficultés qui se bornerait à réserver la contingence aux *événements,* fussent-ils futurs, en abandonnant les *êtres* au déterminisme, se heurterait au fait des observations astronomiques. Dans *Métaphysique,* K, il fait voir que la régression des causes enchaîne dans un même déterminisme et les êtres et les événements. Dans le *De Interpretatione* il montre que ce qui permet à un événement futur, tel que la bataille navale demain, d'être contingent, c'est la non-distribution de l'opérateur modal et cette même non-distribution permet en général aux événements qui arrivent présentement d'arriver de façon contingente. Si l'une des preuves de fait de la contingence est la délibération volontaire, comme on délibère dans le présent, il faut que la contingence ne soit pas réservée aux futurs mais qu'elle sorte du présent même entendu comme puissance du futur, c'est-à-dire comme devenir. On retrouve ainsi la leçon de la ligne 19$^a$18 : " il est évident que tout ni n'*est* ni n'*arrive* par l'effet de la nécessité ".

24. Von Wright, 1979, pp. 237-250.
Le principe contesté par Aristote est donc celui de rétrogadation du vrai sous la forme :
$$(t') \ t' < t \rightarrow (p_t \equiv V_{t'}p_t)$$
dont l'application au principe du tiers-exclu légitimerait l'universalité du principe de bivalence.

contradictoires étant vraies, seules les disjonctions portant sur l'essence, c'est-à-dire sur les êtres, permettent la distribution du vrai et du faux, qui rétrogradent autant qu'on voudra. Quant aux disjonctions qui portent sur les êtres en puissance, elles n'admettent ni la rétrogradation ni la division de valeurs de vérité encore indéterminées[25].

## 34. LA CONCEPTION GÉNÉRALE D'ARISTOTE CONFIRME LA SOLUTION DONNÉE DANS LE " DE INTERPRETATIONE "; DIFFÉRENCE ENTRE ARISTOTE ET DIODORE KRONOS.

Aristote distingue, au chapitre IX du *De Interpretatione* deux sortes de nécessité logique : il doit, de même, distinguer au point de vue ontologique, deux sortes de causalité correspondantes. Le chapitre 8 du livre K de la *Métaphysique* fournit ce complément de preuve et fait voir, dans la limitation du principe de causalité, la raison de rejeter l'universalité de la rétrogradation et de la bivalence.

" Que l'Être par accident (τοῦ κατὰ συμβεβηκὸς ὄντος) ait des causes et des principes qui ne soient pas de même nature que les causes et les principes de l'être par soi (τοῦ καθ' αὐτὸ ὄντος), c'est évident. S'il en était autrement, tout, sans exception, serait nécessaire. En effet, si telle chose est quand telle chose est, si cette autre chose est, quand une troisième chose est, et si cette troisième chose existe, non par hasard, mais nécessairement : ce dont cette troisième chose était cause sera nécessaire aussi, et on arrivera ainsi jusqu'au dernier effet, comme on l'appelle, effet qui

---

25. Par sa conception substantielle de la durée, Bergson s'oppose à tous les penseurs grecs et, en particulier, à Aristote lequel identifie la liberté avec le choix entre plusieurs possibles. Cependant Bergson fonde cette conception sur le rejet du principe de la rétrogadation du vrai qui, pour Aristote, ne fait qu'un avec le refus d'attribuer une valeur de vérité déterminée aux futurs contingents : " Toujours pourtant la conviction persiste que, même si [un état quelconque de l'univers] n'a pas été conçu avant de se produire, il aurait pu l'être, et qu'en ce sens il figure de toute éternité, à l'état de possible, dans quelque intelligence réelle ou virtuelle. En approfondissant cette illusion, on verrait qu'elle tient à l'essence même de notre entendement. Les choses et les événements se produisent à des moments déterminés : le jugement qui constate l'apparition de la chose ou de l'événement ne peut venir qu'après eux ; il a donc sa date. Mais cette date s'efface aussitôt, en vertu du principe, ancré dans notre intelligence, que toute vérité est éternelle. Si le jugement est vrai à présent, il doit, nous semble-t-il, l'avoir été toujours. Il avait beau n'être pas encore formulé : il se posait lui-même en droit, avant d'être posé en fait. A toute affirmation vraie nous attribuons ainsi un effet rétroactif ; ou plutôt nous lui imprimons un mouvement rétrograde ", 1934, p. 21.

pourtant était posé par accident. Tout sera donc nécessaire, et tout hasard, toute possibilité de devenir et de ne pas devenir, se trouvent ainsi absolument exclus des choses. Même si la cause était supposée non plus un être, mais un devenir, les conséquences seraient les mêmes: tout deviendrait nécessairement. L'éclipse de demain, en effet, se produira si telle chose arrive, et telle chose arrive, si telle autre chose arrive elle-même, et cette autre chose, si une troisième chose arrive; et de cette façon, si du temps limité qui sépare l'instant actuel de demain, on retranche du temps, on arrivera à un moment donné à la condition existant déjà. Par conséquent, l'existence de celle-ci entraînera nécessairement tout ce qui suivra, de sorte que tout devient nécessairement " [26].

A cet argument, Aristote répond par une distinction. Reprenant pour les êtres éternels l'expression platonicienne d'êtres par soi, Aristote les déclare déterminés et nécessaires et les identifie avec les êtres en tant que vrais (ὡς ἀληθὲς ὄν). Quant aux êtres par accident, ils ne sont pas nécessaires, mais indéterminés (ἀόριστον), leur causalité étant inordonnée et infinie [27]. Or le

---

26. 1065ᵃ8-21 (Tricot, II, pp. 610-611). Saint Thomas, cité par Tricot, achève ainsi de commenter l'exemple de l'éclipse. " Si l'éclipse doit arriver demain, et si tout ce qui arrive arrive par quelque cause, il faut que l'éclipse même arrive à cause de quelque chose qui lui préexiste, et cette chose à son tour à cause d'une autre; et ainsi, toujours à cause de l'anticipation ou de l'ablation des causes, on enlèvera quelque chose au temps qui s'interpose entre l'instant présent et l'éclipse future. Donc, puisque ce temps est fini, et puisque tout ce qui est fini est épuisé quand on lui retire quelque chose, tout ce qui arrivera sera dû à une cause existant maintenant. " C'est le raisonnement utilisé par Lukasiewicz (op. cit., 1957, p. 29). Son principe est le suivant : " tout fait G se produisant à l'instant t a sa cause dans quelque fait F se produisant à l'instant s précédant t et à tout instant postérieur à s et antérieur à t il se produit des faits qui sont à la fois les effets du fait F et les causes du fait G ", la relation de causalité étant transitive (ibid., p. 28).

27. 1065ᵃ25-26. A l'argument de la nécessité, Aristote répond que pour les êtres contingents il y a arrêt dans la recherche des causes (Ross, 1924, vol. I, 363). C'est exactement le point de vue que Lukasiewicz défend, en recourant d'ailleurs à l'analyse de l'infini et du continu : il y a des limites inférieures de l'enchaînement causal, au delà desquelles c'est pure imagination de vouloir remonter (op. cit., pp. 30-33). L'arrêt dans la régression des causes est, chez Aristote, dû au fait que " quelque condition se produira, si elle se produit, non par un processus, mais instantément " (Ross, ibid.). Les Stoïciens, en particulier, ont reproché à Aristote d'avoir introduit ainsi une ἀναίτιος κίνησις, qui rapprocherait Aristote d'Épicure. D. Frede (pp. 115-117) attribue cette objection à un contre-sens auquel Aristote invitait à cause de l'obscurité des termes qu'il utilise. La seule différence entre causalité " essentielle " et " accidentelle " tient à ce que la première relève d'une téléologie immanente et unique, la seconde de plusieurs téléologies distinctes : l'accident est donc nécessaire lorsqu'on le réinsère dans sa téléologie propre (quelqu'un a caché un trésor

principe de correspondance transmet aux énoncés les propriétés des choses et de leurs causes. C'est l'indétermination causale des accidents qui fait qu'il n'est pas déjà vrai, de toute éternité, de les dire tels, et, puisque une fois p vrai p est toujours vrai, un énoncé portant sur un accident ne peut pas être vrai avant son échéance.

Ainsi, lorsqu'au chapitre IX du *De Interpretatione* Aristote déclare que la valeur des propositions qui portent sur les futurs contingents n'est pas déjà assignée [28], il n'introduit pas une thèse qui serait sans écho dans son œuvre. Il reste à montrer que cette thèse est indispensable, comme conséquence de la nécessité

---

dans un champ) et n'est proprement accidentel que lorsqu'on le rapporte à une téléologie étrangère (celui qui laboure trouve le trésor). La doctrine d'Aristote ne se distinguerait donc pas de celle qu'énoncera Cournot lorsqu'il définira le hasard comme la rencontre de deux séries causales indépendantes. Cette interprétation est classique et plausible. De fait, les Stoïciens insisteront sur la connexion universelle de l'enchaînement des causes, le *fatum*. En ce sens, l'arrêt dans la régression des causes, tel que le conçoit Lukasiewicz, serait épicurien, non aristotélicien, en dépit du texte parlant de conditions instantanées et non engendrées. Le caractère instantané de l'événement accidentel serait dû à l'instantanéité de la rencontre des deux séries indépendantes, chacune des deux séries étant elle-même indéfiniment engendrée. Il reste, d'ailleurs, une différence fondamentale entre Aristote et Cournot. Le hasard, chez Cournot, résulte de la rencontre de deux séries déterminées par la seule causalité efficiente, tandis que, chez Aristote, il résulte de la rencontre de deux séries téléologiques.

28. Mme Kneale, 1962, p. 51, considère que c'est le droit qu'on se donne de parler d'une vérité datée, qui vicie tout le chapitre IX du *De Interpretatione*. La définition qu'Aristote a donnée de la vérité, dit-elle (p. 51) « donne le fait le plus important au sujet du prédicat " vrai ", à savoir que si " P " est un signe propositionnel, la proposition que-P et la proposition qu'il est vrai que-P s'entraînent mutuellement. Cela vaut aussi quand le signe propositionnel est un énoncé au futur. Car il est vrai qu'il y aura bataille navale demain si et seulement s'il doit y avoir une bataille navale demain. En introduisant l'expression " il est vrai que " nous ne faisons aucune supposition sur le déterminisme qui n'est pas déjà faite par l'usage du simple énoncé au futur. Nous nous égarons, cependant, si, comme le fait Aristote, nous disons qu'il est vrai *maintenant* qu'il y aura bataille navale demain, car nous nous portons ainsi à supposer que *ceci* ne sera pas vrai demain soir, une fois la bataille passée, mais que quelque chose d'autre le sera, à savoir " Il y a une bataille navale aujourd'hui ". Deux énoncés différents sont clairement en jeu ici, mais tous deux expriment la même proposition au sens où convaincre d'erreur une personne qui a prononcé l'une serait également convaincre d'erreur une personne qui a prononcé l'autre au moment approprié ». L'erreur d'Aristote reviendrait donc à attribuer ici les prédicats de vrai et de faux aux énoncés — dont les temps varient — au lieu de les réserver aux *propositions* — dont les temps ne varient pas — parce que le contenu propositionnel est sans rapport avec le temps auquel l'énoncé a été proféré (p. 52). Or la question de savoir si une *proposition* portant sur le futur possède une valeur de vérité avant l'événement demeure même quand on a décidé, comme le propose Mme Kneale, d'éliminer les énoncés en faveur des propositions.

conditionnelle, si l'on veut sauvegarder ce que l'artistotélisme a de spécifique comparé au nécessitarisme de Diodore.

En effet, réduit à lui-même, le principe de nécessité conditionnelle entraîne un voisinage dangereux entre les deux doctrines. Bien qu'Aristote parle explicitement de possibles qui ne se réaliseront pas[29], le principe de nécessité conditionnelle paraît les exclure *a priori*. Puisqu'on suppose que l'acte contraire à une puissance donnée — par exemple l'inexistence de telle chose supposée contingente — dure indéfiniment, pendant tout ce temps il est nécessaire que cet acte soit[30], en conséquence de quoi la puissance en question se réduit à un impossible. Ne faut-il pas alors conclure, avec Diodore, que le possible c'est ce qui est ou qui sera[31]? Les oppositions répétées concernant modalité, accident, non-être, mouvement et même langage[32]

29. Comme l'a remarqué Chevalier, 1915, p. 273, la troisième proposition de l'argument dominateur δυνατὸν εἶναι ὃ οὔτ᾽ ἔστιν ἀληθὲς οὔτ᾽ ἔσται reprend à la lettre le texte de *Métaphysique* 1047ᵇ8-9 (οὐδὲν κωλύει δυνατόν τι ὂν εἶναι ἢ γενέσθαι μὴ εἶναι μηδ᾽ ἔσεσθαι ; et Hamelin, 1978, p. 60). Saint Thomas commente ainsi le *De Caelo* " Ainsi donc il est clair que tout corruptible sera corrompu un jour. Et de même si quelque chose est générable dans sa nature, il est nécessaire qu'il ait été fait. *Ce qu'on ne doit toutefois pas comprendre comme si toutes les choses qui peuvent être engendrées étaient engendrées un jour. En effet beaucoup de choses peuvent venir au jour qui jamais n'y viennent. Mais ceci ne peut être : à savoir que quelque chose existant déjà dans sa nature (jam in sua natura existens) soit générable, et cependant n'ait pas été engendré, mais ait préexisté éternellement*" (Saint Thomas, 1952, ad. 283ᵇ8, p. 138).

30. *De Caelo*, I, 281ᵇ1, 281ᵇ15-25, 282ᵃ22-25, 283ᵃ24-29 ; sur ces textes, Cherniss, 1962, p. 416 ;

31. Dans le *De Caelo*, I, 283ᵃ29, Aristote écrit que " le corruptible est à quelque moment corrompu ".

Hintikka, 1973, pp. 93-113, a systématiquement assimilé les conceptions aristotélicienne et diodoréenne de la modalité. Le texte de *Métaphysique* (Θ, 4, 1047ᵇ3-14) que Hintikka allègue en faveur de sa thèse nous engage seulement à ne pas considérer comme sémantiquement possible ce qui est par principe empêché de passer à l'acte, que ce principe soit une cause matérielle ou efficiente déjà donnée, soit un principe logique. Il ne nous dit nullement qu'un possible devra être, mais uniquement qu'un possible qui ne sera certainement pas n'est pas un possible authentique.

32. La puissance et l'acte, selon Aristote, " s'étendent au delà des cas où l'on se réfère seulement au mouvement " *Métaphysique* (Θ, 1, 1046ᵃ1-2) et débordent donc le champ des notions correspondantes selon Diodore. La modalité aristotélicienne peut porter sur le temps. De plus, infini, vide et matière sont en puissance éternellement et ne passent jamais à l'acte. Lorsqu'il critique la possibilité du mouvement regardé comme un passage (Fr. 128 *in* Döring, 1972, p. 37 : " de même le vivant ne meurt ni dans le temps où il vit ni dans le temps où il ne vit pas ; donc il ne meurt jamais "), Diodore nie en fait la génération. Il appartient donc à ceux qui imitent les Anciens par inhabileté, et selon lesquels " nul être n'est engendré ni détruit, parce que ce qui est engendré doit l'être nécessairement ou de l'être ou du non-être, deux solutions également impossibles ; en effet, l'être ne peut être engendré, car il existait déjà, et rien

entre l'ontologie d'Aristote et celle de Diodore se réduiraient donc, pour le plus grand profit de Diodore, à des leurres.

---

ne peut être engendré du non-être car il faut quelque chose comme sujet " ( *Physique*, I, 8, 191ᵃ27-32). Or que répond Aristote à ceux qui, tels les anciens Mégariques, nient simplement le mouvement ou à ceux qui, tel Diodore, le réduisent à la succession cinématographique de ses états discontinus ? Il invoque la distinction de l'essence et de l'accident ( *Physique*, I, 8, 191ᵇ12-17 ; *Métaphysique, Λ*, 2, 1069ᵇ14-34). Le non-être par accident, c'est-à-dire comme privation, donne lieu à la génération. Or tous les êtres matériels, en tant que tels, souffrent de privation, en vertu de leur contrariété et le contraire dont la chose est privée possède une sorte d'existence fantomatique qu'Aristote nomme puissance et qui, produisant une inquiétude due à l'incomplétude, appelle le changement. Par exemple, dans l'ordre de la qualité, la puissance est la présence fantomatique du contraire (le blanc) dans une chose possédant une qualité donnée (le noir). Certes, pour Aristote comme pour Diodore, lorsque la puissance passera à l'acte, si toutefois elle y passe, elle se déploiera dans le temps, présent ou futur. Mais elle est là avant l'acte au cœur de la chose. De même, le mouvement, pour Aristote, est l'acte de ce qui est en puissance en tant qu'il est en puissance.

L'acte du mouvement, que, grammaticalement on exprimerait par un présent continu (ceci est en train de se mouvoir), ne saurait donc se confondre avec une succession d'immobilités, c'est-à-dire avec les positions que le mobile occupe successivement au cours du temps discontinu. Le maintenant, dit Aristote, est limite, non partie du temps ( *Physique*, IV, 10, 218ᵃ6) et le mouvement ne se résout pas en une corrélation entre les points occupés par le mobile et les " maintenant " qui divisent le temps.

Pour les Mégariques, y compris Diodore, il n'y a pas lieu de distinguer le non-être en tant que tel et le non-être par accident. Aucune distinction, en conséquence, ne saurait départager un prédicat de disposition essentiel, qui, lorsque la chose est supposée exister, passera inévitablement à l'acte dans une limite de temps donnée, et un prédicat de disposition accidentel, qui pourrait, la chose étant supposée exister, ne pas passer à l'acte. La seule différence entre essence et accident, ou entre possibles *ad unum* et possibles *ad utraque,* que permet de retenir la philosophie de Diodore, regarde l'irrévocabilité d'un événement unique qui se produit dans le temps (vieillir, mourir), et la succession d'états contraires (être assis, être debout) mais qui, eux aussi passent inévitablement à l'acte dans le temps. D'autre part, ou bien le mouvement en tant que succession est une illusion, ou bien, en tous cas, entendu comme l'acte de ce qui est en puissance en tant que puissance, entendu par conséquent comme passage du devenir, il s'évanouit en chimère ; à la seule trace qu'il laisse dans le temps et l'espace, il faut reconnaître quelque réalité.

Cette opposition entre Aristote et Diodore est confirmée par leur théorie du langage. Euclide, que Diodore a suivi sur ce point (Fr. 30 *in* Döring, p. 10), repoussait tout raisonnement par analogie, et Diodore lui-même ne souffrait aucune ambiguïté en matière de mots (Fr. 111 *in* Döring, p. 31). Au contraire, pour Aristote, c'est l'une des fautes essentielles des Éléates, si proches des Mégariques, que de prendre l'être au sens absolu alors que ses acceptions sont multiples ( *Physique*, I, 3, 186ᵃ24-25) et c'est même par la seule analogie qu'on peut connaître la matière, puisqu'elle est puissance qui ne peut s'actualiser ( *Physique*, I, 7, 191ᵃ7, de même que chez Platon, elle n'est connaissable que par un raisonnement bâtard).

Ainsi Diodore soutient la synonymie de l'être et de la puissance, Aristote son ambiguïté. Diodore réduit la puissance à l'occurrence dans le temps présent et futur, Aristote la conçoit comme la coexistence simultanée de contraires.

Le voisinage entre Diodore et Aristote, dû au principe de la nécessité conditionnelle, est précisément ce qui a suggéré à Diodore l'argument dominateur à partir d'un texte du *De Caelo*. Pour dégager Aristote d'un compagnonnage menaçant, il suffira de montrer comment les exceptions à la bivalence permettent de répondre au Dominateur sans pour autant invalider le *De Caelo*.

Le *De Caelo* démontre que rien de créé, c'est-à-dire rien qui possède la possibilité de se corrompre, ne peut éviter la corruption. Supposons, en effet, un monde dont il serait vrai qu'il serait conservé à jamais. Par le principe de nécessité conditionnelle, il serait nécessaire qu'il se conservât à jamais. Il serait donc à jamais impossible qu'il se corrompît, contre la conséquence de la prémisse par laquelle on a posé qu'il a été créé. Pourquoi l'argument dominateur, pourtant calqué sur le *De Caelo,* n'est pas valide, selon Aristote, c'est ce qui résulte immédiatement de la comparaison des prémisses. Le *De Caelo* raisonne sur l'existence éternelle ou corruptible du monde et donc sur une propriété essentielle qu'il est ou vrai ou faux d'attribuer au sujet. En revanche, la troisième prémisse du Dominateur dit possible ce qui n'est pas actuellement vrai et ne le sera pas. Or une telle puissance, contradictoire pour Diodore, ne le serait pour Aristote dans la supposition, la seule intéressante, où l'on raisonne sur un accident, que si existait déjà la chaîne causale permettant de dire que l'énoncé portant sur le futur est déjà actuellement faux et le restera. Mais c'est précisément cette assignation actuelle de la valeur de vérité qui est en défaut quand les futurs sont en matière contingente et c'est ce défaut qui invalide le Dominateur.

### 35. Première hypothèse interprétative : plus de deux valeurs de vérité.

C'est donc en limitant la validité du principe de bivalence qu'Aristote résout l'aporie du Dominateur. Il reste à examiner si cette solution est logiquement satisfaisante et si l'intuition sur laquelle elle est fondée peut trouver une traduction légitime. Avec cet examen, on quitte l'histoire et ses faits pour l'interprétation et ses hypothèses.

Trois hypothèses se présentent assez naturellement. Selon la première, le système d'Aristote demande la construction d'une logique à plus de deux valeurs de vérité. La seconde exige qu'on modifie la définition canonique de la vérité. La troisième suggère l'introduction des probabilités.

Malgré sa sympathie générale pour Aristote et son esprit de conciliation dans l'interprétation des textes, Leibniz a souvent critiqué la mise en question du principe de bivalence : cette mise en question méconnaît " la nature même de la vérité qui est déterminée dans les énonciations qu'on peut former sur les événements futurs, comme elle l'est dans toutes les autres énonciations, puisque l'énonciation doit toujours être vraie ou fausse en elle-même, quoique nous ne connaissions pas toujours ce qui est "[33]. Comme l'indique la concessive finale, on peut préciser le genre de confusion qui se serait glissée dans la conception d'Aristote : il aurait pris l'incertain pour l'indéterminé[34] et, d'une propriété subjective regardant notre connaissance, il aurait fallacieusement tiré une propriété objective regardant l'ordre des choses. Cavalier en matière de liberté, Leibniz vise autant Epicure qu'Aristote[35]. Son explication s'applique mieux au premier, qui contestait le tiers-exclu, qu'au second, qui se borne à refuser la rétrogradation.

Reste la question logique. Ne faut-il pas être poussé à une extrémité désespérée pour imaginer que la vérité de p ou q n'est

---

33. Leibniz, Gerhardt, 1875-1890, VI, p. 30 ; Jalabert, 1962, p. 30.

34. " Les philosophes conviennent aujourd'hui que la vérité des futurs contingents est déterminée, c'est-à-dire que les futurs contingents sont futurs, ou bien qu'ils le seront, qu'ils arriveront, car il est aussi sûr que le futur sera qu'il est sûr que le passé a été. Il était déjà vrai il y a cent ans que j'écrirais aujourd'hui, comme il sera vrai après cent ans que j'ai écrit. Ainsi le contingent, pour être futur, n'est pas moins contingent ; et la *détermination,* qu'on appellerait *certitude,* si elle était connue, n'est pas incompatible avec la contingence. On prend souvent le *certain* et le *déterminé* pour une même chose, parce qu'une vérité déterminée est en état de pouvoir être connue, de sorte qu'on peut dire que la détermination est une certitude objective " (pp. 129-130). Leibniz, comme les Mégariques, admet la rétrogradation de vérité des futurs qui ne fait qu'un avec la détermination de leur vérité.

35. " Il paraît, écrit-il, qu'Epicure, pour conserver la liberté et pour éviter une nécessité absolue, a soutenu après Aristote que les futurs contingents n'étaient point capables d'une vérité déterminée. Car s'il était vrai hier que j'écrirais aujourd'hui, il ne pouvait donc point manquer d'arriver : il était déjà nécessaire ; et, par la même raison, il l'était de toute éternité. Ainsi tout ce qui arrive est nécessaire, et il est impossible qu'il en puisse aller autrement. Mais cela n'étant pas, il s'ensuivrait, selon lui, que les futurs contingents n'ont pas de vérité déterminée. Pour soutenir ce sentiment, Epicure se laissa aller à nier le premier et le plus grand principe des vérités de raison ; il niait que toute énonciation fût vraie ou fausse. Car voici comment on le poussait à bout : Vous niez qu'il fût vrai que j'écrirai aujourd'hui, il était donc faux. Le bonhomme, ne pouvant admettre cette conclusion, fut obligé de dire qu'il n'était ni vrai, ni faux " (Leibniz, Gerhardt, VI, p.211 ; Jalabert, p.222).

pas une condition suffisante de la vérité de p ou de la vérité de q[36] ? Mais la difficulté tient peut-être à ce que la conciliation de la vérité et de la liberté exige plus de deux valeurs de vérité[37]. C'est ainsi que Lukasiewicz a proposé successivement deux systèmes à trois, puis à quatre valeurs de vérité. Aucun d'entre eux, toutefois, ne peut être regardé comme aristotélicien. Le premier tient pour équivalentes la possibilité de p et l'assertion que si non p, alors p, équivalence qui ne répond à aucun des sens du mot "possible" selon le Stagirite ; surtout il invalide le principe du tiers-exclu, contre la lettre tant du *De Interpretatione* que de la *Métaphysique*[38]. Le second système sauve le dernier

---

36. Quine, 1966, p. 21 ; Hamelin, 1978, p. 35.

37. Von Fritz, 1972, I, pp. 247-248. « La critique de Quine ne reçoit une apparence — d'ailleurs très forte à première vue — de justesse que parce que le facteur décisif est laissé de côté, à savoir le rapport des énoncés aux états de choses énoncés. La proposition " il est vrai que p ou q " vaut sans limitation pour tous les événements, passés et futurs, quand p et q désignent l'opposition contradictoire " être " et " ne pas être ". À chaque instant, un événement déterminé ne peut qu'arriver ou ne pas arriver, ou bien un état (passager) ne peut qu'avoir lieu ou ne pas avoir lieu : *tertium non datur* ; le principe du tiers-exclu (ἀξίωμα ἀντιφάσεως) a dans cette mesure une validité absolue bien que l'état de choses correspondant ne se réalise que lorsque l'événement en question ou l'état temporaire a lieu ou n'a pas lieu. La proposition " il est vrai que p ou il est vrai que q " découle de la proposition " il est vrai que p ou q " dans le sens suivant : avec l'occurrence ou la non-occurrence de l'événement en question, nécessairement ou bien la proposition " il est vrai que p " ou bien la proposition " il est vrai que q " se vérifie *(wahr wird)*. Dans *ce* sens la première proposition est réellement, comme le suppose Quine, la " condition suffisante " pour la seconde, mais non pas dans le sens où la seconde doit être valide déjà avant la réalisation de l'état de choses correspondant à p ou à q, puisque c'est seulement celle-ci qui décide sur la convenance de p ou q ».
Cet argument, justifié pour montrer l'inadéquation éventuelle de tel formalisme logique, ne l'est pas pour écarter tout symbolisme, comme l'auteur le remarque lui-même en se réclamant de la logique à plus de deux valeurs de vérité.

38. Lukasiewicz, 1967, pp. 40-65.
Il formule alors trois axiomes :
1. $\sim Mp \rightarrow \sim p$ — (axiome de nécessité)
2. $\sim p \rightarrow \sim Mp$ (axiome de nécessité conditionnelle)
3. $(\exists p)(Mp \cdot M \sim p)$ (axiome de contingence).
Lukasiewicz interpréta tout autrement l'axiome de nécessité conditionnelle en 1950 et 1955 (*Aristotle's Syllogistic*, Oxford, Clarendon), comme signifiant, soit L (p → p), auquel cas il n'offre pas de difficulté, soit comme la règle (x) α → Lα, qui, sans autre restriction, conduit à des paradoxes (1955, pp. 153-154). Si l'on postule alors que 1° les opérateurs modaux sont des fonctions de vérité, 2° il y a deux et seulement deux valeurs de vérité, le vrai et le faux, on démontre que a) l'axiome de nécessité conditionnelle conduit à un effondrement des modalités, b) l'axiome de contingence conduit à admettre que tout est possible, c) il y a incompatibilité entre les deux derniers axiomes, dont l'assertion simultanée est inconsistante.

principe ; mais les définitions jumelles du possible auxquelles il aboutit n'ont aucun répondant dans l'œuvre d'Aristote[39]. Plus généralement, on ne voit jamais Aristote évoquer plus de deux valeurs de vérité.

---

Continuons de regarder les opérateurs modaux comme des fonctions de vérité ; si l'on admet une troisième valeur de vérité, une proposition pouvant n'être ni fausse ni vraie, on peut, moyennant une assignation assez intuitive des matrices pour les connecteurs propositionnels, démontrer que : a) l'axiome de nécessité conditionnelle ne conduit plus à un effondrement des modalités, b) l'axiome de contingence ne conduit plus à admettre que tout est possible, c) les trois axiomes " aristotéliciens " forment alors un système logique cohérent.

La seule définition du possible comme fonction de vérité qui peut être donnée dans un tel système conduit à considérer comme équivalentes la possibilité de p et l'assertion que si non p, alors p (Tarski, in Lukasiewicz, 1967, p. 55 : $Mp \equiv (\sim p \to p)$ ; Prior, 1962, pp. 246-247).

Dans le système (p. 59), la disjonction est définie en termes d'implication : $p \lor q = (p \to q) \to q$. Pour la valeur de vérité 1/2 (ni vrai, ni faux), la valeur du principe du tiers-exclu diffère du vrai ( = 1).

$p \lor \sim p = (p \to \sim p) \to \sim p \equiv (1/2 \to 1/2) \to 1/2 = 1 \to 1/2 = 1/2$.

Comme le remarque Prior (1962, p. 244), « il y a ici une divergence entre le système de Lukasiewicz et celui que suggère le *De Interpretatione*. Car, selon Aristote, même lorsque ni " il y aura bataille navale demain " ni sa négation ne sont définitivement vraies, la disjonction " Ou bien il y aura ou bien il n'y aura pas bataille navale demain " est définitivement vraie... Ce n'est pas parce que ses deux composants sont tous deux neutres, c'est parce qu'ils sont contradictoires, qu'Aristote affirme cette disjonction ».

(Sur une difficulté semblable concernant non plus la disjonction, mais la conjonction : Prior, *op. cit.*, 1962, pp. 246-247.)

39. Dans sa *Syllogistique d'Aristote* (*op. cit.*, 1951 (1957)) Lukasiewicz estime qu'Aristote rejetait l'axiome de nécessité conditionnelle (1957, p. 136), dans l'interprétation précédemment proposée, mais lui donnait, en fait, la forme de l'acceptation de propositions individuelles apodictiques vraies (pp. 153-154), tandis que l'acceptation de l'axiome de contingence, c'est-à-dire de propositions contingentes vraies, conduit toujours à la possibilité de n'importe quelle proposition (pp. 154-157).

Lukasiewicz construit alors un système à quatre valeurs de vérité, dans lequel il n'y a pas de proposition apodictique vraie, en conséquence de quoi la distinction entre vérités de raison et vérités de fait s'évanouit, mais dans lequel aussi on peut formuler deux définitions jumelles du possible, qui permettent d'établir, sans paradoxe cette fois, l'existence de propositions contingentes utilisant simultanément les deux définitions ainsi établies (pp. 158-180, 205-208).

Lukasiewicz (p. 173) compare les deux possibles " Mp " et " Wp " à deux jumeaux identiques qu'on ne peut pas distinguer quand on les rencontre séparément, mais qu'on distingue quand on les voit ensemble. En d'autres termes, on a des suites telles que :

MWp et WMp

qui sont valides sans qu'on puisse y substituer les jumeaux, car les formules

MMp et WWp

sont non valides. Un tel système possède des paradoxes propres (Prior, 1957, pp. 127-130 ; Hughes and Cresswell, *op. cit.*, 1972, pp. 307-310).

Si l'on conserve la définition de la disjonction :

$p \lor q = (p \to q) \to q$

## 36. Deuxième hypothèse interprétative : propositions sans valeur de vérité déterminée.

Il faut donc, sans quitter la logique à deux valeurs de vérité, construire un système qui vérifie, avec le principe de nécessité conditionnelle, le principe du tiers-exclu, sans pour autant valider le principe de bivalence.

Cette tâche est impossible si l'on admet un critère intuitif de la vérité tel qu'il y a équivalence entre l'assertion d'un énoncé et l'assertion de la vérité de cet énoncé (critère de Tarski)[40]. Or dans l'analyse qu'il a donnée du *Concept de vérité dans les langages formalisés,* Tarski allègue l'exemple d'Aristote parmi ceux qui ont donné une définition sémantique intuitivement acceptable pour les énoncés du langage courant. On verra que cette allégation n'est pas fondée[41].

Selon Aristote, « dire de ce qui est qu'il n'est pas et de ce qui n'est pas qu'il est, c'est le faux ; dire de ce qui est qu'il est et de ce qui n'est pas qu'il n'est pas, c'est le vrai ; en sorte aussi que celui qui en dit qu'il est ou n'est pas dira vrai ou faux, tandis que < le partisan d'un intermédiaire entre contradictoires > ne dit ni de ce qui est ni de qui n'est pas qu'il n'est pas ou qu'il est »[42]. Tel est le premier des arguments qu'Aristote oppose à ceux qui mettent en doute la validité universelle du principe du tiers-exclu et postulent un intermédiaire entre énoncés contradictoires. Cet argument est " évident pour qui définit ce que sont le vrai et le faux " (l. 25). La même raison d'évidence figurant dans le troisième argument d'Aristote (1012[a]3), on le joindra au

---

et qu'on choisisse, dans la table M9 (Lukasiewicz, 1957, p. 168) la valeur p = 2, 3, on constate les faits suivants :

$$p \lor \sim p = (2 \to 3) \to 3 = 3 \to 3 = 1$$
$$p \lor \sim p = (3 \to 2) \to 2 = 2 \to 2 = 1.$$

Donc le principe du tiers, vérifié par les valeurs p = 0, 1, l'est aussi pour les valeurs non classiques.

40. « Supposons que " A ou non-A " est vrai logiquement, mais que " A " est sans valeur de vérité. Si " A ou non-A " est vrai logiquement il est vrai. En vertu du critère de la vérité de Tarski, par conséquent, nous avons A ou non A. De plus, le critère de la vérité de Tarski ajouté à la convention selon laquelle " A est faux " signifie " (non-A) est vrai " entraîne le conditionnel : si A ou non-A, alors " A " est vrai ou " A " est faux. Mais on a déjà A ou non-A, donc la conséquence que " A est vrai " ou " A est faux " suit immédiatement par *Modus Ponens,* une conséquence qui contredit la supposition que " A " est sans valeur de vérité » (K. Lambert, 1969, p. 96 ; également Haack, 1974, p. 68).

41. Tarski, 1956, p. 155.

42. *Métaphysique,* Γ, 7, 1011[b]26-29 ; je suis, en particulier pour l'addition entre crochets, Tricot, I, p. 235.

premier : " En outre, tout objet de pensée discursive ou intuitive, la pensée discursive l'affirme ou bien le nie ; c'est ce qui est évident, par définition, chaque fois qu'elle dit le vrai ou le faux. Quand elle lie de telle façon soit qu'elle affirme soit qu'elle nie, elle dit ce qui est vrai ; et quand elle lie de telle autre façon, elle dit ce qui est faux "[43].

L'ensemble de ces arguments vise à réduire à l'absurde les adversaires du tiers-exclu[44]. Il procède ainsi :

(1) Toute proposition est liaison ou union d'un sujet (S) et d'un prédicat (P) (*De Int.* 5, 17ᵃ-12).

(2) Il y a donc quatre formes possibles d'une telle liaison : S est P, non S est P, S est non P, non S est non P.

(3) Une proposition est vraie si elle lie S et P comme ils sont liés dans la réalité ; elle est fausse, si elle les lie autrement (*Métaphysique,* Θ, 10, 1051ᵇ25).

(4) L'application de la définition du vrai et du faux est la plus aisée quand sujet et prédicat désignent la même chose. Les quatre formes, énumérées en (2), s'écrivent alors : ce qui est est, ce qui n'est pas est, ce qui est n'est pas, ce qui n'est pas n'est pas. En appliquant (3), on voit d'évidence que les formes extrêmes sont vraies, les formes moyennes fausses (1011ᵇ25-27).

(5) Donc dire que ce qui est est ou que ce qui est n'est pas, c'est dire le vrai ou le faux et il n'y a pas de tiers (1011ᵇ27-28).

---

43. *Métaphysique,* Γ, 7, 1012ᵃ2-5.

44. Cette réduction est une pétition de principe, comme le prouve la matrice des valeurs de vérité attribuée par Lukasiewicz à la négation en 1920 et de la logique à trois valeurs de Bochvar, dans laquelle le tiers est invalidé pour les connecteurs internes (∼i = i ; i ∨ ∼i = i = i ∨ i = i) et l'assertion du tiers (a (i) = f) est fausse (Haack, 1974, p. 170).

L'intuitionniste dit qu'est " τὸ μεταξὺ ἀντιφάσεως ". Il ne dit donc ni de ce qui est ni de ce qui n'est pas qu'il est ou qu'il n'est pas, ce qui est la condition pour dire vrai ou faux. Donc son énoncé n'est ni vrai ni faux, ce qui est absurde. Ross (1924, I, pp. 284-285) remarque justement « (1) qu'Aristote ne suppose pas seulement que dire de ce qui est qu'il n'est pas ou de ce qui n'est pas qu'il est est faux, et que dire de ce qui est qu'il est ou de ce qui n'est pas qu'il n'est pas est vrai, mais que ce sont là les définitions de la fausseté et de la vérité, c'est-à-dire que ce sont là des propositions convertibles. Seule cette supposition permet de conclure que l'opposant, qui maintient l'existence de ce qui ni n'est ni n'est pas, dit ce qui n'est ni vrai ni faux, (2) que l'opposant est supposé admettre (a) que la définition de la vérité et de la fausseté est correcte, et (b) que tout jugement doit être vrai ou faux. Ainsi Aristote infère la forme métaphysique de la loi du tiers-exclu — qu'il n'y a pas d'intermédiaire entre contradictoires — de la forme logique. »

L'argument n'a donc qu'une valeur *ad hominem*. Mais de ceci Aristote est bien conscient ; il sait qu'on ne peut pas démontrer les premiers principes ».

De même, dire que ce qui n'est pas est ou que ce qui n'est pas n'est pas, c'est dire le faux ou le vrai, et il n'y a pas de tiers.

(6) En revanche, dire que l'intermédiaire entre ce qui est et ce qui n'est pas est ou n'est pas, ce n'est pas dire le vrai ou le faux (1011$^b$28-29).

(7) Donc la mise en question de la validité du tiers-exclu entendu comme disjonction du sujet (l'intermédiaire entre ce qui est et ce qui n'est pas) n'est ni vraie et ni fausse.

(8) Dire que S est P est vrai si S est P, et faux si S est non P ; et dire que S est non-P est vrai si S est non-P, et faux si S est P, en vertu de (3) (1012$^a$4-5).

(9) Donc dire que S est P ou que S est non-P, c'est dire le vrai ou le faux, et il n'y a pas de tiers (1012$^a$2-4).

(10) En revanche, dire que S est un intermédiaire entre P et non-P, ce n'est pas dire le vrai ou le faux.

(11) Donc la mise en question de la validité du tiers-exclu entendu comme disjonction du prédicat (être l'intermédiaire entre ce qui est et ce qui n'est pas) n'est ni vraie ni fausse.

(12) Donc, qu'on l'entende comme disjonction du sujet (premier argument d'Aristote) ou comme disjonction du prédicat (troisième argument), la négation du tiers-exclu n'est ni vraie ni fausse.

Cet argument utilise la définition du vrai par son instance la plus évidente (4) ou par une de ses conséquences (8). Elle ne la contient pas explicitement et on a dû l'emprunter à un autre texte de la *Métaphysique* (3). Le texte où Tarski aperçoit la définition aristotélicienne de la vérité n'en est donc pas une. Quelle relation cette définition entretient-elle donc avec le critère de Tarski ? Selon Aristote, " le vrai ou le faux dépendent, en ce qui concerne les choses, de leur union ou de leur séparation, en sorte qu'est dans le vrai celui qui pense qu'est séparé ce qui est séparé en fait et qu'est uni ce qui est uni en fait et qu'est dans le faux celui qui pense contrairement à la nature des choses " [45]. Or cette définition contraste avec le critère de Tarski, non seulement par le sujet auquel on attribue le vrai et le faux — l'énoncé pour Tarski, pour Aristote la pensée et les affections de la pensée [46] —, mais surtout par l'étendue de cette attribution

---

45. *Métaphysique*, Θ, 10, 1051$^b$2-5.
46. *Métaphysique*, E, 4, 1027$^b$25-1028$^a$2.

aussi bien que par la relation qu'on pose entre la chose et ce à quoi on attribue vrai et faux.

Aristote attribue vrai et faux aux composés soit contingents (le bois est blanc) soit nécessaires (la diagonale est incommensurable), mais aussi aux natures simples. Tandis que les composés sont objets de la connaissance discursive, les simples sont connus par intuition. La correspondance aristotélicienne, qui est celle entre deux structures pour les composés, se réduit à la simple présence de la chose pour le vrai, à l'absence de la chose pour le faux. Dans ce dernier cas l'erreur est impossible : on voit ou on ne voit pas [47].

Le critère de Tarski ne laisse aucune place pour la différence précédente, fondamentale, selon Aristote, dès qu'il s'agit de la vérité des principes logiques. Mais il suffit de rapporter l'existence d'une pensée intuitive à la priorité de la chose par rapport à la pensée pour mettre en défaut le critère de Tarski. Lorsqu'il s'agit de natures simples, précise Aristote, " si la chose existe, elle existe d'une façon déterminée ; mais si elle n'existe pas d'une façon déterminée, elle n'existe en rien. Quand au vrai, c'est penser ces choses. Pour le faux, en revanche, il n'existe pas, non plus que l'erreur, mais l'ignorance " [48]. Là où la chose n'existe pas, il n'y a pas de pensée, donc pas de faux. Ainsi, contrairement au critère de Tarski, il existe, pour les natures simples, un vrai qu'aucun faux ne peut venir nier.

Au chapitre IX du *De Interpretatione,* la même préséance de la chose sur la pensée et la vérité a pour conséquence que, les futurs contingents étant encore indéterminés quant à la chose, il n'est nullement plausible que l'affirmation et la négation correspondantes soient dotées d'une valeur de vérité déterminée avant l'occurrence de l'événement.

Pour exprimer formellement une telle conception est donc requis un système qui 1° conserve toutes les tautologies logiques, 2° n'assigne pas pour autant à chaque énoncé une valeur de vérité déjà déterminée, 3° n'introduit pas pour autant une troisième valeur de vérité. Les langages à super-évaluation de van Fraassen remplissent ces trois conditions. Une super-évaluation assigne à une proposition moléculaire dont quelques éléments sont dépourvus de valeur de vérité déterminée la valeur de vérité que fixeraient les évaluations ordinaires, à supposer que cette déter-

---

47. *Métaphysique,* Θ, 10, 1051ᵇ30-1052ª11.
48. *Métaphysique,* Θ, 10, 1051ᵇ35-1052ª2.

mination fût unique (ce qui est le cas pour les tautologies et les contradictions) et aucune valeur déterminée dans la supposition contraire. Par exemple, à la proposition moléculaire " pvq ", qui est tantôt vraie et tantôt fausse dans les évaluations classiques, une super-évaluation n'assignera aucune valeur de vérité déterminée. En revanche, les propositions " pv∼p " et " p·∼p " recevront respectivement les super-évaluations : vrai et faux, qui leur sont assignées univoquement par les évaluations ordinaires[49]. Assurément quelques inférences considérées comme valides en logique classique cessent de l'être dans un tel système et tel est le cas pour le " dilemme disjonctif " (si A ⊢ C et B ⊢ C, alors A ∨ B ⊢ C). Mais c'est que les inférences contestées le sont à juste titre quand elles portent sur des formules dépourvues de valeur de vérité déterminées et que, cette indétermination levée, on retrouve les règles classiques[50].

Le système de van Fraassen répond au programme des logiques libres, c'est-à-dire sans suppositions existentielles, tel que l'a formulé Lambert. En l'adaptant à Aristote, on fixerait le statut des objets fictifs, dont le rôle est essentiel dans la poétique et la rhétorique. On traiterait alors un énoncé singulier dont le sujet est dépourvu de dénotation comme un énoncé dépourvu de valeur de vérité déterminée[51]. On l'assimilerait donc, à cet égard, à un futur contingent. D'autre part, en libérant toute la logique de présupposition existentielle, on entrerait assurément en conflit avec la supposition des univers non vides du discours qui est au principe de la logique des termes et donc de toute la syllogistique d'Aristote.

## 37. Troisième hypothèse interprétative : la probabilité.

Le chapitre IX du *De Interpretatione* et les chapitres 4 et 6 du livre II de la *Physique* permettent de répartir les ensembles des événements contingents — qui ne sont ni nécessaires ni impos-

49. Van Fraassen, *in* Lambert, 1969, pp. 65-91. M. Heinzmann remarque qu'on pourrait penser encore à un modèle dans lequel le tiers-exclu conserverait sa validité syntaxique, mais en recevant une interprétation non canonique, parce qu'on identifierait vérité et démontrabilité. Un tel modèle tout en satisfaisant aux réquisits formels exigés par Aristote, violerait toutefois la conception objective qu'Aristote propose de la vérité.

50. Haack, *op. cit.*, 1968, p. 216.

51. Lambert, *op. cit.*, 1969.

sibles — en trois classes : 1° ceux dont la fréquence est faible *(ut in paucioribus)* et qui relèvent du hasard et de la fortune, hasard et fortune résultant de la rencontre de deux séries finales indépendantes, la première non accompagnée, la seconde accompagnée de la représentation de la fin ; 2° ceux qui ont autant de chances de se produire que de ne pas se produire *(ad utrumlibet)* et qui relèvent de la décision volontaire ; 3° ceux dont la fréquence est élevée *(ut in pluribus)* et représentent l'effet non entravé de la causalité naturelle, là où cependant, comme il arrive dans le monde sublunaire, elle ne suit pas toujours son cours[52].

Une telle représentation répugne à l'idée de probabilité, puisqu'elle empêche d'unir sous un seul chef l'ensemble des événements dont la prévisibilité n'est ni nulle ni absolue. Elle tient toute loi pour nécessaire, parce que déployant la finalité de la nature. L'exception échappe alors par principe à la loi. Raté de la finalité, elle ne saurait être comptée au nombre des cas subsumés sous une loi[53]. Telle est la raison pour laquelle la

---

52. " Tout être, disons-nous, ou bien existe toujours et nécessairement, ou bien est ce qui arrive le plus souvent, ou bien n'est ni ce qui arrive le plus souvent, ni ce qui est toujours et nécessairement, mais est ce qui arrive n'importe comment.

Que, par exemple, il puisse faire froid pendant la canicule, c'est ce qui n'arrive ni toujours ni nécessairement, ni le plus souvent, c'est ce qui peut arriver seulement quelquefois. L'accident est donc ce qui arrive, mais ni toujours et nécessairement, ni le plus souvent " (1064$^b$33-1065$^b$2, trad. Tricot, t. II, p. 610). Hasard et fortune sont définis dans *Physique*, II, 6, 197$^b$18-21, " Dans le domaine des choses qui ont lieu absolument en vue de quelque fin, quand des choses ont lieu sans avoir en vue le résultat et en ayant leur cause finale hors de lui, alors nous parlons d'effets de hasard ; et d'effets de fortune, pour tous ceux des effets de hasard qui, appartenant au genre des choses susceptibles d'être choisies, atteignent les êtres capables de choix ". Les illustrations choisies sont la venue d'un cheval qui assure le salut (197$^a$14-15), le recouvrement inopiné d'une dette par rencontre du débiteur (197$^a$1-4).

53. La science, alors, ne peut se contenter d'assigner la probabilité d'un événement dans une suite : il lui faut expliquer de façon déterminée son occurrence. " Toute science se propose, en effet, ou ce qui est toujours ou ce qui est le plus souvent. Comment, sans cela, s'instruire soi-même ou enseigner autrui ? Il faut que la chose soit déterminée comme arrivant toujours ou le plus souvent. Ainsi, on peut bien dire que l'hydromel est bon pour les fiévreux, le plus souvent ; mais on ne pourra pas rendre compte des cas exceptionnels, dire à quel moment cet effet de l'hydromel ne se produit pas, à la nouvelle lune, par exemple : car, même ce qui arrive à la nouvelle lune arrive soit toujours, soit le plus souvent, alors que l'accident est en dehors du toujours et du plus souvent " (*Métaphysique*, E, 2, 1027$^a$21-26 ; et Δ, 30, 1025$^a$14-30). On aperçoit ici les raisons pour lesquelles Cournot écrit : « De tout cela il résulte qu'Aristote entrevoit, mais de la manière la plus confuse, les applications de la doctrine des chances et des probabilités, et la future science de la statistique, ne sachant

sélection naturelle ne saurait, selon Aristote, simuler la finalité[54].

Malgré tout, une circonstance a dû provoquer et a provoqué chez Aristote et dans l'aristotélisme une interrogation sur ce qu'il y a de commun entre hasard, fortune, liberté et lois approchées du monde sublunaire. Ces concepts privatifs que les doctrines déterministes de Diodore et des Stoïciens niaient ou agrégeaient au destin[55], reçurent des adversaires et, par voie de conséquence, des défenseurs de l'aristotélisme une unité qui, d'abord empruntée, ne tarda pas à prendre quelque consistance. Les pressions polémiques ont dû rendre Aristote et ses disciples de plus en plus attentifs à l'individu, à l'opinion, à la contingence, en un mot au probable.

C'est donc une fiction fondée que de supposer un disciple du Lycée s'interrogeant sur le probable en lui-même. Il aura eu tôt fait, pour accorder ses principes, de poser le probable dans la nature et non dans notre connaissance imparfaite[56]. Et on fixera son attitude en prenant le contrepied des Stoïciens. " Quoi qu'il en soit, dit Alexandre à leur propos, et quelque diversifiées que se présentent les causes, nos adversaires n'en estiment pas moins également vrai de toutes, qu'il est impossible que, les mêmes circonstances se rencontrant, soit relativement à la cause, soit relativement à ce qui procède de la cause, les choses tantôt ne se produisent pas d'une certaine façon, et tantôt se produisent de cette façon même "[57]. Notre philosophe s'engagera donc à reconnaître que, les mêmes circonstances se rencontrant relativement aux causes, les choses qui en procèderont se produiront tantôt d'une façon, tantôt d'une autre, l'ensemble de ces " fa-

---

d'ailleurs s'il faut la placer dans la " science " ou dans l'" opinion " » (1975, p. 450). Il est donc évident que ni Aristote ni l'aristotélisme n'ont explicité un concept clair et distinct de la probabilité et qu'ils n'ont pas même aperçu les questions qui se posaient à propos de sa mesure. Il n'en reste pas moins, comme le dit Cournot, que l'attention qu'ils ont porté aux déterminations imparfaites du monde sensible et à l'accident a dû — comme il est arrivé avec le chap. IX du *De Interpretatione* — susciter des thèmes qui entrent en conflit avec la logique si l'on ne fait pas sa place, dans le système, à une théorie primitive des probabilités.

54. " Et, bien entendu, ce sont les êtres où tout s'est produit comme s'il y avait détermination téléologique qui ont été conservés, s'étant trouvés convenablement constitués ; les autres ont péri et périssent comme, pour Empédocle, les bovins à face d'homme. Voilà donc, entre autres manières, comment raisonnent ceux qui soulèvent cette difficulté, mais il est impossible qu'il en soit ainsi " (*Physique*, II, 8, 198[b]29-32).

55. Alexandre d'Aphrodise, *De Fato*, X, 177 (211).

56. *Ibid.*

57. *Op. cit.*, XXII, 192, 21-24 (262-263).

çons " ou éventualités constituant un ensemble exhaustif de contraires et le probable résultant de la contrariété dans ces éventualités [58]. Il y aura des " circonstances identiques " quand la combinaison totale des éventualités sera la même. Sans nier l'action univoque et entièrement déterminée d'une " disposition causale ", qu'il rattache à l'essence, le Péripatéticien admettra aussi que, cause accidentelle dans les faits qui relèvent de la causalité irrationnelle, cause essentielle dans les faits qui relèvent du libre choix, le probable arrête la chaîne prétendument infinie [59] des causes dans la trame d'un déterminisme prétendument universel et, dans ce dernier cas, il fera jouer des causes possibles qui ne deviendront pas toutes réelles, l'effet se réduisant à l'élection, d'ailleurs aléatoire, d'un cas unique. L'ensemble des causes n'est alors que l'ensemble des éventualités ou espace de probabilité.

Les Anciens ne paraissent pas avoir distingué le concept d'événement de celui d'éventualité, un événement étant défini comme un sous-ensemble déterminé de l'ensemble des parties de l'ensemble des éventualités. Ayant défini un ensemble d'éventualités, soit X, ils raisonnent sur une partie seulement de ce dernier ensemble, partie qui correspond à un événement naturel, et sur son complémentaire [60]. Il suffit de généraliser le procédé pour parvenir au premier réquisit du calcul des probabilités. Au lieu d'une partie naturelle de X, prélevée par conséquent dans l'ensemble des parties de X, considérons l'ensemble de ces parties. Construisons sur l'ensemble X des éventualités ce qu'on appelle un corps d'ensembles $F$, c'est-à-dire un ensemble tel que s'il comprend deux événements, il comprend leur somme logique, étant entendu que s'il contient un événement il contient son complémentaire.

---

58. *Op. cit.*, IX, 175-176 (208-209); XII, 181 (223).

59. *Op. cit.*, XXII, 191-192 (260-261).

60. Soient les éventualités élémentaires : le cortège a se tiendra à l'heure h en l'un des lieux x ou y et le cortège b se tiendra à la même heure h en l'un des lieux x ou y. On forme l'ensemble X des éventualités en combinant ces éventualités élémentaires. X a donc quatre éléments, à savoir : 1. a a lieu en x et b a lieu en x; 2. a a lieu en x et b a lieu en y; 3. a a lieu en y et b a lieu en x; 4. a a lieu en y et b a lieu en y. L'ensemble des parties de X, soit Y a $2^4 = 16$ éléments, parmi lesquels on compte l'ensemble nul et X lui-même. On pourra concevoir, par exemple, l'événement {a a lieu en x et b a lieu en x ou a a lieu en x et b a lieu en y}, soit {1, 2}, c'est-à-dire l'événement tel que a a toujours lieu en x. Un Ancien aura tendance à poser la question : y aura-t-il ou non rencontre des deux cortèges? Il retiendra alors l'événement A = {1, 4} (rencontre des cortèges) et l'événement complémentaire de A, ~ A = {2, 3} (pas de rencontre).

Un corps d'ensemble, *F,* possède les deux propriétés suivantes : a) Puisqu'il possède avec l'événement A son complémentaire non-A et qu'il possède leur somme, il possède l'ensemble X tout entier. Par définition, cet ensemble contient tout ce qui arrivera quoi qu'il arrive ; il correspond, pour ainsi dire, à la cause totale. b) Puisque *F* contient la somme de A et de non-A, il contient aussi leur produit, c'est-à-dire le complément de cette somme[61]. Ce produit est l'ensemble nul, et correspond, pour ainsi dire, au néant de la cause. En d'autres termes, si la proposition contingente " il y aura rencontre des deux cortèges " correspond à l'événement A, tandis que sa contradictoire " il n'y aura pas rencontre des deux cortèges " correspond à l'événement non-A, on peut former la disjonction de ces deux contradictoires ainsi que leur produit, c'est-à-dire la proposition " il y aura rencontre des deux cortèges ou il n'y aura pas rencontre des deux cortèges " et " il y aura rencontre des deux cortèges et il n'y aura pas rencontre des deux cortèges "[62].

Les Anciens se sont arrêtés à un concept qualitatif du probable. Mais comme le prouve l'opposition des mots : " rare, égal, fréquent ", ils ont conçu un ordre croissant de probabilité et, dans le cas de deux événements ayant une probabilité égale, ainsi que dans les situations fréquentes de tirages au sort, une assignation numérique de probabilités égales. Supposons donc notre Péripatéticien se représentant un corps d'ensemble sur un ensemble X d'éventualités. S'il a défini dans ce corps un événement A comprenant la moitié des éventualités de X, les éventualités de l'ensemble X étant disposées symétriquement, il assignera spontanément la probabilité 1/2 à A et à non-A, la probabilité 1 à leur somme et la probabilité 0 à leur produit. S'il étend ces considérations à des cas généraux, il définira, assez naturellement, un espace de probabilités additif et fini, toute probabilité étant un nombre compris entre 0 et 1 et tel que tout événement a une probabilité égale à 0 ou supérieure à 0, et la probabilité de l'ensemble X de toutes les éventualités est égale à 1 ; et si deux événements sont sans partie commune, comme il arrive toujours dans les exemples des Anciens, la probabilité de leur somme est égale à la somme de leurs probabilités. Tel est le second réquisit du calcul de probabilités.

---

61. $\sim (A \cup \sim A) = A \cap \sim A = \emptyset$.
62. $\pi (A \cap \sim A) = \pi (\sim X)$. Mais $\pi (X) = \pi (A \cup \sim A) = 1$; $\pi (X) + \pi (\sim X) = 1$. Donc $\pi (\sim X) = 1 - 1 = 0$.

Revenons alors à l'événement A. Dire, avec Alexandre, qu'à partir d'un même ensemble de causes, des futurs contingents contraires pourront arriver, c'est dire que, sur le même ensemble X d'éventualités, on pourra assigner à l'événement A une probabilité $\pi(A) \geqslant 0$, inférieure ou égale à 1, telle que la probabilité de l'événement complémentaire, $\pi(\sim A)$, sera égale à $1 - \pi(A)$ et donc sera elle-même $\geq 0$. Ainsi A et non-A peuvent tous deux arriver, contrairement à ce que les Stoïciens posent, et l'on peut donc dire qu'il est possible que A en même temps qu'il est possible que non-A. Une telle proposition affirmant la contingence de A s'analysera simplement dans la conjonction de deux propositions assignant des probabilités complémentaires à ces deux événements. Mais la somme de ces probabilités, égale à la probabilité de leur somme, n'est autre que 1. Comme dit Aristote, il n'est déterminément certain ni que A arrivera, ni que non-A arrivera, si l'on a supposé que ni $\pi(A)$ ni $\pi(\sim A)$ n'est égal à 1. Cependant il est déterminément certain que $\pi(A \cup \sim A) = 1$, en sorte que le tiers-exclu est toujours vérifié. D'autre part le principe de non-contradiction ne se trouve jamais violé puisque $\pi(A \cap \sim A) = 0$[63].

Il est donc possible de donner un sens au chapitre IX du *De Interpretatione* en le traduisant dans le langage des probabilités, A étant l'événement dont la proposition p asserte l'existence.

1. p est possible      $\pi(A) > 0$
   p est nécessaire      $\pi(A) = 1$
   p est impossible      $\pi(A) = 0$
2. Il est nécessaire que p ou non-p      $\pi(A \cup \sim A) = 1$
   Il est impossible que p et non-p      $\pi(A \cap \sim A) = 0$
   S'il est nécessaire que p ou non-p ce n'est pas pour autant qu'il est nécessaire que p ou qu'il est nécessaire que non-p.      Si $\pi(A \cup \sim A) = 1$, cela n'entraîne pas que $\pi(A) = 1$ ou que $\pi(\sim A) = 1$ (voir note 13)
3. p est nécessaire absolument      $\pi(A) = 1$
   p est nécessaire conditionnellement      $\pi_B(A) = 1$
   (cette expression, incomplète signifie que p est nécessaire sous la

---

63. Si l'on interprétait la nécessité conditionnelle comme le fait Leibniz et comme a tendu à le faire Lukasiewicz en 1955, c'est-à-dire comme signifiant : il est nécessaire que si p, alors p, la traduction en termes de probabilités serait, puisque " si p, alors p " est vrai si et seulement si " non-p ou p " : $\pi (A \cup \sim A) = 1$. Le principe de nécessité conditionnelle ne se distinguerait pas du principe du tiers-exclu, autre forme du principe d'identité propositionnelle.

condition de q, B étant l'événement que q atteste).

Durant que p a lieu, il est nécessaire que p[64]. $\pi_A(A) = 1$

4. p est une proposition portant sur un futur contingent. L'expression précédente abrège l'expression plus complète : p est une proposition portant sur un futur contingent compte-tenu des circonstances présentes[65]q.

$\pi(A) > 0$ et $\pi(A) < 1$ abrège

$\pi_B(A) > 0$

---

64. Lorsque ces circonstances ne sont pas spécialement spécifiées il s'agit de X lui-même $\pi_X(A) = \pi(A)$).

65. En effet $\pi_B(A) = \dfrac{\pi(A \cap B)}{\pi(B)} = 1$ n'est possible que si $A \cap B = B$, c'est-à-dire $B \subseteq A$, ce qui signifie que si l'événement B désigné par l'énoncé q arrive, l'événement A désigné par l'énoncé p doit arriver. Supposons, à présent, que $\pi(B) = 1$. Cela signifie que B = X (ensemble des éventualités) ou que l'événement B, désigné par l'énoncé q, est inévitable ou certain. Alors, étant donné que $B \subseteq A$, l'événement A, désigné par l'énoncé p, doit arriver lui aussi inévitablement.

Dans *Physique,* II, 8, après avoir critiqué la théorie mécaniste de la nature, Aristote montre que la nécessité ne va pas, comme l'ont cru les physiologues, des antécédents aux conséquents. Le supposer reviendrait à confondre ce sans quoi la nature ne produit pas ses fins avec ses fins elles-mêmes, en vue desquelles elle agit; ce serait donc réduire la cause finale à la cause matérielle, le pourquoi de la scie : son œuvre à son comment : sa denture de fer ($199^b34$-$200^a14$).

Il faut renverser cette apparence. Dans les choses mathématiques, on va des hypothèses aux conséquences; si les conséquences sont fausses, l'hypothèse est levée, mais si les conséquences sont vraies, cela n'entraîne pas la vérité de l'hypothèse ($200^b16$-$19$). En revanche dans l'ordre des choses produites en vue d'une fin, c'est la fin qui joue le rôle de principe ou d'hypothèse et le moyen ou la matière qui joue celui de conséquence.

Sans le fer, il n'y aura pas de scie, mais ce n'est pas l'action spontanée du fer qui produit la scie. La fin est cause de la matière, non la matière cause de la fin ($200^b19$-$34$).

En d'autres termes, s'il est nécessaire que si la scie doit pouvoir faire son œuvre, il est nécessaire qu'elle ait des dents de fer, alors s'il est nécessaire qu'elle puisse faire son œuvre, il est nécessaire qu'elle ait des dents de fer. Aristote revient au principe fondamental de la logique modale

$\vdash L (q \to p) \to (Lq \to Lp)$.

En mathématiques q désigne l'hypothèse, p la conséquence. En physique, q désigne la fin et p la matière. Les physiologues sont trompés par les apparences du déroulement temporel des événements, en prenant la réalisation de la fin pour le conséquent et les conditions matérielles pour l'antécédent, parce que tel est l'ordre coutumier de leur apparition. Mais revenons à l'ordre réel, qui est celui de la définition et de la notion. Alors q désignera la fin et p la matière ($200^a34$-$200^b8$), ce qui équivaut à dire que l'événement B est partie de l'événement A.

185

| | |
|---|---|
| Le futur n'est déterminé que si sa cause complète est présente. | Si $B \subseteq A$, alors $\pi_B(A) = 1$ |
| 5. De cette dernière proposition on tire la seconde prémisse du Dominateur : | |
| S'il est nécessaire que si q alors p, alors, s'il est nécessaire que q, il est nécessaire que p. | Si $\pi_B(A) = 1$, alors si : $\pi(B) = 1$ $\pi(A) = 1$ |

On exprimera aisément les deux autres prémisses explicites du Dominateur en termes de probabilités. La première prémisse dit que rien n'est en puissance du passé. De même, les événements qui sont mesurés par des probabilités sont des parties d'un corps d'ensembles défini sur l'ensemble des éventualités et il n'y a pas d'ensemble d'éventualités correspondant aux faits révolus. La troisième prémisse explicite dit qu'il y a un possible qui ne se réalise et ne se réalisera jamais. De même, l'ensemble des éventualités comme le corps d'ensembles forment des disjonctions complètes de cas, la réalisation d'un cas excluant celle de son complémentaire sans que pour autant ce complémentaire ait une probabilité nulle.

Ainsi l'intuition développée dans le *De Interpretatione* n'est pas logiquement contradictoire. Elle exige toutefois qu'on distingue, dans le possible qui regarde la réalité et se distingue donc du pur possible logique ou mathématique, l'essence et l'accident. Seul l'accident relève de la probabilité. Etre déjà vrai ou faux, pour un accident, c'est être déjà tombé dans le domaine de la réalité, c'est-à-dire avoir une probabilité égale à 1 ou à 0. Ne pas avoir de valeur de vérité déterminée, c'est avoir une probabilité comprise entre ces deux extrêmes. Alors toutes les expressions modales utilisées au chapitre IX se traduisent en des expressions probabilistes et les paradoxes que les logiciens ont signalés s'évanouissent[66].

---

66. La définition croisée des modalités reste légitime, à condition qu'on donne une interprétation strictement positive au possible et qu'on interprète la négation avant les opérateurs de modalité comme négation, tandis que la négation après ces opérateurs est traduite par l'opération de complément :

$$Mp \equiv \sim L \sim p \qquad \pi(A) > 0 \equiv \sim (\pi(\sim A) = 1)$$
$$M \sim p \equiv \sim Lp \qquad \pi(\sim A) > 0 \equiv \sim (\pi(A) = 1)$$
$$Lp \equiv \sim M \sim p \qquad \pi(A) = 1 \equiv \sim (\pi(\sim A) > 0)$$
$$L \sim p \equiv \sim Mp \qquad \pi(\sim A) = 1 \equiv \sim (\pi(A) > 0)$$

On peut se demander si le modèle probabiliste d'interprétation du chapitre IX du *De Interpretatione,* ne peut pas servir aussi à interpréter les systèmes à superévaluation.

Dans de tels systèmes, cependant, on distingue d'emblée les énoncés logiquement vrais des autres énoncés, que ces derniers soient, par ailleurs, causalement nécessaires ou non. Au contraire, la probabilité d'un énoncé peut être égale à 1 sans être une vérité logique, comme c'est le cas pour la probabilité de tout énoncé portant sur le passé. Pour répondre à la question il faudrait, parmi les énoncés de probabilité 1 ou 0, pouvoir encore distinguer ceux qui sont des tautologies ou des contradictions de ceux qui ne le sont pas. Ces derniers, si l'on pouvait en délimiter la classe, auraient au moins en commun ce trait de comporter essentiellement une indexation temporelle.

# chapitre 7

# épicure et l'intuitionnisme

Épicure échappait au Dominateur en rejetant la dialectique[1]. Il assurait la liberté en admettant, pour les atomes et pour l'âme, que les atomes meuvent[2], une déclinaison sans cause[3]. L'Antiquité s'est moquée de lui pour ces décisions. Bayle et Leibniz ne l'entendent pas plus favorablement. " Il paraît, écrit ce dernier[4], qu'Épicure, pour conserver la liberté et pour éviter une nécessité absolue, a soutenu après Aristote que les futurs contingents n'étaient point capables d'une vérité déterminée. Car s'il était vrai hier que j'écrirais aujourd'hui, il ne pouvait donc point manquer d'arriver : il était déjà nécessaire ; et, par la même raison, il l'était de toute éternité. Ainsi tout ce qui arrive est nécessaire et il est impossible qu'il en puisse aller autrement. Mais cela n'étant point, il s'ensuivrait, selon lui, que les futurs contingents n'ont point de vérité déterminée. Pour soutenir ce sentiment, Épicure se laissa aller à nier le premier et le plus grand principe des vérités de raison ; il niait que toute énonciation fût ou vraie ou fausse. Car voici comment on le poussait à bout : Vous niez qu'il fût vrai hier que j'écrirais aujourd'hui, il était donc faux. Le bonhomme, ne pouvant admettre cette

---

1. Cicéron, *Premiers Académiques*, L. II, XXX (97), Bréhier, 1962, pp. 231-232 : « En effet puisqu'ils n'obtiennent pas d'Épicure, qui méprise et raille la dialectique, de leur accorder la vérité de l'énonciation suivante : " Ou Hermarque vivra demain, ou il ne vivra pas ", alors que les dialecticiens établissent que toute énonciation disjonctive, tel que " oui ou non ", est non seulement vraie mais encore nécessaire (vois combien il est habile, cet Épicure que vous considérez comme un esprit lent : si en effet, dit-il, j'admets que l'un ou l'autre est nécessaire, il sera nécessaire que, demain, Hermarque vive ou bien ne vive pas ; or il n'y a pas de pareille nécessité dans la nature), alors que les dialecticiens, c'est-à-dire Antiochus et les Stoïciens, combattent Épicure, Épicure, lui, renverse toute la dialectique. Car si une proposition disjonctive faite de contraires (j'appelle contraires les énoncés dont l'un affirme ce que l'autre nie), si donc une telle disjonction peut être fausse, pas une autre n'est vraie ».
2. Cicéron, *De Fato*, IX (23) ; Bréhier, 1962, p. 482.
3. Cicéron, *De Fato*, IX (19), X (22) ; Bréhier, pp. 480-481 ; *De Fato*, XX (46-48), Bréhier, p. 491.
4. Leibniz, Gerhardt, VI, p. 211 ; Jalabert, p. 222. Leibniz se fonde sur les *Premiers Académiques* de Cicéron, rapportant un propos de Carnéade louant peut-être ironiquement Épicure (L. II, XXX (97) ; Bréhier, 1962 pp. 231-232).

conclusion, fut obligé de dire qu'il n'était ni vrai ni faux. Après cela, il n'a point besoin d'être réfuté ".

Le jugement de Leibniz laisse incertaine la différence entre Aristote et Épicure. Aristote admet explicitement, avec les dialecticiens, la vérité de l'énonciation suivante : " Ou Hermarque vivra demain, ou il ne vivra pas " ; il en établit même la nécessité. Ce qu'il nie, c'est la distribution de la vérité — et donc de la nécessité — sur chacun des éléments de la disjonction. Au contraire, Épicure rejette la vérité et donc la nécessité de la disjonction elle-même. " Si, en effet, dit-il au rapport de Carnéade, j'admets que l'un ou l'autre est nécessaire, il sera nécessaire que, demain, Hermarque vive ou ne vive pas ; or il n'y a pas de pareille nécessité dans la nature "[5]. Ce qu'Épicure nie, c'est donc non pas le caractère déterminé de la valeur de vérité des éléments de la disjonction, c'est la vérité de cette disjonction même. Sa critique porte non sur le principe de bivalence, mais sur le principe du tiers-exclu. Naturellement, mettre en question ce dernier principe, c'est mettre en question le principe de bivalence, puisqu'alors le tiers-exclu n'est ni vrai ni faux[6].

Les historiens de la philosophie ont prêté peu d'attention à la négation du principe du tiers chez Épicure, soit par défaut d'intérêt pour les questions logiques, soit par suspicion envers le témoignage cicéronien. Les logiciens, quant à eux, ont donné deux interprétations différentes de cette négation. La seule qu'on puisse retenir parce qu'elle est compatible avec les textes conduit à regarder la doctrine d'Épicure comme une forme d'intuitionnisme. On devra donc s'interroger sur la nature des critères épicuriens. De cet examen, on tirera les conséquences qui regardent certaines hypothèses ainsi que le principe du tiers-exclu, ce qui permettra d'assigner l'attitude probable de l'épicurisme à l'égard du Dominateur. Enfin on étudiera d'autres représentations intuitionnistes de la modalité chez Descartes et Kant.

---

5. Cicéron, *Premiers Académiques,* II, XXX (97) Bréhier, 1962, pp. 231-232.

6. Cicéron fait mention d'Épicuriens, qui, honteux d'avoir à déclarer qu'il y a des propositions qui ne sont ni vraies ni fausses, " déclarent plus impudemment encore que les alternatives faites de contradictoires sont vraies, mais que ni l'un ni l'autre de leurs termes n'est vrai " ( *De Fato,* XVI (37), Bréhier, 1962, p. 487). Le texte de Cicéron évoque celui de Quine sur le caractère " fantaisiste " de la position aristotélicienne. La difficulté qu'il y a logiquement à distinguer le principe de bivalence (" p " ∨ " ~ p ") et le principe du tiers-exclu (" p ∨ ~ p ") explique que les Épicuriens, naturellement contempteurs de la logique, aient pu faire leur la position aristotélicienne que recommandait peut-être à leurs yeux la réputation du Stagirite comme logicien.

### 38. PREMIÈRE INTERPRÉTATION LOGIQUE DE LA NÉGATION ÉPICU-RIENNE DU TIERS-EXCLU : LA LOGIQUE À TROIS VALEURS DE LUKASIE-WICZ ; RAISONS DE REJETER CETTE SOLUTION.

Au moment même où il proposait une logique à trois valeurs de vérité pour expliquer le chapitre IX du *De Interpretatione*[7], Lukasiewicz insistait sur les réticences et l'obscurité d'Aristote. Il ajoutait qu'en reconnaissant aux propositions portant sur les futurs contingents une valeur de vérité mais non déterminée les Aristotéliciens avaient reculé devant la conséquence du principe timidement avancé par leur maître. Il leur opposait les Épicu-riens qui avaient fait leur l'intuition indéterministe d'Aristote[8].

Reprenons donc ce système à trois valeurs de vérité où l'on a défini les matrices caractéristiques des connecteurs proposition-nels, prenant leurs valeurs dans ces trois valeurs de vérité et ayant pour valeurs ces mêmes valeurs, tandis que les matrices caracté-ristiques des opérateurs modaux prennent leurs valeurs dans les trois valeurs de vérité mais n'ont pour valeurs que le vrai ou le faux. Dans cette première interprétation, 1) le principe du tiers-exclu est invalidé[9], 2) la définition croisée des connecteurs " et ", " ou " (lois de de Morgan) est respectée, 3) la disjonction $(p \lor q)$ n'est plus définissable comme $(\sim p \rightarrow q)$, 4) les opéra-teurs de modalité sont des fonctions de vérité[10] ; 5) le possible est défini comme ce qui n'est pas faux[11].

---

7. Voir plus haut, p. 173.

8. *Appendix* à *Many-valued Systems of propositional Logic,* Polish Logic, Storrs Mc Call éd., 1967, p. 64.

9. Voir plus haut, p. 173.

10. Lukasiewicz *in* Storrs McCall, 1967, pp. 40-66. Les trois valeurs de vérité étant choisies 1, 1/2, 0, on doit vérifier : 1) $\sim p = 1 - p$ ; 2) $p \rightarrow q = 1$ si $p \leqq q$ et $p \rightarrow q = 1 - p + q$ si $p > q$ ; voir aussi Prior, 1962, pp. 240-250. La disjonction est définie : $p \lor q \equiv (p \rightarrow q) \rightarrow q$.

11. Lukasiewicz, *op. cit.,* p. 55 $(Mp =_{Df} \sim p \rightarrow p)$.
La matrice est :

| p | $\sim p$ | $\sim p \rightarrow p$ |
|---|---|---|
| 1 | 0 | 1 |
| 1/2 | 1/2 | 1 |
| 0 | 1 | 0 |

Donc $M\,0 = 0$, $M\,1/2 = 1$, $M\,1 = 1$.
Donc $L\,0 \equiv \sim M \sim 0 \equiv \sim M\,1 \equiv \sim 1 = 0$,
$L\,1/2 = 0$, $L\,1 = 1$ ; $M \sim 0 = 1$, $M \sim 1/2 = 1$, $M \sim 1 = 0$ ;
$\sim M\,0 = 1$, $\sim M\,1/2 = 0$, $\sim M\,1 = 0$.
Le théorème du calcul propositionnel à deux valeurs de vérité : $(\sim p \rightarrow p) \rightarrow p$ est ici infirmé pour $1/2$ : $(\sim 1/2 \rightarrow 1/2) \rightarrow 1/2 \equiv (1/2 \rightarrow 1/2) \rightarrow 1/2 \equiv 1 \rightarrow 1/2 \equiv 1/2$. On notera qu'il est également in-firmé, pour la même valeur, quand on choisit une matrice de la négation plus forte où $\sim 1/2 = 0$.
Alors : $(\sim 1/2 \rightarrow 1/2) \rightarrow 1/2 \equiv (0 \rightarrow 1/2) \rightarrow 1/2 \equiv 1 \rightarrow 1/2 \equiv 1/2$.

Mais ce système à trois valeurs de Lukasiewicz permet-il à Épicure de réfuter le Dominateur ? La réfutation ne peut évidemment jouer que sur la conclusion, le tiers n'étant utilisé dans le reste du raisonnement que pour dire que tout instant du temps appartient soit au passé, soit à l'union du présent et de l'avenir, ce qui paraît peu contestable. Il faut donc qu'Épicure ait posé que le Dominateur prouvait l'incompatibilité de ses trois prémisses, mais que, même en accordant cette incompatibilité, on n'était pas, pour autant, contraint d'abandonner l'une d'entre elles, suivant la conséquence tirée par Diodore, Cléanthe et Chrysippe. Formellement, cela revient à dire que la négation de la conjonction de plusieurs propositions n'entraîne pas la disjonction de leurs négations. Épicure, pour échapper à Diodore, devait donc abandonner la loi de de Morgan [12]. Mais cette loi est précisément vérifiée par les matrices du premier calcul proposé par Lukasiewicz [13]. Et elle l'est parce que ces matrices continuaient de vérifier les définitions croisées de " et " et de " ou ". Si donc la parade d'Épicure devait suffire à le sauver du nécessitarisme, il fallait qu'en niant le tiers-exclu il fût assuré de nier aussi la loi de de Morgan et que par conséquent il niât préalablement la définition croisée de " et " et de " ou " en choisissant une nouvelle définition de la négation. Le choix qui s'imposait à Épicure est comparable à celui de Chrysippe, rangés dans une même réprobation par Cicéron et par Bayle [14]. Chrysippe renonce à la définition croisée de modalités [15]. Plus radical, c'est au niveau du calcul propositionnel lui-même qu'Épicure doit affirmer l'indépendance des connecteurs. A cet effet, il suffit de changer la matrice de la négation. Celle-ci prendra ses valeurs dans les trois valeurs de vérité, mais, comme les opérateurs

---

12. Soit ici, si p, q et r désignent les trois prémisses diodoréennes :
$$* \sim (p \cdot q \cdot r) \rightarrow \sim p \vee \sim q \vee \sim r.$$
13. Montrons-le pour deux variables :

| p | q | $p \cdot q$ | $\sim (p \cdot q)$ | $\sim p \vee \sim q$ |
|---|---|---|---|---|
| 1 | 1 | 1 | 0 | 0 |
| 1 | 1/2 | 1/2 | 1/2 | 1/2 |
| 1 | 0 | 0 | 1 | 1 |
| 1/2 | 1 | 1/2 | 1/2 | 1/2 |
| 1/2 | 1/2 | 1/2 | 1/2 | 1/2 |
| 1/2 | 0 | 0 | 1 | 1 |
| 0 | 1 | 0 | 1 | 1 |
| 0 | 1/2 | 0 | 1 | 1 |
| 0 | 0 | 0 | 1 | 1 |

On voit qu'il y a implication réciproque des deux dernières expressions.
14. Leibniz, Gerhardt, VI, pp. 211-212 ; Jalabert, pp. 222-223.
15. Voir plus haut, pp. 132-137.

modaux, elle aura pour valeur le vrai pour le faux et le faux pour les deux autres valeurs de vérité [16]. La négation admet alors la même matrice que ce qu'on considérait comme l'impossible dans le précédent système [17].

39. Deuxième interprétation logique de la négation épicurienne du tiers-exclu : le système intuitionniste.

Avec cette définition — véritablement "modale" — de la négation et les anciennes matrices caractéristiques des connecteurs propositionnels, on infirme certaines des lois de de Morgan [18], mais pas celle qui nous importe. Cependant, on montre que le système des axiomes qui vérifie ces nouvelles matrices correspond, si on l'ampute de l'un d'entre eux, au calcul propositionnel intuitionniste de Heyting [19]. Que si à présent on tente de construire un modèle de ce dernier calcul, aucun ensemble de matrices à nombre fini d'éléments ne le valide, mais la validation peut se faire avec un nombre infini d'éléments [20] et donc avec une infinité de degrés de possibilité irréductibles l'un à l'autre [21]. Mais alors il devient impossible de définir aucun des

---

16. Prior, 1962, pp. 250-259.

| p | $\sim p$ |
|---|---|
| 1 | 0 |
| 1/2 | 0 |
| 0 | 1 |

17. Voir note 11.

18.

| p | q | p·q | $\sim (p \cdot q)$ | $\sim p \vee \sim q$ | $\sim (\sim p \vee \sim q)$ |
|---|---|---|---|---|---|
| 1 | 1 | 1 | 0 | 0 | 1 |
| 1 | 1/2 | 1/2 | 0 | 0 | 1 |
| 1 | 0 | 0 | 1 | 1 | 0 |
| 1/2 | 1 | 1/2 | 0 | 0 | 1 |
| 1/2 | 1/2 | 1/2 | 0 | 0 | 1 |
| 1/2 | 0 | 0 | 1 | 1 | 0 |
| 0 | 1 | 0 | 1 | 1 | 0 |
| 0 | 1/2 | 0 | 1 | 1 | 0 |
| 0 | 0 | 0 | 1 | 1 | 0 |

On a, par conséquent :

$\vdash \sim (p \cdot q) \equiv \sim p \vee q$
$\vdash (p \cdot q) \rightarrow \sim (\sim p \vee \sim q)$

mais on infirme :

$^* \sim (\sim p \vee \sim q) \rightarrow (p \cdot q)$.

19. Il s'agit de l'axiome : $\vdash (\sim p \rightarrow q) \rightarrow \{[(q \rightarrow p) \rightarrow q] \rightarrow q\}$ qui est vérifié par les matrices à 3 valeurs de vérité du nouveau calcul.

20. Prior, 1962, p. 253.

21. Lukasiewicz *in* Storrs McCall, p. 61. Cette infinité de possibles sera définie par l'unique formule :

$Mp = \sim p \rightarrow p$.

connecteurs propositionnels *non, et, ou, si alors* de façon croisée. En particulier, la conditionnelle dont l'antécédent est la négation d'une conjonction de propositions et dont le conséquent est la disjonction des négations de ces propositions est invalidée[22]. Alors, mais alors seulement Épicure peut échapper aux conclusions du Dominateur.

### 40. Les « critères » épicuriens sont-ils compatibles avec l'intuitionnisme?

Mais est-il raisonnable d'avancer une telle conjecture à propos d'Épicure, le contempteur de la dialectique? Le seul philosophe grec, mentionné par Aristote, pour avoir mis en question le tiers-exclu, est Anaxagore. Mais sa théorie des homéomères et de la division à l'infini donne de bonnes raisons pour le considérer comme un ancêtre de l'intuitionnisme. En revanche, Épicure soutient la division finie de la matière et l'existence des atomes. Ces thèmes dogmatiques, hérités de Démocrite, sont contraires à l'esprit de l'intuitionnisme. Nous devons donc regarder *a priori* l'interprétation logique qu'on a avancée pour expliquer la négation épicurienne du tiers-exclu comme douteuse.

Considérons cependant ce qui distingue Épicure de Démocrite. C'est ce qui le faisait naguère universellement décrier : le *clinamen* en physique, qui fait demander à Cicéron[23] si les atomes " tirent au sort celui qui va dévier et celui qui ne va pas dévier ", l'abandon du tiers-exclu en logique. On imagine quel regain de vigueur inattendu l'atomisme moderne a donné à la physique d'Épicure et à ses thèses de discontinuité[24]. Or sa canonique, à son tour, qui donne à l'activité du sujet, quoiqu'en un sens très différent d'Anaxagore, une importante fondamen-

---

en donnant à p d'abord deux, puis trois, puis quatre, etc. valeurs de vérité distinctes, donc avec les matrices

$$M_1(0) = 0, M_1(1/2) = 1, M_1(1) = 1$$
$$M_2(0) = 0, M_2(1/3) = 1, M_2(2/3) = 1, M_2(1) = 1, \text{etc.}$$

22. C'est la thèse 55b de Kleene, 1971, p. 24, non valable en logique intuitionniste $(\sim (p \cdot q) \rightarrow (\sim p \vee \sim q))$.

23. Cicéron, *De Fato*, XX (46), Bréhier, p. 491. Sedley (*op. cit.,* note 137, pp. 115-116) pense que, dans la *Lettre à Hérodote (307/6)*, Épicure paraît encore inconscient de la menace nécessitariste. Le *clinamen* et la crainte de la nécessité sont explicites dans la *Lettre à Ménécée* et les fragments du livre sur la liberté, postérieurs à 296/5.

24. Mugler, 1953; Vlastos, 1965.

tale dans la formation du critère de la vérité s'éclaire à la lumière de l'intuitionnisme.

On a souvent considéré que ce dernier admettait une définition de la vérité réduite à la vérification ou — en mathématiques — à la démonstration. Il signifierait, par conséquent, du point de vue logique, que dans un système formel assez riche, tout ce qui est vrai, au sens classique, n'étant pas démontrable, ce vrai qui déborde de la démonstration n'est qu'une chimère métaphysique, à laquelle il est sage de ne pas s'attarder. Plus généralement, il insisterait sur ce thème raisonnable : tout ce qui est vrai, au sens classique, n'étant pas vérifiable, il importe de s'en tenir au seul vérifiable, du moins dans la mesure où seul il produit dans notre expérience actuelle des conséquences directes ou indirectes. Mais que dit, par exemple, la *Lettre à Hérodote (51)*, lorsqu'elle en vient à distinguer l'illusion et l'erreur? Il y a illusion quand l'attente tire du matériel sensible des fantasmes qui ressemblent aux objets extérieurs. Mais nous ne pouvons rien sur une illusion ; celle-ci, donc, a lieu pour une appréhension " immobile ". L'erreur, en revanche, exige de notre part une sorte d'action, une appréhension " mobile ". " L'erreur, dit Épicure, n'existerait pas, si nous ne recevions pas, en plus, en nous-même, un autre mouvement associé, mais s'en distançant. Or c'est selon ce mouvement associé à l'appréhension imaginative, mais s'en distançant que, s'il n'y a pas confirmation ou s'il y a infirmation, naît le faux, et le vrai s'il y a confirmation ou s'il n'y a pas infirmation ".

Bien que les commentateurs d'Épicure paraissent, pour une fois, d'accord sur le critère du faux (non-confirmation ou infirmation) et du vrai (confirmation ou non-infirmation), cette partie de la doctrine ne va pas sans difficulté. Elle est répétée dans d'autres textes [25] qui ne l'éclairent pas. Ils semblent s'accorder, en effet, sur ce que " le contrôle de l'opinion par l'expérience, positive ou négative, se dédouble ici, en ouvrant une marge d'incertitude : la non-confirmation peut n'être que provisoire, et l'absence d'infirmation n'équivaut pas à une confirmation directe " [26]. Or cette marge d'incertitude d'une part peut

---

25. Voyez la traduction de la *Lettre à Hérodote (50-51)* dans Bailey, p. 29 et dans Furley, 1967, p. 207. Autres textes semblables, sur les critères, dans Épicure : *Vita Epicuri (34)* " Ils appellent aussi l'opinion une supposition (ὑπόληψιν) et disent qu'elle peut être vraie ou fausse ; si elle est confirmée ou non contredite, elle est vraie ; si elle n'est pas confirmée ou si elle est contredite, elle est fausse " (Bailey, p. 163, p. 173).

26. Rodis-Lewis, 1975, p. 111.

faire renaître les craintes et les mythes[27], de l'autre s'accorde mal avec l'empirisme épicurien et avec d'autres textes explicites. En effet, Épicure dénonce comme source principale d'erreur la tentation de mettre sur le même plan ce qui attend confirmation — c'est-à-dire l'opinion sur la sensation — et ce qui n'attend pas confirmation — c'est-à-dire la sensation même[28]. Le texte de la *Vie d'Épicure* produisant les définitions du vrai et du faux qui semblent " ouvrir une marge d'incertitude " est immédiatement suivi par cette affirmation empiriste : " C'est pourquoi on a introduit la notion de problème attendant confirmation : par exemple, attendant de venir tout près de la tour pour voir comment elle apparaît de tout près "[29]. Cette attente serait dépourvue de sens, si toute opinion non infirmée était vraie.

Si donc le principe de l'empirisme est fondamental, si " toutes les investigations doivent être contrôlées par les sensations "[30], il faut d'abord chercher à quoi s'appliquent les définitions données du vrai et du faux. Elles ne peuvent pas s'appliquer aux opinions concernant les choses sensibles et dont il y a confirmation ou infirmation possibles, puisque de telles opinions ne sont que des problèmes[31] ; la " claire vision " confirme ou infirme : elle ne laisse pas de place pour une marge d'incertitude. S'il en est ainsi, il faut chercher un autre niveau de connaissance auquel appliquer les définitions. Un texte de Sextus nous montre la voie en expliquant ce qu'il faut entendre par non-infirmation : " La non-infirmation est la conformité entre la chose invisible, posée par hypothèse et conjecture, et le phénomène. Par exemple,

---

27. *Doctrines principales,* XII, *in* Bailey, p. 97.

28. *Doctrines principales,* XXIV, *in* Bailey, p. 101 et commentaire, p. 363. " XXIV. Si tu rejettes globalement quelque sensation, au lieu de bien distinguer, d'une part, ce qui relève de l'opinion et attend encore confirmation et, d'autre part, ce qui est déjà présent selon le témoignage de la sensation, des affections et des représentations de l'esprit, tu mettras la confusion, par cette vaine opinion, même dans le reste des sensations, si bien que tu détruiras entièrement le critère de la vérité. D'un autre côté, si, dans tes idées fondées sur l'opinion, tu prends pour assuré tout ensemble ce qui attend encore confirmation et ce qui n'en attend pas, tu n'échapperas pas à l'erreur ; tu auras conservé ainsi une ambiguïté totale, chaque fois qu'il s'agira de discerner ce qui est correct et ce qui ne l'est pas " (trad. Goldschmidt, 1977, pp. 270 et 272 et le commentaire de l'auteur sur confirmation, infirmation et prénotion, pp. 214-215).

29. *Vita Epicuri (34) in* Bailey, p. 163.

30. *Lettre à Hérodote (50)* Commentaire *in* Bailey, p. 195.

31. Bailey, p. 197, écrit : " La vision d'un objet à distance devrait toujours être regardée comme un problème attendant confirmation par la vue à proximité grâce à laquelle elle est confirmée ou non infirmée ". Mais *si* la vue à proximité est possible, il y a nécessairement confirmation ou infirmation !

Épicure affirme l'existence du vide, ce qui précisément est invisible *(adélon)*. Mais on y croit à cause de ce fait évident : le mouvement ; car si le vide n'est pas, le mouvement non plus n'aurait pas dû exister, s'il n'y a pas de lieu vers lequel le corps en mouvement puisse se diriger, parce que tout serait plein et compact. Ainsi le phénomène (évident) du mouvement n'infirme pas la chose invisible qui est conjecturée "[32]. La non-infirmation est donc une relation entre une hypothèse en elle-même invérifiable, puisque soustraite à la claire vision, et la claire vision d'un phénomène, relation qui ne peut donc être que d'ordre logique, à savoir de l'ordre de l'implication.

Mme Rodis-Lewis fait suivre ce texte du commentaire suivant : " Au contraire, l'existence du mouvement infirme la négation stoïcienne du vide. Ainsi se justifie l'emploi des raisonnements par l'absurde que nous avons notés à la base de l'atomisme : sans le vide, pas de mouvement ; sans le principe : rien ne naît de rien, on tombe dans l'absurdité qui fait surgir tout de n'importe quoi. Si le principe nié n'a qu'une seule contradictoire, la négation de la négation vaut confirmation "[33]. S'il y a, dans les définitions données du vrai et du faux, un parallélisme complet, peut-on dire cependant qu'en un même moment l'existence du mouvement infirme la négation stoïcienne et confirme l'affirmation épicurienne du vide ? Il ne le semble pas. En effet, si l'on admettait qu'une double négation vaut une affirmation, l'hypothèse atomiste serait susceptible non seulement de non infirmation au sens de Sextus, mais de confirmation. Il faut donc, dans les définitions données du vrai et du faux, distinguer ce qui s'applique aux opinions exprimées dans les énoncés d'observation et ce qui ne s'applique qu'aux principes théoriques, donc aux hypothèses portant soit sur les invisibles soit sur les choses (corps célestes) qui, bien que visibles, sont hors d'atteinte pour une " claire vision ".

Les interprètes d'Épicure [34] ont discuté l'obscure notion de ἐπιβολὴ τῆς διανοίας, projection de l'esprit. Elle paraît correspondre à la notion d'hypothèse scientifique. Or pour elle il n'y a pas, si elle est vraie, confirmation directe, mais seulement non-infirmation par les évidences sensibles qui en résultent à

---

32. *C. Dogm.*, 1, 213, cité par Rodis-Lewis, 1975, p. 111.
33. *Op. cit.*, p. 112. De même, Furley (cité par Goldschmidt) et Goldschmidt parlent de la supposition inverse (P, car si ~ P, alors Q qu'on observe être faux ; donc ~ ~ P, c'est-à-dire P) (1977, p. 219, note 4).
34. Bailey, pp. 259-274.

l'aide de principes clairement saisis. Considérons, par exemple, la question de la vitesse des atomes et des idoles dans le vide. " Ensuite, dit Épicure, aucune observation n'infirme la théorie selon laquelle les idoles sont d'une petitesse extrême ; donc elles ont une vitesse extrême, puisqu'elles ont toutes un trajet assez grand pour prévenir toute collision ou pour en réduire le nombre... "[35]. Furley a justement rapproché ce texte de la doctrine d'Aristote, " Aristote affirmait que la vitesse avec laquelle des corps se déplacent à travers un milieu varie avec le poids des corps et la densité du milieu. Le vide n'a pas de densité du tout, en sorte que la vitesse du mouvement à travers le vide ne peut avoir aucun rapport aux autres vitesses. Comme ceci est impossible, Aristote conclut qu'il n'y a pas de vide. Épicure retourne cet argument... : *il y a* un vide, en sorte que les atomes se meuvent à travers lui avec une vitesse *inconcevable.* Naturellement, ils ne se meuvent pas avec une vitesse *infinie ;* mais leur vitesse est telle qu'on ne peut pas la mettre en rapport avec la vitesse d'un mouvement observable "[36].

Cet argument est remarquable. Soit p la proposition : " il y a du vide " et q la proposition " la vitesse d'un mouvement des atomes à travers le vide est sans rapport avec la vitesse d'un mouvement observable ". Épicure admet avec Aristote la thèse :

Si p, alors q.

Aristote raisonne ensuite par l'absurde :

Si, " si p, alors q " est une thèse et qu'il n'est pas possible que q, alors il n'est pas possible que p,

et de l'impossibilité d'une vitesse sans rapport avec les vitesses observables, il déduit l'impossibilité du vide. C'est là appliquer la seconde prémisse du Dominateur. Or les deux prémisses, p et q, la condition et sa conséquence, appartiennent aux invisibles. Elles doivent donc, suivant Épicure, toutes deux êtres " inférées " à partir des phénomènes, sans qu'une réduction à l'absurde puisse éliminer la condition à partir d'une prétendue impossibilité interne qui viendrait caractériser le conséquent. Le conséquent ne peut pas être déclaré impossible, ni d'ailleurs possible, sur le simple examen de sa nature.

Le raisonnement d'Aristote a, pour Épicure, un aspect dialectique, car la possibilité interne d'un concept tel que celui de vitesse inconcevable est une entité douteuse. Il faut donc revenir

---

35. *Lettre à Hérodote (47)* trad. Furley, p. 127.
36. Furley, p. 127.

au rapport de l'invisible au phénomène. Qu'est-ce qui, de l'aveu d'Aristote, est donné à la sensation ? Le mouvement. C'est donc sur le rapport du vide au mouvement, et sur lui seul qu'on pourra secondairement fonder une inférence concernant la légitimité ou l'illégitimité du concept de vitesse inconcevable, conséquence du concept de vide.

Soit donc le principe : pas de vide (non p), pas de mouvement (non r) — le changement de lieu supposant l'existence du lieu et donc du vide [37].

Si, " si non p, alors non r " est une thèse et si r, alors il n'est pas vrai que non p.

Il y a du mouvement, donc par *modus tollens* il est faux qu'il n'y a pas de vide. Il y a réfutation ou infirmation de la négation du vide par le phénomène du mouvement. Donc l'hypothèse aristotélicienne de cette négation est fausse. On pourrait croire que de là on serait fondé, selon Épicure, à conclure qu'il y a du vide. Cette conclusion serait vaine, car, ne reposant que sur une réfutation par l'absurde d'une thèse dialectique, elle emprunterait son incertitude à cette thèse. Il faut donc, pour fonder l'existence du vide, un argument positif, et tel qu'une *sensation* ou un phénomène puisse étayer l'hypothèse. Épicure se contente de dire que l'hypothèse du vide n'est pas infirmée par les phénomènes. En d'autres termes,

1) le raisonnement par *modus ponens* si p, alors r et p donc r n'est pas employé, parce que tandis que " si non p alors non r " est un principe clair pour l'*épibolè thès dianoias,* il n'en va pas de même pour la conditionnelle affirmative " si p, alors r ". En effet, il ne suffit pas qu'il y ait du vide pour qu'il y ait du mouvement. Nous ne savons pas en quel sens exact Épicure interprétait ses conditionnelles, mais, au sens le plus faible de l'implication matérielle, il se peut que p soit vrai et r faux (dans un monde possible et immobile, contraire aux faits). Tout ce qu'on peut dire, c'est que l'existence du vide rend possible le mouvement. De l'existence du mouvement comme donné, on ne peut pas conclure à la nécessité de l'existence du vide, mais l'hypothèse du vide n'est pas infirmée par le fait du mouvement. Au contraire, supposé le vide, la vitesse incommensurable des

---

37. Ce n'est naturellement pas une réduction d'Aristote à l'absurde, puisqu'Aristote rejette explicitement cette implication. (*Lettre à Hérodote (40) :* " S'il n'y avait pas ce que nous nommons vide, espace et nature intangible, les corps n'auraient pas où être ni où se mouvoir, comme il apparaît bien qu'ils se meuvent ").

atomes s'ensuit (p → q), ou plutôt cette vitesse est la conséquence nécessaire de la supposition conjointe du vide et du mouvement des atomes.

2) D'une double négation on ne se donne pas le droit de passer à l'affirmation ou, ce qui revient au même, on ne peut appliquer le tiers-exclu aux principes qui gouvernent les invisibles. Tout ce qu'on peut atteindre est une relation de non-infirmation. Posé le vide, les phénomènes ne l'infirment pas, puisque le mouvement, phénomène évident, n'existerait pas sans lui. Et puisque le vide entraîne la vitesse inconcevable, cette dernière hypothèse, de même que sa condition, devra être regardée comme non infirmée.

Ainsi on distinguera, dans la définition du vrai et du faux, deux aspects ou même deux éléments indépendants selon qu'il s'agit d'opinions consistant dans des anticipations perceptives ou au contraire d'énoncés théoriques. Mais cette distinction exige qu'on précise en même temps les relations entre les quatre termes : confirmation, non-confirmation, infirmation et non-infirmation et les deux termes du vrai et du faux. Un énoncé d'observation est vrai s'il est confirmé. Il suffit, pour qu'il soit faux, qu'il soit non confirmé. Quand je constate que la tour n'est pas carrée, l'opinion que je m'étais faite : " la tour est carrée " est fausse : ici, la non-confirmation vaut une infirmation. Il n'y a pas de place pour une marge d'incertitude. S'agit-il, au contraire, de projections de l'esprit, concernant des choses sensibles mais inaccessibles ou des invisibles ? Il n'y aura ni confirmation ni confirmabilité directes. Le vrai se réduira à la non-infirmation. Cependant, l'infirmation de l'hypothèse reste possible par les conséquences phénoménales qu'on peut lui attacher. L'infirmation et la non-confirmation théoriques doivent être regardées comme des genres de vérification : le texte de Sextus le prouve pour la première d'entre elles. Comme les concepts et les principes qu'elles visent ne supportent pas une comparaison directe avec l'expérience puisque ce ne sont pas proprement des concepts empiriques, la décision qui les concerne se fait par l'ensemble des conséquences empiriques que nous leur associons en vertu des " projections de la pensée ".

Par conséquent, tandis que le vrai et le faux obéissent à un critère homogène et symétrique quand il s'agit de l'opinion sensible " proche ", et que, dans ce domaine, conformément aux canons de l'empirisme, vrai signifie " vérifiable " et faux " vérifiable que non ", c'est-à-dire confirmé et infirmé, il en va autrement pour les hypothèses théoriques. Celles-ci peuvent être infirmées, quoiqu'elles ne puissent jamais être confirmées. Épicure a donc pressenti l'asymétrie de l'infirmation et de la confirmation, en ce domaine. Sa canonique annonce Popper. Si elle n'aboutit pas exactement aux conclusions de Popper, c'est que, pour ce dernier, la non-infirmation n'équivaut pas à la vérité et que, d'autre part, tout énoncé d'observation protocolaire devra pouvoir être corrigé. Ce dernier trait s'explique, chez Popper, par la polémique contre le psychologisme et l'interprétation conventionaliste des " énoncés de base " que la canonique empiriste rejette résolument et avec raison [38]. Quant au premier, l'intuitionnisme épicurien tend à effacer la différence qui oppose la vérité qu'il reconnaît à ses hypothèses et l'absence de vérité positive propre aux hypothèses selon Popper. D'une part toute anticipation perceptive n'est, en tant que telle, qu'un problème attendant confirmation ou infirmation par l'expérience directe et proche; elle est donc, en soi, dépourvue de valeur de vérité, puisque c'est cette expérience seule qui la lui confère. D'autre part toute hypothèse est vérifiée ou infirmée par les phénomènes qui en découlent. Aucune vérité et fausseté n'existent en dehors de ces procédés de confirmation. Mais, de plus, la vérification d'une hypothèses est asymétrique avec son infirmation, en ce qu'elle se limite à une non-infirmation, qui, en toute rigueur, étant donné l'invalidité du tiers-exclu, n'est pas absolument positive et qui, en tous cas, n'autorise nullement à conclure à la vérité au sens dogmatique de l'adéquation avec l'objet.

La théorie épicurienne du droit illustre remarquablement les préceptes de la canonique. En effet, dans les procédés de vérification et d'infirmation des lois, plus complexes que ceux qui jouent au niveau de l'opinion sensible puisqu'ils ne peuvent porter que sur les conséquences lointaines de ces lois, la méthode de l'attente joue non plus sur les simulacres que nous subissons passivement, mais sur des effets " dont nous -mêmes avons posé la cause " [39]. On distinguera deux cas. Ou bien la confirmation est héritée du passé comme c'est le cas pour le corps des lois léguées par les ancêtres; le droit, emportant avec

---

38. Popper, 1973, Ch. V, pp. 8-111. (Dans ce texte, souvent obscur, une note paraît réduire cette première différence, p. 103 (1)). En sens inverse, comme le rappelle justement Goldschmidt (1977, p. 217), la sensation épicurienne se distingue de l'impression humienne par le *fundamentum in re* que [lui] accorde, dans le réalisme épicurien, la théorie des simulacres ".

39. Goldschmidt, 1977, p. 217, pp. 221-222.

lui sa confirmation — et donc sa non-infirmation —, peut alors remplir sa fonction essentielle : établir la sécurité, de même que confirmation et non-infirmation des opinions sensibles établissent la sécurité dans l'ordre des connaissances [40]. Ou bien il s'agit d'une proposition de loi dont la confirmation ou la non-confirmation est " en attente " et que Goldschmidt a su interpréter par la procédure attique de " révision des lois " et d'action contre l'auteur d'une loi préjudiciable [41]. Dans ce dernier cas, la loi ressemble à une hypothèse concernant les choses futures. S'il y a souvent confirmation et donc justification d'une règle par sa conformité actuelle avec l'intérêt commun, ou non-confirmation et rejet de sa légalité du fait que les conséquences de la règle ne sont pas conformes à l'intérêt de la communauté, cette confirmation immédiate assimilant le critère juridique au critère de l'opinion sur les choses sensibles " proches ", il arrive aussi que le droit change par suite des bouleversements constitutionnels. Ce qui était juste cesse d'être utile. Dans ce dernier cas, on devra constater que les conséquences d'une loi acceptée et obéie pendant un certain laps de temps du fait de leur utilité générale ne confirmaient pas réellement cette loi, mais se bornaient à ne pas l'infirmer provisoirement. Viennent au jour des conséquences fâcheuses et de plus en plus clairement reconnues comme telles. Ces conséquences infirment la loi et contraignent à la réviser. En d'autres termes, de la non-infirmation qui justifiait jusqu'alors une loi, on passe à son infirmation, qui lui retire cette justification [42].

La proposition de loi conçue comme hypothèse juridique se distingue de l'hypothèse scientifique sur les invisibles et sur les sensibles éloignés, parce que l'avenir l'assimilera un jour à une opinion sur les choses sensibles proches. C'est pourquoi il y aura changement du critère du juste, comme le requiert le droit

---

40. *Id., ibid.*, pp. 218-219.

41. *Id., ibid.*, pp. 196-197, 222-223 ; Goldschmidt, 1981, p. 87.

42. Épicure, *Doctrines principales*, XXXVII et XXXVIII, trad. Goldschmidt, 1977, pp. 280-282. On pourrait comparer la théorie épicurienne du droit avec celle des néo-positivistes d'aujourd'hui. Si l'annulabilité d'une norme juridique ne se confond généralement pas avec sa nullité *ab initio*, et si des organes juridiques spécifiques sont requis pour en décider, c'est qu'une norme appelée en révision ne peut l'être qu'au nom d'une autre norme (Kelsen, 1945, XI He). Mais pour qu'une contradiction explicite ne vienne pas ébranler l'édifice du droit, il faut qu'on regarde précisément l'ancienne norme comme une hypothèse non infirmée, mais active tant qu'elle était reçue et dont l'annulation coïncide avec l'acte formel de l'infirmation.

positif. Notons une dernière analogie entre théorie juridique et canonique. La suspension de l'ordre juridique positif ou anomie produit inévitablement une insécurité où chacun nuit à autrui. La sécurité, qui consiste simplement à ne pas se nuire mutuellement, suppose donc l'état de droit. La non-infirmation d'une hypothèse en produirait la vérité non au sens fort de la correspondance dogmatique, mais au sens faible de substitut d'une vérification pour ce qui ne peut être vérifié. La non-infirmation d'une règle en produit de même la justification non au sens d'une justice idéale, mais au sens faible de ce qui, en droit positif, joue le rôle de cette justice, à savoir la paix dans la cité.

### 41. CONSÉQUENCES DES CRITÈRES ÉPICURIENS : PLURALITÉ DES HYPOTHÈSES ET REJET DU TIERS-EXCLU.

Deux conséquences résultent de ce canon : l'indétermination de certaines hypothèses et le rejet du tiers-exclu.

En premier lieu Épicure admet certes que tant pour rechercher les causes cachées des phénomènes, l'invisible (ἄδηλον) dont relèvent les atomes ou les choses du ciel et les météores, que pour atteindre le futur (προσμένον), l'opinion doit inévitablement franchir les limites de la perception. Mais le critère de la vérité de ces mécanismes de projection reste la perception elle-même. Les hypothèses, tant sur les raisons imperceptibles des choses que sur les choses inaccessibles ou sur les futurs, n'ont leur critère que dans la perception, en tant que celle-ci les confirme ou du moins ne les infirme pas. Elle ne peut que ne pas les infirmer, au sens que nous avons donné à ce mot, pour les hypothèses explicatives. Mais aussi ne sommes-nous nullement tenus de choisir entre les hypothèses incompatibles propres à expliquer un même phénomène naturel[43]. Épicure condamne ceux " qui, pour ne pas s'être attachés à la méthode du possible, sont tombés dans cette vanité (impie), parce qu'ils pensent que les phénomènes se produisent uniquement d'une seule manière, et rejettent toutes les autres qui relèvent du possible, se portant vers l'inintelligible et incapables d'unir en une seule théorie les phénomènes qu'il faut accueillir comme des signes "[44]. Est-ce pour autant cependant qu'il faut faire d'Épicure un sceptique et

---

43. *Lettre à Hérodote (79-80) in* Bailey, p. 51 ; Sextus Empiricus, VII, 211.
44. *Lettre à Pythoclès (97)* trad. Rodis-Lewis (pp. 59-60) ; Lucrèce, *De Natura Rerum*, V, 526-533.

dire que " les Épicuriens n'auraient dû regarder leur propre métaphysique atomiste que comme une hypothèse, non réfutée, mais aussi non confirmée par les faits — une hypothèse, dont ils ne se servaient d'ailleurs que pour refouler d'autres hypothèses, qui leur paraissaient moralement douteuses "[45] ?

Subordonnera-t-on complètement la physique à la morale, pour estimer qu' " Épicure reconnaît qu'un nombre indéfini d'explications différentes pourraient être aussi vraies que le matérialisme ", la " vérité " de ce dernier ne tenant qu'à ses conséquences pragmatiques, c'est-à-dire à sa capacité de " libérer plus complètement l'homme de ses craintes "[46] ? Ce serait là un contre-sens complet. D'abord, c'est dans le cadre unique et catégorique de l'atomisme que ces explications multiples se présentent[47]. Ensuite, précisément à propos des phénomènes célestes, on a vu Épicure requérir l'union en une seule théorie de ces diverses explications, c'est-à-dire rejeter absolument le dualisme que certains de ses adversaires admettaient entre le monde sublunaire et le monde supralunaire[48] et les conséquences astrologiques qu'ils tiraient de cette représentation[49]. On ne saurait donc se prévaloir de la pluralité de certaines hypothèses pour en inférer une attitude sceptique d'Épicure. La non-divinité des choses célestes, thèse éminemment péremptoire, est fondamentale dans son système. Le scepticisme a attiré certains disciples de Démocrite, tel Nausiphane, parce que Démocrite dévalorisait la connaissance sensible. Épicure, en revanche, rétablit les droits de cette connaissance et, à travers elle, des phénomènes[50], seuls propres à fournir un critère. Bien plus, lorsqu'Épicure parle de la pluralité des hypothèses, il paraît souvent défendre simplement la pluralité des causes. C'est en particulier le cas dans la *Lettre à Pythoclès (98)*, quand il cherche l'explication de l'inégalité des jours et des nuits[51]. La seule conclusion qu'on peut donc tirer de la pluralité de certaines hypothèses a trait à la logique. C'est l'expérience, ce n'est jamais l'organisation logique des propositions qui permet de choisir entre les hypothèses. Les raisonnements logiques sont vides

45. Windelband-Heimsoeth, 1935, p. 171.
46. Sartre, 1949, p. 191.
47. Boyancé, 1953, pp. 428-429.
48. *Lettre à Hérodote (77)* in Bailey, p. 49.
49. *Doctrines principales (XI)* in Bailey, p. 97).
50. Rodis-Lewis, 1975, p. 65 ; Bailey, p. 404.
51. Bailey, p. 67, p. 277 et p. 251.

lorsqu'ils assignent aux êtres des essences telles que l'immatérialité, l'éternité, la nécessité en découleraient logiquement.

Cette conclusion négative en entraîne, en second lieu, une autre concernant les principes mêmes de la logique. C'est sa non-infirmation, c'est-à-dire la confirmation de ses conséquences expérimentales qui nous assure de la vérité de l'atomisme. Ce n'est pas le seul fait que l'hypothèse contraire soit fausse. C'est pourquoi tiers-exclu et loi de la double négation sont en eux-mêmes impuissants à déterminer la vérité d'une hypothèse, quelle qu'elle soit. Mais considérons des futurs. Comment dire qu'une prophétie qui les touche est vraie ou fausse, si la divination, comme l'avait déjà montré Démocrite, est ridicule ? Comme aucune confirmation ou infirmation ne peut être attendue avant l'événement même, on ne saurait donc appliquer le tiers au futur.

Le système de Démocrite, dit-on, a pâti d'avoir été transmis par le système d'Épicure, qui a subordonné la théorie à la pratique et introduit en philosophie le concept métaphysique de la liberté [52]. C'est en effet ce concept de liberté d'indifférence ou d'équilibre, d'arbitre, qui fit l'admiration d'un Marc-Aurèle [53] et qui est la pierre angulaire de la philosophie d'Épicure. Or cette liberté est d'abord celle de refuser les sollicitations de l'opinion, par exemple la représentation des maux futurs, pour n'accepter que le présent, c'est-à-dire la sensation coupée du mouvement actif de l'erreur. Son lien avec la négation du principe du tiers-exclu apparaît dès qu'on s'interroge sur le poids des représentations ou des motifs dans la décision volontaire. Adversaires et partisans de la liberté d'indifférence s'accordent à nier qu'un motif simultanément suffise et ne suffise pas à entraîner la décision. Mais ce n'est pas pour autant que les partisans de l'arbitre admettent qu'un motif suffise ou ne suffise pas à entraîner la décision. Car l'indifférence de la liberté est ce qui prête au motif une puissance de détermination dont, quel que soit son poids, la représentation en tant que telle reste dépour-

---

52. Windelband-Heimsoeth, *ibid.*, p. 162.

53. *Pensées*, L. IX (41); Bréhier, 1962, p. 1220. " Celui qui use de l'argumentation de Démocrite, disant qu'il n'y a aucun mouvement libre dans les atomes, à cause de leur choc respectif, et qu'il paraît de là que tout se meut selon la nécessité, nous lui dirons : Ne sais-tu pas, qui que tu sois (Diogène s'adresse aux passants d'Oenoanda), qu'il y a aussi dans les atomes un mouvement libre, que Démocrite n'a pas découvert, mais qu'Épicure a mis en lumière ; c'est l'existence d'une déclinaison, comme il le montre à partir des phénomènes " (fr. 32, in Rodis-Lewis, p. 79); Lucrèce, *De Natura Rerum,* II, 252-293.

vue, et donc il n'est pas vrai qu'en lui-même un tel motif suffise ou ne suffise pas à entraîner la décision[54].

## 42. LE DOMINATEUR ET L'ÉPICURISME.

Qu'en est-il alors du rapport possible d'Épicure au Dominateur ? Et pourquoi a-t-il invoqué, comme l'affirme Cicéron, l'invalidité du tiers-exclu, afin d'éviter la nécessité qu'il croyait résulter de cet argument ? On a minimisé l'influence de Diodore sur Épicure eu égard à la théorie des mouvements élémentaires[55]. Mais, en ce qui concerne le Dominateur, le témoignage cicéronien est irrécusable. Nous savons de plus qu'Épicure a écrit un *Traité contre les Mégariques* et un *Traité sur le Destin*[56]. Il proteste contre le destin des philosophes dans la *Lettre à Ménécée*[57] *(133-134)*, et le juge pire que l'objet des croyances populaires. Enfin il reçoit explicitement la première prémisse de Diodore[58]. En ce qui concerne la troisième prémisse, on a remarqué, à propos de l'infini potentiel d'Aristote, qu'Épicure aurait montré " de l'impatience à l'égard de l'idée d'une potentialité qui ne peut jamais être actualisée "[59]. La même impatience, cependant, doit être supposée à l'égard d'une potentialité diodoréenne qui se réaliserait dans un temps supposé aussi éloigné qu'on voudra. Si l'on considère l'infinité du temps, on ne pourra donc, selon la Canonique, ni affirmer, ni nier la troisième prémisse du Dominateur. Par ailleurs, l'affinité de la pensée épicurienne avec le jeu de l'aléatoire ne permet pas d'écarter la troisième prémisse, dont la vérité est une donnée d'expérience pour le libre arbitre. Quant à la seconde prémisse, elle est utilisée

---

54. C'est cette indifférence d'équilibre que Leibniz refuse, avant tout, chez Épicure (Leibniz, Gerhardt, IV, p. 297 ; Jalabert, pp. 310-311). Bref, s'il y a un mouvement (physique ou psychologique) sans cause, il y a des exceptions au principe du tiers-exclu : c'est là un principe qu'au dire de Carnéade Épicure reçoit comme son adversaire Chrysippe (Cicéron, *De Fato*, X, (20)-(21) ; voir plus bas, chap. VIII, p. 231). Soit A la proposition : " il est possible que le motif p ne soit pas accompagné de la décision q " (cas du motif insuffisant) et B la proposition : " il est impossible que le motif p ne soit pas accompagné de la décision q ". Ce que les partisans du libre-arbitre refusent, c'est la validité de la conditionnelle : " $\sim(A \cdot B) \rightarrow (\sim A \vee \sim B)$ " (voir plus haut, note 22).

55. Furley, p. 134.
56. *Vita Epicuri (27-28) in* Bailey, p. 159.
57. Bailey, p. 91.
58. *Fragments (LV) in* Bailey, p. 115.
59. Furley, p. 155 ; voir plus bas, p. 355 et pp. 392-393.

par Épicure, par exemple dans la *Lettre à Hérodote (57)*. Il part de la thèse (δῆλον) : " s'il y a une infinité de particules, si petites qu'elles puissent être, ayant quelque grandeur que ce soit, le corps qui en sera composé sera, lui aussi, infini par la grandeur "[60]. La conséquence est impossible : " comment alors une pareille grandeur pourrait-elle être limitée ? ". Donc l'anté-cédent est impossible, lui aussi[61]. On a donc des raisons de présumer qu'Épicure échappe à la conséquence nécessitariste du Dominateur en mettant indirectement en cause la portée dog-matique de la troisième prémisse et qu'il a, à cet effet, nié la validité du tiers-exclu, étant donnés, par ailleurs, les exigences et le style intuitionniste de sa canonique.

Lorsqu'on prête sérieusement attention aux innovations fon-damentales qu'Épicure a apportées dans l'atomisme démocri-téen, il est difficile de se représenter l'épicurisme comme une sorte de modèle de l'empirisme dogmatique, comme le fait Kant dans l'antithétique de la *Critique de la Raison pure*. Les caracté-ristiques des antithèses kantiennes : infinité du monde dans l'espace et le temps, inexistence du simple dans la substance, négation de la liberté et totale subordination du monde aux lois naturelles, négation de l'être absolument nécessaire sont propres à Démocrite, encore que l'atomisme se concilie malaisément avec la seconde[62]. Épicure tempère toutes ces thèses, sauf la dernière. A l'éternité des atomes il ajoute le thème de la pluralité des mondes qui naissent et meurent et ont donc commencement et fin[63]. Si l'âme est un composé périssable, elle a du moins pendant un certain temps une sorte de permanence formelle, qui s'accorde bien avec son indépendance, parallèle à celle des atomes. Le clinamen et la liberté brisent enfin l'enchaînement des causes naturelles. Somme toute, exception faite de l'exis-tence de l'être nécessaire[64], on rangerait plutôt Épicure du côté

---

60. " Il est évident en effet que les corpuscules en nombre illimité ont une taille déterminée, et, de quelque taille que soient ces composants, la grandeur serait également illimitée " (Bollack, Bollack, Wisemann, 1971, p. 113).

61. Il n'y a pas contradiction entre l'infinité des atomes et le fait qu'une infinité d'atomes ne peut être comprise dans un corps limité. En effet, " le tout est illimité par l'étendue et par le nombre des corps " dit la *Lettre à Hérodote (41)*, qui ajoute (45b) : " Le nombre des mondes, quelques-uns semblables au nôtre et quelques-uns dissemblables, est également infini ".

62. Voir la différence faite par Kant entre monadisme et atomisme, *Kritik der reinen Vernunft*, (B 468/A 440).

63. Lucrèce, *De Natura Rerum*, II, 1047-1089.

64. Que les Épicuriens furent, dans l'Antiquité, les seuls à nier sous la forme du premier moteur (B 478/A 450).

des thèses que des antithèses kantiennes, c'est-à-dire précisément du côté de l'intérêt pratique et contre l'intérêt spéculatif de la raison [65].

Toutefois, tandis qu'il place décidément le platonisme (thèse) dans les systèmes dogmatiques, Kant hésite pour l'épicurisme. Dans une note importante, il déclare : " Cependant, la question se pose encore de savoir si Épicure a jamais avancé ces principes en qualité d'affirmations objectives. S'ils n'étaient peut-être rien de plus que des maximes de l'usage spéculatif de la raison, il montrerait en cela un esprit plus authentiquement philosophique qu'aucun autre des sages de l'Antiquité. Que, dans l'explication des phénomènes, il faille procéder comme si le champ de la recherche n'était borné par aucune limite ou commencement du monde ; qu'il faille accepter la matière du monde, comme elle doit l'être si nous voulons en être instruits, par l'expérience ; que nous ne devions déterminer aucune production des événements sinon par les lois immuables de la nature, et enfin qu'on ne doive recourir à aucune cause distincte du monde, ce sont là, encore à présent, des principes très justes, mais peu observés, pour étendre la philosophie spéculative, de même que pour découvrir les principes de la morale, indépendamment de tout secours étranger, sans que, pour ce motif, celui qui désire *ignorer* ces propositions dogmatiques, aussi longtemps que nous avons affaire à la simple spéculation, puisse être accusé de vouloir les *nier* " [66]. Nul doute que si Kant avait tenu compte des innovations d'Épicure tant dans l'ordre de la physique avec le clinamen que dans l'ordre de la canonique avec le rejet du tiers-exclu et de la morale avec l'affirmation du libre arbitre, il eût donné à cette remarque plus de poids et il n'eût pas hésité à considérer dans l'épicurisme une sorte de philosophie précritique.

## 43. Autres conceptions intuitionnistes de la réalité : Descartes et Kant.

Si Kant est fondé à remarquer le voisinage entre l'épicurisme et la philosophie critique, on peut universaliser sa remarque. Ce voisinage résultant, en effet, de tendances intuitionnistes communes, on peut se demander quels traits philosophiques de telles tendances dessinent en général. Il sera utile, à cet effet, de

---

65. B 494/A 466.
66. B 499/A 471.

comparer plusieurs systèmes philosophiques qui diffèrent tant par les choix particuliers que par l'architectonique mais qui tous obéissent à ces mêmes tendances. On comparera ainsi Épicure, Descartes et Kant et l'on examinera successivement leurs systèmes au point de vue de la méthode, de l'anthropologie et de la théodicée.

Les systèmes dogmatiques reçoivent pour critère du vrai l'adéquation aristotélicienne de l'assertion et de la chose. Or cette adéquation est étrangère aux voies par lesquelles on a pu l'établir. En particulier, l'existence d'une entité est indépendante du mode de sa démonstration. On a pu ainsi affirmer l'irrationalité du nombre π, par des démonstrations apagogiques réduisant à l'absurde la supposition contraire, bien avant qu'Hermite fût en mesure de fournir une démonstration constructive de la chose. Le dogmatisme reste insensible à cette différence ; aussi bien, le nombre π était, en soi, irrationnel avant toute démonstration, directe ou d'ailleurs indirecte. La différence s'abolit parce qu'on utilise des moyens logiques dont on pose l'équivalence de droit, parce qu'on regarde cette équivalence soit comme donnée *a priori,* soit comme fondée sur le succès pragmatique que l'expérience collective a également assuré à ces moyens, soit pour ainsi dire comme programmée dans les lois du langage dont nous nous servons tous pour communiquer nos expériences. On postule donc que les lois de la logique ordinaire sont valables pour tous les mondes possibles et que le choix de tel ou tel mode d'inférence parmi elles ne relève que de l'arbitre. Le principe du tiers-exclu et celui de l'équivalence entre double négation et affirmation comptent au nombre de ces lois que l'ordre des choses, le succès des actions humaines ou les habitudes du langage ont sélectionnées comme étant préalables à toute connaissance possible.

C'est ce postulat que l'intuitionnisme met en cause, en refusant de soustraire les lois logiques à l'enquête qu'il réclame sur le critère du vrai. L'adéquation qu'il requiert n'est donc pas entre la chose et la représentation vraie, mais entre la représentation et le canon propre à en garantir la vérité. Pour Épicure, ce canon est la confirmation par la perception de tout ce qui, dans l'opinion, la dépasse, et, conséquemment, le rejet de tout ce qui n'est pas confirmé ou du moins de tout ce qui n'est pas " non infirmé " au sens donné à ce mot par Sextus. Pour Descartes, une idée est vraie si elle est claire et distincte, ou du moins si, comme il arrive pour l'expérience de la substance composée, elle ne dépasse pas ce qui se conclut nécessairement des vérités prouvées à partir des idées claires et distinctes. Pour Kant, un concept est rempli s'il est constructible dans l'intuition sensible et il est dépourvu, sinon d'utilité régulatrice, du moins de validité objective dès qu'il outrepasse les limites de l'expérience possible. Dans les trois cas on oppose donc à l'adéquation dogmatique un concept plus étroit de la vérité, fondé sur une épreuve spécifique, assurément conçue de façon très différente chez les trois philosophes, mais à chaque fois indépendante de la logique et préalable à elle. C'est pourquoi Épicure resserre ce qu'il faut retenir de la dialectique dans les limites étroites de la canonique, et met en cause le tiers-exclu et la nécessité de choisir entre des hypothèses exclusives et formant une disjonction complète. Descartes méprise la logique des Anciens. Certes il la remplace par une algèbre géométrique ; mais la théorie des proportions qui commande cette algèbre, exclut les expressions qui exigent un nombre infini d'opérations algébriques ; Descartes rejette donc hors de la méthode trigonométrie et calcul [67] ; le continu demeure hors de l'atteinte de la raison, objet de simples procédés mécaniques, car la seule idée claire et distincte que nous ayons de l'infini est celle intellectuelle de l'ordre, non celle imaginative de la collection. Pour Kant, il limite explicitement l'extension des concepts à des ensembles finis. S'il admet la validité du tiers-exclu et des raisonnements apagogiques en mathématiques c'est que, selon lui, le caractère sensible de l'intuition dans laquelle ces raisonnements trouvent nécessairement leur application garantit *a priori* la possibilité d'une démonstration constructive, qui, un jour ou l'autre, remplacera la réduction à l'absurde et lui rendra l'évidence qui lui manque. Au contraire, dès qu'un concept pur de l'entendement se présente auquel aucune intuition sensible ne correspond, par exemple le concept de monde, les raisonnements apagogiques qui prétendent lui assigner un objet ou le lui refuser sont non recevables et ne font que montrer, de la part de la raison, des prétentions en elles-mêmes illégitimes, même si les intérêts qui les animent ont quelque fondement. Par conséquent, de ce que la supposition de l'infinité du monde ou de sa finitude conduit à une contradiction, on n'est nullement en droit de conclure à la nécessité de choisir. Celle-ci ne se présenterait que dans le cas d'une opposition analytique, où un même sujet existant ou constructible dans

---

67. Vuillemin, 1960, pp. 9-73.

l'intuition reçoit deux propriétés contradictoires[68]. Au contraire, dans l'antithétique cosmologique, la raison est enveloppée dans un sophisme qui provient de ce que dans la majeure de ses raisonnements (quand le conditionné est donné, la série entière de toutes ses conditions est aussi donnée) elle prend le mot : *condition* en un autre sens que dans la mineure (où les objets des sens nous sont donnés comme conditionnés). Dans la mineure, elle donne un sens empirique, dans la majeure un sens transcendantal au mot. Or le sens empirique exige qu'on construise la synthèse des conditions de façon régressive dans le temps, en sorte qu'il est contradictoire de la supposer achevée. Le sens transcendantal, en revanche, exige qu'on pose la totalité des conditions comme achevée et affranchie de toute succession. La cause de cette confusion n'est rien d'autre que l'hypostase en soi du sujet : le monde conçu comme totalité des conditions du phénomène, et il y a opposition dialectique précisément quand des propriétés contradictoires, comme l'infini et le fini, sont attribuées à un sujet qui est dépourvu de réalité : le monde en soi. Assurément, Kant ne met explicitement en question ni le tiers-exclu, ni l'équivalence de la double négation et de l'affirmation. Mais pourquoi la totalité donnée — en soi — des conditions d'un phénomène ne définit-elle pas un sujet possible d'assertion, lorsqu'elle nie les conditions de la synthèse régressive infinie qu'elle implique et qu'elle s'affranchit illégitimement des bornes de l'intuition ? Pourquoi Kant réserve-t-il non seulement le continu, mais même l'infini à l'intuition sensible qui peut et doit être donnée *(gegeben)*, mais qui ne saurait être délimitée *(abgegrenzt)*? C'est que la synthèse conceptuelle du Je pense, loin d'être créatrice, suppose un divers étranger à l'entendement et propre à la réceptivité, même quand cette réceptivité est pure. Une théorie des ensembles qui voudrait considérer un nombre infini donné, et *a fortiori* des nombres cardinaux d'infinité supérieure, tomberait donc sous le coup de la même critique qu'on a faite du monde, puisqu'ils supposent actualisée une totalité de conditions données par la seule progression de la synthèse numérique. Mais il y a plus. Non seulement la dialectique kantienne, toute négative, montre des affinités avec les résultats de la critique intuitionniste des mathématiques classi-

---

68. C'est le cas pour l'opposition : $\pi$ est un nombre rationnel, $\pi$ n'est pas un nombre rationnel, avant que Lambert ait prouvé (par l'absurde) la vérité de la seconde proposition. Nul n'aurait conclu que l'un et l'autre sont faux par défaut d'existence du sujet $\pi$.

ques. Mais, lorsqu'on examine la nature du sens transcendantal accordé à l'idée de totalité des conditions, on s'aperçoit qu'elle ne s'en distingue pas. Car d'où sait-on que ce sens est vide et ne fournit qu'un objet imaginaire ? C'est, dit-on, qu'il ne répond pas à un donné intuitif. Comment s'en assure-t-on ? Considérons deux séries entières de toutes les conditions l'une du phénomène B, le lever du soleil aujourd'hui, l'autre du phénomène A compris dans la première série, le lever du soleil hier. La seconde série est une partie propre de la première et l'on peut en même temps établir une correspondance bi-univoque entre ces deux séries, montrant ainsi que la partie est aussi " grande " que le tout. Bref, en appliquant au delà de l'intuition sensible les concepts qui ont montré leur utilité à propos de cette intuition, ceux de tout, de partie, d'équivalence, ces concepts perdent leurs sens primitifs. C'est cette *expérience,* déjà mentionnée par Galilée, qui suscite notre méfiance concernant la validité objective du concept de série entière des conditions. Toutefois cette expérience reste ambiguë. Elle peut indiquer qu'il n'y a pas d'objet possible correspondant à la série entière des conditions. Ou bien elle peut suggérer que certaines des propriétés des concepts doivent être modifiées quand on déplace leur champ d'application de conditions prises dans la série à la série entière.

Comment décidera-t-on entre ces deux interprétations ? Kant choisit clairement la première. A la série entière des conditions on ne peut assigner aucune propriété positive. Ainsi à la question concernant la grandeur du monde, la première réponse critique est négative : " le monde n'a pas de premier commencement dans le temps ni de limite extrême dans l'espace "[69]. L'antithèse dogmatique concluait que le monde est infini aussi bien au regard du temps que de l'espace. Cette réponse affirmative, qui était dialectique, est désormais remplacée par une affirmation acceptable parce qu'elle touche à la constitution de la synthèse subjective du monde et non du monde comme objet en soi : " la régression dans la série des phénomènes du monde en qualité de détermination de la grandeur du monde, va *in indefinitum* "[70].

---

69. B 548/A 520. — Cette réponse ne se distingue de la première proposition de l'antithèse que par les adjectifs *erster* Anfang et *aüsserste* Grenze. Ces adjectifs marquent que la confusion dogmatique est évitée et que, dans la majeure comme dans la mineure, on considère le monde comme chose en soi.

70. On ferait la même remarque à propos de la seconde antinomie, à la seule condition de substituer les mots *in infinitum* aux mots *in indefinitum* (B 551/A 523).

Ce qui par conséquent distingue le monde comme chose en soi et le monde sensible, c'est que celui-là reçoit illusoirement une grandeur absolue qui fait défaut à celui-ci. Or comment passe-t-on du monde sensible au monde comme chose en soi ? Le monde sensible est enfermé dans le procès de la synthèse subjective dont l'inachèvement est une donnée d'expérience. La chose en soi est posée comme série entière de la synthèse. Mais la seule différence qui constitue tout l'acte de la projection dogmatique ne consiste qu'à appliquer le tiers-exclu. On reconnaît que le monde sensible ne possède pas la propriété P (être pourvu de limites). Cependant on ne s'accorde pas le droit de conclure que le monde possède la propriété non-P, ce qui, en lui attribuant l'infinité, le prendrait dogmatiquement comme une chose en soi. Cette propriété non-P ne vaut que pour la série subjective et s'exprime dans l'expérience du pouvoir que nous avons de continuer indéfiniment la série. La série subjective tombe sous le tiers-exclu ; elle est finie ou infinie et l'on conclut par l'absurde qu'elle est infinie [71]. Mais de ce que la chose même n'est pas finie, on ne peut conclure à son infinité. C'est donc qu'hypostasier la chose en soi résulte de l'application du tiers hors de la synthèse subjective. Dire que le monde sensible n'est pas une chose en soi, c'est en fait refuser à la disjonction de l'infini et du fini une validité universelle, c'est-à-dire indépendante des conditions de l'intuition et de la construction. C'est bien là le principe de l'intuitionnisme [72].

En conséquence de la subordination requise des principes logiques à l'épreuve directe et positive des faits, l'intuitionnisme introduit inévitablement dans sa méthode des traits sceptiques. La liberté épicurienne est souvent voisine de la suspension du jugement [73]. Elle l'est à chaque fois que l'opinion dépasse le sens. Le doute cartésien, organe de la méthode, se fait métaphysique et forge des fictions, au delà des erreurs et illusions naturelles, pour parvenir à une certitude inébranlable. Kant fait l'éloge de

---

71. Indéfinie pour la première, infinie pour la seconde question cosmologique.

72. Dans la lettre à Chanut du 6 juin 1647, Descartes adopte une position voisine. Seul Dieu, dit-il, est infini. Le monde n'est qu'*indéfini.* " En quoi il y a une différence assez remarquable : car, pour dire qu'une chose est infinie, on doit avoir quelque raison qui la fasse connaître telle, ce qu'on ne peut avoir que de Dieu ; mais pour dire qu'elle est indéfinie, il suffit de n'avoir point de raison par laquelle on puisse prouver qu'elle ait des bornes ". Le raisonnement de Descartes est ensuite tout à fait comparable à celui de Kant ( B 548/A 520).

73. Voyez Gassendi, *Disquisitio Metaphysica,* p. 68.

la méthode sceptique[74], qui ne fait qu'un avec l'idéalisme transcendantal. Or ces traits sceptiques ont tous pour effet d'assigner des bornes à l'empire de la nécessité. Épicure admet que ce qui est vrai est nécessaire, mais il n'y a que des vérités de fait ; ce qui ne tombe pas sous la sensation n'impose pas non plus de nécessité. Descartes distingue les vérités premières incréées, qui toutes ont trait aux attributs divins et aux conséquences qui dérivent de l'idée de l'être infini, et les vérités éternelles, qui s'imposent à nous comme nécessaires, mais qui sont instituées par le libre arbitre divin et dont la nécessité, par conséquent, loin d'être primitive ou intrinsèque, n'est qu'une suite de la constance des décrets divins[75]. Ce qui est nécessaire pour notre entendement n'est nullement nécessaire pour Dieu même[76]. Il est remarquable que Descartes range parmi les impossibles absolus que Dieu puisse faire que ce qui est ou a été ne soit pas[77]. La seconde prémisse du Dominateur paraît tomber parmi les vérités éternelles créées. Quant à la troisième, elle semble résulter directement de l'existence de notre liberté. Ces vérités pour notre entendement ne manquent pas d'ailleurs d'être fondées dès que, l'existence de Dieu étant démontrée, sa véracité est engagée dans l'idée claire et distincte que nous avons de la nécessité[78]. On aboutit ainsi à distinguer deux sortes de possibilité[79] et de nécessité. Assurément, la distinction rappelle Aris-

---

74. B 535/A 507.

75. Gueroult, 1953, II, p. 30.

76. " Pour la difficulté de concevoir comment il a été libre et indifférent à Dieu de faire qu'il ne fût pas vrai que les trois angles d'un triangle fussent égaux à deux droits ou, généralement, que les contradictoires ne pussent être ensemble, on la peut aisément ôter en considérant que la puissance de Dieu ne peut avoir aucunes bornes, puis aussi, en considérant que notre esprit est fini, et créé de telle nature, qu'il peut concevoir comme possibles les choses que Dieu a voulu être véritablement possibles, mais non pas de telle sorte qu'il puisse ainsi concevoir comme possibles celles que Dieu aurait pu rendre possibles, mais qu'il a toutefois voulu rendre impossibles. Car la première considération nous fait connaître que Dieu ne peut avoir été déterminé à faire qu'il fût vrai, que les contradictoires ne peuvent être ensemble, et que, par conséquent, il a pu faire le contraire ; puis l'autre nous assure que, bien que cela soit vrai, nous ne devons point tâcher de le comprendre, pour ce que notre nature n'en est point capable " (A Mesland, mai 1644, IV, p. 118).

77. A Morus, 5 février 1649, V, p. 273 : référence au *Proslogion* (VII) de Saint Anselme donnée par Gueroult, 1953, II, p. 29.

78. Gueroult, 1953, II, p. 34.

79. Gueroult, 1953, II, p. 39. " Dieu, de par sa toute-puissance, peut tout faire en principe, — même ce que nous jugeons comme positivement impossible —, à condition que cela ne répugne pas à sa toute-puissance même, c'est-à-dire qu'il ne s'agisse pas de l'impossibilité absolue. Mais ayant institué

tote et annonce Leibniz[80]. Mais la création du bien et du mal[81] et généralement des vérités éternelles choquait Leibniz au point qu'il soupçonnait sous cette idée une " ruse philosophique "[82] : ce qui était traditionnellement attribué à l'entendement divin, on en faisait l'objet de la volonté divine, douée de liberté. Les deux sortes de modalités que Descartes distingue sont totalement étrangères à l'opposition dogmatique entre l'ordre de l'essence et l'ordre de l'existence ou entre le principe de contradiction et le principe du meilleur. Parce que certains, écrit Descartes à Mersenne[83] " comprennent les vérités mathématiques, et non pas celle de l'existence de Dieu, ce n'est pas merveille s'ils ne croient pas qu'elles en dépendent. Mais ils devraient juger au contraire, que, puisque Dieu est une cause dont la puissance surpasse les bornes de l'entendement humain, et que la nécessité de ces vérités n'excède point notre connaissance, qu'elles sont quelque chose de moindre et de sujet à cette puissance incompréhensible ".

Ainsi les nécessités absolues de Descartes ou nécessités incréées ne sont pas celles des essences, objets de l'entendement, car ces essences sont précisément créées. Elles regardent l'unique vérité de Dieu, d'ailleurs exorbitante de notre entendement du fait de son immensité que nous n'embrassons pas. Quant aux nécessités créées, quoiqu'elles soient à la mesure de l'entendement, quelque chose en elles soustrait leur modalité à la pénétration de la raison, qui est leur état arbitraire et dépendant de créatures, car pour sauver l'abîme de l'infini il faut que ce qui est en droit pour nous ne soit, d'une façon qui nous reste tout à fait incompréhensible, qu'un fait pour Dieu. Ces nécessités restent donc fondées sur l'expérience d'une donnée qui s'impose à nous et plusieurs telles données peuvent se nouer dans leurs prétentions sans que nous puissions démêler ou trancher le nœud. Ce sera précisément le cas pour la liberté et la provi-

---

comme vérité éternelle tout ce que notre entendement aperçoit comme des impossibilités positives, étant immuable, étant vérace, Dieu ne fera rien dans l'univers de ce que nous jugeons exclu par celles-ci. Si, toutefois, il lui arrive de le faire, il nous en avertira de façon indubitable. D'autre part, il peut toujours faire ce dont nous ne comprenons pas la possibilité, dans le cas où nous n'avons pas une raison suffisante de juger cela nécessairement comme positivement impossible ; en revanche rien ne saurait l'empêcher de pouvoir accomplir ce que notre entendement conçoit comme possible ".

80. Gueroult, 1953, II, p. 39.
81. Leibniz, Gerhardt, VI, p. 219 ; Jalabert, p. 230.
82. Leibniz, Gerhardt, VI, p. 227 ; Jalabert, p. 239.
83. Lettre du 6 mai ; *Correspondance, A.T.,* I, p. 150.

dence[84], difficulté qui paraissait étrange à Leibniz, pour qui les modalités, quelles qu'elles soient, sont attachées dogmatiquement à l'être et sont pénétrables par la raison. "Pouvait-il ignorer, demande-t-il, qu'il est impossible qu'il y ait une objection invincible contre la vérité ? puisqu'une telle objection ne pourrait être qu'un enchaînement nécessaire d'autres vérités, dont le résultat serait contraire à la vérité qu'on soutient, et par conséquent il y aurait contradiction entre les vérités, ce qui est de la dernière absurdité "[85].

Kant réduit explicitement les modalités aux rapports entre les facultés de connaissance et les conditions formelles de l'expérience et il leur retire toute force synthétique eu égard à l'objet[86]. Il n'y a aucune différence de contenu entre cent thalers réels et cent thalers possibles. Cette conception, qui condamne la preuve ontologique, ne tombe pas sous le coup de la disjonction classique des mots et des choses. Kant n'entend les modalités ni *de dicto,* ni *de re,* mais, si l'on peut dire, *de cognitione.* Telle est la conséquence logique de l'intuitionnisme. Si l'objet de la connaissance " tourne " autour du sujet connaissant, la modalité, soustraite à l'objet, ne fait plus que décrire le rapport de celui-ci au sujet. La nécessité ne se distingue donc pas de ce qui constitue le système complet de la possibilité de l'expérience, c'est-à-dire du phénomène. Elle est dépourvue de sens, lorsqu'on prétend l'appliquer aux choses en soi. Il n'y a plus une nécessité absolue s'opposant à la nécessité créée ; cette dernière subsiste seule sous la forme de l'idéalisme transcendantal. Elle se confond avec l'acte de la connaissance, rivé aux phénomènes et qui ne suscite que des illusions en prétendant légiférer sur les choses.

L'inséparabilité de la modalité et des données de l'expérience en général, qui caractérise la méthode intuitionniste, rend immédiatement sensible l'importance de la psychologie ou du moins de l'anthropologie dans une telle conception. Elle est manifeste dans l'explication de l'erreur et dans l'expérience de la liberté.

---

84. " Toutefois la puissance et la science de Dieu ne doivent pas empêcher de croire que nous avons une volonté libre, car nous aurions tort de douter de ce que nous apercevons intérieurement, et savons par expérience être en nous, parce que nous ne comprenons pas autre chose que nous savons incompréhensible de sa nature " ( *Principes, A.T.,* I, vol. 9, art. 41 ). A la nécessité absolue de la préordination divine s'oppose la nécessité créée, irrésistible étant donné le sentiment intérieur, garanti par la véracité divine, de ma liberté.

85. Leibniz, Gerhardt, VI, p. 89 ; Jalabert, p. 94.

86. B 286/A 233.

Puisque le critère de la vérité n'est pas l'adéquation, mais la confirmation, dont témoigne le rapport réglé entre les facultés, l'erreur s'expliquera par un dérèglement intrinsèque de ce rapport. Débordement de l'attente sur la représentation sensible chez Épicure, prévention ou précipitation de la volonté libre qui juge au delà des idées que l'entendement fini reçoit passivement chez Descartes, chez Kant illusion de la raison qui s'affranchit des limites que la sensibilité impose à l'entendement quand celui-ci construit ses objets, le mécanisme de l'erreur est différent dans les trois cas, mais il dépend toujours de l'excès d'une faculté qui devient autonome au lieu de respecter les servitudes que la condition humaine lui impose : obéir à la sensation, n'admettre pour vrai que ce qui est clair et distinct, n'admettre d'objet que dans les limites de l'expérience possible.

Or cette faculté qui se dégage de ses servitudes n'est rien d'autre qu'une expression, vicieuse assurément, de notre liberté. On a dit qu'Épicure avait introduit en philosophie le concept transcendantal de la liberté. Mais ce concept n'a été retenu que par les philosophies intuitionnistes.

" Il est plaisant, remarque Leibniz[87], qu'un homme comme Épicure, après avoir écarté les dieux et toutes les substances incorporelles, a pu s'imaginer que la volonté, que lui-même compose d'atomes, a pu avoir un empire sur les atomes, et les détourner de leur chemin sans qu'il soit possible de dire comment ". Mais il ajoute que cette absurdité manifeste est préférable à la subtilité de Carnéade qui embrouille les choses en logeant dans l'âme, où elle paraît mieux assurée, la liberté d'indifférence[88]. Assurément, selon Descartes, la liberté d'indifférence n'est que le plus bas degré de la liberté, encore privée de clarté, mais enfin elle est nécessaire au mérite et au démérite et les actions des hommes sont " entièrement libres et indéterminées "[89]. Leibniz disait que l'indétermination gâtait la liberté[90], mais Descartes la fondait sur un sentiment vif interne, également contesté par Leibniz[91], et qui ne se distingue pas de la faculté de douter, principe de la méthode[92].

---

87. Leibniz, Gerhardt, VI, pp. 307-308 ; Jalabert, p. 321. On peut comparer cette emprise de l'âme à la force qu'a le cavalier d'altérer la direction du mouvement ; Leibniz opposera que la direction, elle aussi, se conserve (Leibniz, Gerhardt, VI, pp. 135-136 ; Jalabert, p. 143).

88. *Ibid.,* sur ce point, Gassendi, p. 452.

89. *Principes,* 1re partie, art. 41.

90. Leibniz, Gerhardt, VI, p. 331 ; Jalabert, p. 346.

91. Leibniz, Gerhardt, VI, p. 130 ; Jalabert, p. 137.

92. Descartes, *Principes,* 1re partie, art. 39.

Une telle conception de la liberté, dont le sentiment intérieur garantirait la certitude, laisse beaucoup à désirer et Kant a, sur ce point, donné raison aux critiques de Leibniz. " Il y a encore beaucoup d'hommes, dit-il, qui croient pouvoir expliquer cette liberté, comme tout autre pouvoir naturel, par des principes empiriques et qui la considèrent comme une propriété *psychologique* dont l'explication réclame exclusivement un examen fort attentif de la *nature de l'âme* et des mobiles de la volonté, non comme un prédicat *transcendantal* de la causalité d'un être qui appartient au monde des sens ( ce qui est pourtant la seule chose dont il s'agisse ici ), et qui suppriment ainsi la merveilleuse perspective que nous ouvre la raison pure pratique au moyen de la loi morale, c'est-à-dire la perspective d'un monde intelligible, par la réalisation du concept d'ailleurs transcendant de la liberté ; par là ils suppriment la loi morale elle-même, qui n'admet aucun principe empirique de détermination. Il sera donc nécessaire d'ajouter ici quelque chose pour prémunir contre cette illusion et pour représenter l'*empirisme* dans toute la nudité de son caractère essentiellement superficiel "[93].

Cette objection que l'intuitionnisme fait à quelques-unes de ses expressions mérite attention. L'épreuve qui est requise au fondement de la vérité ne peut pas consister en un fait brut, puisqu'on pourrait toujours en contester la présence ; elle consiste dans la production méthodique de ce fait. Et l'on ne peut, sans sophisme, ravaler à son tour cette production méthodique à un fait. L'activité de contrôle qu'exige l'intuitionnisme a pour conséquence de le distinguer de l'empirisme pur. Mais alors quel est le rapport exact de cette activité aux faits ? Sur le plan moral, Kant établit que ce qui est donné comme fait est la conscience du devoir. Si cette conscience nous oblige à poser la liberté, c'est qu'il y aurait contradiction à ce que nous fussions obligés si nous n'étions pas libres. La liberté est la *ratio essendi* de la conscience du devoir, laquelle est la *ratio cognoscendi* de la liberté. Nous sommes donc conduits à postuler que nous sommes libres, sans d'ailleurs pouvoir jamais prétendre saisir directement cette liberté dans un acte de conscience, parce que nous rencontrons un fait spécifique, le devoir, qui nous renvoie au delà de l'univers de l'expérience. La position de la liberté est une synthèse *a priori* rendue nécessaire par la rencontre d'une

---

93. Kant, *Critique de la raison pratique*, p. 100.

expérience *sui generis,* qui exige le rapport du phénomène à la chose en soi.

Ce trait est caractéristique du kantisme et de la morale kantienne. On peut cependant apercevoir sa portée générale pour l'intuitionnisme en examinant chez Kant lui-même la question de l'illusion dogmatique. La *Critique de la raison pure* enseigne comment l'idéalisme transcendantal nous permet de nous en libérer. Elle n'indique pas, cette illusion étant naturelle à notre raison, pourquoi nous devons nous en libérer. Elle dit simplement que le fait de cette illusion, qui, autrement, ne trouverait aucune issue, est une preuve indirecte de l'idéalisme transcendantal[94]. Mais supposons que nous restions rivés à l'illusion. Quelle en serait la conséquence ? Cette conséquence ne serait autre que le nécessitarisme le plus absolu. Kant donne raison à Diodore et à la conséquence que Diodore tire du Dominateur. Tant que nous considérons un être sous la condition du temps et que nous confondons dogmatiquement cette condition avec une propriété des choses en soi, la nécessité naturelle exclut radicalement toute liberté et donc toute possibilité qui ne se réaliserait pas dans le temps. " Car de la nécessité, il résulte que tout événement, par conséquent aussi toute action qui a lieu à un moment du temps, est nécessaire sous la condition de ce qui était dans le temps qui a précédé. Or, comme le temps passé n'est plus en mon pouvoir, toute action que j'accomplis d'après des raisons déterminantes, *qui ne sont plus en mon pouvoir,* doit être nécessaire, c'est-à-dire que dans le moment du temps où j'agis je ne suis jamais libre "[95]. La première prémisse du Dominateur, le principe de causalité et la confusion entre phénomène et chose en soi conduisent inévitablement au nécessitarisme. Tant qu'on admet la confusion dogmatique, il est impossible d'échapper aux conséquences de la nécessité. En particulier, recourir à un concept *comparatif*[96] de la liberté en notant avec les Stoïciens et avec Leibniz que les raisons détermi- nantes de nos actions sont des raisons intérieures, produites par notre spontanéité, ne nous affranchit nullement de l'empire de la nécessité. Ces subterfuges ne servent de rien : " On a seule- ment en vue ici la nécessité de la connexion des événements dans une série temporelle, comme elle se développe d'après la loi

---

94. *Ibid.,* pp. 100-101.
95. *Ibid.,* pp. 100-101 (traduction modifiée).
96. *Ibid.,* p. 102.

de la nature, soit que l'on nomme le sujet où a lieu ce développement *automaton materiale,* quand l'être-machine est mû par la matière, ou, avec Leibniz, *automaton spirituale*[97], quand il est mû par des représentations, et si la liberté de notre volonté n'était pas autre que la dernière (que la liberté psychologique et comparative, non aussi la liberté transcendantale, c'est-à-dire absolue), elle ne vaudrait guère mieux au fond que la liberté d'un tournebroche, qui, lui aussi, une fois remonté, accomplit de lui-même ses mouvements "[98]. Ainsi l'illusion dogmatique produit le nécessitarisme. Mais le nécessitarisme heurte notre conscience morale. " Un homme peut travailler avec autant d'art qu'il le veut à se représenter une action contraire à la loi dont il se souvient, comme une erreur faite sans intention, comme une simple imprévoyance qu'on ne peut jamais entièrement éviter, par conséquent comme quelque chose où il a été entraîné par le torrent de la nécessité naturelle, et à se déclarer ainsi innocent, il trouve cependant que l'avocat qui parle en sa faveur ne peut réduire au silence l'accusateur qui est en lui s'il a conscience qu'au temps où il commettait l'injustice, il était dans son bon sens, c'est-à-dire qu'il avait l'usage de sa liberté "[99]. Ce que le sentiment paradoxal du repentir révèle, c'est non pas la présence psychologique actuelle de la liberté, c'est sa présence obligée et postulée au principe de notre responsabilité passée comme *ratio essendi* de l'imputation de ses actes à l'agent moral.

L'illusion dogmatique est, en réalité, une faute morale ou, du moins, une habitude intellectuelle contractée pour jeter le voile de la nécessité sur nos fautes morales. Pour nous en affranchir, l'intuitionnisme n'a pas à en appeler directement à l'expérience de la liberté ; il doit seulement indiquer le phénomène de cette liberté, tel le blâme intérieur [100], qui seul est objet d'expérience. Mais — et c'est en ceci que la théorie transcendantale de la liberté chez Kant a une portée universelle pour l'intuitionnisme — toutes nos erreurs intellectuelles sont des fautes, en ce que la réflexion nous les fait éprouver comme telles. Car l'impatience de l'opinion selon Épicure, la prévention et la précipitation du jugement selon Descartes nous présentent des faits qui en appellent contre nous-mêmes. Même si l'erreur n'est rien de positif, il n'empêche que, formellement, elle témoigne de notre

97. Leibniz, Gerhardt, VI, p. 131 ; Jalabert, P. 137.
98. *Critique de la raison pratique,* p. 103 (traduction modifiée).
99. *Id.,* p. 104.
100. *Id.,* p. 104.

imperfection et instruit en nous un procès qui, par implication, postule notre liberté. Ainsi le ferme propos de s'en tenir à la seule expérience en appelle à une faculté qui dépasse cette expérience et c'est à bon droit qu'on a dit d'Épicure qu'il a introduit en philosophie le concept transcendantal de la liberté. Ce concept est la clé de voûte de l'intuitionnisme. Il est suscité par la psychologie et l'anthropologie. Il n'est pas de leur ressort. Il est caractéristique de cette exigence paradoxale qu'impose notre raison finie. C'est Fichte qui l'a le mieux décrit en disant : " Être libre n'est rien, devenir libre c'est tout " [101].

Cette exigence de l'anthropologie peut être considérée comme un réquisit ultime de l'intuitionnisme. Épicure a conclu de la sorte. Il a placé ses dieux dans les inter-mondes. Il les a privés de tout souci et de toute science à l'égard de nos actions. Il s'est par là prémuni contre les difficultés de toute théodicée possible, en les extirpant à leur racine. Or en bornant la nécessité et la modalité aux expériences qui nous les font éprouver, l'intuitionnisme en général tend à récuser les questions de théodicée, parce que les nécessités qui lient tant les essences que les existences ne contiennent, en elles-mêmes, aucun fondement autre que factice. En d'autres termes, en tant que l'intuitionnisme se borne à décrire la connaissance, il rejette systématiquement l'idée de finalité, qui rattacherait la nécessité à un fondement de droit divin ou nouménal. La physique de Descartes est donc toute mécaniste [102]. La physique de Kant, newtonienne, admet certes des forces ; mais ces forces ont perdu le caractère métaphysique et finaliste que leur prêtait Leibniz [103] : elles sont les organes du mécanisme universel [104].

Cependant, non seulement l'intuitionnisme n'est pas incompatible avec une réflexion sur la finalité de l'erreur et du mal. Il l'appelle. Il explique en effet l'erreur par un conflit de facultés : débordement de l'opinion sur la sensation, empiètements réciproques de l'entendement et du sens, confusion de la raison pure

---

101. Cité par Gueroult, 1930, I, p. 269.

102. " Préoccupé de fonder l'autonomie d'une physique purement mathématique, [Descartes] met l'accent sur ce que l'incompréhensibilité de Dieu comporte de liberté absolue conçue comme pouvoir décisoire affranchi de toute espèce de règle, puissance souveraine du *oui* et du *non,* du faire ou du ne pas faire, du faire ainsi ou autrement. Il coupe ainsi radicalement l'une de l'autre la science et la théologie, le monde matériel et la téléologie " (Gueroult, 1953, II, p. 215).

103. Leibniz, Gerhardt, VI, p. 321 ; Jalabert, pp. 335-336.

104. Vuillemin, 1955, *passim.*

et de l'entendement appliqué à l'intuition sensible. Or, même si l'on pose, avec Épicure, que tout ce qui est résulte du jeu des atomes, il faut bien que, lorsque ce jeu aboutit à la formation de l'âme, celle-ci doive la conservation de son arrangement pendant une certaine durée à sa viabilité interne, c'est-à-dire à l'absence d'incompatibilité que cette conservation révèle entre la stabilité relative de cet arrangement et la situation de l'ensemble des autres atomes et corps. On a justement noté chez Lucrèce l'emprunt à Empédocle de la sélection naturelle pour expliquer le maintien du vivant[105]. Mais alors quelle est la sélection naturelle qui rend compte du conflit de l'opinion et de la sensation ? Car si ce conflit était sans valeur de survie on peut présumer que la nature ne l'eût pas maintenu. Et voici par le biais de l'existence de l'erreur, le problème de la théodicée qui réapparaît.

Or ce problème ne peut se résoudre, s'il le peut, que par une comparaison entre les inconvénients de l'erreur, inconvénients formidables puisque c'est l'erreur qui fait obstacle à la sagesse et au bonheur, et les avantages qu'assure en règle générale la cause de l'erreur, c'est-à-dire l'excès d'amplitude de l'opinion sur la sensation. Par exemple, on dira que cet excès permet au vivant de prévoir les dangers et aide donc à la conservation de la vie. Mais on constate que la théodicée engage à spéculer au delà des sensations. Elle représente donc, au delà même de l'aventure par laquelle on accorde créance à l'atomisme, l'extrême limite de l'intuitionnisme.

Cette même limite, par rapport à son propre système, Descartes l'atteint lorsqu'il prétend laver Dieu de la responsabilité de l'erreur. " Préoccupé d'intégrer au système total de la philosophie l'expérience humaine : erreur formelle, sentiment, et au système des sciences la psychologie affective et la morale, il réintroduit, dans le monde créé, avec le principe du meilleur, la finalité, la théodicée et, par conséquent, la théologie, quoique celle-ci soit naturelle... L'infinitude de la liberté [divine] ne peut plus être conçue alors comme l'*absoluité d'un pouvoir décisoire*, d'une puissance de prononcer arbitrairement le *oui* et le *non*, car Dieu ne peut souscrire au néant : il ne peut nier l'être. Il y a donc, en l'espèce, un primat de l'idée de parfait ou de l'essence de l'infini sur la liberté pure. Que cette primauté émerge du fond même de la volonté divine, s'imposant en vertu de sa nature de

---

105. Furley, 1970.

toute puissance sans limite, ou qu'elle s'impose du dehors à elle par la contrainte d'un entendement dominant, comme chez Malebranche ou Leibniz, c'est là, certes, beaucoup plus qu'une nuance. Mais, dans l'une comme dans l'autre hypothèse, le fait de cette primauté n'en demeure pas moins indubitable " [106].

Cet équilibre en Dieu de la liberté et de la perfection ne cesse de dominer le jeu subtil et compliqué de la psychologie et de la métaphysique dans la théodicée cartésienne [107]. D'une part l'incompréhensibilité des décrets divins aurait pour limite l'imperfection de l'ouvrage et donc la réalité formelle de l'erreur, requise par la psychologie. De l'autre la perfection divine exige que cette erreur soit un néant d'être et que l'imperfection formelle elle-même qu'elle introduit dans la création s'évanouisse en tant qu'ingrédient d'un tout parfait subordonné au principe du meilleur [108]. Mais si, en fin de compte, la liberté divine se subordonne, si l'on peut dire, à sa perfection positive comme l'incompréhensibilité de la création se subordonne à l'assentiment qu'en vertu de la véracité divine nous devons à la finalité visible de cette création, cette double subordination est plutôt induite à partir des signes que produite par la pseudo-nécessité du principe du meilleur. Elle est objet de foi rationnelle plutôt qu'objet de raison.

A cet égard, elle rappelle la position d'Épicure à l'égard de la finalité. Le plus grand disciple d'Épicure, Darwin, subordonne lui aussi le mécanisme (qu'on a appelé encore hasard et qui regarde les mutations héréditaires) à la finalité (qu'on a appelée aussi nécessité et qui regarde la conservation ou sélection des lignées mutantes). Sans la sanction que la nature apporte aux changements en les consacrant comme biologiquement adaptés et utiles, ces changements ne laisseraient pas de trace et il n'y aurait pas d'évolution. Mais comment constatons-nous l'utilité et la finalité de la sélection naturelle ? On avance deux critères : la fécondité et l'extension écologique. Mais ces critères sont les signes extérieurs auxquels nous reconnaissons ce que la vie a jugé utile. C'est à partir d'eux que nous induisons qu'une mutation aura été utile. En revanche, nous ne comprenons rigoureusement pas la nature interne de cette finalité. Nous ne connaissons que les mécanismes. Mais nous concluons aux finalités par la présence des signes : prolifération ou disparition

---

106. Gueroult, 1953, II, pp. 215-216.
107. Gueroult, 1953, I, pp. 300 *sq.*
108. *Id.*, pp. 306-318.

d'une espèce. Le degré de complexité d'un organisme individuel, souvent regardé comme la mesure de l'évolution, et qui fournirait — comme l'a cru faussement Spencer — un critère interne de la finalité, ne joue aucun rôle direct dans l'appréciation darwinienne. Il se peut que des organismes très complexes et efficaces aient été incapables de former des espèces durables et fécondes : la sélection les aura éliminés. Ainsi, malgré la subordination ontologique du mécanisme à la finalité, le darwinisme maintient la subordination épistémologique de la finalité au mécanisme. Tout ce que nous savons de celle-là, ce sont des signes, tirés de celui-ci, qui nous l'apprennent. Nous n'entrons pas au conseil de la nature.

Il en va de même dans le système de Descartes. La liberté divine est ontologiquement subordonnée à la perfection de Dieu, mais épistémologiquement l'insondabilité demeure qui fait que j'ai à croire que ce qui est obéit à une fin parce qu'il est la créature de Dieu et non pour quelque perfection intrinsèque que je pourrais lire en lui. C'est pourquoi, ce qui scandalise Gassendi [109], l'erreur peut être dite avoir une sorte de perfection, parce qu'elle appartient à ce monde créé. Une fois Dieu démontré existant et créateur, il s'ensuit que la création *doit* être un ouvrage parfait. Mais nul examen direct de cet ouvrage ne nous conduirait, par l'analyse thomiste des effets, à poser la finalité de l'ouvrage et donc sa dépendance de la volonté divine. La reconnaissance de la finalité ne détruit en rien son incompréhensibilité — et ceci nous éloigne absolument du dogmatisme leibnizien —, car elle ne fait qu'un avec elle. Leibniz, à propos de l'incompréhensibilité, brocarde Nicole : si la foi comme la raison est un don de Dieu, le combat de la foi contre la raison est un combat de Dieu contre Dieu [110]. Mais il y a pour Descartes une foi à l'intérieur de la raison : c'est elle qui pose le principe du meilleur, que nous ne pénétrons pas, tandis qu'il faudrait dire, selon Leibniz, que ce principe, qui est le plus haut de la raison, permet de fonder la foi sur la raison.

Cette différence apparaît clairement à propos de l'exemple du duel que Descartes proposa à Elisabeth pour expliquer la conciliation de la toute puissance de Dieu et de la liberté humaine [111]. " Si un roi, dit-il, qui a défendu les duels, et qui sait

---

109. Gassendi, pp. 418-420.
110. Leibniz, Gerhardt, VI, p. 73 ; Jalabert, p. 77 et, s'appliquant à Descartes, Leibniz, Gerhardt, VI, p. 89 ; Jalabert, p. 94.
111. Lettre de janvier 1646, *Correspondance*, A.T., IV, pp. 353-354 ; voir aussi *Principes,* 1re partie (41).

très assurément que deux gentilshommes de son royaume, demeurant en diverses villes, sont en querelle, et tellement animés l'un contre l'autre, que rien ne les saurait empêcher de se battre s'ils se rencontrent; si, dis-je, ce roi donne à l'un d'eux quelque commission pour aller à certain jour vers la ville où est l'autre, et qu'il donne aussi commission à cet autre pour aller au même jour vers le lieu où est le premier, il sait bien assurément qu'ils ne manqueront pas de se rencontrer, et de se battre, et ainsi de contrevenir à sa défense, mais il ne les y contraint point pour cela, et sa connaissance et même la volonté qu'il a eue de les y déterminer en cette façon, n'empêche pas que ce ne soit aussi volontairement et aussi librement qu'ils se battent, lorsqu'ils viennent à se rencontrer, comme ils auraient fait s'ils n'en avait rien su, et que ce fût par quelqu'autre occasion qu'ils se fussent rencontrés, et ils peuvent aussi justement être punis, parce qu'ils ont contrevenu à sa défense. Or ce qu'un roi peut faire en cela, touchant quelques actions libres de ses sujets, Dieu, qui a une prescience et une puissance infinie, le fait infailliblement touchant toutes celles des hommes. Et avant qu'il nous ait envoyés en ce monde, il a su exactement quelles seraient toutes les inclinations de notre volonté; c'est lui-même qui les a mises en nous; c'est lui aussi qui a disposé toutes les autres choses qui sont hors de nous pour faire que tels et tels objets se présentassent à nos sens à tel et tel temps, à l'occasion desquels il a su que notre libre-arbitre nous déterminerait à telle ou telle chose; et il l'a ainsi voulu, mais il n'a pas voulu pour cela l'y contraindre. Et comme on peut distinguer en ce roi deux différents degrés de volonté, l'un par lequel il a voulu que ces gentilshommes se battissent, puisqu'il a fait qu'ils se rencontrassent; et l'autre par lequel il ne l'a pas voulu, puisqu'il a défendu les duels; ainsi les théologiens distinguent en Dieu une volonté absolue et indépendante, par laquelle il veut que toutes choses se fassent ainsi qu'elles se font, et une autre qui est relative, et qui se rapporte au mérite ou démérite des hommes, par laquelle il veut qu'on obéisse à ses lois ". Descartes avait écrit quelque temps auparavant à la même princesse que " la seule philosophie suffit pour connaître qu'il ne saurait entrer la moindre pensée en l'esprit d'un homme, que Dieu ne veuille et n'ait voulu de toute éternité qu'elle y entrât [112] ". Leibniz [113] jugeait que Calvin n'avait rien dit

---

112. Lettre du 6 octobre 1645, *Correspondance, A.T.,* IV, p. 314.
113. Leibniz, Gerhardt, VI, p. 207; Jalabert, p. 218.

qui fût plus dur que cette dernière affirmation de la causalité " totale " de Dieu sur nos moindres pensées et n'excuse Descartes que si l'on prend la volonté divine en un sens " permissif " et non pas absolu, comme Descartes pourtant le maintient explicitement.

Le conflit éclate quand Leibniz corrige, pour le faire passer, l'exemple de Descartes. Il faudrait, dit-il, " inventer quelque raison qui obligeât le prince à faire ou à permettre que les deux ennemis se rencontrassent "[114]. Cette raison est celle du meilleur. Au contraire, de ce que Dieu a fait la chose, selon Descartes, on concluera qu'elle était la meilleure. Et, dans une autre lettre à Elisabeth, il a présenté les attendus contraires du point de vue de nos lumières mais tous deux également fondés de notre liberté et de la providence divine[115], pour conclure que cette liberté " n'est pas incompatible avec une dépendance qui est d'autre nature, selon laquelle toutes choses sont sujettes à Dieu ". Cette autre nature est une vérité de simple conséquence, suite de la preuve de l'existence de Dieu, tout indirecte par conséquent et qui ressemble déjà à un postulat rationnel, à l'objet d'une foi.

Ainsi, de même que l'utilité ou valeur de survie d'une mutation ne se justifie qu'*ex post,* la finalité et l'insertion de la liberté humaine dans les plans de la providence n'a qu'une rationalité indirecte et comme rétrospective. C'est que, comme l'avoue Descartes, les vérités qui sont proportionnées à notre faculté de connaissance en tant qu'elle se meut spontanément dans la vérité sont d'une autre nature que les vérités que cette même faculté rencontre lorsqu'elle doit rendre compte de l'erreur et des remèdes que l'erreur appelle. Quelle est cette différence de nature ? C'est la gloire de Kant de l'avoir aperçue et d'en avoir fait la pierre de touche de son système philosophique.

Reprenant une remarque leibnizienne sur la contribution que le concours physique de Dieu et des créatures avec la volonté ajoute aux difficultés de la liberté[116], Kant pose comme condition nécessaire à la solution de cette dernière difficulté l'idéalité du temps. Si, en effet, l'action divine se faisait sous la condition du temps, on n'échapperait pas à la nécessité. " Si l'on n'admet

114. *Ibid.*
115. Lettre du 3 novembre 1645, *Correspondance, A.T.,* IV, p. 333.
116. Leibniz, Gerhardt, VI, p. 122 ; Jalabert, p. 128 ; Kant, *Critique de la raison pratique,* p. 106.

pas cette idéalité du temps et de l'espace, il ne reste plus que le *Spinozisme,* dans lequel l'espace et le temps sont des déterminations essentielles de l'être primitif lui-même, mais dans lequel aussi les choses qui dépendent de cet être (et nous-mêmes aussi par conséquent) ne sont pas des substances, mais simplement des accidents qui lui sont inhérents; puisque si ces choses existent simplement, comme effets de cet être, *dans le temps,* qui serait la condition de leur existence en soi, les actions de ces êtres devraient simplement aussi être les actions que produit cet être primitif, en quelque point de l'espace et du temps "[117]. L'idéalité du temps laisse donc ouverte une voie à la solution de la théodicée. Dieu crée non des phénomènes, mais des noumènes et donc il ne peut être la cause des actions des êtres en tant que ceux-ci tombent sous la condition du temps. La création n'ajoute donc pas réellement aux difficultés de la liberté des créatures, " puisqu'elle ne concerne que leur existence intelligible et non leur existence sensible et qu'ainsi elle ne peut être considérée comme le principe déterminant des phénomènes "[118].

La *Critique de la raison pure* avait limité l'usage de la modalité à la capacité des objets d'être donnés dans une intuition. On peut aller plus loin, comme le fait la *Critique du jugement*[119], en s'interrogeant sur l'origine transcendantale des modalités, c'est-à-dire en les rapportant à la constitution de notre faculté de connaître. Leibniz distinguait les essences, posées dans l'entendement divin et représentant en elles-mêmes les différentes possibilités mesurées aux différents degrés de leur perfection, et les existences, objets du décret divin et donc soumises au principe du meilleur. Kant ramène cette opposition ontologique à une opposition transcendantale. Le possible est objet de l'entendement humain, c'est-à-dire de ses concepts; l'existence est donnée par l'intuition. La limitation de l'entendement aux conditions de l'intuition est la condition pour que notre connaissance soit objective. " Si notre entendement était intuitif, il n'aurait pas d'autre objet que le réel. Les concepts (qui ne regardent que la possibilité d'un objet) comme les intuitions sensibles (qui nous donnent quelque chose, sans le faire cependant encore connaître par là comme objet) disparaîtraient ensemble "[120]. La distinction ultime des modalités est donc

---

117. Kant, *ibid.,* p. 108.
118. *Ibid.,* p. 109.
119. § 76.
120. § 76, p. 202.

fondée sur l'opposition des deux sources de la connaissance. S'il y a une logique modale, si les modalités ne se confondent pas en une seule, ce n'est pas qu'il y ait quoi que ce soit d'objectif dans la hiérarchie leibnizienne des mondes possibles, c'est simplement que notre faculté de connaître est irrémédiablement discursive et qu'elle n'atteint par sa synthèse que des phénomènes donnés dans l'idéalité du temps. " Par conséquent les propositions : que des choses peuvent être possibles, sans être réelles, que donc de la simple possibilité on ne peut pas conclure à la réalité, sont tout à fait valables pour la raison humaine, sans pour autant prouver que cette distinction se trouve dans les choses mêmes "[121].

En prenant conscience du fait de l'erreur comme résultant d'un désaccord des facultés, l'intuitionnisme trouve le remède en assignant critiquement le domaine de validité de ces facultés. Mais ce que l'erreur montre, c'est qu'une possibilité de transgression, au delà des bornes fixées, est liée inévitablement à notre nature d'homme. L'opinion dépasse la sensation, l'entendement et le sens empiètent sur leurs domaines respectifs, la raison se dégage inexorablement des limites de l'intuition. Mais ces excès interdits ne demeurent pas uniquement négatifs. Un théorème démontré classiquement pose un problème au mathématicien, de même que la valeur sélective et la finalité au philosophe intuitionniste. Des subordinations s'instaurent qui, vues de l'extérieur, paraissent contredire la méthode. Par exemple, la finalité s'impose comme principe interne de la science de la nature[122]. Mais des difficultés insurmontables naîtraient, si cette finalité était du même ordre que la causalité mécanique, dont l'empire s'étend sur les phénomènes. Car la téléologie est inexplicable. En tant qu'elle est appliquée aux choses, elle n'entre donc pas dans les principes d'un jugement véritablement déterminant, mais seulement dans les principes d'un jugement simplement réfléchissant, quoiqu'universel[123].

Il en va de même, dit Kant, pour le rapport de la liberté, en tant qu'elle nous présente la loi comme un impératif, et de l'action réelle. Si notre volonté était sainte, la distinction n'aurait pas lieu. Ainsi, la subordination requise du mécanisme à la

---

121  *Ibid.*
122. *Ibid.*, § 68.
123. *Ibid.*, § 74.

finalité, et de l'universel au particulier[124] n'exprime pas une subordination dogmatique dans les choses, dont nous pourrions nous faire un concept déterminant ; elle n'exprime qu'un principe régulateur valable nécessairement pour notre *faculté humaine de juger,* principe subjectif qui, loin de gouverner la création comme le fait le principe leibnizien du meilleur, dépend de la nature contingente de notre faculté de connaître. L'illusion commune à Diodore et à ses contradicteurs dogmatiques, probablement à toute la logique modale moderne, tient à la confusion qui prête un usage constitutif à des principes dépourvus de signification dès qu'on les détache de l'activité de notre connaissance et dont l'usage légitime, simplement régulateur, est d'assurer la police intérieure de cette connaissance sans prétendre légiférer sur les choses en soi.

124. § 76.

# chapitre 8

# carnéade et le nominalisme sceptique des modalités

Dans le *De Fato,* Cicéron met en scène Carnéade aux prises avec Chrysippe et Épicure, c'est-à-dire dissociant une implication que ses deux adversaires s'accordaient à recevoir pour en tirer d'ailleurs des conséquences contraires. On analysera d'abord ce débat. On montrera ensuite que la dissociation que propose Carnéade aboutit à mettre en question le postulat fondamental du dogmatisme, à savoir la définition aristotélicienne de la vérité. En conséquence, il peut retenir toutes les prémisses du Dominateur sans s'embarrasser pour autant du nécessitarisme de Diodore. Une telle conception conduit à donner une interprétation non existentielle des quantificateurs, comme le fait la théorie de l'amplification, telle qu'on la rencontre chez Buridan.

44. QUELLE EST LA RELATION ENTRE LE PRINCIPE DU TIERS-EXCLU ET LE PRINCIPE DE CAUSALITÉ (DE FATO, X-XII)?

La discussion de Carnéade avec Chrysippe, a-t-on dit[1], " roulait sur deux propositions qui étaient la base de la conception de celui-ci : 1) il n'y a pas de mouvement sans cause ; or, disait-il, un acte qui serait libre et contingent sans être en même temps déterminé, serait un mouvement sans cause ; 2) de deux propositions contradictoires concernant le futur, il faut bien que l'une soit vraie et l'autre fausse, puisque la règle des contradictoires vaut pareillement pour le passé et le présent ; or, l'acte libre suppose que le vrai peut devenir faux et inversement. Donc, d'une façon comme de l'autre, liberté et détermination doivent être conciliées, et, comme il y a une chaîne ininterrompue de causes, la détermination doit être une pré-détermination éternelle, comportant toutefois une pluralité de séries diverses, de telle sorte que la nécessité de l'ensemble laisse place à la spontanéité des individus dans chacune de ces séries et que le Destin ne fait pas tort à la liberté ". Épicure niait les deux

---

1. Robin, 1944, p. 127.

propositions qu'affirmait Chrysippe. Quant à Carnéade, il adoptait une attitude balancée, typique de sa philosophie, en acceptant la première de ces propositions et en limitant l'acceptation de la seconde.

Une telle interprétation ne tire pas des textes tout ce qu'ils disent. Elle fait porter, en effet, le différend entre Chrysippe et Épicure sur la matérialité des deux principes de causalité et du tiers-exclu[2], comme si ces deux principes étaient reçus comme indépendants. Mais ce n'est pas le cas. Car voici le raisonnement de Chrysippe : " S'il y a un mouvement sans cause, toute assertion (ce que les dialecticiens appellent axiome) ne sera pas ou vraie ou fausse ; car ce qui n'aura pas de causes efficientes ne sera ni vrai ni faux; or, toute assertion est vraie ou fausse ; donc il n'y a pas de mouvement sans cause. S'il en est ainsi, tout événement arrive en vertu de causes qui le précèdent; s'il en est ainsi, tout arrive par le destin. Il en résulte donc que tout ce qui arrive, arrive par le destin "[3]. Le polysyllogisme avec contraposition part du principe épicurien :

S'il y a un mouvement sans cause ($P_1$), il y a des exceptions au principe du tiers-exclu ($P_2$),
et fournit immédiatement une application de ce principe : la proposition disant : " il y aura un tel *clinamen* " n'est ni vraie ni fausse. Ce principe est vrai et le conséquent $P_2$ faux. Ainsi, pour être en mesure de critiquer ses deux adversaires, Carnéade commence par expliciter le principe hypothétique qu'ils reçoivent tous deux pour vrai. Si Chrysippe s'oppose à Épicure, c'est que ce dernier, admettant comme vrai l'antécédent (existence de mouvements sans cause), doit admettre le conséquent (invalidité du tiers-exclu), tandis que Chrysippe admettant la fausseté du conséquent (non $P_2$), le tiers-exclu étant toujours vrai, doit rejeter l'antécédent (invalidité du principe de causalité) (non $P_1$). Comme le principe universel de causalité (non $P_1$) entraîne l'antécédence universelle des causes ($P_3$) et que cette antécédence entraîne à son tour le destin ($P_4$), la vérité du principe épicurien et l'universalité du tiers-exclu entraînent le destin[4].

---

2. En dépit du fait que le principe est exprimé ici dans le métalangage, on parlera dans ce paragraphe du tiers-exclu et non de la bivalence. En effet, dans le présent débat, aucun interlocuteur n'établit de différence entre ces deux principes et la discussion, à aucun moment, ne porte sur la solution d'Aristote.

3. Cicéron, *De Fato*, X, (20)-(21), Bréhier, 1962, p. 481.

4. On peut schématiser le raisonnement de Chrysippe de la façon suivante :

$$\frac{P_1 \rightarrow P_2, \; \sim P_2, \; \sim P_1 \rightarrow P_3, P_3 \rightarrow P_4}{\sim P_2 \rightarrow P_4}$$

Carnéade ne conteste ni le principe épicurien ni la fausseté de son antécédent. S'il refuse le destin, c'est qu'il rejette une prémisse particulière de Chrysippe[5], selon laquelle la causalité universelle entraîne l'universalité de l'antécédence des causes. En effet, ni le mouvement volontaire ni d'ailleurs le mouvement inerte de l'atome ne sont proprement sans cause : mais leur cause n'est point antécédente ou extérieure[6]. A l'objection de Carnéade, Chrysippe répond qu'en niant l'universalité des causes antécédentes, on s'expose inévitablement à nier le tiers-exclu, puisque " les événements futurs qui n'ont pas de causes pour les produire, ne peuvent être l'objet d'assertions vraies "[7]. Or on a admis la validité du tiers.

Cette dernière contestation montre que Chrysippe entend la contraposée du principe épicurien en un sens très particulier : de la vérité d'une proposition qu'à juste titre il estime éternelle et qu'il fait rétrograder, il conclut à l'éternité des causes de l'événement. Carnéade propose donc une autre interprétation de la même contraposée, selon laquelle l'éternité du vrai n'entraîne nullement celle de la cause. Ainsi, avec Chrysippe et contre Épicure, il admet l'universalité du tiers-exclu et le principe de rétrogradation[8]. Avec Chrysippe encore, il admet l'universalité de la causalité. Mais contre lui, il refuse l'universalité de l'antécédence : « Si toute assertion est vraie ou fausse, il n'en suit pas immédiatement qu'il y a des causes immuables qui, étant éternelles, empêchent que nulle chose doive arriver autrement qu'elle n'arrivera. Il y a des causes fortuites qui font que des assertions telles que " Caton ira au Sénat " sont vraies, sans que ces causes soient intérieures à la nature et au monde ; et pourtant le fait à venir, quand il est vrai, est aussi immuable que quand il est advenu ; et il ne faut pas craindre pour cela le destin et la nécessité »[9].

## 45. MISE EN CAUSE DE LA DÉFINITION DOGMATIQUE DONNÉE PAR ARISTOTE DE LA VÉRITÉ (DE FATO, XIV).

La parade de Carnéade, qui ne touchait pas Chrysippe, touche

---

5. $\sim P_1 \rightarrow P_3$.
6. *De Fato*, XI (24). " Le mouvement volontaire lui-même est d'une nature telle qu'il est en notre pouvoir et qu'il nous obéit, et cela non pas sans cause, car cette nature est elle-même la cause de la chose " (XI, (25), *ibid.*, p. 483).
7. XI (26), *ibid.*, p. 483.
8. XII (27).
9. XII (28), *ibid.*, pp. 483-484.

Aristote. Car, selon Aristote, il est bien assuré que la vérité d'un futur entraîne l'existence actuelle de sa cause.

Le désaccord entre Carnéade et Aristote est d'autant plus remarquable que, sur le chapitre des causes, leurs deux doctrines paraissent plus voisines. Lorsque Carnéade déclare " qu'il y a une différence entre des causes précédentes accidentelles et des causes qui contiennent en elles l'efficacité de la nature "[10], de même que lorsqu'il dit qu' « il y a des causes fortuites qui font que des assertions telles que " Caton ira au Sénat " sont vraies, sans que ces causes soient intérieures à la nature et au monde »[11], c'est en effet le langage même d'Aristote qu'il reprend. Lorsqu'il se moque des Stoïciens qui remontent au déluge et au lieu d'assigner les causes régressent à l'infini[12], ignorants des causes prochaines et portés à confondre avec la cause productrice qui fait être la chose ce sans quoi cette chose ne saurait être, c'est toujours un argument et une distinction aristotéliciens qu'il fait siens.

Mais, d'accord avec le Stagirite sur la théorie des causes, de la liberté et du hasard, Carnéade s'oppose à lui sur la théorie de la vérité. Il regarde, en effet, la vérité de l'événement futur comme concevable sans l'existence immuable de sa cause. Car soutenir avec Chrysippe, mais aussi avec Aristote que la vérité éternelle d'une proposition portant sur le futur entraîne la nécessité du destin, c'est ne rien dire. " Est-ce en effet par une cause naturelle que les événements à venir sont rendus vrais de toute éternité, ou peut-on concevoir qu'ils soient ainsi vrais sans recourir à une cause naturelle ? Cela fait une grande différence. C'est pourquoi Carnéade disait qu'Apollon lui-même ne pouvait prédire que les événements futurs dont la nature contenait les causes de telle manière qu'ils arrivent nécessairement. Qu'est-ce que le dieu lui-même aurait pu considérer pour dire que Marcellus, qui fut trois fois consul périrait en mer ? Le fait était sans doute vrai de toute éternité ; mais il n'avait pas alors de causes pour le produire. Il croyait même que les événements passés dont il ne reste pas de signes, qui en soient comme des traces, n'étaient pas connus d'Apollon ; les futurs encore moins. Quand on connaît les causes productrices d'un événement, c'est alors qu'on peut savoir ce qui arrivera. C'est pourquoi Apollon n'aurait pu faire la moindre

---

10. IX (19), *ibid.*, p. 480.
11. XII (28), *ibid.*, p. 483.
12. XV, *ibid.*, p. 486.

prédiction sur Œdipe, en l'absence de toute cause préexistante qui pût expliquer pourquoi il devait nécessairement tuer son père, ni sur aucun cas de ce genre "[13]. La vérité d'une proposition au futur ou au passé, étant alors dissociée de l'existence de sa cause ou de sa trace, ne permet ni prédiction ni rétrodiction. Il y a séparation complète entre la *détermination* des événements et la *vérité* des propositions [14].

La vérité n'est donc qu'une propriété formelle des propositions ; elle n'en est pas une propriété réelle[15]. Mais si l'on refuse, contre Chrysippe et Aristote, de confondre le formel et le réel, on n'a plus à craindre la nécessité. " Quand on dit que les propositions portant sur l'avenir sont immuables et de vraies ne peuvent devenir fausses, l'on n'appuie pas par là la nécessité du destin, on définit seulement le sens des mots "[16]. Entre Carnéade et Aristote, il y a conflit sur le rapport entre vérité et actualité et ce conflit en entraîne un second sur la possibilité de la connaissance. Pour Aristote, la vérité d'un énoncé résulte de son accord avec la chose en acte et donc avec l'acte de sa cause. Si un énoncé portant sur le futur est vrai, c'est que la détermination de ce futur est actuelle. Pour Carnéade, la vérité d'un énoncé, étant formelle, n'entraîne nullement l'existence en acte de la chose ou de sa cause. Un énoncé portant sur le futur peut donc être vrai, sans que la détermination de ce futur soit actuelle. Assurément, les deux philosophes considèrent que la connaissance de la vérité implique la préexistence des causes, Aristote parce que la vérité ne va pas sans l'acte, Carnéade parce que la connaissance de la vérité est impossible en l'absence de cause préexistante. Mais le premier, parce que la vérité entraîne l'acte, ne sauve la contingence du futur qu'en privant les propositions portant sur les futurs contingents de la possession actuelle d'une valeur de vérité, tandis que le second se borne à dire que, de telles propositions étant vraies ou fausses en soi, ce vrai et ce faux sont inaccessibles à notre connaissance, limitée à la probabilité.

Supposons que le sage s'interroge sur la question de savoir si, s'embarquant pour Pouzzoles, qui est à trente stades, avec un bon pilote et une mer tranquille, il arrivera à bon port [17]. La proposition : " Le sage arrivera à bon port " est vraie ou fausse,

---

13. XIV (31), (32), *ibid.*, pp. 485-486 ; Robin, 1944, p. 125.
14. Robin, 1944, p. 127.
15. Robin, 1944, p. 128.
16. *De Fato*, IX (20), Bréhier, 1962, p. 481.
17. *Premiers Académiques*, XXXI (100), *ibid.*, p. 233.

de toute éternité, en vertu même de la définition de la notion de proposition. Mais le sage est-il capable de connaître cette valeur de vérité ? " Quoi, le sage, en s'embarquant, a-t-il saisi par l'esprit et perçu que la navigation se fera à son gré ? Comment le pourrait-il ? " Tout ce que sa connaissance peut atteindre c'est la probabilité d'une heureuse traversée, étant donné ce qu'il croit percevoir présentement, et cette probabilité suffit pour déterminer l'action ; mais il y a un abîme entre elle et la vérité.

Le pragmatisme sceptique de Carnéade aboutit au probable, comme le dogmatisme aristotélicien l'aurait fait s'il avait réuni en une catégorie unique les événements contingents. Mais c'est parce qu'il y a des propositions portant sur le futur qui ne sont ni vraies ni fausses qu'il y a, pour Aristote, du probable, tandis que, pour Carnéade, le probable ne résulte que de l'abîme entre l'en-soi de la vérité et l'acte de notre appréhension.

Dans le langage des modernes, et si l'on développait pour Carnéade la théorie des degrés de croyance comme on a développé pour Aristote la théorie des degrés de détermination, on dirait que le probable carnéadien introduit aux probabilités " subjectives ", tandis que le contingent aristotélicien suggère des probabilités " objectives ". On se gardera toutefois de spéculer sur ces développements, d'autant que, la vérité de l'énoncé chez Carnéade n'impliquant aucune détermination actuelle de choses, l'accent placé sur le sujet ne réduit nullement le probable à l'ignorance du déterminé.

### 46. Carnéade et le Dominateur (De Fato, IX).

Le chapitre IX du *De Fato* contient l'argument suivant : 1) Le nécessitarisme de Diodore rend purement apparente la différence du passé et de l'avenir quant à la nécessité (IX, § 17 ). 2) Qu'on n'invoque pas, pour prêter de la réalité à cette apparence, des degrés dans la précision des propositions portant sur le futur : les plus générales, portant sur l'essence, ne sont pas plus nécessaires que les plus particulières, portant sur l'accident (IX, § 18). 3) S'il n'y a pas plus de nécessité dans le passé que dans l'avenir et dans l'essence que dans l'accident, cela montre que la question est de grammaire, non d'ontologie : elle porte non sur la nature des événements, mais sur la nature des énoncés et le fait qu'une fois vrais, ils l'ont été ou le seront toujours ; Épicure n'a donc rien à craindre d'une telle nécessité grammaticale et l'on n'a pas à invalider le tiers-exclu pour fonder la liberté (IX, § 19).

Ceux qui accusent aujourd'hui Cicéron d'avoir méconnu Diodore en ignorant que le nécessaire ne se confond pas avec le possible diodoréen et qui cherchent une issue grammaticale, c'est-à-dire formelle, au débat n'ont pas lu ce chapitre. L'orateur, en effet, fait voir dans les deux premières parties de l'argument que les distinctions de Diodore, du point de vue de Diodore, n'évitent pas, mais au contraire fondent le nécessitarisme. La dernière partie de l'argument montre de plus qu'il connaissait une philosophie déclarant que la nécessité diodoréenne n'est qu'apparente ou formelle : c'est la philosophie de Carnéade.

Le nerf de l'argumentation dans la première partie est la considération du changement de valeur de vérité. « Les propositions portant sur l'avenir ne peuvent pas plus, de vraies, devenir fausses que les propositions portant sur le passé ; mais en celles-ci l'impossibilité de les changer est apparente, et, parce que, dans les propositions portant sur l'avenir, elle n'est parfois pas apparente, elle semble ne pas y être ; ainsi, si quelqu'un est atteint d'une maladie mortelle, cette proposition : " Il mourra de cette maladie " est vraie ; elle ne serait pas moins vraie si elle était dite d'un homme chez qui la gravité de la maladie ne paraît pas aussi grande. Il en résulte que la proposition portant sur l'avenir ne peut, elle non plus, être changée de vraie en fausse. Car la proposition : " Scipion mourra ", bien qu'elle soit dite d'une chose à venir, a pourtant cette propriété de ne pouvoir être changée en fausse ; en effet elle se dit de l'homme, qui doit nécessairement mourir » [18].

Il est clair que Cicéron parle ici de propositions, c'est-à-dire de classes d'équivalence de tous les énoncés possibles portant sur tel événement actuellement futur. Au contraire Diodore s'en tenait à des énoncés ou à des propositions comme classes partielles d'équivalence *modulo* un laps de temps donné, que nous formulons ou que nous ne formulons pas suivant l'état de notre connaissance. Cicéron déclare que si l'on passe de ceux-ci à celles-là le nécessitarisme *in forma* ne peut être évité.

Mais revenons de la grammaire à la réalité. En d'autres termes, éliminons ces variations purement extérieures des valeurs de vérité, en prenant la classe d'équivalence d'énoncés *modulo* une date déterminée. Est possible une *proposition,* si, selon Diodore, elle est vraie ou elle sera vraie. Dans ce cas, sa vérité rétrograde ;

---

18. *De Fato,* IX (17), Bréhier, 1962, pp. 479-480.

elle est nécessaire, dès qu'on tient pour acquis avec Diodore le principe aristotélicien de correspondance.

Ainsi, pour Cicéron, Diodore n'évite pas le nécessitarisme que l'on reprochait aux anciens Mégariques. Il ne l'éviterait que parce qu'il s'en tiendrait à des formes grammaticales en refusant de considérer les propositions correspondantes.

On a rapproché Diodore de Quine. Comme fait Quine à l'égard des logiques modales contemporaines, Diodore considérait avec scepticisme la théorie aristotélicienne des modales, « mais offrait néanmoins quelques significations qu'on pourrait " sans danger " attacher aux mots exprimant des modalités »[19]. On sait que Quine n'admet pas les " propositions " que Cicéron objecte à Diodore. Toutefois il propose de remplacer les énoncés variables par des énoncés éternels en incluant dans l'énoncé sa date[20]. Or cette substitution aura, dans le système de Diodore, le même effet que l'introduction des propositions cicéroniennes. Les énoncés " futurs " éternels rétrograderont, puisqu'ils sont déterminés, à la différence des énoncés et des propositions correspondantes d'Aristote. Ils sont donc nécessaires.

Reste la seconde partie de l'argument. Le futur diodoréen, a montré Cicéron, a même statut modal que le passé. Trouvera-t-on une échappatoire en distinguant alors, parmi les futurs, ceux qui relèvent de l'essence (Scipion mourra, parce que tous les hommes sont mortels) et ceux qui relèvent de l'accident (Scipion mourra de mort violente)?[21]. Cette échappatoire est interdite dans la perspective diodoréenne, où aucune distinction entre essence et accident n'est reçue. Ainsi l'accident est aussi nécessaire que l'essence.

La conclusion de Carnéade résulte de ce nivellement modal universel. Si l'on n'est pas plus en mesure de séparer le futur du passé que l'accident de l'essence, si la nécessité diodoréenne affecte toute proposition, c'est que cette nécessité est un fait de langage, non un trait de nature et que l'invariabilité des valeurs de vérité des propositions n'emporte aucune conséquence ontologique.

---

19. Prior, 1967, p. 16.
20. Quine, 1960, § 40, pp. 191-195.
21. Il paraît impossible de préciser qui vise exactement Carnéade dans la seconde partie de l'argument. On se souvient cependant qu'Aristote nie la possibilité d'une science de l'accident, l'accident étant ce qui arrive quelquefois (le froid pendant la canicule) et sa spécificité, par rapport à l'essence, garantissant précisément contre le nécessitarisme (*Métaphysique*, K, 8, 1064$^b$ 30-1065$^a$13).

Le nécessitarisme de Diodore ne résulte qu'en apparence de la dialectique, c'est-à-dire de la logique, qui est un art neutre. L'illusion provient, en fait, de ce qu'on interprète dogmatiquement la logique et qu'on mélange ainsi le formel et le réel. Interprété sans dogmatisme, le Dominateur est sans force.

Carnéade toutefois, dans le texte cicéronien, ne précise pas en quel sens. Veut-il dire que, le nécessitarisme de Diodore n'ayant qu'une portée grammaticale, nous devons admettre sa conception du possible comme ce qui est ou qui sera ? Devons-nous, au contraire, conserver la troisième prémisse, sans craindre qu'elle entre en contradiction avec les deux premières ? Une phrase de Cicéron suggère que, par implication, Carnéade se rangeait à la seconde de ces solutions. " Si donc, est-il écrit[22], les Stoïciens, qui disent que tout arrive par le destin, sont conduits à admettre des prédictions de ce genre et tous les faits qui résultent de la divination, et si, au contraire, ceux pour qui les futurs sont vrais de toute éternité ne sont pas contraints de dire la même chose, prends garde à ne pas confondre leur cause avec celle des Stoïciens. " Les partisans de Carnéade admettent la vérité éternelle des propositions portant sur des futurs contingents. Il semble donc — et tout le contexte de la discussion entre Carnéade et les Stoïciens renforce cette apparence — qu'avec les Stoïciens, mais sans être pour autant menacés par leur nécessitarisme, ces partisans admettent aussi la vérité éternelle d'un possible qui ne se réalisera pas. Ce qui, dans l'hypothèse dogmatique, rend dangereuse la troisième prémisse, c'est que la vérité qui porte sur la négation entraîne l'actualité de l'événement contraire. Cette actualité suspendue, la nécessité disparaît.

Il reste à examiner la conséquence logique du scepticisme de Carnéade. Un philosophe de la scolastique tardive, Buridan, en fournira l'occasion.

47. DE CARNÉADE AUX LOGIQUES À NOMS " FICTIFS " : L'AMPLIFICATION CHEZ BURIDAN.

Un texte de Buridan, qui confirme ce qu'on a dit sur la prémisse existentielle supposée lorsqu'Aristote applique la nécessité conditionnelle aux attributs des substances contingentes, fixe la position qui a dû être celle de Carnéade eu égard à la

---

22. *De Fato*, XV, (33); Bréhier, 1962, p. 486.

troisième prémisse du Dominateur. Il déclare : " Il y a une troisième distinction, à savoir que l'on dit que quelque chose est corruptible soit parce qu'elle est déjà existante et peut ne pas exister, soit, en un autre sens, parce qu'elle peut exister et ensuite ne pas exister. Or, en ce second sens, il y a une infinité de choses corruptibles qui jamais ne seront corrompues ; car il y a une infinité de choses qui peuvent être engendrées mais ne seront jamais engendrées, et bien que toutes les choses qui peuvent être engendrées soient, de ce fait, corruptibles, elles n'auront jamais à être corrompues si elles ne sont pas préalablement engendrées. Et voilà pourquoi la seule question qui se pose ici se pose au sujet des choses corruptibles qui existent déjà " [23].

Les mots : " il y a ", dans ce texte n'ont pas d'importation d'existence. Une proposition particulière peut être vraie sans qu'existe aucun sujet auquel on attribue la propriété assertée. Si, en effet, une proposition doit pouvoir être vraie sans que pour autant existe ou ait existé ou doive exister *en acte* l'état des choses qui vérifie la proposition, c'est que l'existence actuelle se trouve totalement dissociée de la prédication d'une propriété à un sujet et que, comme le voulait Carnéade contre Chrysippe et Aristote, la vérité n'entraîne aucun engagement ontologique.

Buridan a développé systématiquement cette conception d'une logique ainsi affranchie des considérations d'existence ou plutôt rendue explicitement sensible aux conditions d'existence et d'inexistence dans sa théorie de l'amplification.

La théorie de l'amplification *(ampliatio)* paraît répondre au besoin logique de préciser le statut ontologique des sujets dans deux sortes de propositions qui peuvent être vraies alors que leur sujet n'a pas de suppôt actuel à l'époque où la proposition est assertée. Ces deux sortes de propositions sont 1) celles qui portent sur le futur et le passé, ainsi que sur le possible, 2) celles qui dépendent d'un verbe exprimant une " attitude propositionnelle " (craindre, désirer, se représenter).

Buridan, dans ses *Consequentiae,* remarque : « Certains posent que toute proposition vraie est vraie parce que, quelle que soit sa façon de signifier, il en est ainsi dans la chose signifiée ou dans les choses signifiées. Quant à moi je crois que la proposition suivante n'est pas vraie par la vertu du discours, à savoir que si le cheval de Colin est mort qui a bien marché, cette proposition est vraie " le cheval de Colin a bien marché ", et il n'est pas dans

---

23. Buridan, 1942, p. 119.

la chose comme le signifie cette proposition, puisque la chose est corrompue, mais bien que, si cette proposition est vraie, c'est parce qu'il en a été dans la chose de la façon que la proposition signifie qu'il en a été... De la même façon, la proposition suivante est vraie : " Ce qui ne sera jamais peut être ", non pas parce qu'il en est de la façon que la proposition signifie, mais parce qu'il peut en être de la façon dont elle signifie qu'il peut en être ; et ainsi, il est évident que, selon les divers genres de propositions, il convient d'assigner de manières diverses les causes de leur vérité »[24].

L'amplification consiste formellement à étendre la supposition du terme sujet dans la proposition à des choses qui n'existent pas au moment où la proposition est assertée, l'extension se faisant par disjonction non exclusive avec le temps présent. Par exemple, on devra traduire : " quelqu'homme mourra " en disant " pour quelque x, x est un homme ou x sera un homme et x mourra "[25]. Mais comment interpréter ces quantificateurs ? Certains ont cru que l'amplification revenait à hypostasier tous les sujets qui ont existé, existeront et peuvent exister en les accumulant dans une cagnotte, d'où le locuteur ou le Créateur les tire selon le besoin[26]. D'une telle hypostase résulteraient naturellement les paradoxes que d'autres théories savaient éviter en distinguant le passé ou le futur d'un acte de l'acte de ce passé ou de ce futur. Ainsi interprétée, la théorie de l'amplification conduirait inévitablement à poser comme existants des êtres inexistants. En effet, la seconde catégorie de verbes entraînant l'amplification comprend des verbes au présent qui ont pouvoir d'être transitifs par rapport aux choses passées, futures ou possibles aussi bien que par rapport aux choses présentes[27] ; tels sont les verbes " comprendre ", " connaître ", " penser ". C'est que, commente Albert de Saxe, quand une chose est comprise, l'acte de comprendre se termine dans cette chose tout aussi bien quand la chose est une entité qui a existé, ou existera, ou peut exister, que quand elle existe au moment même de l'acte de compréhension[28]. Le second usage de l'amplification suggère que son mécanisme conduirait à regarder des

---

24. *Id., Consequentiae*, I, chap. 1 ; cité par Moody, 1953, pp. 53-54.
25. Moody, 1953, p. 54 et p. 56, où est citée la *Logique* (II, chap. 10) d'Albert de Saxe.
26. Prior, 1967, p. 143.
27. Moody, 1953, p. 56.
28. Moody, 1953, p. 57.

termes tels que "chimère" et "montagne d'or" comme désignant des objets possédant un être distinct de l'existence. Il évoquerait donc, au Moyen-Age, des "extravagances" qui furent imputées à Meinong et attribuées à ses propres écrits de jeunesse par Russell[29].

Sans nul doute, cette interprétation a dû souvent tenter les philosophes. Mais tous n'ont pas succombé. Lorsqu'Albert de Saxe, à propos des amplifications de seconde catégorie, oppose la conséquence légitime : "Si je mange maintenant du pain, du pain maintenant existe" à la conséquence illégitime : "Si je pense maintenant à une rose, une rose maintenant existe"[30], il est difficile d'inférer qu'il constitue une cagnotte d'êtres au nombre desquels figure la rose imaginaire. Buridan, quant à lui, rejette explicitement cette interprétation. Ce qu'il rejette, c'est le passage de la grammaire à l'existence. L'usage d'une description définie (le cheval de Colin) ou d'un démonstratif dans une proposition vraie n'autorise, lorsqu'ils sont pris dans la portée d'un opérateur temporel ou modal, aucune conclusion existentielle. On peut, en tous cas, interpréter la doctrine de l'amplification de Buridan comme nous invitant à aller des états de choses établis à l'énoncé de la vérité, sans pour autant nous autoriser à tirer de l'énoncé d'une telle vérité aucune conclusion existentielle dès que ces états de choses touchent le temps non actuel, les possibles ou les "intentions".

On lui oppose le paradoxe : *Senex erit puer*[31], signifiant que tel qui est ou qui sera un vieillard (par exemple qui est maintenant un bébé ou qui n'est pas né) sera un enfant. On ajoute d'ailleurs que le paradoxe disparaît si l'on pose explicitement que "rien de ce qui est maintenant un vieillard ne sera un enfant". Et l'on soulève d'autres difficultés qui toutes viennent du caractère incomplet de la proposition considérée[32]. Mais les reproches se

29. Russell, 1956, p. 45 ; Kneale, 1962, p. 262 à propos de William of Shyreswood.

30. Moody, 1953, p. 57.

31. Prior, 1967, p. 144.

32. Prior, 1967, pp. 144-145. « On pourra dire que "Quelque maison n'existe pas" est faux, bien qu'il semble suivre de "Rien de ce qui a péri n'existe et quelque maison a péri" ; car la mineure ici signifie "Quelque maison *présente* ou *passée* a péri", tandis que la conclusion signifie "Quelque maison *présente* n'existe pas" ». Mais le syllogisme *in forma* ne permet pas cette conclusion. Elle suppose, en effet, qu'on amplifie la mineure, quelque maison présente ou passée a péri, sans amplifier la majeure. Or la majeure, portant sur le passé doit, elle aussi, être amplifiée, ce qui donne : "Pour quelque chose, elle périt ou elle a péri et pour toute chose qui périt ou a péri elle n'existe pas". Notons ici que

fondent sur une interprétation certainement erronée des intentions de Buridan. Selon ce dernier, lorsque le suppôt du sujet n'existe pas actuellement, nous n'avons pas le droit d'aller de la vérité à l'existence, mais nous avons toujours le droit d'aller de l'existence actuelle à la vérité. Nous devons donc rejeter des conditionnelles, telles que : S'il est vrai que le cheval de Colin a couru, le cheval de Colin existe. S'il est vrai qu'un possible ne se réalisera jamais, un possible existe qui ne se réalisera jamais.

La vérité ne fonde pas " l'importation existentielle ". Or la vérité peut s'attacher à ce que la logique ordinaire appelle " quantification existentielle ". Par exemple, Buridan lui-même a déclaré qu' " *il y a* une infinité de choses corruptibles qui jamais ne seront corrompues ". C'est cet " il y a ", c'est-à-dire cette quantification existentielle, qui fait question, et c'est ici que les difficultés soulevées ont leur fondement. Il s'agit donc de savoir quel sens donner à cette notion d'existence logique, tout à fait étrangère à l'existence actuelle.

Elle n'a évidemment pas son sens canonique, c'est-à-dire objectif[33], mais un sens purement nominal. Si les façons de signifier dominent l'amplification, il est évidemment impossible de lui donner une portée homogène et objective, qui paraît réservée au mode de signifier du passé. Ainsi, dans la troisième prémisse diodoréenne, l'existence du possible qui ne se réalisera jamais et qui doit être assurée pour fonder l'assertion qu'il est vrai qu'un possible ne se réalisera jamais est uniquement une existence au sens où un mathématicien dira qu'une entité existe si elle est non contradictoire ; dire ici qu'il existe un possible, c'est dire seulement qu'il est possible[34].

La vérité d'une proposition temporelle entraîne, pour Aris-

---

pour qu'un syllogisme soit possible, il faut qu'il contienne un moyen terme, ce moyen terme étant : ce qui périt ou a péri. L'amplification de la majeure, pour qu'une conclusion soit possible, doit donc se faire sur ce qui a péri (et qui est d'ailleurs seul au passé) et non sur ce qui n'existe pas (et qui est d'ailleurs au présent).

Le syllogisme aura la forme :
$$\vdash [(x)(Fx \rightarrow Gx) \cdot (Ex)(Fx \cdot Hx)] \rightarrow (Ex)(Gx \cdot Hx)$$
où Fx est le moyen terme : " x périt ou a péri ", Gx signifiant : x n'existe pas, Hx : x est une maison. L'amplification, dans la mineure comme dans la majeure, se fait sur le même prédicat F.

33. Moody a raison de traduire l'existentielle par : " Pour quelque x " et non pas par " Il existe un x ".

34. Moody, 1953, pp. 57-58 ; ainsi pour Albert de Saxe, l'amplification requise pour la nécessité dans les propositions de la science signifie que le quantificateur est pour ce qui existe ou pour ce qui peut être.

tote, le caractère assignable de l'acte selon le temps voulu. Cette conséquence est homogène. Elle s'applique à toutes les instances du temps. C'est pourquoi Aristote doit, pour préserver l'asymétrie du temps, considérer comme non déterminée la valeur de vérité des propositions sur le futur en matière contingente. L'amplification, au contraire, assure d'emblée l'asymétrie en utilisant une quantification dont la portée réelle doit être réexaminée pour chaque mode de signification. La vérité devient inoffensive, en ce sens qu'on n'en peut rien conclure mécaniquement. En revanche, on devra mettre en question les " lois " reçues de la logique modale ou de la logique des temps[35]. Par exemple, c'est une loi de la logique modale que l'assertion[36] :

S'il est possible que tous les x aient une propriété donnée, tous les x ont possiblement cette propriété.
Buridan objecte qu'il se pourrait que tout fût Dieu, au cas où il n'eût rien créé, sans que pour autant tout puisse être Dieu. Parallèlement, il objecte à la loi de la logique temporelle :
Si cela a été le cas que tous les x avaient une propriété donnée, tous les x ont eu cette propriété,
où l'antécédent peut être vrai ( Il a été vrai ( avant la création ) que tout était Dieu ) et le conséquent faux ( Il est vrai que tout a été Dieu )[37].

Les théories de l'amplification s'écartent donc des logiques canoniques de la quantification. La logique moderne qui paraît la plus apte à exprimer leurs réquisits est l'" ontologie " ou logique des noms de Leśniewski. Elle admet à côté de noms singuliers nommant des individus actuellement existants et de noms communs des noms fictifs. Elle ne conserve pas l'interprétation canonique des quantificateurs et distingue : " Il existe un x tel que fx " de " Pour quelque x, fx ". En conséquence elle doit multiplier les foncteurs logiques et elle est conduite à des théorèmes logiques tels que « Pour quelque x, x n'existe pas », et à des lois de l'identité très déviantes par rapport à la logique canonique[38]. On peut aussi, avec les logiques " libres "[39],

---

35. Prior, 1967, p. 138.
36. Hughes et Cresswell, 1972, p. 144 (La démonstration de cette loi $\vdash M(x)\varphi x \rightarrow (x)M\varphi x$ n'utilise pas la formule de Barcan).
37. *Sophismata*, ch. 4, sophisma 13 ; cité par Prior, 1967, p. 138 $\vdash P(x)\varphi x \rightarrow (x)P\varphi x$.
38. Lejewski, 1957/1958, *passim*.
39. Au sens développé par Lambert, par exemple dans : *On Logic and Existence*, 1965, pp. 135-141. Sur le rapport entre " logiques libres " et ontologie de Leśniewski, Lambert et Scharle, 1967.

maintenir l'interprétation ordinaire des quantificateurs et de l'identité, en modifiant les lois de la quantification en sorte de purger la logique de toute supposition existentielle attachée à l'usage des noms. On sait alors, sans danger, introduire des noms " fictifs " par des descriptions définies, car on ne saurait tirer aucune conséquence existentielle de telles prémisses. Assurément, des complications naîtront, si l'on veut déterminer temporellement non seulement énoncés, mais termes[40] et l'on devra distinguer opérateurs propres à former des prédicats complexes et opérateurs propres à former des énoncés complexes[41]. Du moins les complications qu'on accepte en s'écartant de la conception canonique de la quantification ou, lorsqu'on la maintient, en rejetant l'interprétation ontologique des noms propres et du mot " tous " ont l'avantage de purifier l'instrument logique de toute compromission avec l'existence et d'exprimer clairement la séparation de la logique et de l'ontologie.

Qu'on revienne cependant à la signification du quantificateur logique " il y a ", privé de portée ontologique. Dire qu'il y a un possible qui ne se réalisera pas devra s'entendre d'un possible qu'on ne peut certes pas réaliser dans le monde réel, bien qu'on puisse le " réaliser " dans un monde possible, concurrent idéal de ce monde réel. Mais en quoi peut consister une réalisation possible distincte d'une réalisation réelle sinon en ce fantôme d'existence, en cet " il y a " logique, étranger à l'ontologie et qui peut donc coexister avec l'existence actuelle de la réalité contraire ? Autrement dit, interpréter non dogmatiquement la vérité, est-ce mettre automatiquement en doute le principe de nécessité conditionnelle ? Il faut, pour éclairer Carnéade et Buridan, revenir sur cette mise en question.

48. CARNÉADE N'ABANDONNE PAS LE PRINCIPE DE NÉCESSITÉ CONDITIONNELLE ; IL LE PRIVE SEULEMENT DE LA PORTÉE ONTOLOGIQUE QUE LUI CONFÈRE L'INTERPRÉTATION DOGMATIQUE DE LA VÉRITÉ.

Ce qui rend en apparence ambiguë la position des sceptiques par rapport à la nécessité conditionnelle, c'est que si vérité et réalité en soi sont inaccessibles, il paraît difficile de maintenir que la réalité entraîne la nécessité pendant qu'elle a lieu, mais

---

40. Prior, 1957, p. 73.
41. Prior, 1967, p. 162.

que, d'autre part, on peut bien soutenir que la réalité phénoménale ou apparente, la seule qui, selon les sceptiques, nous soit accessible, entraîne une nécessité à son tour phénoménale ou apparente, en sorte que la nécessité conditionnelle est maintenue sans pour autant engager au dogmatisme. Bref, on peut interpréter le scepticisme soit par la rupture entre réalité ou vérité et nécessité, soit par la rupture entre réalité, vérité ou nécessité pour nous et réalité, vérité ou nécessité en soi. Dans le premier cas, on est conduit à nier le principe de nécessité conditionnelle ; dans l'autre, on peut s'en accommoder. On va montrer que c'est la seconde interprétation qu'il faut choisir. En privant les quantificateurs existentiels de leur signification objective, les sceptiques nous disent non pas que l'être n'est pas nécessaire, mais que l'être, et la prétendue nécessité qu'il entraîne, sont inaccessibles.

Lorsqu'Arcésilas, sur qui l'influence de Diodore est connue[42], nie l'existence des représentations cataleptiques, ce qu'il conteste c'est que des représentations puissent arracher *nécessairement* l'assentiment. D'une part il est impossible de distinguer absolument le vrai du faux ; de l'autre, notre assentiment reste toujours libre. Quand Carnéade développe, à partir de cette critique, sa théorie des degrés de probabilité, ce qu'il combat c'est encore l'idée d'une nécessité absolue, se révélant à nous dans le vrai.

On s'explique mieux ainsi le passage paradoxal du platonisme au scepticisme dans la Nouvelle-Académie. Car Platon avait, lui aussi, contesté que la représentation sensible pût atteindre la certitude. Du sensible, nous n'avons qu'une opinion et celle-ci ne peut jamais devenir une science[43]. Il semble que la Nouvelle-Académie, de plus en plus attentive à la sensation et de moins en moins soucieuse des idées, ait pu s'inspirer d'un Platon mutilé mais authentique.

L'ambiguïté apparente du scepticisme résulte du dilemme suivant.

---

42. Sedley, *op. cit.*, pp. 82-83.

43. C'est ainsi que Socrate et Platon sont des ancêtres du scepticisme selon Cicéron ( *Premiers Académiques,* XXIII (74); Bréhier, 1962, p. 221).

On retrouve dans Aristote le thème platonicien : du sensible, il n'y a pas de science, mais seulement opinion. Mais l'immanence aristotélicienne de la forme et la théorie des substances premières, sensibles exception faite pour le Premier moteur et même matérielles exception faite pour les êtres supralunaires, a pour conséquence de limiter la portée du thème platonicien (Cherniss, 1962, p. 239, pp. 340-343 et *sq.*).

D'une part, Carnéade dit que la vérité d'une proposition portant sur le futur n'entraîne pas sa nécessité. Telle est l'une des leçons du *De Fato* cicéronien. Il doit alors, pour être conséquent avec lui-même comme il prétend l'être en revendiquant les principes de la dialectique, rejeter le principe de nécessité conditionnelle car, s'il est déjà vrai en t que telle chose arrivera au temps t' > t, il sera vrai en t' que cette même chose arrivera en t'. Mais supposons le principe de nécessité conditionnelle valable. Puisqu'il sera vrai en t' que cette chose arrivera en t', il sera nécessaire en t' que, pendant t', cette chose arrivera en t'. Or de la vérité en t de l'occurrence de cette chose en t', on ne devait pas pouvoir conclure à sa nécessité, même à titre conditionnel.

D'autre part, il déclare que nous ne pouvons pas distinguer le vrai du faux. Or cette thèse, délibérément sceptique, permet d'éviter le nécessitarisme en retenant le principe de nécessité conditionnelle. Qu'importe, en effet, ce principe, puisque nous n'atteignons pas la vérité et que, ne pouvant pas l'atteindre, nous n'atteignons pas non plus la nécessité qui en est la conséquence ? Ici, de ce qu'il est " vrai " en t que telle chose arrivera en t' (t' > t), on peut conclure qu'en t' il sera nécessaire, pendant t', que cette chose arrivera en t'. Mais comme cette vérité est seulement " pour nous " et que nous ne pouvons rien en conclure sur la nature des choses en soi, cette nécessité n'a trait qu'à notre représentation de l'occurrence de la chose et ne touche pas cette occurrence même.

Bref, le scepticisme de Carnéade paraît porter à la fois sur la correspondance entre vérité et actualité et il est alors compatible avec l'accès à une vérité conçue formellement à la condition d'abandonner le principe de nécessité conditionnelle et sur l'accès à la vérité et le principe lui devient alors indifférent.

Or une décision est ici possible et l'on est en droit de décharger le scepticisme de l'ambiguïté dont on l'a accusé.

En premier lieu, aucun texte sceptique n'atteste l'abandon du principe. Si abandon il y avait, ce serait par implication. Mais Carnéade ne cesse de rappeler ironiquement que, quant au contenu, le monde du sceptique ne diffère pas du monde du stoïque. " Le sage dont je parle, dit ainsi Cicéron, regardera des mêmes yeux que les vôtres, la terre et la mer ; et il sentira, avec les mêmes sens, les autres choses sensibles. Cette mer, qui, en ce moment où commence à souffler le zéphyr, paraît pourpre, paraîtra de même à notre sage ; seulement, il ne donnera pas son assentiment à cette apparence, puisque tout à l'heure elle nous semblait être d'un bleu sombre, et, ce matin, grise "[44]. On dira que le principe de nécessité conditionnelle n'a pas trait au contenu de l'univers, mais à la dialectique. Cependant on a vu Carnéade s'opposer à une réforme de la dialectique, au sens où l'entendait Epicure. Nous ne sommes pas certains que la dialectique stoïcienne que recevait Carnéade comprenait positivement le principe de nécessité conditionnelle, mais si Carnéade s'était opposé aux Stoïciens sur un principe aussi important, il est probable qu'il l'eût fait savoir en discutant du destin.

Surtout, l'abandon du principe, qui eût produit des difficultés dans la dialectique, n'est pas demandé par le scepticisme. Si lorsqu'on dit que les propositions portant sur l'avenir ont une valeur de vérité immuable, on n'appuie pas la nécessité mais on définit seulement le sens des mots, il en va vraisemblablement de même lorsqu'on dit que ce qui est ne peut pas ne pas être pendant qu'il est. La nécessité conditionnelle de ce qui est reste cependant un trait du langage. Elle n'affecte pas la réalité même.

En s'aidant d'un texte des *Premiers Académiques*[45], on peut montrer comment Carnéade pouvait recevoir formellement la nécessité conditionnelle sans pour autant se trouver pris dans les lacets du dogmatisme.

Comme le montre le texte sur la mer qu'on vient de citer, toutes nos connaissances sensibles — et c'est d'elles seules qu'il peut s'agir lorsque le principe de nécessité conditionnelle est en cause — nous sont données à titre d'apparences ou de représentations. Une représentation est un témoignage, véridique ou non [46], c'est-à-dire naturellement et immédiatement associé à une marque qui en fait la représentation d'un objet représenté. Si l'objet représenté est effectivement associé à la représentation, on dira, avec les Stoïciens, que la représentation peut être perçue ; Zénon la définissait : " une représentation qui, venant d'un objet réel, porte la marque, l'empreinte, l'image de cet objet "[47]. Si l'objet réel fait défaut, on dira de la représentation qu'elle ne peut être perçue.

On peut alors reconstruire l'argument de la façon suivante :

1° Il y a une représentation fausse. Puisqu'il s'agit de la sensation, cette assertion est contestée par Epicure. Elle est admise par les Stoïciens aussi bien que par les Académiciens.

---

44. *Premiers Académiques*, XXXIII (105); Bréhier, 1962, pp. 235-236.
45. *Ibid.*, XXVI (83); Bréhier, 1962, p. 223.
46. *Ibid.*, XXV (81); Bréhier, 1962, p. 224.
47. *Ibid.*, XXIV (77); Bréhier, 1962, p. 222.

Epicure disait que si une seule représentation était fausse, toute la science s'écroulait. Il en concluait que toutes les représentations sont vraies. Les Académiciens, d'accord avec Epicure sur la conditionnelle et avec les Stoïciens sur l'existence d'illusions des sens, prouveront l'impossibilité de la science.

2° Une représentation fausse ne peut être perçue. Ce second principe est reçu par Epicuriens, Stoïciens et Académiciens. Donc, en vertu de 1°, il y a une représentation qui ne peut être perçue.

Raisonnons maintenant sous la supposition :

H. Il y a une représentation vraie, soit A. Puisqu'elle est vraie elle peut être perçue et un objet réel lui correspond.

C'est ici qu'interviendra le principe de nécessité conditionnelle.

NC. Durant que persiste cette représentation vraie, soit A, il est nécessaire qu'existe l'objet réel qui lui correspond.

3° Il n'y a pas une représentation vraie venue des sens dont on ne puisse rapprocher une représentation qui n'en diffère en rien et qui ne puisse être perçue[48]. Les Stoïciens niaient cette proposition. Pour en illustrer le sens, il suffit de mentionner la perception des jumeaux parfaits : " Celui qui voyait P. Servilius Geminus et croyait voir son frère Quintus, rencontrait une de ces représentations qui ne peuvent être perçues, puisqu'aucune marque ne distingue la vraie de la fausse "[49]. Si A est la représentation supposée de a, il existe une représentation B aussi voisine qu'on voudra de A et, à la limite, indiscernable de A, telle que B représente b différent de a. Or B se donne comme marque ou empreinte ou image de a et ne peut donc être perçue. C'est sur ce point que se concentre la querelle entre Stoïciens et Académiciens. Comme le dit Cicéron, " Zénon a vu avec pénétration qu'il n'y avait pas de représentation qui pût être perçue si, venant d'un objet réel, elle pouvait avoir le même caractère qu'une représentation issue d'un objet inexistant "[50], c'est-à-dire d'un objet autre que celui que la représentation donne pour réel. La position des sceptiques tire sa force de ce que les Stoïciens ont admis des représentations fausses[51].

En vertu de H et de NC, on peut donc rapprocher de A qui

48. J'intervertis pour les besoins de l'argument les deux dernières propositions rapportées par Cicéron.
49. *Premiers Académiques*, XXVI (82); Bréhier, 1962, p. 225.
50. *Ibid.*, XXIV (78); Bréhier, 1962, p. 222.
51. *Ibid.*, XXV (59); Bréhier, 1962, p. 223.

est nécessaire durant qu'elle est vraie une représentation B, indiscernable de A et qui ne peut être perçue.

4° Parmi les représentations entre lesquelles il n'y a pas de différence, il est impossible que les unes puissent être perçues, les autres non. Ce principe n'est autre que l'application du principe des indiscernables aux représentations. Si A est indiscernable de B, B doit avoir toutes les propriétés que A possède. Stoïciens, Epicuriens et Académiciens se retrouvent ici d'accord.

Donc, sous la supposition de 1°, de H et de NC, puisque B ne peut être perçue, A ne peut pas non plus l'être. Donc s'il existe une représentation vraie et par conséquent conditionnellement nécessaire, elle ne peut pas être perçue. Il sera donc possible de conjecturer sur le probable, non de donner son assentiment au vrai. Il n'y a donc pas de représentation telle qu'une perception du réel en soit la conséquence [52] et il n'y a donc pas non plus de représentation telle qu'une perception de ce qui est conditionnellement nécessaire en soit la conséquence. Ce qui menaçait la liberté, c'était le dogmatisme, non la nécessité conditionnelle. On peut conserver cette dernière à condition de renoncer au premier [53].

---

52. *Ibid.*, XXXI (99); Bréhier, 1962, p. 232. Comme le remarque Hamelin (1978, p. 30), d'accord avec Aristote sur la définition du vrai, " Carnéade dénature les notions de vérité ou de fausseté ".

53. C'est ici le lieu d'une remarque générale concernant la cohérence des systèmes sceptiques.

On vient d'établir cette cohérence en montrant que le sceptique ne met pas en cause la liaison : " s'il est vrai en t que p en t, alors il est nécessaire que p en t ", mais la condition selon laquelle " il est vrai en t que p en t " peut être perçu.

On établira, dans le chapitre suivant, que les platoniciens posent : " s'il y a substantialité de l'âme, le principe de nécessité conditionnelle est faux ".

Dans un texte célèbre, Hume, décrivant nos perceptions et sentiments, énonce " une maxime que condamnent plusieurs métaphysiciens, et qui passe pour contraire aux principes les plus certains de la nature humaine. Cette maxime est qu'un objet peut exister et pourtant n'être nulle part " ( *Traité*, p. 287). Contre les matérialistes, Hume accepte donc, en accord avec les spiritualistes, l'existence de modifications spirituelles. A de telles modifications, on ne saurait, sans absurdité, assigner une conjonction locale avec la matière. Cependant, ces modifications n'étant en rien des actions ( *Ibid.*, p. 298), elles ne permettent, en aucun sens, d'inférer qu'elles seraient les modes d'une substance et, de ce qu'il existe des modifications spirituelles, nous ne sommes pas autorisés à conclure qu'il existe des substances immatérielles nommées " âmes ". D'autre part, comme la causalité se réduit à une concomitance constante et que n'importe quoi peut donc causer n'importe quoi, nos perceptions et nos pensées, qui ne sont pas susceptibles d'union locale ni avec ce qui est étendu, ni d'ailleurs avec ce qui est inétendu, peuvent être considérées comme les effets de la matière et du mouvement local, puisque nous constatons qu'elles leur sont constamment conjointes (*Ibid.*, p. 302).

Hume ne nierait pas plus la seconde liaison que Carnéade ne nierait la première. Il se contentait d'en regarder la condition comme dépourvue de sens parce qu'échappant à toute perception possible.

# chapitre 9

# platonisme et nécessité conditionnelle

Si c'est la réfutation du *Timée* par Aristote qui a donné à Diodore l'occasion de formuler l'argument dominateur, il est probable que l'un des principes avancés par Aristote et tacitement utilisés par Diodore a dû être nié par Platon, au moins par implication.

C'est le cas pour le principe de nécessité conditionnelle, qui trouve sa justification dans l'analyse du mouvement local. C'est en réfléchissant sur l'âme et ses mouvements purs que Platon et les Platoniciens ont été conduits à mettre en cause la nécessité conditionnelle. Dans un contexte différent, mais pour des raisons semblables, Jean Duns Scot a systématisé ces doutes. On analysera sa conception.

## 49. LE PLATONISME ET LE PRINCIPE DE NÉCESSITÉ CONDITIONNELLE.

Platon lui-même a, par implication, dénié dans le *Timée* le principe de nécessité conditionnelle. Le monde étant produit et composé par le démiurge à partir du désordre primitif doit pouvoir être détruit, comme toute chose composée, même s'il ne peut être détruit que par la puissance qui l'a unifié[1]. C'est la volonté du démiurge qui, faisant constamment obstacle à ce pouvoir de destruction, en vertu de l'amour qu'il porte à l'ordre, assure la pérennité du monde. Le démiurge parle ainsi aux dieux créés : " Divins fils de dieux, œuvres dont je suis l'auteur et le père, nés par moi, vous êtes indestructibles parce que je le veux. Car tout ce qui est composé peut certes à nouveau se dissoudre, mais ce qui a été bien associé et se comporte bien, seul un criminel voudrait le dissoudre à nouveau. C'est pourquoi, bien que, du fait que vous êtes engendrés, vous ne soyez certes pas absolument immortels et indissolubles, il n'en reste pas moins que vous ne serez jamais dissous et que vous ne subirez jamais la mort, car vous avez obtenu avec mon vouloir un lien plus fort

---

1. *Timée*, 32 C.

et plus puissant que les liens avec lesquels vous avez été unis quand vous avez été engendrés "[2].

Comme le fera Aristote, Platon affirme une sorte de permanence du statut modal des êtres. Un être composé est par nature et restera donc toujours sujet à la corruption. Toujours, du fait qu'il a été engendré, il pourra être corrompu. Néanmoins, cette puissance de corruption ne se réalisera jamais du fait de la volonté du démiurge qui lui fera constamment échec. Ainsi, loin que l'existence exclue, conformément à ce qu'exige le principe de nécessité conditionnelle, la puissance de ne pas exister dans l'instant, elle est compatible avec elle et le demeurera pour le reste des temps en vertu de la volonté divine. Le discours du démiurge implique donc, de la part de Platon, la mise en question du principe de nécessité conditionnelle [3], presqu'unanimement reçu chez les Anciens. Cette mise en question résulte, chez Platon, de l'écart entre l'idée et le monde sensible. En tant que sensible, la nécessité caractérise les contraintes du mécanisme et de la matérialité et n'exprime donc que la nature de l'image [4]. Il serait insensé de conclure des contraintes de l'image à des contraintes correspondantes dans l'idée.

Le refus platonicien de la nécessité conditionnelle est donc

---

2. *Timée*, 40 E-41 C.

3. Dans les *Questions platoniciennes* (VIII, 1007. Cherniss, 1976, I, p. 89), Plutarque écrit de même : " ... Comme ils (l'univers et le temps) vinrent à l'être ensemble, ensemble ils seront donc de nouveau dissous, si quelque dissolution les frappe, car ce qui est sujet à la génération ne peut pas être séparé du temps, pas plus que ce qui est intelligible ne peut pas être sans l'éternité, même si l'univers doit toujours rester stable et si le temps ne doit jamais être dissous dans son devenir en procès ". Univers et temps, puisqu'ils sont nés ensemble, périront ensemble, c'est-à-dire conservent la puissance de se corrompre ensemble, même si (par la volonté divine) ils sont maintenus perpétuellement dans l'être. Ce raisonnement ne diffère du discours du démiurge que parce qu'il pose la compatibilité d'une association constante d'être avec une association non moins constante de puissances opposées correspondantes.

Le principe de conservation du statut modal est, comme Cherniss me le signale, impliqué par le texte des *Lois* (818 A7 - E2 et Cherniss, 1962, pp. 608-609), où Platon distingue deux sortes de nécessité : la nécessité divine à laquelle les dieux sont assujettis et qui regarde les objets de l'arithmétique, de la géométrie et de l'astronomie et la nécessité humaine qui regarde les existences sensibles. Cette distinction a pour conséquence l'invalidation de la nécessité conditionnelle, puisque le démiurge n'est pas soumis à la nécessité " humaine ".

4. " La nature de ce monde est mêlée d'intelligence et de nécessité. Ses biens sont ce qu'elle reçoit de la divinité, ses maux proviennent de la nature primordiale, ainsi que s'exprime Platon pour désigner la matière comme une simple substance qui n'est pas ornée par la divinité ". (Plotin, *Première Ennéade*, L. VIII, § 7, p. 128 ( = I 8 : 7, 4-7); Platon, *Timée*, 48 A).

indépendant de l'interprétation particulière qu'on donnera de la création du monde et qui, au dire d'Atticos[5], divisait déjà les Anciens. Si, avec Atticos lui-même, on favorise l'interprétation littérale[6], on placera la puissance fabricatrice du démiurge au-dessus des obstacles qu'oppose la matérialité. Si, avec le *Politique* platonicien, on entend la création en un sens symbolique en faisant état d'une succession indéfinie de telles " créations "[7], on verra la divinité repousser indéfiniment la puissance de désordre et de corruption qui hante, par nature, les images; une telle puissance, comme le remarquera le *De Caelo* ($281^b 15$-25), devra être posée en même temps que l'acte

---

5. Platonicien du second siècle après J.-C., engagé dans la polémique que la plupart des platoniciens de ce siècle entretenaient avec les aristotéliciens. Sur cette polémique, Taylor, 1969, p. 443.

6. *Sur l'opposition entre Platon et Aristote,* fr. 4 (1977, pp. 50-54 (801 *a*-804 *b*)).

7. " Dans la suite, lorsqu'au bout d'un temps suffisant ses bouleversements et son trouble eurent pris fin, ses secousses une fois calmées, le monde poursuivit, d'un mouvement ordonné, sa course habituelle et propre, veillant et régnant en maître sur ce qu'il portait en son sein ainsi que sur lui-même, et se remémorant, aussi fidèlement qu'il le pouvait, les instructions de son auteur. Au début, il sut les appliquer avec assez d'exactitude, mais, vers la fin, sa défaillance allait croissant : la faute en était aux principes corporels qui entrent dans sa constitution, aux caractères hérités de sa nature primitive, car celle-ci comportait une large part de désordre avant de parvenir à l'ordre cosmique actuel. C'est de son ordonnateur, en effet, qu'il reçut tout ce qu'il a de beau, mais de sa constitution antérieure découlent tous les maux et toutes les iniquités qui s'accomplissent dans le ciel; c'est d'elle qu'il les tient lui-même, par elle qu'il les produit dans les animaux. Tant donc qu'il avait joui de l'assistance de son pilote pour nourrir les êtres qui vivent dans son sein, sauf de rares défaillances, il n'engendrait que de grands biens; une fois détaché de lui, au contraire, dans chaque période qui suit immédiatement cet abandon, il administre toutes choses pour le mieux, mais, plus le temps s'avance et l'oubli l'envahit, plus aussi reprend puissance sa turbulence primitive, et celle-ci, finalement, revenant à sa pleine floraison, rares sont les biens, nombreux sont au contraire les maux qu'il s'incorpore, au risque de se détruire lui-même avec tout ce qu'il renferme. Aussi le dieu qui l'organise, voyant le danger de la situation, se prend dès lors à craindre qu'il n'aille se disloquer sous la tempête qui le bouleverse et s'abîmer dans l'océan sans fond de la dissemblance ; il se rassied donc à son gouvernail, redressant les parties que ce cycle parcouru sans guide vient d'endommager ou de disloquer, il l'ordonne et le restaure de façon à la rendre immortel et impérissable ". ( *Politique,* 237 A-C, trad. Diès.). Mugler, 1960, p. 170 *sq.* oppose radicalement le redressement démiurgique du *Politique,* lequel symbolise uniquement " l'information structurale du monde et le pouvoir régulateur qu'elle exerce sur les forces diffuses de la nécessité " et l'intervention diachronique de l'Ame du monde dans le *Timée* et du panpsychisme dans les *Lois.* Mais les expressions du *Politique* concernant par exemple la mémoire que le monde conserve des instructions démiurgiques (273 B) obligent l'auteur (p. 192) à interpréter comme un simple anthropomorphisme ce qui est peut-être, chez Platon, la marque de la présence d'une âme.

contraire, puisque le triomphe de la forme s'applique à un temps infini.

Que telle soit bien la doctrine des Platoniciens, nous en avons la contre-épreuve dans le texte du *De Civitate Dei* où, les critiquant, saint Augustin montre qu'à partir de leurs principes on ne peut pas refuser la résurrection et l'éternité des corps glorieux. " Dira-t-on que cette dissolution ne se fait pas [pour les dieux créés], parce que Dieu, dont la volonté, comme le dit Platon, surmonte tout obstacle, ne le veut pas? Qui empêche donc que Dieu ne le veuille pas non plus pour les corps terrestres, puisqu'il peut faire que ce qui a commencé existe sans fin, que ce qui est formé de parties demeure indissoluble, que ce qui est tiré des éléments n'y retourne pas? Pourquoi ne ferait-il pas que les corps terrestres fussent impérissables? "[8]. Comme le dira Macrobe, il faut distinguer deux immortalités, l'une propre à l'âme et qui lui appartient par nature, parce que, par soi, elle n'est pas capable de mort, l'autre propre au monde et donc aux corps, qui sont capables de mort mais en sont défendus par l'intervention d'autrui[9].

Les Platoniciens ont donc mis en question le principe de nécessité conditionnelle unanimement reçu par leurs adversaires. Faudra-t-il conclure que, figurée ou non, leur doctrine de la création a ouvert la voie à la doctrine chrétienne et que seuls, parmi les Anciens, ils ont établi entre " possibilité réelle " et " possibilité logique " une distinction tranchée, qui sera systématisée par Jean Duns Scot et qui rendra possible la logique modale, telle que nous l'entendons aujourd'hui[10]? Ce serait méconnaître que la " possibilité réelle " exprime une vue plausible des choses. Ce n'est pas la logique formelle, c'est la philosophie qui explique le contenu différent qu'elle a pu recevoir.

La thèse qui, chez les adversaires de la création, soutient le principe de nécessité conditionnelle c'est la substantialité du sensible. Comment un mouvement spontané et sempiternel des astres et des atomes serait-il concevable si l'on supposait la " possibilité réelle " de leur repos? Lorsqu'Aristote postule l'éternité du monde — selon lui identique à l'univers — et

---

8. *De Civitate Dei*, XIII, 17, Saint Augustin, VII, 1695, pp. 336-337.

9. *Aut enim ideo est immortale quid, quia per se non est capax mortis, aut quia procuratione alterius a morte defenditur* (Macrobe, 1952, II, 13).

10. Tel est le sens de la monographie de Faust (1931-1932) érudite et perspicace, mais qui oublie Platon et qui réduit les Platoniciens à des intermédiaires obligés entre la confusion grecque et la distinction chrétienne.

lorsqu'Épicure postule l'éternité de l'univers — selon lui compatible avec les vicissitudes des mondes —, une telle éternité, exclusive de toute possibilité réelle de corruption, ne se distingue en rien de la pérennité dans le temps, le temps indéfini lui-même n'étant que la mesure ou l'accident d'un mouvement indéfiniment continué[11]. Supposons alors que nous retirions tout genre de nécessité réelle aux choses corruptibles et au mouvement particulier et partiel qui la supporte. Dans ce cas, la nécessité qu'on a reconnue aux êtres durant indéfiniment en conséquence de la substantialité du sensible devrait être complètement soustraite des êtres générables et corruptibles. Mais la causalité des astres et des atomes perdrait l'efficace et ne sauverait plus les phénomènes en vue desquels on avait posé la sempiternalité des astres et des atomes. Quoiqu'excepté le logos divin les Stoïciens n'admettent aucune permanence, ils parviennent au même résultat. Car ce logos vit indestructiblement dans un temps, conçu comme intervalle du mouvement. Supprimer la nécessité conditionnelle, c'est-à-dire l'existence nécessaire d'une phase finie quelconque dans l'histoire du monde, ce serait détruire la continuité divine et introduire le vide à l'intérieur de ce monde.

C'est en vertu des rapports qu'il institue entre éternité et temps qu'un Platonicien refusera ces conséquences. Puisqu'il n'existe pas de substance sensible, on ne saurait assimiler l'éternité à la pérennité dans le temps[12] et l'atemporalité de l'intelligible n'a qu'une lointaine analogie avec un temps qui, même quantifié universellement[13], ne fournit d'elle qu'une image mobile. Tout ce qui est dans l'espace et le temps est générable et corruptible et ne saurait fonder ce qu'il est sur un sensible

---

11. Plotin, *Ennéades*, III, L. VII, 7-10, t. 2 (pp. 187-196).

12. "Quand nous disons que l'*Etre est toujours,* qu'il n'y a pas de temps où il soit et un autre où il ne soit pas, c'est seulement pour nous exprimer avec plus de clarté que nous parlons ainsi ; en disant *toujours,* nous ne prenons pas ce mot dans son sens absolu ; mais, si nous l'employons pour montrer que l'Etre est incorruptible ; il peut égarer l'esprit en le faisant sortir de l'unité pour lui faire parcourir le multiple". (*Ibid.,* III, L. VII, V, t. 2, p. 183 = III 7 : 6, 21-26).

13. *Ibid.,* III, L. VII, V, t. 2, pp. 184-185 ( = III 7 : 6, 43-48) : "Mais l'Etre qui a pour caractère de n'avoir pas besoin du futur, de n'être point rapporté à un autre temps soit mesurable, soit indéfini et devant être d'une manière indéfinie, l'Etre qui a déjà tout ce qu'il doit avoir est l'Etre même que cherche notre intelligence [et non son simple homonyme] ; il ne tient pas son existence de telle ou telle quantité, il existe avant toute quantité ; il doit n'admettre en soi aucune espèce de quantité" ; voir p. 185 les rapprochements que Bouillet établit avec Platon et Boëce.

immatériel ou sur des atomes invisibles ou même sur un souffle divin intramondain. Le sensible étant l'image d'une réalité extramondaine étrangère au temps, il faudra donc, pour qu'il ne transgresse pas son statut d'image, qu'il puisse être autre qu'il n'est durant qu'il est.

Partons de l'intelligible substantiel et éternel. Il faut alors que l'Ame du monde produise le temps avec l'univers [14]. L'Ame sera donc au temps, ce que l'Etre intelligible est à l'éternité [15]. Comme le dit Plotin, " l'Ame universelle, en produisant le monde sensible, mû, non par le mouvement intelligible, mais par celui qui n'en est que l'image, et en travaillant à rendre ce mouvement semblable au premier, s'est d'abord rendue elle-même temporelle, en engendrant le temps au lieu de l'éternité, puis a soumis son œuvre au temps, en embrassant dans le temps toute l'existence et toutes les révolutions du monde " [16]. Suppo-sons alors que l'âme cesse d'agir et d'exercer sa puissance et rentre en elle-même et dans l'éternité. La succession, le temps, toutes les images viendraient à disparaître aussitôt [17]. Tel est l'être second des images, du temps et donc du mouvement sensible et de tout ce qui participe à la quantité. Il existe un monde possible, celui où l'Ame rentrerait dans sa vie contempla-tive pure et où cet être second disparaîtrait. C'est donc qu'il n'est pas nécessaire. Même les choses sensibles qui dureront toujours, dépendantes qu'elles sont de l'activité de l'Ame, sont dépourvues de nécessité, en dépit de leur pérennité [18]. Il n'y a pas de nécessité sensible absolue. *A fortiori* il n'y a pas non plus de nécessité sensible conditionnelle.

## 50. Conséquences de la liaison entre nécessité condition-nelle et substantialité du sensible sur la modalité, la causa-lité et la liberté.

Admettre la nécessité conditionnelle, c'est supposer la sub-stantialité du sensible. Les seuls mouvements qu'on est alors tenu de recevoir sont les mouvements sensibles. " Il n'existe pas de

---

14. *Timée*, 38.
15. Plotin, *Ibid.*, III, L. VII, X, t. 2, p. 199 ( = III 7 : 11, 59-60).
16. *Ibid.*, III, L. VII, X, t. 2, p. 197 ( = III 7 : 11, 27-33).
17. *Ibid.*, III, L. VII, XI, t. 2, p. 200 ( = III 7 : 12, 11-14).
18. *Ibid.*, III, L. VII, XI, t. 2, pp. 200-201 ( = III 7 : 12, 15-17) : " La sphère universelle n'existerait pas non plus, puisqu'elle n'existe pas avant le temps, parce que c'est dans le temps qu'elle existe et qu'elle se meut ".

mouvement hors des choses " dit Aristote[19]. Il a été suivi, sur ce point, par les Stoïciens et les Épicuriens. On s'en tiendra cependant à sa seule doctrine et à celle des Péripatéticiens en général, dans ce paragraphe, puisqu'elles ont dû articuler systématiquement les conséquences d'un principe décidément anti-platonicien et qu'elles articuleront donc aussi les conséquences qu'on attendra d'un retour au platonisme.

Si tous les mouvements sont sensibles et obéissent au principe de nécessité conditionnelle, il y a distinction réelle, c'est-à-dire incompatibilité, entre la puissance réelle et la réalité achevée. En vertu de la nécessité conditionnelle, en effet, une substance donnée, à l'instant t, possède la puissance d'être en t′ postérieur à t dans une situation différente ou dans un état contraire à la situation ou à l'état qui sont présentement les siens. Cette puissance d'être n'appartient donc à la substance que sous forme de privation. " Chaque chose, en effet, peut être tantôt en acte, tantôt non, comme le construisible ; ainsi l'acte du construisible, en tant que construisible, est construction ; car l'acte du construisible est ou construction ou la maison ; mais quand c'est la maison, ce n'est plus le construisible : et ce qui se construit, c'est le construisible. Il faut donc que la construction en soit l'acte, et la construction c'est le mouvement "[20]. Puisque la formule par laquelle s'exprime une puissance réelle contient et la privation actuelle et la puissance actuelle de réalisation future, il serait contradictoire de poser cette réalisation actuellement.

Cette disposition des modalités qui fait du mouvement une actualité " imparfaite "[21] réelle soumet l'univers à une causalité extrinsèque. Plaçons-nous au point de vue du mobile. Il est

---

19. *Physique*, III, 1, 200$^b$32. Comme le note Carteron (traduction, p. 90), ce passage vise Platon.

20. *Physique*, III, 1, 201$^b$7-13.

21. *Physique*, III, 2, 201$^b$29 ; VIII, 257$^a$7. Le mouvement est un acte, mais c'est un acte imparfait. " La raison en est, commente saint Thomas (Marietti, 1965, 2305, p. 546), que ce dont il est l'acte est imparfait, c'est-à-dire être possible ou être en puissance. En effet s'il était un acte parfait, il supprimerait toute puissance, qui est dans la matière puissance d'une détermination donnée. C'est pourquoi les actes parfaits sont les actes non pas d'une chose existant en puissance, mais d'une chose existant en acte. Or le mouvement est l'acte d'une chose existant en puissance, puisqu'il n'y supprime pas la puissance. En effet tant qu'il y a mouvement, il reste dans le mobile la puissance de ce qu'il vise au moyen du mouvement. Mais c'est seulement la puissance qui était puissance d'être mue que le mouvement supprime. Encore ne la supprime-t-il pas totalement, puisque ce qui est mû est jusqu'ici en puissance d'être mû étant donné que tout ce qui est mû sera mû en vertu de la division du mouvement continu ".

actuellement privé d'une propriété ou d'une situation qu'il est en puissance d'avoir plus tard. Ce qu'il est en acte actuellement n'étant que privation par rapport à ce qu'il est en puissance ne peut donc pas être la cause qui actualisera ce dont il est en puissance et l'ébranlement qui sera la source de cette actualisation a son origine dans une autre chose. Le mû qui est privé de ce dont il est en puissance et le mouvant qui possède actuellement cette puissance[22] ne sont donc pas identiques, sinon accidentellement. En d'autres termes, en tant que mû, le mobile ne se confond pas avec ce qui le meut, faute de quoi il y aurait acte complet et non pas mouvement. Mais, dès lors, tout ce qui est mû est mû par autre chose. Il n'y a pas d'automoteur[23]. Le désirable connu est un moteur non mû ; le désir est un moteur mû[24].

---

22. *Physique,* VIII, 5, 257ª9-10 : " Le mouvant est déjà en acte ; par exemple, c'est ce qui est chaud qui produit la chaleur ; en fait, ce qui produit la forme est toujours quelque chose qui la possède ".

23. *Physique,* VIII, 5, 257ª31-ᵇ13. " La raison pour laquelle Aristote refuse de se contenter, comme le faisait Platon, de la notion d'automoteur, est qu'en tant que celui-ci meut, il doit avoir déjà un certain caractère, tandis qu'en tant qu'il est mû, il doit n'avoir ce caractère que potentiellement, sans l'avoir actuellement. Par exemple ce qui chauffe doit être soi-même chaud pour communiquer de la chaleur, et froid pour la recevoir. La loi de non contradiction nous force donc à analyser l'auto-réchauffement en une partie qui est chaude et une partie qui est froide, c'est-à-dire que le changement auto-imposé se transforme en un changement qu'une chose impose à une autre " (Ross, *Aristotle's Metaphysics,* I, CXXXIII). Le mû a pour formule en t :

$$M_t p_t \cdot \sim p_t \cdot t < t'.$$

Le mouvant, au même instant, a la propriété exprimée par $p_t$. Ce qui crée la contradiction signalée par Ross, c'est la nécessité conditionnelle, puisque si le mû avait pour formule en t :

$$M_t p_t \cdot \sim p_t$$

il ne serait plus nécessaire de faire appel à un mouvant différent de lui pour lui demander de produire l'action. L'argument d'Aristote, au chapitre 5 du livre - VIII de la *Physique* est un dilemme (Cherniss, 1962, pp. 390-391, note 210). La continuité et donc la divisibilité du mouvement rend impossible l'automoteur. Ou bien l'automoteur se meut tout entier, mais alors il subirait et causerait en même temps le même mouvement et le mouvement cesserait d'être un acte incomplet. Ou bien l'automotricité résulterait d'un mouvement partiel. Ce dernier à son tour serait réciproque (A mouvant B, B mouvant A, ce qui reproduirait entre autres, la confusion précédente de l'action et de la passion) ou ordonné. Si l'automotricité est partielle et ordonnée, une partie A meut B, qui ne la meut pas. Mais si A se meut elle-même en mouvant B, la même difficulté renaîtra : il faudra que A subisse le mouvement qu'elle cause. Donc A devra mouvoir B en étant elle-même immobile. Le nerf de la démonstration est la séparation essentielle du mouvant et du mû, en d'autres termes, la nécessité conditionnelle. Sur la doctrine thomiste à ce propos : Effler, 1965, pp. 180-191.

24. Saint Thomas, *S.T.,* P. 1, q. 80, a 2, resp ; Gilson, 1952, p. 583.

La nature qu'on reconnaît à l'âme découle de ces principes. L'âme n'est point auto-motrice. L'âme ne peut être mue que par accident, puisque, tout mouvement étant divisible, sa simplicité disparaîtrait avec son immobilité essentielle[25]. Pour l'âme humaine, sensation et connaissance s'expliquent parce qu'elle est mue à ce qu'elle n'est qu'en puissance par l'agent qui est en acte l'objet de cette puissance. Pour la sensation, qui est en puissance toutes les formes sensibles, cet agent actualisant est fourni par les objets sensibles extérieurs. Dans le cas de la pensée, il faut poser une cause interne efficiente actualisant toutes les formes intelligibles dont l'agent est capable. Tel est l'intellect agent — quelque difficulté qu'entraîne, pour l'aristotélisme, la nécessaire actualité des formes par lesquelles cet intellect produit la connaissance[26]. La liberté d'une telle âme, si on la lui reconnaît, ne saurait être conçue comme un pouvoir de décision non motivé. L'acte libre, par conséquent, ne consistera que dans le jeu des représentations de l'intelligence, par lesquelles notre volonté s'éclaire, le motif explicatif de nos actes étant la représentation du bien.

51. CONSÉQUENCES QUE L'ABANDON DU PRINCIPE DE NÉCESSITÉ CONDITIONNELLE ET DE LA SUBSTANTIALITÉ DU SENSIBLE ENTRAÎNE POUR LA MODALITÉ, LA CAUSALITÉ ET LA LIBERTÉ CHEZ PLATON ET LES PLATONICIENS. LE MÊME ABANDON, PRINCIPE DE CONSÉQUENCES SEMBLABLES CHEZ JEAN DUNS SCOT.

Les mouvements sensibles, chez Platon, dus à l'agitation désordonnée du réceptacle, loin de représenter l'acte, même imparfait, de substances, expriment le simple défaut qui empêche l'image sensible de refléter exactement l'idée. Ils sont donc dépourvus du minimum de consistance que requiert une image pour refléter une idée. Il existe, en revanche, d'autres mouvements, de nature spirituelle — pensées, désirs, sentiments — caractéristiques de l'âme soit universelle soit humaine et premiers par rapport aux mouvements physiques[27]. L'âme est à la fois contemplation des idées et principe de mouvement et sa force motrice, manifeste immédiatement dans les mouvements

---

25. *De Anima*, 408ᵃ34-ᵇ30 ; Cherniss, 1962, p. 402 *sq.*
26. Je suis ici littéralement Cherniss, 1962, p. 469.
27. Par exemple *Lois,* 898 C ; Cornford, 1960 (1935), p. 246 ; Cherniss, 1962, p. 402.

spirituels, médiatement dans les mouvements sensibles, dépend, pour sa régénération, de l'énergie qu'elle puise en contemplant les idées. D'autre part l'âme, qui normalement anime un corps, peut se trouver séjourner au moins temporairement dans le monde intelligible pur ; à ce moment, elle exerce sa fonction contemplative sans exercer sa fonction motrice, ce qui paraît établir entre les deux fonctions une hiérarchie. A l'intérieur même de l'acte d'intellection, il faut d'ailleurs distinguer entre la pensée en mouvement et, une fois obtenu le contact avec l'intelligence, la pensée en repos. A ces mouvements et repos spirituels reconnus à titre de phénomènes positifs il incombe de refléter les deux idées de mouvement et de repos [28].

Les Platoniciens infléchiront cette doctrine. Plotin, par exemple, accentuera avec la supériorité dans l'âme de la vie contemplative sur l'activité motrice le caractère non substantiel du sensible [29]. L'invalidité de la nécessité conditionnelle n'en sera que plus évidente [30].

---

28. *Sophiste,* 254 D-F, *Parménide,* 129 D-E ; Cherniss, 1962, p. 439.

29. L'action organisatrice de l'âme suppose, avant elle, une contemplation immuable de l'ordre (Bréhier, 1961, p. 34). " La partie de l'âme qui est la première est en haut ; toujours près du sommet, dans une plénitude et une illumination éternelles, elle reste là-bas, et elle participe, la première, à l'intelligible ; l'autre partie de l'âme, qui participe à la première, procède éternellement, seconde vie issue de la première vie, activité qui se projette de tout côté et qui n'est absente nulle part. L'âme, en procédant, laisse sa partie supérieure au lieu intelligible, que sa partie inférieure quitte ; car si la procession lui faisait abandonner cette partie supérieure, elle ne serait plus partout, mais seulement au lieu où la procession aboutit " ( *Ennéades,* III, 8, 5 ; Bréhier, 1961, p. 54 ; = III 8 : 5, 10-14). Lorsque Plotin compare la vie de l'Un à l'arbre cosmique, il distingue de la vie qui circule dans l'arbre tout entier le principe de la vie qui, immobile, reste dans les racines ( *Ennéades,* III, 8, 10). Cette même métaphore peut s'appliquer aux deux " parties " de l'âme. C'est parce qu'elle vit dans l'éternité intelligible, hors de tout temps et de tout espace, que l'âme peut agir partout et animer un corps étendu. Seules les manifestations successives de ce corps dans son mouvement sensible seront soumises au principe de nécessité conditionnelle.

C'est que le mouvement, qui est un genre intelligible suprême avec le repos ( *Ennéades,* VI, 2, 7), suivant l'enseignement platonicien, existe, en tant qu'intelligible, antérieurement au temps et au lieu ( *Ennéades,* VI, 2, 16). Une idée ne saurait, en effet, admettre les conditions de possibilité et *a fortiori* de définition, qui caractérisent uniquement les êtres sensibles. " Le mouvement dans les choses sensibles leur est envoyé d'ailleurs ; il les fait bouger, les chasse, les éveille, les pousse ; il les fait participer à lui pour qu'elles ne s'endorment pas et ne restent pas dans le même état ; c'est parce qu'elles n'ont pas de repos et qu'elles sont toujours en quelque sorte affairées qu'un fantôme de vie les soutient. Il ne faut pas prendre les choses en mouvement pour le mouvement lui-même : la marche n'est pas les pieds, c'est un acte qui est dans les pieds, acte dérivé d'une puissance. Mais comme cette puissance est invisible, on ne peut voir que les pieds en action ; ils ne sont pas les pieds sans plus, comme

Le système de Jean Duns Scot est étranger à la tradition du platonisme orthodoxe. Il lui est même radicalement hostile. Scot ne cesse de critiquer dans Avicenne le néo-platonicien pour qui l'homme est en droit d'attendre de la philosophie le salut. Ce n'est pas qu'Avicenne ait tort, lorsqu'il en appelle à la noblesse de la connaissance humaine, à l'affinité de notre âme avec les intelligibles, bref à son besoin de Dieu. L'erreur est d'attribuer ainsi à l'intellect possible une lumière naturelle qu'il ne possède pas en acte *pro statu isto* et dont il n'est redevable qu'à la révélation chrétienne et à la théologie[31]. Aristote a décrit

---

s'ils étaient immobiles; ils ont autre chose avec eux; cette autre chose est invisible en elle-même; mais comme elle est avec les pieds, elle est visible par accident, parce que l'on voit les pieds occuper, sans repos, un lieu différent (*Ennéades*, VI 3 : 23, 1-12, trad. Bréhier). Le rapport du sensible à l'intelligible est donc comparable au rapport des deux fonctions de l'âme. L'âme meut mais tout en mouvant reste à contempler l'idée. L'auto-moteur, qui n'est donc autre que l'âme, " vient " dans le sensible, mais il n'y " demeure " pas. Il va vers le mobile, mais il n'est pas dans le mobile en étant retranché de son moteur, l'âme invisible, qui le répand sur l'agent qu'elle anime à la façon d'un souffle.

30. Les catégories du monde sensible ne sauraient être conçues sur le modèle simple des catégories du monde intelligible. Dans le monde intelligible, mouvement et repos sont deux genres suprêmes distincts et même contraires; l'âme et l'idée, dont la contemplation définit la rencontre, appartiennent toutes deux à l'être. Sommes-nous pour autant fondés à poser dans le monde sensible la même contrariété ou au moins la même distinction? L'immobilité (ἠρεμία) et le mouvement sensible ont-ils une relation semblable à celle qui oppose le repos (στάσις) et le mouvement intelligibles? Non pas. " Là-bas, le repos ne se dit pas d'une chose qui ne se meut pas de fait, bien qu'il soit de sa nature de se mouvoir; il se dit d'une chose qui, en tant que le repos la retient, reste immobile, mais qui, en tant qu'elle est en mouvement, sera toujours en mouvement; elle reste immobile par le repos et elle est mue par le mouvement. Ici les choses sont mues par le mouvement, mais elles sont immobiles par son absence, quand elles sont privées du mouvement qui leur est dû " (*Ennéades*, VI 3 : 27, 28-35; trad. Bréhier). L'immobilité sensible est donc la limite du mouvement sensible : elle n'est pas son contraire. Or, dans la mesure où il s'agit d'un mouvement réglé ou ordonné, du mouvement donc que seule l'âme peut communiquer au corps, Plotin retrouve la situation que, dans le *Timée*, Platon avait décrite pour les mouvements du Ciel. Ceux-ci peuvent s'arrêter du fait de la dissolution possible du monde, mais le Démiurge ne permet pas cette dissolution. De même, les mouvements organisés d'un vivant peuvent, selon Plotin, s'immobiliser, mais tant que l'âme les anime, elle ne permet pas cet arrêt. On a comparé (Mugler, *op. cit.*) le monde inerte de la nécessité platonicienne à l'entropie : le démiurge doit constamment réintroduire de l'information pour maintenir le monde en équilibre dynamique. L'âme plotinienne exerce la même fonction. Une dissolution ou une immobilisation possible guettent constamment l'univers, mais le supplément d'énergie qu'apporte l'âme, nourrie d'idées, les préviennent. Il existe ainsi un possible qui ne se réalise jamais, du fait de la volonté du démiurge et de l'âme, et qui, faute de pouvoir se réaliser jamais, doit bien coexister dans l'instant avec l'acte contraire.

31. Gilson, 1952, pp. 17-24, pp. 38-43.

l'homme tel qu'il est, Avicenne l'a décrit tel qu'il devrait être. Le premier a ignoré la grâce. Le second l'a confondue avec la nature. Tous deux ont ignoré la liberté et l'ont confinée l'un dans les ratés de la nature, l'autre dans la prétendue nécessité de la création. Or en dissipant l'illusion platonicienne, qui prête la surnature à la nature, Scot dénonce l'erreur d'Aristote qui ravale la nature à son état présent et exalte cet état au rang d'essence. L'invalidité de la nécessité conditionnelle exigeait chez les Platoniciens une compatibilité de l'acte avec la puissance contraire simultanée qui transcendait la nature. Elle reçoit chez Scot son fondement et ce fondement n'est autre que l'excès de la théologie sur la métaphysique.

Saint Augustin étendait à l'union de l'âme et du corps humains la perpétuité que le démiurge platonicien avait établie pour l'union de l'âme du monde et du monde. Ce qui est dissoluble par nature devait donc coexister avec une indissolubilité d'élection. Scot reprend la même thèse en des termes différents. Nier la validité de la nécessité conditionnelle, c'est affirmer qu'un état de fait causé par Dieu peut défier à jamais la possibilité naturelle de l'état contraire. Mais si la théologie nous ordonne de croire à la réalité de cet état de fait, la logique nous oblige à poser qu'un tel état est par nature possible. Il y a donc, dans le composé humain comme dans le composé cosmique, une puissance passive naturelle d'incorruptibilité. Cependant aucune puissance active naturelle ne vient actualiser cette puissance passive. Dès lors, du point de vue des philosophes, cette puissance passive restera morte. Le théologien, dont les vues ne sont pas bornées par la nature, pose alors qu'à toute puissance passive — en entendant par là ce dont une chose est capable au mieux étant donnée son essence comme l'union à l'âme pour le corps — correspond une puissance active naturelle *ou libre*[32]. Bref ce sont des perfections non inscrites dans la

---

32. " Selon les théologiens, dire qu'à toute puissance naturelle passive correspond une puissance naturelle active, est une proposition fausse, car chez les êtres supérieurs la nature est capable de plus de perfection que celle à laquelle ne s'étend que le pouvoir de la puissance naturelle active. Cette puissance passive n'existe pourtant pas en vain, car elle peut être aussi bien réduite en acte par un agent libre que par un agent naturel ; s'il s'agit d'agir hors de lui, l'agent libre est même plus efficace et de plus de pouvoir que l'agent naturel, parce qu'il est infini, ce que l'agent naturel n'est pas. Cette proposition doit donc être entendue ainsi ; à toute puissance passive correspond une puissance soit naturelle, soit libre, qui la réduise à l'acte, et cela je l'accorde ", (*Rep. Par.*, L. IV, d.43, q.3, n.18 ; trad. Gilson, 1952, p. 645 ; Vivès XXIV, p. 519).

nature des êtres qui mettent en défaut la nécessité conditionnelle, et les possibilités passives que ces perfections instituent ne
deviendront réelles que par l'acte d'une cause libre.

Au lieu d'invoquer les mouvements spirituels comme fait
Platon à propos de Socrate que ces mouvements retiennent dans
sa prison, Scot part donc des puissances passives que révèlent les
unions contingentes. La partie supérieure du contingent
contiendra la puissance passive de ne pas pâtir des contraintes de
l'union. Ainsi, même si l'âme humaine a été créée unie au corps,
elle doit être conçue comme capable d'être créée pour elle-
même dans un premier instant de nature, son rôle de partie dans
l'union se trouvant rejeté dans un second instant[33]. Quant à la
partie inférieure dans l'union, cette union lui assure sa capacité
d'être unie à son supérieur. Une puissance active libre étant
requise pour faire passer à l'acte ces capacités passives, l'immortalité de l'âme en dépendra aussi bien que la résurrection du
corps. Le théologien contraint le métaphysicien à stipuler pour
les êtres leurs capacités passives. La matière elle-même, récep-
trice de la forme, ne se réduit pas à une simple capacité indéterminée. Son inclinaison naturelle à une autre forme lui donne un
être positif[34]. La multiplication des distinctions formelles résulte
de cette disposition. Le corps, par exemple, doit pouvoir être uni
à l'âme intellective, qui est sa " forme essentielle ". Mais il en est
séparé par un tel abîme qu'une " forme corporelle organique "
paraît nécessaire comme ultime disposition de la matière à
recevoir l'intellect[35]. La multiplication des formes résultera de la
spécification requise par toute puissance devenue positive. Mais
la hiérarchie qui ordonne cette matière et ces formes, ne comble
pas, elle augmente leur distance réciproque. Si étroit qu'on fasse
leur lien, il n'empêche pas que Dieu pourrait créer la matière
sans forme. Les liaisons de la création démiurgique chez Platon
prévalent sur les contraintes du monde sensible. La puissance
divine, chez Scot, prévaut sur les liaisons de la création. Comment la nécessité conditionnelle subsisterait-elle au regard de
cette puissance ?

Lorsqu'il rapporte le mouvement sensible à un mobile,
Aristote tire la conséquence de sa définition modale du mouvement, acte imparfait identique au procès qui réalise la forme

---

33. Gilson, 1952, pp. 480-481.
34. *Op. Ox.*, L. II, d.12, q.1, n.11, Vivès XII, p. 558 ; *Rep. Par.* L. II, d.12,
q.1, n.10, Vivès XXIII, p. 6.
35. *Rep. Par.*, L. IV, d.11, q.3, n.22, Vivès XXIV, pp. 125-126.

dans la matière. Mais considérons, avec Platon, ces mouvements *des choses* comme secondaires. Une chose peut être mue par d'autres choses qui se meuvent, mais la cause ultime de son mouvement ne peut exister en aucune autre chose [36]. Il faut en poser le modèle dans l'idée du mouvement et la réalisation dans la vie de l'âme. Mais si le mouvement ne se réduit à aucune autre donnée que le mouvement même, son analyse modale en termes d'acte imparfait n'a plus lieu d'être. D'une part l'idée de mouvement est actualité pure en vertu de son immatérialité. De l'autre l'âme, qui prend modèle sur cette idée et produit le mouvement spirituel et secondairement le mouvement physique, est pure de toute potentialité, car elle n'est pas un sujet susceptible de déterminations contraires : elle est l'automoteur en acte. Seul le mouvement physique relève donc de l'analyse aristotélicienne. Seul il exige la distinction du mouvant et du mu [37].

Scot fait des réflexions semblables. Il paraît impossible, dit-il, que l'Ange puisse se mouvoir, si le moteur et le mobile diffèrent toujours et si ce qui est en acte ne peut pas être en puissance. L'impossibilité n'est qu'apparente. Elle résulte de ce qu'on applique aux choses spirituelles ce qui ne vaut que pour les choses matérielles en général [38]. Il faut distinguer entre incompatibilité modale et incompatibilité substantielle de la puissance et de l'acte dans l'instant [39]. En tant que mode, la puissance a trait à un être qui n'existe pas actuellement, mais qui peut exister : il y a alors incompatibilité entre être en puissance et être en acte au même instant [40]. En revanche, en tant que substance ou

---

36. Cherniss, 1962, p. 453.
37. *Ibid.*, p. 441, p. 453.
38. *Op. Ox.*, L. II, d.2, q.10, n.1, Vivès XI, p. 523; *Ibid.*, d.25, q.1, n.12, Vivès XIII, pp. 207-208 : " Lorsqu'on dit que moteur et mû doivent être nécessairement distincts par le sujet, on dit quelque chose qui n'est vrai que dans les choses corporelles. Je crois d'ailleurs qu'ici même ce n'est pas nécessairement vrai. Mais, dis-je, cela est simplement faux dans les choses spirituelles. Sinon Dieu ne pourrait pas créer un seul Ange nu dans sa nature et qui, laissé dans sa nature, pourrait comprendre son essence et serait ainsi un même moteur et mû indistinctement quant au sujet ".
39. Effler, 1965, p. 182.
40. *Op. Ox.*, L. II, d.25, q.1, n.12, Vivès XIII, p. 208 : " Quand tu dis, tel est l'agent en acte, tel est le patient en puissance, etc., je dis que si on entend *acte* et *puissance* comme deux différences premières de l'être, ils divisent aussi tout étant. En conséquence ils divisent aussi tel être possédant l'identité numérique. Et, en cette façon, c'est une contradiction qu'une même chose soit en acte et en puissance simultanément relativement à la même chose, parce que la puissance, en tant qu'elle est une différence d'être distincte de l'acte, est

principe, la puissance est ou bien une cause matérielle ou réceptive, ou bien une cause efficiente. Or, lorsqu'on se place au point de vue du principe causal, l'incompatibilité de la puissance et de l'acte ne vaut plus en général. Puissance et acte peuvent coïncider dans l'instant, précisément parce qu'ils ne se superposent pas exactement sous tous les rapports. C'est seulement dans les agents univoques qu'il y a incompatibilité de la puissance et de l'acte. Elle n'a pas lieu, en revanche, dans les agents équivoques[41]. Dans ces derniers agents, en effet, le sujet en puissance et le sujet en acte ne sont une même chose qu'équivoquement, comme l'exige l'imputabilité des actions.

---

nécessairement incluant l'opposition ou la négation de ce par rapport à quoi elle est posée puissance, comme le blanc en puissance n'est pas le blanc en acte, aussi longtemps qu'il est en puissance. Et en cette façon, il est impossible que quelque chose existant ainsi en puissance se fasse en acte ".

41. *Ibid.,* n.13, p. 208 : " On peut considérer d'une tout autre façon *acte* et *puissance* à savoir en tant qu'ils divisent la puissance ou le principe actif en univoque et équivoque. En effet, dans les agents univoques il est vrai que tel est le patient en puissance, tel est l'agent en acte, et il est donc impossible qu'une même chose soit en acte formellement ceci et en puissance simultanément ceci. Cependant dans l'action équivoque, jamais ceci n'a à être vrai, parce qu'ici l'agent doit être plus noble et virtuellement tel ".

Prenons l'exemple des " quantités intensives ", c'est-à-dire de l'*intensio* et de la *remissio* des formes. Albert le Grand et saint Thomas avaient affirmé que dans l'*intensio* et la *remissio* la forme de départ ou le degré de départ étaient détruits et qu'une forme nouvelle, plus intense ou plus faible, était créée. Ils se fondaient précisément sur le principe de nécessité conditionnelle : les termes du mouvement ne sont pas compatibles, ou : " chaque *ubi* est détruit quand un autre *ubi* est occupé " (Maier, 1951, pp. 60-61). C'est cette analogie tirée du mouvement local que Scot combat, lorsqu'il se demande si le tout de la charité préexistante se corrompt lorsqu'un degré différent de charité est atteint, en sorte qu'aucune réalité numériquement identique ne demeure dans les différents degrés de charité *(op. cit.)*. Le sujet qui reçoit à des degrés divers une forme est équivoquement le même : il est plus ou moins parfait. Ce qu'il a donc à tel degré, il peut, au même instant, l'avoir à un degré supérieur. En conséquence, " ... si tu disais que rien ne peut être identiquement en même temps en puissance d'autre chose et avoir en acte cette chose éminemment ou virtuellement, je dis que cela est faux, parce que cela revient à dire qu'une telle chose n'est pas capable de sa perfection. Nous voyons en effet que la nature a donné à ce à quoi elle a donné la puissance d'être augmenté la puissance augmentative active et effective de l'augmentation et nourricière pour qu'il puisse être conservé ", (Scot, *ibid.,* p. 207). L'âme intellective a donc les puissances de perfections diverses qui ne se distinguent pas par le sujet. " Et donc il est absurde qu'une forme très noble, telle que l'âme intellective, n'ait pas les puissances actives de sa perfection accidentelle ainsi que les puissances réceptives de celle-ci. Et parce que, dans de telles formes, il ne peut pas être donné une puissance active et passive qui soient distinctes du sujet, comme elles le sont pas des puissances organiques, elles ne sont donc pas distinctes par le sujet, et donc elles seront ici unies sans distinction eu égard au sujet, sans être toutefois dépourvues de distinction formelle » (*Ibid.,* n.13, Vivès XIII, p. 208).

L'objection à l'existence de l'automoteur se trouve donc levée [42]. En cet automoteur, " il n'y a pas de distinction entre substrat et activité "; l'âme " ne peut (donc) pas avoir la puissance de se mouvoir au sens aristotélicien qui enveloppe la possibilité de déterminations contraires, mais, en tant que processus positif, doit avoir un modèle dans la réalité dont elle est la manifestation "[43]. La vie de l'âme n'est pas l'attribut d'une substance. Il ne faut pas dire que l'âme se meut. Il faut dire que l'âme est l'automoteur ou l'automouvement.

Une fois abandonné le principe : *omne agens est praesens passo*, la place est faite pour la liberté de la volonté humaine [44]. La proposition assignant à toute volition une cause extérieure avait été condamnée [45] en 1277. La foi postule que " rien d'autre que la volonté n'est cause totale de la volonté dans la volonté "[46]. La volonté continue donc d'exister comme pouvoir au moment même où elle produit ses actes. Elle est, en effet, cause équivoque et non pas univoque des actes de volition, étant plus noble et plus éminente qu'eux. L'abandon du principe de nécessité conditionnelle et de sa conséquence, le principe de causalité extrinsèque, produit une révolution dans la théorie de la liberté, en substantialisant la volonté, principe équivoque et autonome

---

42. Duns Scot, *ibid.,* n.14, pp. 208-209 : " De même, il est montré au livre 4 qu'une âme séparée a la puissance de se mouvoir elle-même vers un autre lieu, car se mouvoir ainsi convient à un être très imparfait. En effet des perfections distinctes dans une nature inférieure doivent être unies dans une nature plus parfaite et à laquelle l'inférieure est ordonnée ".

43. Cherniss, 1962, p. 441.

44. *Op. Ox.,* L. II, d.25, q.1, n.2, Vivès XIII, pp. 197-198.

45. Gilson, 1952, pp. 377-379.

46. *Op. Ox.,* L. II, d. 25, q. 1, n. 22, Vivès XIII, p. 221. La condamnation porte " sur la proposition que l'âme ne veut rien si elle n'est pas mue par autre chose. D'où il résulte qu'il est faux que l'âme se meut elle-même. Erreur si l'on comprend mue par autre chose, à savoir par le désirable ou l'objet, en sorte que le désirable ou l'objet soit la raison entière du mouvement de la volonté même ". Que l'âme est nécessairement mue par autre chose, c'est ce que soutenait en particulier Godefroy de Fontaines, l'adversaire de Duns Scot. Scot distingue de l'argument de Godefroy l'argument d'un " autre Docteur ", qui est Thomas : " En ce qui concerne la preuve que c'est une même chose de dire que moteur et mû sont indistincts par le sujet et qu'il y a un automoteur, il apparaît qu'un autre Docteur concèderait que la volonté est mue par un objet, en tant qu'appréhendé par l'intellect , et cependant l'objet en tant qu'appréhendé par l'intellect ou l'intellect montrant tel objet ne sont pas distincts de la volonté par le sujet ; et cependant il ne concèderait pas que moteur et mû sont ici une seule et même chose ". Scot réfute les deux opinions : " Quant à moi, je dis non seulement qu'ils sont indistincts par le sujet, mais qu'une seule et même chose peut simplement être moteur et mû " (*Op. Ox.,* L. II, d. 25, q. 1, n. 12, Vivès XIII, p. 208; voir plus haut, note 30 du chap. IV, p. 106).

de ses actes. La nécessité conditionnelle, là où elle est valable, c'est-à-dire dans le monde des effets sensibles, n'a donc pas une validité absolue, mais seulement *secundum quid*[47]. C'est une sorte de nécessité, empruntée de façon contingente par ce qui, par nature, est contingent.

Le Dominateur est sans effet. Platon et Scot expliquent différemment le monde sensible. Quelque représentation qu'on se fasse de la façon dont les idées descendent dans les choses, cette descente n'est pas comparable à la création contingente du Dieu chrétien. L'idée a cependant ceci de commun avec le Créateur qu'elle retient en elle toute nécessité soit logique soit réelle ; ce qui est produit au dehors quels que soient les modes, nécessaire ou contingent, de cette production, se trouve privé de nécessité. La nécessité conditionnelle relève des lois de la nature et ces lois sont décidément contingentes.

---

47. Gilson, 1952, p. 586 ; on a examiné les conséquences de cette affirmation. N'admettre que la causalité extrinsèque, c'est s'exposer à une régression à l'infini : " En acceptant que la première action dans la volonté soit causée par un objet, quel que soit l'objet qu'il faille poser selon toi, cette action est purement naturelle. Donc elle n'est pas dans la puissance de la volonté. Et en effet il n'est pas en notre puissance que nous ne soyons pas touchés par ce que nous voyons, selon Augustin. Si donc, après cet acte, je puis mouvoir mon intellect pour considérer ceci ou cela, je demande par quel acte. Non par celui dont je viens de parler, puisqu'il n'est pas dans la puissance de la volonté. Donc il faut que ce soit par un autre. Cet autre, je demande d'où il est, s'il est par la volonté même, ou par un objet, ou par un phantasme ? Si c'est par la volonté, je tiens ce que j'ai avancé, puisque cette volonté est dans sa puissance et est effectivement par elle et, par la même raison, il en va ainsi pour la première volition. Ou bien elle est par autre chose, à savoir par un objet ou par un phantasme. Et s'il en est ainsi, elle sera alors un acte naturel et, par conséquent, il ne sera pas plus dans la puissance de la volonté de commander ainsi à l'intellect, pour le faire considérer ceci ou cela, qu'il ne l'a été pour produire le premier acte " (*Op. Ox.*, L. II, d. 25, q. 1, n. 7, Vivès XIII, p. 201).

quatrième partie

classification synthétique
des systèmes de la modalité

# chapitre 10

# assertion, modalité et loi naturelle

## 52. ANALYSE ET SYNTHÈSE; PLAN DE LA QUATRIÈME PARTIE.

Si le Dominateur est valide, si, par conséquent, il y a contradiction entre les prémisses explicites et implicites qu'il suppose, le philosophe se voit contraint de nier l'une d'elles. Il restera libre de fixer son choix.

La découverte des antinomies — en particulier de la contradiction russellienne portant sur l'ensemble de tous les ensembles qui ne se contiennent pas comme éléments — a créé en Mathématiques une situation analogue. On dut expliciter aussi complètement que possible des principes qu'on avait reçus comme des évidences et dont la conjonction n'était pas compatible. Pour rendre acceptable une théorie des ensembles, il fallut amputer l'intuition naïve. Plus était minutieuse la reconstruction du raisonnement qui avait conduit à l'antinomie, plus complète devenait la liste des solutions possibles.

Qu'elle s'applique à la théorie des ensembles ou à la question des futurs contingents, l'analyse des prémisses d'une démonstration d'incompatibilité fournit d'avance l'ensemble des solutions possibles. Il y a cependant dans l'apriorité d'un tel dénombrement quelque chose d'apparent ou plutôt de superficiel. Les prémisses auxquelles parvient l'analyse forment un tout hétéroclite. Cléanthe et Chrysippe mettent en cause, dans le Dominateur, des prémisses très différentes, sans cesser, pour autant, d'appartenir à la même école philosophique. En revanche, bien que la négation du tiers-exclu puisse passer pour parente de la négation de la bivalence, tout oppose l'atomisme d'Épicure et l'hylémorphisme d'Aristote.

Il faut donc changer de méthode et remonter aux raisons véritablement *a priori* des choix. Seules ces raisons rendront compte des affinités et des disparités philosophiques que cache l'analyse simplement logique des solutions. Cette nouvelle méthode sera synthétique.

La méthode synthétique, en philosophie, ne peut se ployer aux inévitables péripéties de l'histoire. Elle ne peut pas non plus se borner à comparer les monuments individuels que l'histoire de la philosophie produit sous le nom de systèmes, si difficile qu'en soit pourtant la reconstruction architectonique. La comparaison historique parviendra à réduire tel et tel systèmes philosophiques à tel et tel corps de principes qu'elle mettra en regard, mais dont il faudra encore estimer le degré de parenté et de filiation. C'est donc à la méthode synthétique qu'il restera à dériver la diversité des principes et à établir les titres de légitimité de chacun d'eux. Cette méthode aura, par conséquent, à procéder à une déduction radicale, dont aucune forme d'histoire ne saurait tenir lieu, quoique, seule, l'histoire puisse la justifier, au sens où l'expérience justifie la théorie. En révélant en effet les liaisons architectoniques et les rapprochements parfois profondément cachés dans les systèmes et entre les systèmes que la déduction prédit, l'histoire lui fournit des expérimentations toutes faites, que récuseraient seuls ceux qui, surestimant leurs forces et ravalant une tradition qu'ils ignorent, tiendraient toutes les philosophies du passé pour un conservatoire de superstitions.

L'analyse nous impose le sentiment que les systèmes de la nécessité et de la contingence obéissent à quelques principes directeurs, mêlés à l'écheveau de constructions tantôt individuelles et idiosyncrasiques, tantôt organiques mais, par là, dépendantes de théories étrangères aux seules modalités. Si l'on veut éprouver ce sentiment pour en tirer une idée claire et distincte, la seule voie praticable remontera de la modalité à l'assertion. Car, comme le mot l'indique, la modalité modifie la nature du lien propositionnel. Si l'on se borne aux propositions assertives, comme le demande la théorie de la connaissance, la modalité modifie donc une assertion.

Il faudra donc d'abord faire la revue des types d'assertions fondamentales, en entendant par là les assertions qui communiquent un aspect irréductible de l'expérience et dont la distribution remonte donc, à travers les formes prédicatives, à l'articulation de la perception.

Cette revue faite, faudra-t-il reconnaître la modification générale que la modalité peut apporter à une assertion et l'ajouter aux diverses assertions fondamentales pour obtenir la liste de modalités à leur tour fondamentales ? On supposerait ainsi que les modalités appartiennent au même niveau linguistique que les assertions. Ce serait se méprendre si, comme on le montrera, l'usage des modalités ne devient irréductible que lorsqu'on subordonne les faits aux principes, et cette subordination met en jeu une philosophie.

Les assertions fondamentales voisinent pacifiquement dans la langue naturelle et dans les rhapsodies du sens commun. L'ordre veut donc qu'on examine d'abord comment on passe d'une assertion à un principe et qu'on prolonge ainsi la classification des assertions fondamentales en une classification des philosophies.

C'est alors seulement qu'on pourra classer rationnellement les modalités, qu'on verra commander les différentes conceptions que les types de systèmes philosophiques se font des lois naturelles.

Il restera à appliquer la méthode synthétique au Dominateur. La méthode analytique avait énuméré les axiomes explicites et implicites dont l'argument démontre l'incompatibilité. La synthèse assignera la raison pour laquelle tel système philosophique, muni de ses affinités modales, devait mettre en doute tel axiome.

On aura ainsi achevé l'étude des systèmes de la nécessité et de la contingence. Cependant, pour éclairer le sens du mot *système* et l'insertion des concepts modaux dans le corps des philosophies, on a, dans un dernier chapitre, repris la classification proposée pour résoudre le Dominateur en la dégageant de ses implications techniques et en la replaçant dans son contexte universel. Le Dominateur en fait foi. Les philosophies naissent en prenant conscience des incompatibilités auxquelles ces notions conduisent quand on les met en rapport et qu'on développe systématiquement leurs conséquences. Il y a donc un usage philosophique des assertions et des modalités fondamentales, qui permet de classer les philosophies en remontant aux principes desquels découle leur unité, leur limitation et leur affrontement.

Pour appliquer la méthode synthétique au Dominateur, il faudra alors assigner, dans un système philosophique, le principe en vertu duquel le doute doit se porter sur l'un des axiomes de l'argument et montrer l'étroite convenance de chaque système avec l'usage spécifique qu'il fait d'une modalité fondamentale pour définir ce qu'il entend par loi naturelle.

## 53. CLASSIFICATION DES ASSERTIONS FONDAMENTALES [1].

Réduite à sa structure la plus simple, l'assertion a pour fin de communiquer à autrui le savoir ou l'expérience qu'a le sujet

---

1. Vuillemin, 1984.

parlant dans ce qu'ils ont de singulier. On s'interrogera donc ici sur les formes de la prédication singulière, en cherchant à classer les formes fondamentales de cette prédication.

Une assertion singulière subsumant un particulier ou individu sous un universel, on classe les formes de cette assertion en usant de deux critères. Le critère syntaxique et subordonné regarde le type de signes dont on use pour construire l'assertion. Le critère sémantique fondamental regarde les conditions d'accès à la vérité dont les locuteurs doivent disposer pour assigner à l'assertion sa valeur.

Les mots ordinaires par lesquels le langage fait référence au monde sont des mots désignant des universels. On appellera phrase ou énoncé nominal un énoncé singulier formé de ces seuls mots, par exemple : " $\sqrt{2}$ est un nombre irrationnel " ou *humilitas virtus.* De tels énoncés seront dits exprimer la forme de la prédication pure. Ils sont composés d'un universel dans le rôle de fonction et d'un universel transformé en nom d'individu ($\sqrt{2}$, *humilitas*) dans le rôle d'argument. En latin, ces deux mots se combinent sans avoir à être reliés par la copule " est ". C'est que cet énoncé ne fait place à aucun des éléments constitutifs du verbe : nombre, temps, personne, aspect, mode. Sémantiquement, il suffit que les interlocuteurs comprennent le code ordinaire du langage utilisé — c'est-à-dire la liste des mots d'universels — pour avoir accès aux conditions de vérité de l'assertion. L'état de choses que reflète une telle assertion est étranger à l'espace et au temps. Les individus qu'elle classe en les subsumant sous des universels ne relèvent donc pas du contenu ou du procès de la perception. L'ontologie mise en œuvre par la détermination du domaine des individus est celle des idées. C'est par rapport à ce qu'elle a d'extra-systématique et en modifiant la prédication pure par l'addition progressive de déterminations nouvelles, particulièrement verbales, qu'on pourra parler de la perception. On appellera assertion de *participation* toute assertion qui s'écarte de la prédication pure et porte sur le monde sensible.

On distinguera deux séries de formes fondamentales d'énoncés de participation. La première série ou série indicative a pour objet de communiquer les phénomènes perçus sans se mêler de faire allusion au procès de la perception. La seconde série ou série réflexive se refuse, au contraire, à dissocier, dans la communication, l'objet de la communication de l'acte par lequel nous l'appréhendons.

La première forme fondamentale de la série indicative est la prédication substantielle. Elle ne diffère de la prédication pure que parce que l'instance de l'universel n'est plus une idée, mais un individu sensible.

La syntaxe qui permet d'exprimer les assertions d'une telle forme doit comprendre le verbe substantif *est* qui permet de dire l' " essence " de l'individu et, en ce sens, de le définir, tout en spécifiant la clause la plus générale caractérisant l'existence sensible, étrangère aux instances de la prédication pure. Elle comprend également afin de désigner l'instance sensible de l'universel des noms propres, étiquettes convenables pour des substances[2]. Au point de vue sémantique, puisque cette substance sensible est projetée dans la durée et puisqu'elle est située dans l'espace, les interlocuteurs, qui accèdent aux conditions de vérité de la prédication substantielle, doivent pouvoir, non seulement identifier l'individu subsumé sous l'universel, mais encore le réidentifier, en étendant l'univers du discours au passé et à l'avenir.

Mais se peut-il, demandera-t-on, qu'un universel étranger au temps soit individualisé par une substance sensible et donc soumise aux vicissitudes de la localisation et de la temporalité ? La question est susceptible de deux réponses. Ou bien, toute sensible qu'elle soit, la substance est supposée incorruptible. Tel est le cas présumé des étoiles et des atomes. Dans cette supposition, quand on dit que " Jupiter est une étoile ", le prédicat " est une étoile " se trouve toujours représenté par Jupiter. " Toujours " est comme la trace laissée par l'éternité dans le temps. On appellera *élémentaire* ce type de prédication substantielle, parce qu'on y admet pour sujets des individus indestructibles, c'est-à-dire élémentaires ou dépourvus de composition. Ou bien les substances-sujets se corrompent. Lorsqu'on dit que Socrate est un homme, on confie à Socrate le soin de représenter l'humanité pendant un laps de temps fini. Ce type de prédication substantielle sera dit *composite*.

Quand elle est élémentaire, la prédication substantielle range tous les individus subsumés sous l'universel dans une classe d'équivalence. En vertu des définitions par abstraction, on pourra donc éliminer tout discours qui paraît porter sur une classe d'équivalence et le remplacer par un discours où ne figurent que les individus nantis d'une relation symétrique et transitive de ressemblance exacte : ainsi, au lieu de dire que deux

---

2. Vuillemin, 1980, pp. 261-273.

droites ont la même direction, on dira qu'elles sont parallèles. On réduit donc l'universel à un rôle simplement virtuel. C'est ce qui devient impossible quand la prédication substantielle est composite. Supposons, en effet, que Socrate et M. Dupont individualisent l'humanité à des siècles de distance. Pour que nous puissions regarder ces individus comme des substances sujets d'une prédication véritablement substantielle, il faut que l'instantiation de l'humanité soit, en tant que telle, exactement la même, dans les deux cas. En conséquence, l'humanité comme espèce doit être supposée immuable. Certes elle n'existe qu'incarnée dans des individus transitoires. Mais une substantialité de second ordre doit lui être reconnue, faute de quoi on aurait ébranlé le critère même qui permet d'identifier et de réidentifier une substance " première ".

La prédication substantielle perdrait sa fonction propre si on la séparait de son corrélat, la prédication accidentelle qui constitue un troisième type d'assertion fondamentale. La perception place l'accident dans la substance. Le langage transcrit cette inhérence en modifiant la nature de l'instantiation. Le prédicat essentiel individualise sans équivoque son objet. Les prédicats " est une étoile " et " est un homme " font précisément attendre une substance appartenant à une espèce déterminée. C'est pourquoi Aristote qualifie une telle assertion de " synonyme " au sens fort. M. Dupont est un homme exactement au sens où Socrate en est un. En revanche, même si l'énoncé : " ceci court " réussit à identifier correctement un individu, l'identification ne va pas ici sans quelque équivoque concernant la façon dont l'individu " représente " l'universel. Car un cheval, un coq, un ruisseau, un nuage, une rumeur sont, tous, dits courir. C'est pourquoi Aristote appelle " analogique " cette prédication, qu'il oppose à la prédication synonyme. Pour assurer l'univocité de la communication, on devra donc mettre la prédication analogique sous la dépendance de la prédication synonyme. Même quand on utilise des adjectifs qualificatifs qui expriment une qualité permanente de la substance, quand on dit de Socrate qu'il est petit ou gros, on suppose qu'il est petit ou gros en tant qu'homme et non à la façon du ciron ou de l'éléphant. Aussi recourt-on implicitement à la prédication substantielle pour suppléer à l'indétermination de la prédication accidentelle.

La syntaxe de l'accident exige quelque chose de plus que la syntaxe de la substance. Il faut, à présent, qu'entrent en jeu le nombre, l'aspect et les éléments temporels objectifs de la conjugaison verbale (en français : aoriste, imparfait, plus-que-parfait et prospectif, à l'exclusion du présent et des futurs simple et composé). La sémantique de l'accident fait surgir, à la différence de la sémantique de la substance, les changements de valeurs de vérité. L'énoncé " Socrate est un homme " conserve invariablement sa valeur ; il est toujours vrai. L'énoncé " Socrate court " est tantôt vrai, tantôt faux, mais ce changement de la valeur de vérité est objectivement fondé et indépendant de toute relation au locuteur.

Comme la prédication substantielle, la prédication accidentelle se scinde, non sans renverser les rôles de l'élémentaire et du composite. C'est par agrégation ou composition, en effet, que des substances élémentaires deviennent les instances d'accidents universels. En revanche, la prédication accidentelle qui convient aux substances composites est élémentaire. Ces dispositions s'expliquent, étant donné que l'instantiation de l'accident s'oppose à l'instantiation de l'essence par son caractère transitoire et temporel. L'assertion " Jupiter est occulté par la Lune " a une vérité datée et cette date est complètement étrangère à l'existence présumée sempiternelle de Jupiter comme étoile. L'accident, dans ce cas, requiert une composition ou agrégation externe. La vie de Socrate, au contraire, fixe les limites du temps pendant lequel il est une instance d'homme. Mais comme cette durée qui lui est impartie n'affecte pas l'espèce humaine elle-même, il faut qu'elle relève de l'accident. L'individuation caractéristique de la prédication substantielle composite doit donc à l'accident les circonstances dans lesquelles elle prend place. Pour un tel sujet, l'accidentalité et les prédications qui lui correspondent sont donc élémentaires.

La troisième et dernière classe fondamentale de la série indicative est la prédication circonstantielle. Au point de vue syntaxique, les énoncés de cette forme non seulement exploitent le reste des déterminations verbales telles que les temps indexés par rapport au temps du locuteur (présent, parfait, futurs simple et composé), mais ils recourent aux " égocentriques particuliers " ou déictiques (ici, maintenant, ceci, ...) et introduisent les personnes propres au dialogue (je, tu). La prédication transforme l'incidence perçue de deux singuliers dans un type affaibli d'instantiation de l'universel. De l'universel, on se contentera d'affirmer qu'il arrive à tel moment et à tel endroit. Lorsqu'on dit qu'il a plu à Paris le 14 juillet, ni Paris ni le 14 juillet ne peuvent passer pour des instances de pluie et l'on ne saurait confondre *être à* avec *être*. En réalité, une fois localisé par un moment et un lieu, l'universel est devenu un événement singulier. C'est ce dernier qui est la véritable instance de l'universel et c'est une ontologie d'événements que la prédication circonstantielle suppose. C'est pourquoi lorsqu'on convertit cette prédication en prédication accidentelle en transformant le verbe impersonnel en nom et l'adverbe de manière en adjectif, l'énoncé " il pleut à torrents " fait place à l'énoncé " cette pluie est torrentielle ", dans laquelle ce n'est pas un moment ou un lieu, mais une instance de pluie qui devient sujet.

Individualiser, dans ce cas, ce n'est pas instancier, c'est seulement localiser l'universel. L'instance singulière n'a donc pas à être nommée et sa condition transitoire l'exclut de l'univers des substances pour la placer dans celui des événements. On doit pouvoir réidentifier une même substance. On ne réidentifie pas un même événement. L'événement est, comme la qualité et contrairement à la substance, susceptible de degrés différents d'intensité. Comme les qualités encore et contrairement aux substances, des événements différents tolèrent, sous certaines conditions, de survenir au même moment et au même lieu et cette loi de superposition qui les caractérise permet de les décomposer en éléments plus simples, ce qu'exclut le type d'unité que requièrent les substances sensibles. Mais la localisation de l'événement exige un repérage et ce repérage ne sera pratique qu'à la condition d'être mobile. Au lieu d'une convention relativement stable telle que la fournit le nom propre, le langage a besoin d'une convention changeante qui dépend de l'occasion. C'est pourquoi il recourt aux égocentriques particuliers. La sémantique de la prédication accidentelle ne fixe donc les conditions non ambiguës d'accès à la valeur de vérité que pour les protagonistes du dialogue. C'est la matérialité du dialogue qui fixe à chaque fois ces conditions et qui détermine par conséquent un changement spécifique des valeurs de vérité propres à la forme de ces énoncés.

On nomme *proposition* une assertion spontanée et *jugement* une assertion réfléchie. Un jugement se distingue d'une proposition en ce qu'il explicite l'expression, c'est-à-dire le mode d'accès cognitif à l'état de choses, mode dont la proposition fait abstraction. L'expression de son auteur met sur le jugement la même remarque égocentrique que met sur les propositions déictiques le repérage en fonction de l'énonciation. Dans les deux cas les assertions perdent la simplicité logique caractéristique des énoncés atomiques. On doit rapporter à l'origine l'index spatio-temporel qui localise les individus des propositions déictiques et cet index paraît inévitablement s'analyser en quelque quantificateur sur une variable de temps et d'espace. Quant à l'expression du mode d'accès cognitif, elle semble dépendre de la modification secondaire que la réflexion apporte à la proposition spontanée et, par conséquent, d'un dédoublement du langage. Ces complexités ne feraient difficulté que si l'on supposait que les assertions fondamentales doivent être logiquement et grammaticalement élémentaires. Alors il faudrait en exclure propositions déictiques et jugements. Mais on se propose ici de classer systématiquement les assertions non d'après des formes logiques ou grammaticales imposées par les contraintes de la communication, mais d'après les différences ontologiques que révèle le recours à des domaines d'individus différents. D'abord il aura fallu qu'on puisse connaître des propositions de la forme : " il y a un t tel que f(t) " quand il n'y a pas, pour les fonder, de proposition de la forme " f(a) ", où " a " serait un nom propre du vocabulaire primitif. Ensuite il faudra qu'on puisse connaître des jugements de la forme : " j'ai l'expérience de p ", sans que, pour les fonder, il y ait des propositions de la forme " p ".

Les jugements de méthode constituent la première classe de la série réflexive. Ils s'opposent aux propositions dogmatiques correspondantes en explicitant les opérations dont dépend la valeur de vérité de l'énoncé et qui font partie intégrante de l'état de choses. Jugements de constatation, de réflexion proprement dite, de construction, supposent une action[3]. Lorsque Zénon dit

---

3. On répartira les jugements de méthode en trois classes fondamentales distinctes, selon qu'on y exprime soit l'action de la connaissance qui aboutit à l'état de choses en transitant sur lui, soit l'état de la connaissance considérée dans son rapport avec l'état de choses, mais en tant qu'elle se trouve réfléchie par lui sur elle-même, soit enfin l'activité de la connaissance en tant que constitutive de l'état de choses même. On appellera respectivement les jugements représentatifs de ces classes jugements constatifs, réflexifs (au sens étroit du mot) et constructifs. Les jugements constatifs regroupent les divers procédés au moyen desquels on constate un état de choses, soit directement et comme en personne (verbes de sensation et de perception), soit directement mais dans le passé ou dans l'avenir (verbes exprimant souvenir et anticipation), soit indirectement par le truchement de signes propres à fonder l'existence de l'état de choses (verbes d'opinion, verbes attestant qu'on est informé d'un fait, qu'on a appris un événement, etc.). Les jugements réflexifs manifestent le type et l'intensité de la réflexion ; ils expriment la certitude, l'évidence, le doute, etc. Les jugements constructifs effectuent la construction par laquelle la connaissance produit son objet. C'est une sorte de performatif théorique, l'état de choses dépendant ici non d'un énoncé prononcé ès-qualités, mais de l'opération qu'on fait en la décrivant. Comme le performatif, le procès de construction

281

que le pas d'Achille est indéfiniment divisible, nous n'avons pas à comprendre que les segments décroissants de la division existent préalablement aux actes de bisegmentation, et c'est pourquoi le philosophe dira qu'un tel infini est en puissance. La valeur de vérité des jugements de méthode dépend donc non pas de la correspondance entre l'énoncé et un état de choses autonome, mais de l'adéquation entre l'énoncé et l'action, entre ce que le sujet dit et ce qu'il fait. Et la syntaxe des jugements de méthode exige de l'interlocuteur qui prétend apprécier la valeur de vérité de ce qu'on lui dit qu'il effectue pour son compte l'opération de construction que lui propose l'énoncé d'autrui.

Une seconde classe de jugements clôt la série réflexive et la liste des assertions fondamentales. C'est celle des jugements d'apparence. Substitués aux différentes occurrences du mot *est,*

---

peut-être exprimé en première personne ("je pose ceci", "je trace ceci", "j'additionne ceci et cela") ou être décrit formellement en termes d'identité objective, comme lorsqu'on définit un être mathématique par son procédé de construction (définition "réelle" s'opposant à la "définition nominale").

Les classes qu'on vient de distinguer ne correspondent pas, terme à terme, avec des classes de propositions. Chacun des trois jugements de méthode peut appliquer son procédé de connaissance à n'importe quel individu, à quelque domaine qu'il appartienne. Une constatation porte sur l'existence d'un événement, d'une substance, même d'une idée. Chacun d'eux cependant marque aussi une affinité particulière pour les individus d'un domaine spécifique et fait probablement ainsi état de son origine. Un constat suffit pour informer qu'un événement a lieu ou a eu lieu. En revanche, bien qu'une substance ne se manifeste que par les accidents qui sont en elles, elle ne se réduit pas à eux. Pour s'assurer de son existence propre, c'est donc un état spécifique de réflexion qu'il faudra consulter. Quant aux idées, leur transcendance par rapport à toutes les images sensibles les désigne comme l'objet d'une construction propre à les révéler et faute de laquelle on pourrait les rejeter comme de simples illusions. Dès lors, puisque, parmi les événements, les substances et les idées, les jugements de méthode sélectionnent ceux et celles que leurs procédés permettent précisément d'atteindre, on pourrait croire que le domaine d'individus qui les caractérise est simplement un sous-ensemble, généralement propre, du domaine d'individus des propositions correspondantes. Parfois justifiée, cette qualification ne suffit pas. Il se pourrait, en effet, que par énumération ou en s'aidant d'un prédicat descriptif étranger à la mise en acte d'un procès cognitif, on parvint à délimiter l'expression de ces sousensembles au moyen de propositions entièrement objectives. On manquerait alors tout ce qui distingue le jugement : l'ordre des raisons qu'il produit, spécifique de l'analyse et sans contrepartie dans l'être de la chose, la référence aux actes d'un *je pense,* responsable de la méthode. Assurément, de la vérité d'un tel jugement, on est fondé à conclure à la vérité d'une certaine proposition qu'on lui fait correspondre. Cette implication ne saurait toutefois abolir l'irréductibilité du jugement au profit de la proposition. Les domaines d'individus qu'il faut poser, ce ne sont donc pas des parties des domaines d'événements, de substances et d'idées. Ce sont des procès de connaissance, actes, réflexions, synthèses productrices d'un Moi dont l'activité fait pendant à la passivité du "sujet" des représentations.

les verbes tels que *paraît* et *semble* donnent lieu à autant d'assertions fondamentales nouvelles. On dit ainsi que le Soleil paraît tourner autour de la Terre, que l'orage semble approcher, que ceci paraît un arbre, que ce bâton dans l'eau paraît brisé, ou, pour prendre un exemple parmi les idées, que l'ensemble de tous les ensembles qui se comprennent comme éléments paraît un ensemble. Ces jugements se distinguent précisément des propositions correspondantes, non par leur contenu, c'est-à-dire par leur domaine d'individus, mais par la force qu'on convient de prêter aux copules *paraît* et *semble*. Tel individu se donne comme une instance de l'universel, mais, puisqu'il peut être en réalité autre chose, on retire de sa force à l'assentiment en modifiant l'engagement ontologique que la proposition entraînerait eu égard au domaine des individus. Cette interprétation, qui suit fidèlement les suggestions du langage, reste muette sur une relation présomptive de l'apparence à un objet, relation douteuse, dira-t-on, puisque l'apparence est aussi communicable et publique que l'être.

Mais faisons violence aux formes. Traduisons le jugement en termes de proposition. Retirons donc à la copule d'apparence ce qu'elle a de spécifique. Cette spécificité reflue alors sur le domaine des individus et il faudra examiner ce qui distingue ce dernier du domaine qui lui correspond dans la proposition. La distinction saute aux yeux. C'est, en effet, une seule et même chose de dire que, le domaine des individus demeurant invariant, on modifie la croyance à la réalité, ou de dire que, la croyance en la réalité du domaine des individus demeurant invariante, on substitue à ces individus leurs représentations pour un observateur. Dès qu'on se demande quel est le domaine d'individus assignés quand on passe du jugement : " Le Soleil paraît tourner autour de la Terre " à la proposition correspondante, la notion de l'observateur s'impose. L'apparence définit, en effet, la représentation de l'observateur terrestre. On voit aussi que l'intervention du sujet n'empêche nullement la communicabilité et la publicité du jugement.

La valeur de vérité des jugements d'apparence dépend donc d'un sujet, comme en dépendait celle des jugements de méthode. Mais il ne s'agit plus, à présent, d'effectuer une action propre à instaurer l'accès à l'état de choses ou l'état de choses lui-même. L'apparence assure automatiquement l'adéquation. Ou plutôt elle en fait l'économie. Une action produit ne serait-ce qu'un état donné du sujet, et cet état est ou non propice à l'actualisation du vrai. Une représentation passive est tout ce qu'elle est. Lorsqu'elle renferme l'assentiment, l'apparence ne saurait tromper. Quant à celui qui écoute et doit apprécier un tel énoncé d'apparence, il sait qu'un tel énoncé est vrai si et seulement si son interlocuteur est sincère dans son dire, sans avoir pour autant à partager la croyance que cet interlocuteur lui communique.

On peut donc tracer le tableau suivant des classes d'assertions fondamentales et de leurs domaines d'individus.

| | | Assertion fondamentale | | Domaine d'individus |
|---|---|---|---|---|
| **Participation** | | Prédication pure | | Idées |
| | Série indicative | Prédication substantielle | Composite | Substances sensibles |
| | | | simple | |
| | | Prédication accidentelle | simple | |
| | | | composite | |
| | | Prédication circonstantielle | | Événements |
| | Série reflexive | Jugements de méthode Jugements d'apparence | | Action de la connaissance Représentations (*). |

(*) Le mot est ici employé au sens subjectif de *Vorstellung,* non au sens sémantique de *Repräsentation.*

## 54. ESQUISSE D'UNE CLASSIFICATION DES SYSTÈMES PHILOSOPHIQUES.

Après avoir décrit les aspects qui distinguent la philosophie du sens commun, on indiquera à grands traits pourquoi chaque assertion fondamentale donne naissance à un système philosophique et à un seul. On pourra alors dresser la table des systèmes philosophiques.

Renan a parlé du miracle grec. Les érudits ennemis des miracles n'ont pas encore expliqué ce miracle là.

En conséquence, ne nous demandons pas pourquoi la philosophie est née en Grèce. Décrivons ce qu'elle y fut ou ce qu'elle y devint.

Thalès, qui passe pour avoir fondé la géométrie grecque, énonça peut-être, le premier, une proposition philosophique. En disant : " Tout est Eau ", il s'était élevé à un principe inconditionnel et universel. Certains, à Milet, substituèrent à l'eau des causes matérielles différentes. D'autres encore, hors de Milet, posèrent de nouveaux principes : atomes, nombres, éléments en un nombre fini ou illimité de types, intelligence. Tous crurent comprendre dans un ou plusieurs principes la totalité de ce qui est. Appelons raison la faculté de poser ou d'élire des principes inconditionnés, quelle que soit leur détermination matérielle. La philosophie, dès son origine, fut un système. Elle le fut parce qu'elle donnait libre cours à l'essor de la raison.

La pluralité des philosophies, leur rivalité, leurs polémiques rappelèrent, dès l'origine, à la raison que poser, c'est se diviser et choisir. Comment la faculté même des principes pouvait-elle produire un tel conflit ? Car c'est le sentiment de cette diversité irréconciliable qui distingue la philosophie du mythe. Celui-ci va, rapiéçant des bouts, sans s'inquiéter du disparate. Celle-là ne pose un principe qu'au vu de ses conséquences. Si elle n'y prenait pas garde, une autre la rappellerait aussitôt à la cohérence. Ainsi les systèmes philosophiques ont dû produire la dialectique pour s'éprouver les uns les autres et la logique pour s'éprouver eux-mêmes. A mesure que les philosophes abandonnaient ce que leurs premières intuitions avaient de naïvement matériel et que leurs principes gagnaient en abstraction, l'art de réfuter et de s'assurer produisait une aporétique générale ou exposé des difficultés issues de la position des principes. Même s'il est souvent malaisé de faire la part chez un Zénon d'Élée ou chez un Diodore entre sophismes ou paradoxes et antinomies authentiques, l'éristique servait les intérêts de la philosophie. Car les systèmes ne durent plus alors leur respectabilité qu'à leur capacité d'énoncer clairement leurs principes, d'en organiser logiquement les conséquences, de montrer comment ils permettaient de résoudre les apories connues[4].

Dans les premiers temps, les systèmes, même organisés sous la pression des apories, en prennent à leur aise avec les conséquences des principes qui leur sont étrangers. Ils les rejettent comme des illusions ou des opinions contraires au savoir du sage. Quoi qui les distingue du reste des Éléates et des Mégariques, c'est ainsi que procèdent Zénon et Diodore envers les partisans d'Héraclite, lorsqu'ils nient le mouvement actuel. Mais il est des illusions dont on ne peut se défaire, au nombre desquelles est le

---

4. " On peut éprouver une théorie logique, écrit Russell (1956, p. 47) à sa capacité de résoudre les difficultés, et c'est un plan salutaire, quand on pense à la logique, de meubler l'esprit d'autant de difficultés qu'il est possible, puisqu'elles obéissent exactement au même dessein auquel obéissent les expérimentations physiques ".

mouvement. En les mettant au rebut, on ne prouvait que sa propre impuissance et sa propre pauvreté. Comment la raison, faculté des principes universels, tolérerait-elle longtemps une amputation aussi violente de sa prétention à l'intégralité ? Parvenue à maturité, elle a donc requis des principes d'un système qu'il permît de reconstruire au moins les illusions les plus tenaces. Les astronomes " sauvent les phénomènes " en composant les mouvements célestes réels, supposés réguliers et simples, mais en sorte que cette composition restitue les apparences telles que les perçoit un observateur non prévenu. De même, une fois organisés ses principes et ses conséquences, un système philosophique doit encore analyser et définir, c'est-à-dire composer les conséquences en sorte de reproduire ou de simuler les illusions qui servent de point de départ et de donnée à des systèmes rivaux.

Si la raison tend à s'exprimer au moyen de systèmes propres à résoudre les apories et à sauver les phénomènes, quel rapport finira-t-elle par établir entre ces systèmes et la table des assertions fondamentales ? Le sens commun puise à mesure dans cette table pour exprimer les divers aspects de l'expérience. Le philosophe, en revanche, en quête de principes pour la réalité, après avoir tâtonné au milieu de formules particulières et indûment concrètes, ne manquera pas d'élire une ou plusieurs assertions fondamentales et de les transformer en principes. Il aura, de la sorte, accordé une validité inconditionnelle à certains aspects de l'expérience commune. Dans le ramassis hétéroclite de domaines d'individus associés aux diverses assertions fondamentales : idées, individus et propriétés sensibles, événements, actions et représentations de l'esprit, il fait un choix. Avec le domaine ou la combinaison de domaines retenus, il compose le monde tout entier. Comme on a supposé que la table des assertions fondamentales décrivait exhaustivement ce qu'on peut communiquer de l'expérience, cette table fournit la condition nécessaire pour que se constitue un système philosophique.

Système intégral de la réalité, une philosophie devait aboutir à transformer en principes quelques assertions fondamentales. Ainsi transformées, les assertions paraissent résister aux apories qu'ébranlèrent le dogme de Parménide aussi bien que de ses adversaires héraclitéens. On savait ce qu'il en coûtait pour concilier l'Un et le Multiple, l'Être et le Devenir. Mais toute assertion réussit, par définition, à subsumer un particulier sous un universel. Si prédication pure et prédication substantielle traitent exclusivement ou principalement de l'être, la participation et la prédication accidentelle les relient au devenir et ces assertions vont par couple. On les nommera " assertions corrélatives " pour les distinguer des autres assertions fondamentales, qui peuvent se suffire à elles-mêmes et méritent donc d'être appelées " absolues ". En quantifiant sur le temps ou sur la totalité des événements, l'incidence, en elle-même rivée au devenir, retrouve l'être. Quant aux jugements, ils coupent l'aporie à sa racine en éliminant tout être et tout devenir qui ne déploieraient pas l'activité ou la représentation d'un sujet. Comme en font foi les dialogues de Platon, on ne se privera pas de développer les difficultés que recèle une assertion fondamentale transformée en principe : une idée ne se divise-t-elle pas autant de fois qu'elle est participée ? Si un prédicat diffère de son sujet, une même chose ne devient-elle pas différente de soi ? On prendra donc soin d'indiquer comment résoudre ces paradoxes en remontant aux principes : être participé n'est pas *être dans*; si le non-être qui a part à l'être n'est pas le non-être absolu, mais l'autre, l'identité à soi n'exclut pas la prédication.

Ces préliminaires posés, il reste à montrer, pour obtenir une classification déterminée et unique des systèmes philosophiques, que la correspondance entre ces systèmes et les assertions fondamentales est entièrement assignée.

On se fonderait sur ce que les systèmes doivent " sauver les phénomènes ", c'est-à-dire sur leur capacité de définir et d'analyser, pour établir qu'une assertion fondamentale transformée en principe — ou un couple de telles assertions quand il s'agit de la prédication pure et de la participation d'une part, de la prédication substantielle et de la prédication accidentelle de l'autre — suffit pour rendre compte des apparences qu'offrent les autres assertions. Partons ainsi du couple : prédication pure-participation. La prédication substantielle n'est qu'une prédication pure manquée ; celle-ci stabilise l'être mieux que celle-là et fait l'économie des substances sensibles, inutiles pour sauver les phénomènes. En effet, la participation s'occupe de tout ce qui regarde le devenir. Elle fait office de prédication tant substantielle qu'accidentelle pour tout ce domaine. Enfin tout ce qu'il y a de positif dans ce qu'allèguent l'incidence, le jugement de méthode et le jugement de représentation, la succession ininterrompue des événements, l'activité de l'esprit au principe des lois naturelles, les fluctuations des impressions, l'opération combinée de la prédication pure et de la participation ou le seul jeu de la participation l'expliquent aussi et à moindres frais. Car irait-on comparer l'homme libre d'aller et de venir et d'observer en pleine lumière ombres ou images et leurs modèles avec un spectateur enchaîné, l'œil fixé au théâtre d'ombres et prié de conjecturer ce qu'est le monde sans pouvoir se retourner sur les objets réels et la source qui les éclaire ? On montrerait de même comment d'autres assertions fondamentales érigées en principes donneraient lieu à des preuves analogues. Naturellement, sous peine de confusion, les diverses preuves de suffisance ne peuvent ni sauver exactement les mêmes phénomènes, ni les sauver avec la même sûreté, ni les sauver avec les mêmes moyens, et les " mondes " auxquels chaque système parvient ne coïncident pas. Ces mondes sont même, en toute rigueur, incomparables, et ce n'est pas seulement dans le domaine des nombres que les incommensurables parachèvent l'œuvre de la raison. Celle-ci dispose entre la perfection de l'ouvrage, celle de l'ouvrier, celle des voies, d'une grande latitude de choix, et on la comparera plus judicieusement au Dieu de Malebranche, occupé à compenser des abîmes, qu'à celui de Leibniz, calculant un maximum unique dans les variations d'une fonction.

Montrer que chaque assertion fondamentale absolue ou chaque couple d'assertions fondamentales corrélatives, préalablement transformée en principe, suffit à fonder un système philosophique complet, c'est écarter *ipso facto* la possibilité pour plusieurs assertions fondamentales hétérogènes de s'associer et de fournir un principe composite à un système philosophique authentique. Assurément, on ne rencontre aucune incompatibilité entre les aspects de la perception que décrivent les assertions fondamentales ni entre les assertions fondamentales elles-mêmes. Si l'attention qu'on prête à une image exclut celle qu'on prête à l'articulation de la substance et de ses modes, ou si la même personne ne peut pas proférer en même temps deux assertions fondamentales différentes, il reste que la chose perçue intègre tous les aspects que l'attention isole et que rien n'empêche deux assertions fondamentales d'être vraies simultanément en se rapportant au même objet. Mais passons de ces assertions aux principes correspondants, dont on aurait montré que chacun d'eux suffit pour fonder un système philosophique. Supposons une raison irénique qui voudrait concilier deux de ces différentes assertions et en former une philosophie. Elle retiendrait par exemple avec le couple de la prédication pure et de la participation celui de la prédication substantielle et de la prédication accidentelle. Ou bien elle ajouterait un jugement à une proposition. Elle se prévaudrait probablement d'une plus grande facilité à sauver les phénomènes ou à les mieux sauver, puisque, chaque fois qu'elle se heurterait aux limitations inhérentes à l'un de ses principes, elle pourrait faire appel à l'autre. Elle aurait les voiles pour le vent et le moteur pour la bonasse.

Ces formations existent. Elles sont légion. Le chroniqueur que passionnent les rencontres singulières entre idées, les péripéties, les filiations inattendues ou ordinaires, rencontrera immanquablement ces formations de préférence aux systèmes philosophiques exclusifs et purs. Mais l'historien sait d'instinct que l'ennemi de la philosophie ce n'est pas tant la sophistique, qui défie la raison, que l'éclectisme qui l'endort. Et en effet, tout en mimant le langage de la philosophie, l'éclectisme contredit à ses trois caractères essentiels. Il s'oppose à l'épanouissement de l'esprit systématique en multipliant les êtres et en brisant l'unité du style. Il s'oppose à la clarté de l'articulation logique en superposant des principes incommensurables et le gain de richesse est apparent, puisque les marques qui feraient présumer la cohérence font défaut. Il s'oppose enfin à la discipline à laquelle le philosophe se soumet quand il veut mesurer comment et jusqu'où son système lui permet de reconstruire et de simuler les phénomènes. Car comment saurait-on délimiter ce qu'on peut sauver quand les moyens analytiques pour ce faire n'ont pas été exactement définis ? Kant, dont la morale récuse l'hédonisme, est donc fondé à louer Épicure. Ce dernier considérait le plaisir qui accompagne la vertu comme identique avec les plaisirs les plus grossiers des sens et pouvait ainsi apprécier ce que peut et ce que ne peut pas un homme qui s'est donné la recherche du plaisir pour maxime de sa volonté. A l'opposé, les principes contradictoires qui forment les systèmes composites où l'on ajoute aux plaisirs des sens les raffinements d'une prétendue faculté supérieure de désirer n'expriment que la mauvaise foi et la frivolité de ceux qui cherchent le salut dans l'ignorance [5].

---

5. *Kritik der reinen Vernunft*, Lehrsatz I, Scholion I. " Ad augusta per angusta " est une maxime philosophique.

C'est ici le lieu d'écarter un contre-sens spécieux. Descartes, après Saint Anselme, part des idées telles qu'elles sont données à ma science, pour s'élever à Dieu et, par le moyen de Sa véracité, pour confirmer ensuite comme vérités de la chose ce qui n'avait jusque là que la valeur de vérités pour moi. De cette méthode, on ne saurait tirer contre Anselme ou Descartes une accusation d'éclectisme en arguant qu'ils recourent tantôt à des jugements, tantôt à des propositions. Ce serait oublier l'ordre des raisons, plus important pour estimer

Lorsqu'ils sont authentiques, les systèmes philosophiques possèdent donc la propriété singulière et mystérieuse de complémentarité. Ils sont à la raison ce que les représentations ondulatoires et corpusculaires sont aux éléments. Chacun d'eux entre nécessairement dans le tout requis pour décrire complétement la réalité, mais on ne saurait, du fait de leur conjugaison, les utiliser de concert. La raison nous enjoint de choisir l'un d'eux à l'exclusion des autres. Elle nous avertit néanmoins que d'autres choix, d'ailleurs incompatibles entre eux et avec le nôtre, étant possibles, le nôtre ne nous livrera qu'un fragment et que les morceaux manquants, à nous interdits, ne sont accessibles qu'à d'autres, qui refusent notre choix.

Une fois établie la correspondance bi-univoque entre la table des assertions fondamentales et celle des systèmes authentiquement philosophiques, la classification de ceux-ci serait achevée. Il ne resterait qu'à trouver les noms qui les désignent le plus ordinairement. La chose est aisée pour séparer les systèmes qui correspondent aux propositions et ceux qui correspondent aux jugements. On appelle les premiers *dogmatiques;* les seconds sont les *systèmes de l'examen.* Le critère des Formes ou des Universaux : sont-ils antérieurs, immanents ou postérieurs aux choses ?, ce critère départage assez les systèmes dogmatiques. On devra cependant se souvenir que la prédication substantielle composite a pour corrélat la prédication accidentelle simple, tandis que la prédication substantielle simple a pour corrélat la prédication accidentelle composite. Or seule la prédication substantielle composite postule l'immanence de la forme dans la matière et, par conséquent quelque forme d'hylémorphisme, puisqu'il demeure toujours un écart entre le sujet et ses prédicats essentiels. En revanche, quand la prédication substantielle est simple, l'individu réalise adéquatement l'universel. Il serait alors superflu de prêter à ce dernier quelque existence dans des individus desquels il demeurerait différent. On fera donc correspondre au couple de la prédication pure et de la participation le *réalisme,* au couple de la prédication substantielle composite et de la prédication accidentelle simple le *conceptualisme*[6]. Au

---

la pureté d'un système, que la disposition des matières. Car si la vérité de la chose peut bien, Dieu démontré, se détacher de la vérité de ma science pour sa valeur, il n'en va pas de même pour l'étendue de son domaine de légitimité, comme le montre, chez Descartes, le mécanisme et le refus d'entrer au conseil de Dieu (sur tous ces points, Gueroult, 1953, *passim* et plus haut, p. 221).

6. La langue philosophique a consacré deux usages contradictoires pour le mot conceptualisme. Ce mot, en effet, désigne tantôt la doctrine qui rend

couple constitué par la prédication substantielle simple et la prédication accidentelle composite correspondra une première forme de nominalisme, qu'on nommera *nominalisme des choses,* pour le distinguer du *nominalisme des événements,* lequel répond à la prédication circonstantielle et à l'incidence. Quant aux systèmes de l'examen, on fera correspondre aux divers jugements de méthode les diverses formes de l'*intuitionnisme,* et l'on assignera au jugement de représentation le *scepticisme.*

### Systèmes philosophiques

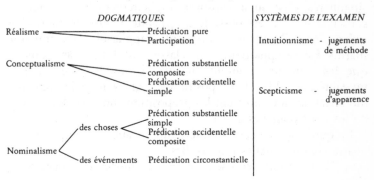

55. Les modalités comme constituants des lois naturelles; principe de leur classification philosophique.

Des hommes qui disposeraient de l'assertion et de la quantité pourraient énoncer des propositions universelles. Sauraient-ils rapporter le message d'autrui, exprimer leurs intentions propres, communiquer à des tiers ce qu'ils supputent des simulations et des plans d'autrui ? Comme le montrent les langues naturelles, les procédés généraux inventés à cet effet : modes du conditionnel, subordination et discours indirect emploient les termes du discours en un sens oblique qui suppose données des significations et, par là, les modalités enrichies même de quelques surplus[7]. Surtout, il est une autre exigence, logiquement plus

---

immanentes aux choses sensibles les Formes, posées comme transcendantes par le réalisme (Aristote, Saint Thomas, Leibniz), et tantôt la doctrine qui fait des Formes des produits de l'activité de l'esprit ou même de simples représentations subjectives (Kant, Locke). On a retenu le premier sens. Le second correspond à ce qu'on a nommé système de l'examen.

7. Voir par exemple Carnap, 1956, § 14, pp. 56-64.

modeste mais non moins fondamentale à laquelle de tels hommes ne parviendraient peut-être pas à répondre. On peut, en effet, douter que, dépourvus des concepts et des principes de la modalité, ils se hausseraient à la représentation d'une législation naturelle.

On se demandera donc si les propositions universelles sont équivalentes à des lois ou si des lois, tant mathématiques que naturelles, exigent quelque chose de plus que l'universalité. On verra que cet excès hypothétique est l'affaire et l'affaire principale des modalités. Quand celles-ci affectent des propositions singulières, c'est qu'on subsume implicitement le cas singulier sous une loi. S'il est possible que Fabius meure en mer, c'est qu'en vertu d'une loi, assurément inapplicable aux animaux marins, Fabius appartient à une classe dont il n'est pas ordinaire que les éléments meurent en mer. La modification que la modalité fait subir à la proposition singulière renvoie donc à la modification que subissent les propositions universelles, quand on les tient pour des règles.

En quoi consiste cette dernière modification ? Comparons les quatre conditionnelles universelles :

a) Toutes les planètes se déplacent en suivant des trajectoires elliptiques ;

b) Tous les poissons sédentaires agressifs vivant sur un fond marin rocailleux sont recouverts d'écailles brillantes et bigarrées[8].

c) Tous les moas — une espèce éteinte d'oiseaux — meurent avant d'atteindre l'âge de cinquante ans.

d) Toutes les pièces de monnaie qui se trouvaient dans ma poche tel jour étaient en argent.

On s'accorde généralement à regarder comme une loi ou, comme disaient les Anciens, une conditionnelle " saine ", une universelle vraie qui reste vraie quand on lui donne la forme d'une conditionnelle de l'irréel. On tient pour vraies :

a') Si cette étoile était une planète, elle se déplacerait en suivant une trajectoire elliptique ;

b') Si ce poisson était l'hôte sédentaire et agressif d'un fond marin rocailleux, il serait recouvert d'écailles brillantes et bigarrées.

Au contraire, on met en doute la vérité de l'énoncé :

c') Si cet oiseau avait été un moa, il serait mort avant d'avoir

---

8. Lorenz, 1969, pp. 12-31.

atteint l'âge de cinquante ans, puisque d'autres conditions d'existence (épizooties, changements climatiques, etc.) auraient assigné aux moas une autre durée de vie[9].

Enfin l'énoncé :

d') Si cette pièce de monnaie s'était trouvée dans ma poche tel jour, elle aurait été en argent

est faux[10].

Le critère a quelque chose d'étrange et même d'inexact pour a), car l'énoncé a') n'est vrai que sous certaines conditions[11]. Strictement parlant, c'est sa formation incomplète qui fait courir des risques à la vérité de a'). Mais alors pourquoi ne pas formuler complètement c') et le rendre vrai en écrivant : c'') Si cet oiseau avait été un moa et s'il avait été exposé aux mêmes conditions d'existence que les autres membres de l'espèce, il serait mort avant d'avoir atteint l'âge de cinquante ans. Il n'est pas jusqu'à d') qui ne puisse être corrigé, en stipulant la règle du système monétaire en vigueur, s'il se trouvait que les espèces circulant au jour fixé étaient toutes en argent.

En appeler au conditionnel de l'irréel, c'est nommer le problème plutôt que le résoudre, toute la difficulté consistant à spécifier la nécessité qui supporte ce conditionnel. Sa valeur de vérité dépendant de l'assignation complète des circonstances, le sentiment qu'on a de perdre progressivement le caractère nomologique des énoncés en passant de a) à d) trouvera une justification plus assurée si l'on replace ces énoncés dans le corps des énoncés de même pertinence. Les trois premiers d'entre eux dépendent de conditionnelles supérieures : la loi de Kepler se déduit de la théorie de Newton, la loi de Konrad Lorenz entre dans la théorie darwinienne, le fait général signalé par Popper relève d'hypothèses, encore mal connues, expliquant les statistiques de mortalité. La question du critère des lois, dira-t-on justement, se posera à nouveau pour ces théories et hypothèses, qui ne sont que des lois plus générales. On voit du moins le caractère nomologique d'une universelle dépendre des liens qui unissent cette universelle avec d'autres pour en faire une théorie scientifique. Or non seulement les philosophies sont nées avec les systèmes axiomatiques dans lesquels se sont exprimées les premières théories scientifiques ; mais elles ont eu et elles

---

9. Popper, 1973, pp. 435-436.
10. Carnap, 1973, p. 203, *sq*.
11. La vitesse doit être inférieure à ce qu'on nomme la " vitesse parabolique ".

conservent pour tâche d'examiner les principes propres à légitimer en dernier ressort les axiomes tout en organisant en un tout cohérent les éléments de la réalité que les axiomes ne recouvrent pas[12]. En conséquence, si les modalités font la différence entre lois et simples universelles et si cette différence exprime à son tour l'insertion des universelles dans des systèmes théoriques commandés par des principes, la classification des modalités dépendra directement de la classification des disciplines qui ont trait aux principes, c'est-à-dire des philosophies.

Supposons qu'on prétende tirer directement la classification des modalités de la classification des assertions fondamentales. On se demandera quel surplus modal doit être ajouté à une assertion fondamentale universelle pour en faire une loi. Mais même si l'on ne retient que les universelles issues d'une seule assertion fondamentale, rien ne garantira que la modalité requise par la forme nomologique soit elle-même pure. Car pourquoi ne demanderait-on pas à une universelle issue d'un jugement d'apparence d'emprunter à des assertions dogmatiques les titres qui lui seront nécessaires pour avoir force de loi ? Par exemple on pourrait reconnaître une simple probabilité subjective à une universelle issue d'un jugement de représentation et exiger d'une loi qui lui correspondrait qu'elle assignât une probabilité objective, une fréquence ou une " chance " présente dans les choses. On ne saurait jamais alors quelle est la force modale latente dans une assertion fondamentale donnée. Ignorant l'origine prédicative des modalités, on serait incapable d'en obtenir une classification autre qu'artificielle. En exiger une classification naturelle, c'est donc s'engager à rapporter les modalités fondamentales aux assertions correspondantes considérées dans leur exclusivité, c'est-à-dire érigées en principes par la systématique philosophique. Si une modalité spécifique peut être produite par un jugement d'apparence, il faut que ce jugement d'apparence la produise à lui seul, sans emprunter quoi que ce soit aux autres assertions fondamentales. En d'autres termes, on demande si le scepticisme est capable de fonder une législation naturelle. Le détour par la classification des systèmes philosophiques était, par conséquent, inévitable.

Consultons d'abord le tableau des systèmes dogmatiques. Bien que la prédication pure s'oppose à tous les énoncés de participation, comme ce qui est hors de l'espace et du temps à ce qui est

---

12. Vuillemin, 1984.

plongé en eux, le réalisme met en corrélation prédication pure et énoncé de participation en général comme le font conceptualisme et nominalisme des choses pour la prédication substantielle et la prédication accidentelle. Sans détruire pour autant l'appartenance de la prédication substantielle aux énoncés de participation, la classification des systèmes philosophiques rapproche prédication substantielle et prédication pure. C'est que, dans les deux cas, la prédication s'accomplit sans égard à l'espace et au temps, même si le sujet de la prédication substantielle participe aux péripéties qui en sont le fait. En d'autres termes, les conditionnelles universelles ou singulières correspondantes appartiendront au type classificatoire et la question modale se réduira à examiner les rapports entre classification et loi. On aura donc trois sortes de lois classificatoires, auxquelles on pourra joindre les types de législation ou plutôt d'écart par rapport à la législation pure que propose la participation réaliste. Au contraire, dans les assertions restantes : prédication accidentelle caractéristique tant du conceptualisme que du nominalisme des choses, et prédication circonstantielle caractéristique du nominalisme des événements, l'occurrence des déterminations d'espace et de temps est essentielle. Les conditionnelles universelles ou singulières correspondantes appartiendront au type causal et la question modale portera sur la liaison de la cause et de l'effet. On rangera les lois correspondantes sous les lois causales.

Les systèmes de l'examen, quant à eux, ne manquent pas de rapporter les lois, qu'elles soient causales ou classificatoires, aux prescriptions subjectives de notre pensée, qui les fondent ou qui les absorbent. On appelle *règles* de telles prescriptions. Le surplus modal que les systèmes de l'examen devront assigner est donc celui des règles.

## 56. LES LOIS CLASSIFICATOIRES.

Elles se répartissent en quatre types, requis respectivement par la prédication pure, la participation, la prédication substantielle composite et la prédication substantielle simple. Elles mettent en cause trois classes de systèmes philosophiques : le réalisme, le conceptualisme et le nominalisme des choses.

### 1 - *Réalisme et validité*

La validité ou nécessité mathématique ne se réduit pas à la vérité universelle, pas plus que l'impossibilité ne se réduit au faux.

Il ne suffit pas, reconnaît Aristote, que le côté du carré ne mesure jamais la diagonale, il faut qu'une telle mesure soit impossible pour que l'incommensurabilité soit démontrée[13]. D'un côté, on sait construire une suite de nombres entiers croissants, $y_n$ et $x_n$, dits respectivement nombres diagonaux et latéraux et tels que les rapports de leurs carrés $y_n^2/x_n^2$ forment objectivement une suite d'approximation, alternativement par défaut et par excès, tendant vers 2. On dira alors que le rapport de la diagonale y au côté x du carré unitaire n'est jamais mesuré, puisque, quel que soit n, la valeur $y_n/x_n$ ne mesure pas $y/x$, les carrés de ces quantités différant d'une quantité $\pm 1/x_n^2$. Mais tant qu'on ne sait pas démontrer la convergence de la suite indéfinie $\frac{y_n}{x_n}$, on n'a pas prouvé l'existence d'un nombre irratio-

---

13. " Si on dit être possible ce dont ne suit pas l'impossible, il est évident qu'il n'arrive pas qu'il soit vrai de dire que ceci est possible mais ne sera pas, en sorte de faire alors que l'existence des impossibles se dissiperait. Ce serait le cas si, par exemple, on disait qu'il est possible que le rapport de la diagonale au carré est mesuré, mais qu'il ne sera pas mesuré — faute de réfléchir sur le fait que l'impossible existe —, parce que rien n'empêche qu'une chose capable d'être ou de devenir ni n'existe ni n'existera. Mais il résulte nécessairement de nos prémisses que, même si nous supposons qu'est ou qu'est devenu ce qui n'est pas mais est possible, il n'en résultera rien d'impossible. En revanche, on aboutira dans l'espèce à l'impossible, du fait que mesurer la diagonale est impossible. Ainsi faux et impossible ne sont pas une même chose ; il est faux que tu sois debout maintenant, mais ce n'est pas impossible ". ( *Métaphysique*, Θ, 4, 1047[b] 3-14 ; texte difficile ; interprétations différentes par Ross, Tricot, etc. Je m'en tiens au texte classique et à la traduction de Guillaume de Moerbeke). On a fait dire à ce texte qui défend explicitement la spécificité de la notion modale de l'impossible et son irréductibilité au faux (comme le voit justement Tricot (II, p. 493) après Saint Thomas ( *In Metaphysicorum L. IX*, l. III, 1807, le commentaire de Ross, II, p. 246) " autres considérations sur la possibilité " fait du chap. 4 de Θ un épisode sans lien rigoureux avec le tout et doit donc être rejeté ; sur ces questions, Vuillemin, 1977, pp. 46-50) le contraire de ce qu'il affirme en l'interprétant comme si Aristote y définissait le possible par l'être actuel et futur, c'est-à-dire admettait la réduction symétrique de la notion modale de possible par Diodore (Hintikka, 1973, pp. 107-109, p. 186 et pp. 197-199 ; D. Frede, 1968, pp. 109-112 ; le ὥστε de la ligne 5 exprime une intention).
Comme l'a remarqué Chevalier (1975, p. 273), la troisième proposition de l'argument dominateur :
δυνατὸν εἶναι ὃ οὔτ᾿ ἔστιν ἀληϑὲς οὔτ᾿ ἔσται
reprend à la lettre le texte de *Métaphysique*, Θ, 4, 1047[b]8-9
(οὐδὲν κωλύει δυνατόν τι ὄν εἶναι ἢ γενέσϑαι μὴ ειναι μηδ᾿ ἔσεσϑαι)
En réalité, ainsi que l'enseigne la troisième prémisse du Dominateur, il n'y a aucune incompatibilité entre être possible et n'exister ni maintenant, ni dans le futur, et de la conjonction des deux propositions : " ceci est possible " et " ceci n'est pas et ne sera pas ", il ne résulte rien d'impossible. Cependant nous n'avons pas pour autant le droit de substituer à " ceci " dans la seconde de ces propositions un impossible. La substitution de l'impossible aux faux produirait alors une incompatibilité.

nel ni par conséquent l'incommensurabilité de la diagonale [14]. En l'absence d'une telle démonstration, on peut, d'un autre côté, conclure à l'incommensurabilité de la diagonale au carré, à la

---

14. *Éléments*, L. II, Prop. 9 et 10 ; Vuillemin, 1975, pp. 276-278. L'identité : $(y + 2x)^2 — 2(x + y)^2 = 2x^2 - y^2$ permet d'exprimer la différence entre le double du carré $x^2$ et un autre carré $y^2$, par la différence entre un nouveau carré $(y + 2x)^2$ et le double du carré admettant pour côté la somme des côtés des carrés de départ. On écrira donc :
$$y_2^2 — 2x_2^2 = 2x_1^2 — y_1^2$$
en posant :
$$y_2 = 2x_1 + y_1$$
$$x_2 = y_1 + x_1$$
Les nombres $y_i$ sont appelés nombres *diagonaux,* les nombres $x_i$ nombres *latéraux.* L'égalité obtenue est remarquable. Elle est, pour ainsi dire, susceptible de se reproduire indéfiniment, puisqu'on pourra appliquer à la différence $2x_2^2 — y_2^2$ la même construction qu'on a appliquée à $2x_1^2 — y_1^2$. On obtiendra ainsi, par construction, des carrés de plus en plus grands et tels que la différence entre le double du plus petit et l'autre est toujours égale, au signe près, à la différence fixe de départ : $2x_1^2 — y_1^2$, qu'on choisira par convention égale à + 1. Par conséquent, quel que soit n,
$$2x_n^2 — y_n^2 = \pm 1$$
et, bien que les côtés respectifs des carrés, c'est-à-dire les nombres latéraux et diagonaux, s'accroissent autant qu'on veut, on retrouve entre un carré double et l'autre carré une même différence qu'au départ. Ainsi, pour aucun n, la diagonale n'est mesurée par le côté du carré.
La convention qu'on a posée permet d'écrire :
$$\frac{y_n^2}{x_n^2} = 2 \pm \frac{1}{x_n^2}$$
et par conséquent :
$$\underset{n \to \infty}{\text{Lim}} \; \frac{y_n^2}{x_n^2} = \underset{n \to \infty}{\text{Lim}} \; 2 \pm \frac{1}{x_n^2} = 2$$
La convention faite est vérifiée si l'on choisit $x_0 = 1$ et $y_0 = 1$. On peut former le tableau :

| Numéro de la mesure | $\dfrac{y_n}{x_n}$ | $\dfrac{y_n^2}{x_n^2}$ | $= 2 \pm$ terme d'approximation |
|:---:|:---:|:---:|:---:|
| 0 | $\dfrac{1}{1}$ | $\dfrac{1}{1}$ | $= 2 - \dfrac{1}{1}$ |
| 1 | $\dfrac{3}{2}$ | $\dfrac{9}{4}$ | $= 2 + \dfrac{1}{4}$ |
| 2 | $\dfrac{7}{5}$ | $\dfrac{49}{25}$ | $= 2 - \dfrac{1}{25}$ |
| 3 | $\dfrac{17}{12}$ | $\dfrac{289}{144}$ | $= 2 + \dfrac{1}{144}$ |
| 4 | $\dfrac{41}{29}$ | $\dfrac{1681}{841}$ | $= 2 - \dfrac{1}{841}$ |
| ... | | | |

condition de recourir à une preuve par l'absurde. On démontre que si le rapport de la diagonale au côté du carré est mesuré, un nombre pair est égal à un nombre impair. Ce qu'on démontre de façon nécessaire est contradictoire et donc impossible [15], savoir qu'un nombre pair soit égal à un nombre impair. L'impossible n'étant pas la conséquence du possible — conformément à la deuxième prémisse du Dominateur — l'existence d'une mesure du rapport de la diagonale au côté du carré est donc non seulement fausse, mais impossible [16].

---

C'est habiller dans le langage de l'analyse indéterminée la méthode qui consiste à définir une irrationnelle par les réduites successives d'une fraction continue. Les $y_i/x_i$, $0 \leqslant i \leqslant 4$ sont en effet les réduites successives de la fraction continue : $\sqrt{2} = 1 + \cfrac{1}{2 + \cfrac{1}{2 + \cfrac{1}{2 + 1}}}$

On aperçoit sur cet exemple de façon positive la différence entre le toujours faux et l'impossible. Il faudrait, en particulier, raisonner sur *toute* expression du rapport entre diagonale et côté, chaque expression étant considérée comme un modèle, et montrer que chaque assertion est un développement convergent.

15. Par hypothèse : $d^2 = 2a^2$. Supposons d et a commensurables, le rapport d/a étant simple ; a est donc impair. $d^2$ est pair et donc d est pair. Soit donc d = 2c. On a $4c^2 = 2a^2$, ou $a^2 = 2c^2$ ; $a^2$ est donc pair ainsi que a ; ce qui est impossible.
" L'impossible, dit *Métaphysique*, Δ, 12, 1019$^b$23-28, est ce dont le contraire est nécessairement vrai ; par exemple, il est impossible que le rapport de la diagonale au côté du carré soit mesuré, car une telle proposition est fausse et son contraire est non seulement vrai, mais encore nécessaire. Donc l'existence d'une mesure est non seulement fausse, mais elle est nécessairement fausse ".
Qu'il y ait mesure, cela est faux, en vertu de la construction des rapports rationnels approchés. Qu'il n'y ait pas mesure, cela est vrai et nécessairement vrai, en vertu de la contradiction qui en résulterait.
Aristote prend soin d'énoncer le principe de non-contradiction sous une forme modale. Au chapitre 3 du livre Γ de la *Métaphysique,* il déclare :
1) " Il est impossible que le même attribut appartienne et n'appartienne pas en même temps au même sujet et sous le même rapport " (1005$^b$19-20),
2) " ... il n'est pas possible qu'en même temps des contraires appartiennent au même sujet " (1. 26-27), la liaison entre les deux formes étant établie, comme le note Ross (I, p. 264) en 1011$^b$15-22. Le principe de non-contradiction n'est pas induit de l'expérience qui le vérifierait universellement. Il rend l'expérience possible et est inconditionnellement vrai.
16. Formellement, en termes de calcul modal, Aristote raisonnerait de la façon suivante. Soit p l'énoncé : " le rapport de la diagonale au côté du carré est mesuré ", q l'énoncé : " il existe un nombre qui est pair et impair "
(1) ⊢ p → q
(2) L (p → q).
Pour passer de (1) à (2), on a besoin de la règle dite de nécessitation : " ⊢ α → L α " dont on trouve la justification dans le texte suivant :

Pour fonder une telle conclusion, il faut non seulement la démontrer, suivant ces règles partielles de la démonstration que fixe la syllogistique, mais la démontrer à partir de prémisses nécessaires (ou impossibles). En distinguant notions communes, définitions et postulats, les anciens géomètres ont plutôt exprimé qu'expliqué le genre de nécessité qui s'attache aux prémisses. Une notion commune est une relation qui s'impose avec évidence; une définition est une convention qui reflète une nature; un postulat est un principe qui gouverne une science particulière. La transformation des mathématiques en système hypothético-déductif a effacé ces distinctions. En axiomatique formelle, les trois sortes de prémisses se réduisent aux axiomes [17].

---

" La démonstration, dit Aristote, fait partie des choses nécessaires, parce qu'il est impossible que la conclusion soit autre qu'elle n'est, s'il s'agit d'une démonstration proprement dite. Les raisons de cette nécessité, ce sont les prémisses, s'il est vrai que les propositions d'où procède le syllogisme ne peuvent être autres qu'elles ne sont ". (*Métaphysique, Δ,* 5, $1015^b6$-9).

(3) $L (p \to q) \supset (\sim Mq \to \sim Mp)$
(deuxième prémisse du Dominateur)
(4) $\sim Mq \to \sim Mp$
(par (2), (3) et le *modus ponens* modal)
(5) $\sim Mq$
(par la nature contradictoire de q)
(6) $\sim Mp$.

17. Galilée — avant Cantor — met en doute l'universalité de la notion commune : " le tout est plus grand que la partie ". Théoriciens des nombres et géomètres distinguent l'équivalence de l'identité. Les définitions résistent plus longtemps. Aristote leur demande de mettre en évidence l'attribut universel de la chose. " J'appelle *universel,* dit-il, l'attribut qui appartient à tout sujet, par soi et en tant que lui-même. Il en résulte clairement que tous les attributs universels appartiennent nécessairement à leurs sujets. Le *par soi* et *en tant que soi* sont, au surplus, une seule et même chose : par exemple, c'est à la ligne par soi qu'appartiennent le point et le rectiligne, car ils lui appartiennent en tant que ligne; et le triangle est par soi égal à deux angles droits " (*An. Post.,* I, 4, $73^b26$-32). Comme le montre le choix des deux sujets qui appartiennent par soi à la ligne en tant que ligne : le point et le rectiligne, il faut distinguer deux sortes d'attributs universels convenant nécessairement à leur sujet. Les uns appartiennent à l'essence de leurs sujets comme au triangle appartient la ligne et à la ligne le point; les autres contiennent leurs sujets à titre d'éléments dans leur propre nature, comme le rectiligne et le rond appartiennent à la ligne, ou le pair et l'impair, le premier et le composé au nombre (*An. Post.,* I, 4, $73^a34$-$73^b2$ et 16-24; I, 6, $74^b5$-12 et I, 27, $84^a12$-47). Pour justifier le caractère spécifique de la première sorte de ces attributs, Aristote se contente de dire que si on démontre sur le triangle isocèle que la somme des angles est égale à deux droits, on n'a pas le sujet premier et la démonstration n'est pas propre (*An. Post.,* I, 4, $73^b38$). Fait-il allusion à l'examen du carré de côté unité, où les deux diagonales dessinent quatre triangles isocèles, où l'on voit immédiatement que pour chaque triangle l'angle au centre est égal à $\pi$ et chacun des deux angles isocèles à $\pi/2$ ? En tous cas l'impropriété signalée paraît étrangère à la modalité et un défaut d'universalité suffit à l'expliquer, puisqu'on considère les triangles isocèles au lieu de

Au terme du développement de la méthode axiomatique, la théorie des modèles permet d'éclaircir la notion mathématique de validité. Un modèle, dira-t-on, est un champ d'interprétation pour une formule ou une classe de formules, qui sont les fonctions propositionnelles obtenues à partir d'un énoncé ou d'une classe d'énoncés quand on y transforme toutes les constantes techniques en variables, lorsque, sous la condition de la cohérence, 1) la formule ou la classe de formules (les axiomes techniques) sont vraies dans le champ d'interprétation, 2) les conséquences de cette formule ou de cette classe de formules le sont aussi, c'est-à-dire qu'axiomes et règles de la logique doivent transmettre la vérité. La validité, c'est la vérité dans tous les modèles. Cette définition suppose fixé le sens des mots " logiques ", dont on a soustrait, d'emblée, le domaine à l'axiomatique formaliste, faute de quoi en remplacerait la logique par une algèbre abstraite où l'on changerait le sens des mots qu'on utilise quand on démontre. On sait, au milieu des concepts et principes techniques, repérer et distinguer les concepts et principes proprement logiques. Reconnaître la nécessité des premiers principes n'avait pas d'autre objet, selon Aristote.

Quel genre de nécessité s'engage-t-on à reconnaître quand on fait de la nécessité le synonyme de la validité ? On a remarqué que la déductibilité logique ne se réduit pas à l'implication matérielle, mais requiert de cette implication qu'au lieu d'être vraie elle soit stricte ou tautologique. Mais sitôt qu'implication stricte et modalité prennent place dans le discours au même rang que les connecteurs logiques ordinaires, deux développements s'imposent, dont une logique modale spécifique devra précisément traiter : 1) comme les connecteurs, les modalités sont des opérateurs et peuvent donc être réitérées indéfiniment ; 2) comme les connecteurs, les modalités se composent avec la quantité et peuvent donc être préfixées non seulement à un énoncé fermé, mais à une fonction propositionnelle. On ne déterminera alors les modalités qu'à deux conditions. Premièrement il faudra fixer les règles permettant de réduire le degré modal d'une formule, non sans que l'arbitraire de notre choix

---

considérer tous les triangles. De même, pour la division d'ensembles dans leurs parties propres par des fonctions caractéristiques, aucun critère de nécessité n'est fourni. En axiomatique formelle, les définitions " implicites ", qui ne sont autres que des axiomes, tiennent lieu des définitions " réelles ", toutes les autres définitions se réduisant à des abréviations. Eudoxe paraît avoir introduit une telle définition (Euclide, *Éléments,* V, 5) en définissant l'analogie (égalité de proportions) sans définir la proportion.

affecte la validité même[18]. Il faudra, deuxièmement, engager la quantification logique dans les contextes opaques de la modalité conçue *de re*[19].

Comme le font voir ces conséquences, les logiques modales excèdent la question de la validité. D'ailleurs tous les commentateurs s'accordent à distinguer chez Aristote lui-même le sens logique et le sens proprement modal du mot *nécessaire*. Au sens modal, il porte sur la réalité. Au sens logique, il sert de préfixe ordinaire aux conclusions syllogistiques ou aux lois de conversion, quand Aristote a en vue non des syllogismes modaux, mais l'apodicticité qui caractérise les syllogismes simplement assertoriques[20]. On exprimerait plus adéquatement la validité en termes modaux si l'on réduisait la nécessité soit à un prédicat sémantique qu'on attacherait aux noms d'énoncés et donc à la structure des expressions, soit, en restant plus fidèle à l'esprit d'Aristote, à l'équivalent sémantique de l'implication stricte (inclusion de l'espace de jeu de l'antécédent dans l'espace de jeu du conséquent). Dans les deux cas, on éviterait de compromettre la " nécessité syllogistique " dans les difficultés de la réitération et de la réalité[21].

---

18. Ces règles déterminent le système du calcul modal des énoncés. Au point de vue sémantique, il leur correspond les différentes assignations des propriétés structurales (symétrie, transitivité) d'une certaine relation réflexive qu'on pose entre chaque paire des modèles et qui conditionne l'évaluation de l'énoncé modal dans ces modèles. Sur les incertitudes qui affectent la validité : Kneale, pp. 556-557 ; Quine, 1966, p. 167. Selon Lewis, par exemple, la pratique du mathématicien paraît tolérer plusieurs règles, encore qu'une relation d'équivalence, donc symétrique et transitive, réponde mieux à ses intérêts (système S 5), des relations plus faibles servant plus spécifiquement les intérêts du logicien (Lewis-Langford, 1959, pp. 501-502).

19. Un opérateur modal gouvernant un énoncé quantifié sera dit *de dicto,* puisqu'il porte sur l'énoncé complet (exemple : L(x) fx). Si l'opérateur modal gouverne la fonction propositionnelle et tombe lui-même dans la portée d'un quantificateur, il sera dit *de re* (exemple : (x) M fx).

20. Exemple : " Il est nécessaire en effet que, si A est dit universellement de B et B universellement de C, A soit dit universellement de C ", *(An. Pr.,* 25$^b$37). Je traduis Aristote avec Lukasiewicz (1958, p. 45) en préfixant la nécessité au syllogisme tout entier.
Granger (1976, p. 111) la préfixe, par inadvertance, à la conclusion : il n'y a là qu'une ambiguïté stylistique, puisque l'auteur dit explicitement (p. 109) que " le syllogisme en tant que tel ne fonde que la nécessité conditionnelle de sa conclusion, la vérité des prémisses n'étant qu'assumée " (voir aussi p. 117 l'insistance sur le caractère formel du lien syllogistique).

21. La première solution est celle de Quine, " Three grades of modal involvement ", 1966, pp. 156-174. Comme il le remarque, p. 169, " aussi longtemps qu'on construit la nécessité dans son application sémantique comme la validité des fonctions de vérité ou la validité de la quantification ou la validité de la théorie des ensembles ou la validité de n'importe quelle autre

Rien mieux que la théorie des groupes n'illustre la nature de la validité. Si diverses soient-elles par leur contenu, la résolution d'une certaine équation à paramètre complexe du 12e, du 24e et

---

espèce bien déterminée, la logique du prédicat sémantique de la nécessité est un fil significatif et principal dans la trame de la théorie de la démonstration. Mais ce n'est pas une logique modale, pas même une logique modale non quantifiée... C'est une logique modale non quantifiée moins tous les principes qui, explicitement ou non (par le moyen du signe de l'implication stricte, etc.) enveloppent l'itération de la nécessité, et plus, si nous sommes attentifs à la lettre, une paire de guillemets après chaque signe de la nécessité sémantique ".

La seconde solution est celle de Carnap (*Symbolische Logik*, 5, 1960, pp. 15-19).

L'espace de jeu d'un énoncé est l'ensemble des valeurs de vérité qu'il peut prendre. L'espace de jeu $\mathscr{L}(E_1)$ d'un énoncé $E_1$ est contenu dans l'espace de jeu $\mathscr{L}(E_2)$ d'un énoncé $E_2$ quand pour toute ligne où la valeur de vérité de $E_1$ est le vrai la valeur de vérité de $E_2$ est le vrai.

Un texte d'Ammonius (*In Ar. An. Pr.*, 1899, 10.36 *sq.*) dit que, tandis que pour Platon la logique est à la fois une partie et un instrument de la philosophie, pour Aristote elle est seulement un instrument (organon) et pour les Stoïciens (et quelques Platoniciens) seulement une partie. Cette opposition se marque, selon Ammonius, en ce que ceux qui font de la logique une partie de la philosophie raisonnent sur les choses mêmes ou du moins avec elles (μετὰ τῶν πραγμάτων), tandis que ceux qui la réduisent au rôle d'instrument ne prennent, quand ils raisonnent, que les règles nues et formelles sans les choses (ψιλοὺς τοὺς κανόνας ἄνευ τῶν πραγμάτων). Il précise que, dans ce dernier cas, on raisonne sur des lettres et non sur des termes concrets.

Lukasiewicz, qui cite ce texte (1958, p. 13), ne prête attention qu'à son intérêt technique; la dispute, au fond, n'a pas d'importance, puisque c'est une convention seule qui la peut trancher. Peut-être le texte d'Ammonius admet-il cependant une interprétation qui restituerait à la dispute son sens. Notons d'abord que dans les arguments stoïciens figurent aussi bien des termes concrets que des chiffres qui pour les énoncés tiennent lieu de lettres (Kneale, p. 159). On ne trouve, en revanche, chez Platon, que des termes concrets. Les πράγματα renvoient donc à deux sortes d'entités. Il s'agirait dans la perspective platonicienne des termes concrets qui servent de modèles à une formule valide, dans la perspective stoïcienne des signes ou de leurs substituts concrets. C'est parce qu'il n'a pas vu le rôle implicite des modèles dans la théorie des idées qu'Ammonius place Platon entre Aristote et les Stoïques. Dès qu'on rend aux " choses " platoniciennes leur statut d'idées, elles s'opposent aux choses sensibles des Stoïques et les règles nues d'Aristote reprennent leur place intermédiaire.

Ainsi, le réalisme tend naturellement à définir la validité en termes de modèles, c'est-à-dire d'ensembles, le conceptualisme en termes d'abstraction matérielle (et ce qui reste d'un énoncé quand on fait abstraction de sa matière c'est l'espace de jeu qui lui est lié), le nominalisme en termes de prédicat sémantique. On ne trouve aucun cas de réitération de modalités chez les Anciens. Ajoutons que la validité leibnizienne relève de la seule théorie de la non-contradiction et reste donc complètement étrangère à la théorie des mondes possibles.

Le dictionnaire suivant traduit truistiquement axiomes et règles spécifiques de S₅, d'abord en termes de théorie des modèles, ensuite en termes de nécessité sémantique au sens de Quine, enfin en termes d'inclusion d'espace de jeu au sens de Carnap :

du 60ᵉ degré et la disposition des diverses symétries auxquelles obéit un polyèdre régulier ne font qu'exprimer l'organisation des groupes de rotations qui produit systématiquement les façons qu'une certaine partition de la sphère a de coïncider avec elle-même[22]. Les relations entre groupes sont donc valides indépendamment de la matière à laquelle ils s'appliquent[23]. Cette immatérialité résulte de la nature des Idées. Que les mathématiciens généralisent la méthode qui les avait conduits à la notion de groupe. Les objets qu'ils assigneront à leur science seront des structures, c'est-à-dire des classes munies de relations définies. Les formules valides n'exprimeront alors que des rapports de hiérarchie structurelle, en d'autres termes des lois caractéristiques de toute classification en général.

## 2 - *Réalisme et validité approchée des lois naturelles.*

Le réalisme dispose d'un univers d'idées. Si la philosophie doit pousser la recherche de la conséquence jusqu'au point où c'est dans la forme de la prédication qu'elle découvre la raison d'être de la possibilité de la modalité, il faut que la conception spécifiquement réaliste de la modalité se trouve préformée dans la postulation spécifiquement réaliste des universaux.

On montrera que si le nécessaire et l'impossible sont irréductibles au vrai et au faux, les mathématiques savent rendre raison

| | | | |
|---|---|---|---|
| D₁ Mα =ᴅₑ ~ L ~ α | α est vrai dans quelque modèle =ᴅₑ ~ α n'est pas vrai dans tous les modèles. | Poss " α " =ᴅₑ ~ Nec " ~ α ". | 𝒮(α) ≠ 0 =ᴅₑ ~𝒮(~α) = U. |
| D₂ α —⟨ β =ᴅₑ L(α → β) (implication stricte) | β est conséquence logique de α = ᴅₑ β est vrai dans tous les modèles où α est vrai. | Nec " α → β ". | 𝒮(α) ⊆ 𝒮(β). |
| A₁ Lp → p. | Si p est vrai dans tous les modèles, il est vrai. | Si Nec " p ", Vrai " p "; | Si 𝒮(p) = U, 𝒯(p) = 1. |
| A₂ L(p → q) → (Lp → Lq) | Si q est vrai dans tous les modèles où p est vrai, alors si p est vrai dans tous les modèles, q l'est aussi. | Si Nec " p → q ", alors si Nec " p ", Nec " q ". | Si 𝒮(p → q) = U, alors si 𝒮(p) = U, 𝒮(q) = U. |
| R₁ ⊢ α → ⊢ Lα | Une thèse (axiome ou théorème) d'un système déductif est vraie dans tous ses modèles. | Si α est valide, Nec " α ". | Si α est valide, 𝒮(α) = U. |

22. Vuillemin, 1962, pp. 326-348.
23. Dans les livres M et N de la *Métaphysique*, Aristote, tout en combattant la théorie des idées séparées, justifie le procédé du mathématicien qui fait comme si les idées étaient séparées du sensible. " Les combinaisons syllogistiques, dit Alexandre, sont celles desquelles quelque chose suit nécessairement, et telles sont celles dans lesquelles, quelle que soit la matière (ἐπὶ πάσης ὕλης), le résultat est le même " (Alexandre, *In Ar. Anal. Pr.*, 208.16).
On voit ici comment une notion qui résulte directement du principe d'un système donné — les ensembles existent d'emblée dans l'univers du réaliste et la validité s'y définit donc naturellement comme vérité dans tous les modèles — doit être reconstruite ou simulée dans les termes d'un autre système (théorie de l'abstraction conceptualiste ou de la structure sémantique nominaliste).

de cette irréductibilité en réduisant le nécessaire à ce qui est vrai dans tous les modèles. Une telle réduction est possible précisément parce qu'on dispose de la théorie des ensembles. Il est inutile de faire appel à une logique modale qui excèderait les exigences de la validité. Une brève illustration tirée de la théorie des groupes fera voir le sens de cette réduction réaliste de la nécessité à la validité.

La validité de l'idée, c'est sa séparabilité. Corrélativement, il n'y aura rien de commun entre prédication pure où sujet et prédicat sont des idées et participation, y compris quand la participation, sous forme de prédication substantielle, imite au plus près la prédication pure. Supposons donc que le réalisme veuille rendre compte du sensible et " sauver les phénomènes ". A côté des Idées et de la validité qui fixe leurs rapports, il lui faudra reconnaître la réalité d'un médium ou réceptacle dans lequel jouent les phénomènes des idées et la validité approchée des règles qu'on peut formuler à leur endroit. D'ailleurs, ce n'est pas l'idée même, individualisée et actualisée par ses seules ressources, c'est seulement son image, imitation instable et imparfaite de l'archétype, qui nous apparaît par les traces qu'elle laisse dans le réceptacle de l'espace-temps. Enfin, pour que se maintienne la distinction de nature, requise par le réaliste, entre le modèle et son image, il faut que les règles empiriques ne traduisent les universelles véritablement valides que dans les limites d'un " degré d'approximation "[24].

Il y a deux sortes d'approximation en physique. La première est relative aux méthodes de mesure dont on dispose. Une loi des phénomènes est exacte lorsqu'elle est vérifiée avec une erreur inférieure à celle qui correspond à la précision des mesures. Le " calcul des erreurs " permet d'éliminer cette approximation qui n'est due qu'à notre appréhension des qualités mesurées et non à la loi elle-même. La deuxième sorte d'approximation, en revanche, est inhérente à la loi physique. Les lois les mieux vérifiées ne peuvent prétendre qu'à être des approximations valables avec une très grande précision dans un domaine plus ou moins étendu, mais non illimité et[25], de quelque façon qu'on l'interprète, l'écart entre archétype et phénomène est ici essentiel.

_____

24. Cherniss, 1962, p. 218, p. 291, pp. 294-295, pp. 114-115, p. 118.

25. Bruhat-Foch, 1961, p. 262. On se gardera de confondre l'erreur générale de mesure avec une simple erreur subjective de lecture, toujours très inférieure à la première (_Ibid._, pp. 267-268).

Voyons, par exemple, comment Platon explique les transformations chimiques fondamentales, qui permettent ou interdisent aux corps " élémentaires " de réagir et de se transformer les uns dans les autres.

Pour déterminer ces corps élémentaires, le *Timée* procède de façon purement mathématique, sans recourir au réceptacle. Il s'agit, en effet, 1) de spécifier quels types de triangle élémentaire sont susceptibles de s'associer dans un plan et en quel nombre pour constituer une face de solide régulier, 2) les différentes formes géométriques de ces faces étant fixées, d'assigner le nombre des angles des faces concourantes, le nombre des sommets et le nombre des faces du polyèdre régulier ainsi engendré, 3) de compter alors le nombre total des triangles élémentaires qui " composent " ce polyèdre[26]. On explique ainsi " la forme que chacun des corps a reçue de la combinaison de nombres dont elle est issue "[27]. Le compte final des triangles élémentaires revient à examiner les partitions de la sphère et les symétries induites par ces partitions et à classer les corps réguliers en trois groupes correspondant à la nature de leurs faces[28]. Il y a là un stade archaïque de la théorie de groupes. A la combinaison formelle et *a priori* des diverses possibilités du calcul correspondra, dans la théorie, la détermination de tous les groupes finis de substitutions d'une variable. Pour obtenir cette détermination, les modernes utilisent une équation diophantique et cherchent le système complet de ses solutions pour les nombres entiers remplaçant les inconnues : c'est la méthode même de Platon. D'autre part, pour Platon comme pour la théorie des groupes, un être donné est caractérisé par le système de ses régularités ; la partition de la sphère prépare directement la notion de groupe des rotations d'un solide régulier[29]. Telle est

---

26. Vuillemin, 1962, p. 353.

27. *Timée*, 54 A et 55 C.

28. Vuillemin, 1962, pp. 357-358.

29. *Id. Ibid.*, p. 359. En étudiant la représentation de la fonction complexe sur la sphère de Riemann et en appliquant la théorie des groupes à l'équation à paramètre complexe (théorie de Klein, voir plus haut, pp. 300-301), on déduit de façon élégante les résultats platoniciens (comparer, Vuillemin, 1962, les tableaux p. 341 et p. 353).

Un texte de Plotin montre pourquoi la conservation absolue des modalités au sens de Platon (voir plus haut, p. 254) exclut l'interprétation de ce polyèdre régulier comme une quintessence : « ... Les corps sont dans un écoulement continuel. Car telle est la nature que les philosophes physiciens (Héraclite) et Platon lui-même attribuent non seulement aux corps sublunaires, mais encore aux corps célestes. " Comment, dit Platon, des objets corporels et visibles pourraient-ils subsister toujours immuables et identiques à eux-mêmes ? "

l'*idée* du mouvement réduite à son squelette algébrique : un groupe de substitutions, de symétries.

Quant aux mouvements physiques, ils se contentent d'imiter ces substitutions par leurs images dans l'espace. La théorie algébrique a donné deux groupes irréductibles : le dodécaèdre et les autres polyèdres. Le dodécaèdre se trouve donc isolé pour servir d'archétype à l'univers tout entier[30]. Restent les quatre autres polyèdres, associés aux quatre éléments. Le groupe du cube y isole à son tour la Terre, dont les éléments triangulaires appartiennent à un type différent des triangles élémentaires constitutifs des autres éléments. En revanche, le groupe du tétraèdre est sous-groupe de celui de l'octaèdre et le groupe de l'octaèdre est sous-groupe du groupe de l'icosaèdre. Les trois fluides : feu, air, eau, se transforment donc les uns dans les autres.

Un abîme s'est creusé entre mythe et science. Néanmoins la mécanique quantique, *mutatis mutandis,* recourt aux mêmes procédés que Platon. Ce qui détermine les affinités chimiques et permet d'expliquer la classification des éléments, ce sont les différentes structures géométriques qui découlent d'une équation assujettie à des conditions de symétrie et de substitutions[31] quand augmente le nombre des électrons autour d'un proton[31]. Un énoncé chimique universel acquiert ici une validité approchée — au second sens qu'on a donné au mot approximation — parce qu'il exprime une implication formelle qui réfléchit dans l'espace-temps une subordination de structures valable dans tous les modèles. Ces mouvements idéaux ne se trouvent cependant réalisés dans la réalité que de façon approchée[32]. Cette approximation — au second sens du mot — décrit l'image simplifiée d'une réalité plus complexe qu'elle. L'universelle est encore valide comme expression d'une fonction, mais cette fois parce que les erreurs se distribuent suivant une loi qui permet de les négliger.

---

( *Cratyle,* p. 402). Platon admet donc ici l'opinion d'Héraclite que " le soleil même est dans un état perpétuel de devenir " ( *République,* VI, p. 498). Au contraire, dans le système d'Aristote, l'immortalité des astres s'explique facilement si l'on admet son hypothèse d'un cinquième élément (d'une quintessence) » ( *Énnéades,* II, I, 2, Bouillet, I, p. 145).

30. Platon n'aperçoit ni le lien entre octaèdre et cube, ni celui entre icosaèdre et dodécaèdre (Vuillemin, 1962, p. 360).

31. Weyl, 1952, p. 135.

32. Weyl, 1952, p. 134 ; Feynman, Leighton-Sand, 1965, III, 19-1.

*3 - Les classifications naturelles : taxinomies conceptualistes, généalogies et tableaux périodiques du nominalisme des choses.*

On réduirait assurément la prédication substantielle à la prédication circonstantielle, si, pour identifier et réidentifier un individu, on pensait pouvoir se contenter d'établir l'existence d'une chaîne temporelle continue entre des états physiques occupant telle région connexe de l'espace, sans faire appel à une propriété qui demeure constante durant toute la durée de l'individu[33]. Mais ni cette propriété, ni un groupement de telles propriétés, conçues en extension, ne suffiront encore à dire de l'individu ce qu'il est, si ce qu'est une chose est identique à son essence. Sinon un accident permanent resterait indiscernable d'un propre et de la nature même de la chose. Certes l'accident permanent permet de reconnaître une substance et, par conséquent, de construire une classification artificielle des êtres. De plus les observations n'atteignent que la quantité, non la modalité. Cependant une classification naturelle est plus exigeante. Elle demande aux caractères essentiels d'être aussi des caractères dominants et la structure hiérarchique de cette dominance oblige à prendre en considération la compréhension et non seulement l'extension des propriétés permanentes[34].

---

33. Wiggins, 1980, par exemple p. 48 et p. 61

34. Wiggins, 1980, p. 112 affirme qu'il existe une affinité mutuelle entre essence et extension. Mais une telle affinité reste purement épistémologique tant qu'il s'agit d'énoncer un critère déterminant l'appartenance à un ensemble très grand ou infini d'éléments étrangers à l'espace et au temps, comme c'est le cas dans la théorie des ensembles. Lorsque les substances sont sensibles, l'identification de leur permanence offre une difficulté supplémentaire. La " modeste " nécessité *de re* introduite par Wiggins suffit-elle à saisir l'essence tout en conservant les bénéfices principaux de l'extensionalité ? Elle aurait l'avantage de dissocier compréhension et finalité. Ce n'est pas ainsi, en tout cas, qu'Aristote, que Leibniz, que Cuvier ont conçu la classification. Les caractères propres à l'essence, pensaient-ils, sont des caractères dominants et ces caractères dominants se tirent des fonctions animales, c'est-à-dire de la finalité.

La difficulté fondamentale d'un tel essentialisme, que Wiggins trouve exagéré, est due au caractère théorique de la notion de caractère dominant (Hamelin, 1925, pp. 215-221). Il existe des coïncidences extrinsèques entre orientations simultanées de plusieurs caractères qui ne sont pas sujettes à une coordination interne et que Cuvier a pourtant rangées parmi les corrélations vraies, soumises en conséquence à la loi de dominance. Il en est ainsi pour la réduction des doigts et la complication dentaire chez les Équidés : " le manque de coordination organique rend possible l'association d'orientations très différentes dans des phyla différents et telle est la raison de l'échec du principe de Cuvier " (C.G. Simpson, 1960, p. 258). Le principe demeurera cependant valable quand les orientations simultanées sont contrôlées par un facteur génétique unique ou sont en relation fonctionnelle *(Ibid.).* Il restera donc que la nature elle-même n'est susceptible que d'une hiérarchie donnée, fixée par

La prédication substantielle a pour corrélat la prédication de l'accident, toutes deux, en tant que fondamentales, admettant comme sujet la même substance première, éventuellement nommée par un nom propre. On comprend alors le rôle modal de la première relativement à la seconde. Les éléments de la substance " seconde ", différence spécifique, genre, etc., sont prédiqués nécessairement du sujet, en ce qu'on les soustrait d'emblée aux variations, auxquelles sont au contraire sujettes les propriétés accidentelles du même sujet[35]. Si la détermination spécifique joue, parmi les propriétés essentielles, le rôle qui est le sien, ce n'est pas seulement à cause de l'importance de la reproduction ou de la simplicité[36] comme marques ultimes de la

l'ordre de l'évolution, et à laquelle on devra idéalement subordonner les hiérarchies croisées, et que cette hiérarchie unique mettra au jour les rapports vrais de compréhension. " Si, disait Agassiz, les animaux articulés n'avaient jamais paru sur la terre à une seule exception près, celle du homard américain, par exemple, aurions-nous simplement à inscrire dans nos classifications une espèce de plus ? Non, car cet animal est construit sur un type tout autre que celui des Vertébrés, des Mollusques et des Rayonnés ; il réalise ce type, à lui propre, d'une certaine manière déterminée qui en laisse concevoir d'autres possibles ; il a une certaine forme ou allure générale ; ses organes présentent l'une ou l'autre des particularités de structure ; enfin les parties de son corps ont entre elles des proportions définies et ce corps présente une ornementation spéciale. Pour exprimer tous ces caractères de façon satisfaisante, nous devons instituer pour notre animal unique non seulement une espèce distincte, mais encore un genre distinct, une famille distincte, une classe et un embranchement distincts ", (Hamelin, 1925, p. 184, qui cite, dans le même sens un texte d'Alexandre).

35. Le partisan des classifications naturelles peut naturellement appliquer la méthode des variations aux propriétés essentielles elles-mêmes. Ce sont alors les propriétés attachées au sommet de la hiérarchie qui joueront le rôle d'invariants par rapport aux propriétés attachées aux étages inférieurs. Ainsi Weidenreich (" The brain and its role in the phylogenetic transformation of the human skull ", Trans. Amer. Phil. Soc., n.s. 31 pp. 321-442), étudiant les relations entre capacité cérébrale et structure crânienne chez l'homme et d'autres mammifères, groupe les caractères morphologiques en trois classes : 1) caractères fondamentaux ou de premier ordre (le grand poids du cerveau chez l'homme) communs aux membres d'une famille ou d'un groupe plus élevé, 2) caractères spéciaux ou de deuxième ordre (caractéristiques spéciales du crâne dans les genres et espèces d'anthropoïdes et d'hommes), qui sont génériques, spécifiques ou raciaux et qui dépendent d'autres facteurs morphologiques, 3) caractères secondaires ou de troisième ordre, spécifiques, sub-spécifiques et raciaux (textures des cheveux et couleur de la peau chez l'homme) qui sont indépendants des caractères fondamentaux ou spéciaux. Seuls les caractères fondamentaux intéresseront l'évolution (pour une critique, Simpson, 1960, pp. 250-261).

36. La simplicité est un critère négatif : un corps simple au point de vue chimique, disait Lavoisier, c'est un corps qui a provisoirement résisté à l'analyse chimique (Duhem, 1914, p. 189). La reproduction est un critère positif. Cette différence explique pourquoi les classifications biologiques ont précédé les classifications chimiques.

division, c'est que cette détermination entraîne *a fortiori* toutes les déterminations qui lui sont supérieures dans la hiérarchie. La classification qui s'arrête aux espèces posera des entités supérieures d'ordre croissant en notant que telle affinité particulière unit deux espèces entre toutes, puisqu'une affinité plus générale unit le genre ainsi posé avec d'autres genres et ainsi de suite. Ces classes d'ordre différent n'entrent pas au même titre dans la définition de la substance individuelle, comme le feraient les facteurs d'un nombre. Le genre de l'espèce n'est pas déterminé sans la différence et, puisqu'il est susceptible de plusieurs déterminations différentielles, on peut le regarder comme une sorte de matière ou de potentialité intelligible, qui ne peut exister indépendamment de la différence par laquelle s'actualise la Forme[37].

Et puisqu'on ne peut pas séparer un genre de telle ou telle de ses réalisations spécifiques, deux individus appartenant à un même genre mais à deux espèces différentes devront à la fois se répartir en des classes exclusives et rester comparables par la façon commune qu'ils auront d'articuler les principes supérieurs de la classification. Deux sortes de propositions décriront cette situation. Les unes regardent la subordination hiérarchique des classes et disent que tout ce qui est un *A* est nécessairement un *G*. Les autres regardent les relations entre deux individus d'espèces différentes A et B, à l'intérieur d'un même genre G. Ils disent que a est nécessairement à b comme A/G est à B/G.

Jusqu'ici conceptualisme et nominalisme des choses sont allés de concert. Ils se séparent dès qu'on cesse de décrire en général le jeu de la prédication substantielle et de la prédication accidentelle pour entrer dans le particulier de la composition et de la simplicité.

La prédication substantielle est composite quand elle est instanciée inadéquatement. Elle est élémentaire quand elle est instanciée adéquatement. Faut-il conclure que les substances qui relèvent de la première catégorie sont générables et corruptibles, tandis que celles qui relèvent de la seconde sont sempiternelles? Cette conclusion manquerait l'essentiel. La prédication substantielle, lorsqu'elle est élémentaire, détermine simplement, c'est-à-dire à elle seule, l'identité spécifique et, puisque l'essence est soustraite aux vicissitudes du temps, la substance élémentaire possède *ipso facto* la sempiternalité. Mais ce qui importe plus ici

---

37. Aristote, *Métaphysique*, H, 6, 1045ᵃ28-35.

que la sempiternalité, c'est qu'aucune condition externe ne saurait venir déterminer ce qu'est la substance individuelle. Pourvu qu'elle soit élémentaire, la matière (l'atome), loin de constituer un substrat de composition pour la réalisation d'une forme, est, dans cette prédication, identique à cette forme et elle est tenue comme simple, parfaite et donc sempiternelle. La prédication composite, en revanche, place la condition de l'instantiation — sinon de l'individuation — hors de l'essence. Si la Forme n'étend alors son pouvoir qu'à l'identité spécifique, c'est un principe cette fois étranger, matériel ou du moins sensible, qui fixera l'instantiation[38] en provoquant une certaine imperfection de l'essence dans ses réalisations et, par voie de conséquence, sera cause de leur génération et de leur corruption, c'est-à-dire de la contingence de leur existence, ou, à tout le moins, des contraintes dynamiques sources de déséquilibre et de mouvement. On peut cependant encore confier à la forme la détermination de l'identité numérique et poser des formes substantielles ou leur équivalent, à condition que l'individu ainsi produit ne soit pas séparable des autres substances, que cette inséparabilité marque sa finitude, bref que son existence dépende de contraintes nées de la coexistence et, par là, extérieures à sa forme propre.

La différence entre ces sortes de prédication entraîne trois sortes de différences dans l'ordre de la modalité et des lois naturelles, 1) La composition induit dans la substance l'existence d'un conflit entre ce que serait l'instantiation parfaite ou idéale de l'essence et l'instantiation de fait, rendue imparfaite par l'intervention de la matérialité, ou de la coexistence. Un aspect de disposition ou de puissance — qui donne son contenu à la notion modale de possibilité — détermine inévitablement la substance[39]. La simplicité propre à la prédication substantielle élémentaire exclut ces dispositions ou les réduit à des données

---

38. Au début des *Catégories*, Aristote oppose *être dit* d'un sujet *(praedicari)* et *être dans* un sujet. Une Forme, en tant qu'universel, est dite d'un sujet sans être dans un sujet. Un accident singulier est dans un sujet sans être dit d'un sujet. Un accident universel est dit d'un sujet et est dans ce sujet.

39. Cet aspect se réduit à la disposition au mouvement pour les substances sempiternelles. Les prédicats classificatoires, dans la prédication substantielle composite, révèlent le caractère dispositionnel de la substance en s'exprimant à travers des prédicats de phase. Les lois de développement de la substance à travers des phases sont intemporelles et appartiennent à l'essence. Le développement lui-même, lié qu'il est à l'existence contingente de la substance, est temporel. Telle est la loi de v. Baer-Haeckel (l'ontogénèse récapitule la phylogénèse), dont on trouve une sorte d'anticipation chez Aristote (*De Gen.*

actuelles mais cachées. 2) Là où il y a disposition, l'accident est intérieur à la substance. La disposition écartée, l'accident est rejeté hors de la substance, au niveau de ses associations ou des divisions de ses modes d'être. Ainsi la prédication substantielle composite est associée avec la prédication accidentelle élémentaire ; la prédication substantielle simple l'est avec la prédication accidentelle composite[40]. 3) Dispositions et puissances, parce qu'elles mesurent l'écart entre telle détermination de phase et la détermination complète d'une essence, sont les instruments de la finalité. Là où elles font défaut, c'est un mécanisme qui règlera les associations des substances ou les dissociations des modes d'être dans la substance.

La prédication substantielle composite et la prédication accidentelle simple du conceptualiste réalisent donc les traits, même essentiels, des universaux dans les individus selon une distribution aléatoire autour d'une norme. De plus, aucune classe universelle ne vient borner supérieurement la hiérarchie, car une telle classe ne recouvrirait qu'une propriété universelle, qui, l'universel ne se réalisant qu'inadéquatement dans l'individu, ne résulterait pas d'une comparaison matérielle entre des classes de substances mais d'une considération ou bien formelle ou bien transcendantale ayant pour objet des concepts tels que ceux d'objet ou ceux d'être, de beau ou de bon. Car les " règnes ", animal, végétal, minéral n'ont en commun que l'être complètement indéterminé et se déterminent l'un par rapport à l'autre au moyen de simples privations : vie et mouvement. Mais du fait que la hiérarchie classificatoire n'admet pas de borne supérieure, les classes de même niveau ne se trouveront pas complètement déterminées tant qu'un principe d'organisation différent et universel n'aura pas réglé les relations ontologiques entre ces classes. Ce principe est celui de la perfection et de l'échelle des êtres. La composition étant ou pouvant être dans la substance, un degré de perfection donné correspondra, pour chaque être, à ce degré de composition, c'est-à-dire à la part de la matière. L'assignation du degré de perfection devra se faire, quelque

---

*an.*, B, 3, 736$^b$2-5 ; on n'oubliera pas cependant ce qui distingue l'implication des âmes et la division de la cellule ). Le développement est exclu de l'existence des substances sempiternelles.

40. Les propriétés accidentelles, dans le premier cas, sont appelées par les propriétés essentielles. On ne peut donc pas les réduire à des propriétés secondaires. En revanche, dans le second cas, ces mêmes propriétés sont rejetées de la substance ; elles sont donc secondaires, c'est-à-dire pour nous. Seules les propriétés substantielles sont alors primaires, c'est-à-dire en soi.

statut qu'on accorde au principe de continuité dans ce genre de classification naturelle [41].

A chaque caractère essentiel commun ou genre d'un niveau classificatoire spécifique, on assortira une fonction ou un groupe de fonctions, en sorte que les assortiments que les classes de même niveau devront présenter représenteront autant de variations analogiques sur un même thème ordonnées par un rapport de perfection [42]. La vie prescrit aux animaux des fonctions analogues (nutrition, respiration, reproduction, organisation) qui se réaliseront au moyen de structures organiques homologues conformément aux exigences des conditions d'existence et qui se réaliseront donc de façon plus ou moins adéquate. Lorsqu'on dit que l'individu a appartenant à l'espèce A est à l'individu b appartenant à l'espèce B, A et B admettant le même genre, comme A/G est à B/G, il y a dans cette analogie un rapport de perfection qui assigne un ordre aux rapports même qu'on compare. Car une fonction et un organe s'épanouissent à des degrés divers selon leurs différentes spécifications. On voit aussi que l'analogie véritable exige une subordination commune. Une simple homologie aurait lieu si l'on mettait en rapport organes et fonctions d'êtres appartenant à des classes qui, visiblement, n'obéissent pas au même principe d'organisation. Car, excepté la nécessité pour tout vivant de subvenir à la nutrition, la reproduction, etc., ce sont des organes fort différents qui réaliseront ces fonctions chez des radiaires et chez des animaux organisés selon une symétrie bilatérale [43].

---

41. Le conceptualisme est compatible avec des conceptions diverses de la continuité. Principe constitutif chez Leibniz, elle paraît avoir un rôle simplement régulateur chez Aristote. Les atomistes, mais aussi Cuvier le refusent. Le choix leibnizien est lié au principe d'individuation complète par la forme (voir plus bas, p. 374).

42. Jacob (1970, pp. 124 *sq.*), de ce que Cuvier nie l'unicité aussi bien que la continuité du plan commun de nature, conclut qu'il rompt avec le dogme de l'échelle des êtres. La conclusion n'est pas certaine. La subordination générale, proclamée par Cuvier, de toutes les fonctions biologiques à la fonction nerveuse montre, en tous cas, la survie de l'ancien système.

43. La classification naturelle est compatible avec la continuité des êtres (Geoffroy Saint Hilaire) et l'unité du plan de création aussi bien qu'avec leur discontinuité (Cuvier) et la multiplicité des plans de création. Dans le premier cas seulement, on passe continuement de l'homologie à l'analogie vraie. La reconnaissance d'homologies purement extérieures dans le second cas n'exclut pas le principe de perfection. D'une part Cuvier subordonne tous les systèmes fonctionnels aux systèmes nerveux et cette subordination rétablit un ordre de perfection entre les quatre plans principaux de la nature. Seulement cet ordre reste — conformément aux réquisits de la doctrine d'Aristote — extérieur à la classification biologique.

Cuvier fonda la paléontologie en déduisant de la connexion entre fonctions la loi de coexistence des organes. La comparaison doit reposer non sur de simples corrélations de structure, mais sur leur subordination fonctionnelle à des caractères dominants, définis par la richesse des contraintes qu'ils font peser sur les relations d'incompatibilité ou de coexistence[44]. " Car l'histoire naturelle a un principe qui lui est exclusif et qu'elle applique avec de grands avantages en de nombreux cas, à savoir celui des conditions d'existence ou communément des causes finales. Presque rien ne peut exister sans inclure les conditions qui rendent possible son existence, les diverses parties de chaque créature doivent être coordonnées de façon à rendre l'existence possible de tout l'organisme non seulement en lui-même, mais en rapport aux êtres qui l'entourent. "

A quels titres une conditionnelle universelle devra-t-elle alors son statut de loi dans la classification conceptualiste ? Tant que nous en restons à des universelles du genre : " tous les chevaux sont herbivores " ou " tous les chevaux sont des animaux à sabot ", rien ne nous permet d'assigner à une nécessité particulière la raison de cette universalité. Mais supposons l'existence d'une corrélation entre les deux caractères : " être herbivore " et " avoir des sabots ". Cette corrélation ressort de la comparaison qu'on peut faire entre carnivores et herbivores : " Un animal qui ne digère que la chair doit avoir la faculté de voir son gibier, le poursuivre, le dépecer. Donc, il faut une vue perçante, un odorat fin, une course rapide, de l'adresse et de la force dans les pattes et la mâchoire. Ainsi, jamais des dents tranchantes et propres à découper la chair ne coexistent dans la même espèce avec un pied enveloppé de corne qui ne peut que soutenir l'animal et avec lequel il ne peut saisir "[45]. On voit alors qu'une universelle d'ordre supérieur est légitime, en vertu de laquelle tous les animaux qui sont herbivores ont des sabots et c'est cette universelle, dans laquelle l'espèce des chevaux a disparu pour être remplacée par une classe beaucoup plus vaste, qui légitime les universelles de départ et les transforme en lois naturelles.

Au contraire, quand la prédication substantielle est simple, comme le requiert le nominalisme des choses, tous les individus qui réalisent une même espèce la réalisent d'une même façon. De plus, il y a une borne supérieure de la classification qui n'est

---

44. Cité par Jacob, 1970, p. 120.
45. Cité par Jacob, 1970, p. 119.

autre que l'ensemble des êtres, atomes ou corps simples. Nulle considération de perfection n'a donc à compléter ici la classification naturelle. Le nominalisme des choses exclut donc la finalité — le plan ou les plans de création — et tout ce qui assurerait aux universaux quelque existence idéale, y compris dans les individus. La génération devient donc le critère exclusif permettant de regarder une classification comme naturelle. Les caractères dominants au point de vue des corrélations perdent alors toute importance systématique, puisque, exprimant le rapport de convenance des organes aux fonctions tel que le façonne la sélection naturelle, il fait varier plutôt qu'il ne confirme la filiation, laquelle peut, en revanche, n'apparaître que dans des caractères secondaires, survivances morphologiques, organes déformés et rendus inutiles par les variations adaptatives mais qui auront résisté à l'élimination[46]. La distribution des variations se fait aléatoirement, sans que des normes interviennent.

Le critère permettant de distinguer loi naturelle et simple universel est uniquement généalogique. Les mêmes caractères qui demeurent analogiques quand on compare un groupe avec un autre groupe deviennent des affinités vraies quand on compare les membres d'un même groupe. C'est le degré de proximité dans la filiation, non l'importance physiologique du trait qui fait d'une universelle une loi. Ainsi la forme du corps et l'existence de nageoires sont simplement analogiques quand on compare baleines et poissons, puisque dans les deux cas elles sont des adaptations qui résultent de la nage dans l'eau. Mais elles sont des marques d'affinité objective à l'intérieur soit de la famille des baleines soit de la famille des poissons, parce qu'elles y manifestent un héritage remontant à un ancêtre commun[47]. La conditionnelle devient une loi si la propriété attribuée aux membres d'une classe leur a été léguée par filiation.

Le critère de filiation est absent dans la classification chimique. Lorsqu'elle celle-ci s'organise en série naturelle, avec Mendeléef, elle regroupe les corps simples rangés par ordre de poids atomiques croissants en colonnes de même valence électro-négative et de propriétés chimiques analogues, les propriétés physiques suivant plus ou moins la même périodicité[48]. Soit

---

46. Darwin consacre le chapitre XIV de l'*Origine des espèces* à la description de la classification généalogique.

47. Darwin, 1952, p. 213.

48. Les conceptions fonctionnelles de la classification chez Mendéleef et chez Cuvier, respectent les exigences des classifications naturelles ou des

alors un terme $A_n^m$ désignant un corps appartenant à la $n^{ième}$ ligne et à la $m^{ième}$ colonne de la classification. L'indice m assigne la période classificatoire. Un énoncé universel aura la forme : tout élément de terme $A_n^m$ possède la propriété P. Pour faire de cette universelle une loi, on prendra pour classe de tous les modèles de l'énoncé la colonne m et on considèrera l'énoncé primitif comme ayant valeur de loi naturelle s'il reste vrai, quel que soit n, m étant maintenu constant. La colonne de périodicité joue, dans cette classification naturelle, le rôle imparti à la structure dans la classification pure.

## 57. LES LOIS CAUSALES.

*1 - Les lois de l'accident : lois du signe parfait et extrémales conceptualistes.*

Sous quelque forme qu'elles se présentent, les lois naturelles qui ressortissent à la prédication accidentelle obéiront nécessairement à deux conditions : 1) Sous leur forme la plus simple, elles lieront deux accidents appartenant à un même sujet ou à deux sujets différents et survenant à deux instants successifs qui, à la limite peuvent venir se confondre. 2) Pour que des accidents qui changent soient imputés à leur sujet, il faut que le sujet d'imputation ne change pas, faute de quoi l'accident cesserait d'être dans son sujet pour flotter librement comme il arrive dans la prédication circonstantielle. Cette permanence de la substance ou loi de conservation ici requise n'est autre que la constance de la classification naturelle telle qu'elle était requise par la prédication substantielle. Il reste à examiner ce qu'il faut ajouter à ces conditions pour que la succession ou la concomitance d'acci-

---

"systèmes" dans leur opposition aux "méthodes". La corrélation entre valences et poids atomiques ou entre fonctions et organes est posée comme objective, ce qui n'implique pas qu'on en saisisse le mécanisme. La mécanique quantique expliquera la classification chimique en termes de configurations électroniques. La biologie moléculaire se proposerait une explication semblable pour la classification paléontologique, si elle parvenait à "interpréter les deux millions d'espèces vivantes en fonction de formules chromosomiques dont chacune correspondrait à une périodicité distinctive dans la distribution de quatre termes sur la chaîne moléculaire" (Lévi-Strauss, 1962, p. 181).
La mécanique quantique n'a atteint le stade explicatif qu'en ce qui concerne les propriétés chimiques des corps, liées à la configuration électronique externe. En ce qui concerne les nuclei, Gell-Mann et Nishijima construisirent une table "fonctionnelle" des particules élémentaires qui rappelle l'état de la classification naturelle des corps chimiques à l'époque de Mendéleef.

dents donne lieu à une universelle légitime. C'est ce surplus modal qui dépend du type particulier de l'accident.

Lorsque la prédication accidentelle est élémentaire, la prédication substantielle correspondante ne déterminant que l'identité spécifique du sujet, les dispositions qui résultent de cet arrangement peuvent être empêchées. A elles seules, les lois classificatoires ne possèdent pas une détermination suffisante pour assujettir la matière et les accidents à la juridiction des lois causales. La cause n'a généralement qu'une probabilité de produire un effet donné et elle ne donne lieu qu'à une induction valable seulement pour la plupart des cas[49]. Considérons, en revanche, une conditionnelle universelle " saine " telle que l'universelle du signe parfait donnée par Aristote : " si elle donne du lait, elle a été récemment accouchée "[50]. La causale correspondante : " si elle a été récemment accouchée, elle donne du lait " n'est vraie que dans la plupart des cas, des empêchements " contre nature " pouvant toujours survenir[51]. Pour obtenir une loi, il faut donc renverser le cours du temps et, à la limite, l'ordre causal, et placer à l'antécédent l'effet, au conséquent la cause. Or ce renversement définit précisément l'ordre de la finalité, raison d'être de l'ordre manifeste mais seulement ordinaire de la causalité. Car l'universelle du signe parfait est une loi, précisément parce que la finalité qui subordonne l'accouchement à l'allaitement chez la femme, garantit aussi que chez tous les " vivipares internes " la nature pourvoit de lait la mère afin qu'elle puisse nourrir ses petits, cause finale commune de l'enfantement et de la lactation[52] : dans tous les modèles où il y a lactation, il y a eu accouchement. C'est probablement à cette conception de la loi naturelle que se réfère Sextus : « Ceux, dit-il, qui jugent par implication disent qu'est vrai un conditionnel dont le consé-

---

49. C'est le ὡς ἐπὶ τὸ πολύ dont on a montré (pp. 180-181) le rapport avec l'introduction de probabilités objectives. Dans un article intitulé " Ὡς ἐπὶ τὸ πολύ et Nécessaire dans la Conception Aristotélicienne de la Science ", 1981, pp. 173-203, Mignucci note le rôle fondamental des notions de fréquence (pp. 192-193) et de probable (p. 197) dans l'induction causale. De telles inductions dont on n'est pas assuré que la fréquence a 1 pour limite (p. 198) ne sont pas considérées par Aristote comme des lois valides.

50. *Rhétorique*, I, 1357$^b$15-16 ; Granger, 1976, pp. 166-170.

51. Cette remarque invalide l'interprétation de Rodier, pour qui, dans l'implication, ce serait la cause qui contiendrait en puissance l'effet. Sur les empêchements de la nature en général : *Physique*, II, 8, 199$^a$11, 199$^b$18-26 et naturellement, pour l'action intentionnelle, *Métaphysique*, Θ, 8, 1049$^a$5-8. Sur l'empêchement : *De Generatione Animalium*, IV, 8, 776$^a$19-20.

52. *De Generatione Animalium*, IV, 8, 776$^a$15-19.

quent est contenu en puissance dans l'antécédent. Selon eux, la proposition : " S'il fait jour, il fait jour " et, de même, toute conditionnelle répétitive apparaîtra fausse ; car il est impossible pour une chose d'être contenue en elle-même » [53]. La logique des énoncés, où l'identité de l'antécédent et du conséquent assure la vérité d'une conditionnelle, ne peut servir de modèle acceptable pour comprendre les conditionnelles causales, dans lesquelles les termes qui désignent respectivement la cause et l'effet diffèrent. La logique des termes est alors requise et une " preuve complète " de la majeure syllogistique doit être fournie [54]. Mais cette preuve n'est possible que par la rétrodiction de la fin. Seule cette rétrodiction permet d'assigner la classe universelle des modèles dans lesquels l'antécédent n'est pas vrai quand le conséquent est faux. C'est encore à elle que la modalité correspondante doit de s'appliquer à la chose et non seulement au *dictum*.

Dans l'hypothèse de formes substantielles, la prédication substantielle déterminant l'identité numérique, l'accident ne consistera que dans le rapport de compossibilité avec les autres individus de l'individu défini comme possible par la Forme. La finalité qui résultera de cette vision globale des choses soumettra donc le tout de la création choisie par Dieu à un principe de maximum de perfection parmi les mondes intrinsèquement possibles. Les fins, au lieu de distinguer les dispositions individuelles réussies à l'intérieur de la réalité, s'identifieront à la réalité même. Sous sa forme la plus générale, le principe de finalité énonce alors que la différence entre l'acte et la puissance est toujours un minimum. Car c'est à cette seule condition que des êtres imparfaits et qui contiennent quelque puissance du fait

---

53. Sextus Empiricus, *P.H.*, II, 110-112. Sextus ne donne pas d'exemple pour la conditionnelle de l'implication (ἔμφασις) ; il ne dit pas quelle école le soutenait. Selon Brochard (1954, p. 230 et pp. 241-424), suivi par Hamelin (1901, p. 19 et p. 26 et 1978, p. 88 et p. 98), l' " implication " n'exprime rien d'autre que l'un des deux cas chrysippéens où la contradictoire du conséquent est incompatible avec l'antécédent. Par exemple, si quelqu'un est blessé au cœur il mourra. C'est dans les deux cas forcer le texte de Sextus. Tandis que Brochard conçoit ce genre de " théorème " comme une induction synthétique représentative des répétitions causales et ne peut rendre compte de la nécessité, selon Hamelin " l'effet est contenu dans la cause et s'y préexiste identiquement ", ce qui néglige les mots en " puissance ". Sur la raison d'attribuer aux Péripatéticiens ce genre de conditionnelles : Kneale, 1960, p. 129.

54. Aristote, *Rhétorique*, I, 1357$^b$5-10 ; *An. pr.*, II, 27, 70$^a$7. L'autre cas de signe infaillible que donne Aristote (*Rhétorique*, I, 1357$^a$15) est du type : " si l'on a la fièvre, c'est un signe qu'on est malade ". Or nous savons que la fièvre est une espèce de la maladie (*Topiques*, 123$^b$35-36). Le genre, le commun est ici contenu en puissance dans l'espèce, le cas subsumé.

317

qu'il appartiennent à un tout qui les dépasse, réduiront cette puissance autant qu'ils le peuvent. En d'autres termes, ils obéiront aux lois extrémales du calcul des variations[55]. Mais le principe du mouvement (principe d'Hamilton) que ce calcul

---

55. Si $I(x, y, y_x)$ désigne l'intégrand dans l'intégrale

$$(1) \qquad \int_{x_1}^{x_2} I(x, y, y_x) dx$$

qui doit être rendue stationnaire, on trouve que cette condition est satisfaite si

$$(1)' \qquad \frac{\delta I}{\delta y} - \frac{d}{dx} \frac{\delta I}{\delta y_x} = 0.$$

Si, pour un point matériel, nous identifions l'acte avec l'énergie cinétique et la puissance avec l'énergie potentielle, le principe équivaut au principe d'Hamilton, en vertu duquel l'intégrale

$$\int_{t_1}^{t_2} (T - V) dt,$$

où T désigne l'énergie cinétique et V l'énergie potentielle (l'intégrand T-V étant appelé la fonction de Lagrange) doit avoir une valeur stationnaire.

Dans le cas du principe d'Hamilton, la variable indépendante est le temps et les coordonnées du point matériel sont des variables dépendantes : t prend la place de x dans l'équation (1) et x, y, z prennent la place de y. On cherche les fonctions $x(t)$, $y(t)$ et $z(t)$ qui rendent stationnaire l'intégrale :

$$(2) \qquad \int_{t_1}^{t_2} I(t, x, y, z, x_t, y_t, z_t) \, dt.$$

Trois équations correspondent à l'unique équation (1)' :

$$(2)' \qquad \frac{\delta I}{\delta x} - \frac{d}{dt} \frac{\delta I}{\delta x_t} = 0$$

$$\frac{\delta I}{\delta y} - \frac{d}{dt} \frac{\delta I}{\delta y_t} = 0$$

$$\frac{\delta I}{\delta z} - \frac{d}{dt} \frac{\delta I}{\delta z_t} = 0.$$

Pour un simple point matériel, $T = \frac{1}{2} m(x_t^2 + y_t^2 + z_t^2)$ et $V = V(x, y, z)$ :

$$I = \frac{1}{2} m(x_t^2 + y_t^2 + z_t^2) - V(x, y, z).$$

La première équation (en x) est alors :

$$\frac{\delta I}{\delta x} - \frac{d}{dt} \frac{\delta I}{\delta x_t} = - \frac{\delta V}{\delta x} - \frac{d}{dt} \frac{\delta}{\delta x_t} \left( \frac{1}{2} m \, x_t^2 \right)$$

ou

$$\frac{d}{dt} (m x_t) = - \frac{\delta V}{\delta x}$$

et, pour les autres coordonnées :

$$\frac{d}{dt} (m y_t) = - \frac{\delta V}{\delta y} \quad \text{et} \quad \frac{d}{dt} (m z_t) = - \frac{\delta V}{\delta z}.$$

énonce permet de retrouver le principe causal du mouvement (loi de Newton)[56]. Loin que la finalité, ainsi entendue, s'oppose à la causalité déterministe, elle ne fait qu'exprimer en termes intégraux ce que celle-ci exprime en termes locaux[57]. A la

---

56. Les composantes de la force newtonienne sont des quantités vectorielles ; leur expression est parfois difficile quand on change de coordonnées. L'équation d'Hamilton est plus maniable. Soit le mouvement d'une particule soumise à une force centrale V = V(r). En coordonnées polaires :

$$T = \frac{m}{2} (r_t^2 + r^2\varphi_t^2).$$

Les variables dépendantes étant r et $\varphi$, l'équation d'Euler s'écrit :

$$\frac{\delta I}{\delta r} - \frac{d}{dt}\frac{\delta I}{\delta r_t} = \frac{\delta T}{\delta r} - \frac{\delta V}{\delta r} - \frac{d}{dt}\left(\frac{\delta T}{\delta r_t} - \frac{\delta V}{\delta r_t}\right) = 0.$$

$$\frac{\delta I}{\delta \varphi} - \frac{d}{dt}\frac{\delta I}{\delta \varphi_t} = \frac{\delta T}{\delta \varphi} - \frac{\delta V}{\delta \varphi} - \frac{d}{dt}\left(\frac{\delta T}{\delta \varphi_t} - \frac{\delta V}{\delta \varphi_t}\right) = 0$$

La première de ces équations :

$$\frac{d}{dt}(mrt) - mr\varphi_t^2 = -\frac{\delta V}{\delta r}$$

est l'équation radiale du mouvement planétaire $\left(-\dfrac{\delta V}{\delta r} = \dfrac{const}{r^2}\right)$ où le terme $mr\varphi_t^2$ représente la force centripète. La seconde équation :

$$mr^2\frac{d\varphi}{dt} = const$$

correspond à la seconde équation keplerienne, l'aire balayée par le rayon-vecteur étant

$$\frac{1}{2} r^2 \frac{d\varphi}{dt}.$$

Le principe d'Hamilton permet de généraliser les équations newtoniennes à un nombre quelconque de particules. On introduit alors les coordonnées générales $q_1, q_2, ... , q_n$, où n est le degré de liberté du système. V sera fonction des $q_i$, non des $q_{it}$. Le principe d'Hamilton s'écrit alors :

$$\delta \int_{t1}^{t2} T(q_1, ... , q_n, q_{1t}, ... , q_{nt}) - V(q_1, ... , q_n) \, dt = 0$$

Les équations d'Euler deviennent les équations de Lagrange :

$$\frac{\delta T}{\delta q_i} - \frac{d}{dt}\frac{\delta T}{\delta q_i} = \frac{\delta V}{\delta q_i} \quad i = 1, 2, ... , n.$$

57. Une loi déterministe telle que la loi newtonienne du mouvement est certes locale : elle lie l'accélération en un point à l'existence d'une force, tandis que la loi extrémale embrasse l'ensemble de la trajectoire. Mais si l'ensemble de la trajectoire est un minimum, chacune de ses parties doit être un minimum elle aussi, ce qui revient à dire que pour une section infinitésimale de la trajectoire le seul changement du potentiel à prendre en compte est le changement de premier ordre. Or la dérivée du potentiel est une quantité locale. La valeur de ce potentiel en un point éloigné n'intervenant pas, l'énoncé portant sur l'ensemble de la trajectoire se transforme en un énoncé différentiel (Feynman, Leighton, Sands, 1964, II, 19-8).

validité des universelles de l'accident fondée sur leur caractère stationnaire, on a reproché le revêtement théologique qu'on leur donne quand on les habille dans le langage de la finalité[58]. Ces reproches, cependant, perdent leur apparence, dès qu'on oppose clairement cette finalité à celle dont on anime les efforts incertains des formes naturelles aux prises avec la matière pour lui assigner le seul rôle de détermination intégrale. Le départ fait entre Pangloss et le docteur Akakia, les lois extrémales retrouvent leur signification, qui consiste à ramener toujours la recherche à la considération du tout[59].

## 2 - *Réductions élémentaires du nominalisme des choses.*

Dans le cas de la prédication accidentelle composite, pour qu'un agrégat d'atomes groupés dans un état en $t_1$ revête au contact d'un autre agrégat un autre état en $t_2$, il faut et il suffit que les atomes de l'agrégat primitif produisent par leur collision avec les atomes du second agrégat des rapports de situation qui se traduiront macroscopiquement dans le changement phéno-

---

58. Ainsi Mach, 1902, citant, p. 455 le texte d'Euler, 1744 : " Comme la construction de l'univers est la plus parfaite possible, étant l'œuvre d'un créateur tout puissant, rien ne peut se produire dans le monde, qui ne manifeste pas quelque propriété de maximum ou de minimum. C'est pourquoi on ne saurait douter que tous les effets du monde peuvent être heureusement dérivés de leurs causes finales grâce à la méthode des maxima et des minima aussi bien que de leurs causes efficientes. " On ne voit rien, dans ce texte, qui oppose Euler à Newton.

59. C'est là le propre titre d'un paragraphe de Mach (*Ibid.*, p. 461). Deux remarques sont cependant nécessaires ici.

1) Si les lois de Newton sont des lois objectives de la nature (et n'expriment pas seulement, comme le pense Mach, une " économie de pensée "), il en va de même pour les lois stationnaires qui leur correspondent. On ne saurait, en tous cas, lorsqu'on a réduit la finalité à l'intégralité des conditions, comme le fait Leibniz, opposer une finalité simplement régulatrice à la causalité constitutive de la nature. Elles ont même statut objectif.

2) Les lois intégrales disent plus que les lois différentielles. Par exemple, la loi de réfraction de Descartes-Snellius : $\sin i = n \sin r$ ($n$ = indice de réfraction) est, à elle seule, impuissante à déduire l'indice de réfraction $n_{ij}$ entre deux media (par exemple eau par rapport à verre) i et j à partir des indices de réfraction connus $n_j$ (eau par rapport à air) et $n_i$ (verre par rapport à air). Cette déduction résulte directement du principe stationnaire du temps minimum de Fermat :

$$n_{ij} = \frac{v_i}{v_j} = \frac{n_j}{n_i}$$

(Feynman, Leighton, Sands, I, 26-4 : pour déduire cette relation de la loi de Descartes-Snellius, il faudrait supposer qu'en ajoutant une lamelle de substance à la surface d'une autre on ne change pas l'angle éventuel de réfraction dans le dernier matériau).

ménologique d'états. La loi de causalité ne fait donc qu'exprimer, éventuellement dans le langage subjectif des qualités secondes, une relation analytique entre propriétés des atomes de l'agrégat primitif et propriétés des atomes du premier agrégat au contact avec les atomes du second agrégat. Le sucre fond nécessairement dans l'eau, parce que les propriétés des atomes de sucre sont contenues dans les propriétés des atomes de sucre plongés dans les atomes d'eau. La conditionnelle de l'irréel : ce morceau de sucre fondrait s'il était plongé dans l'eau, signifie seulement que les propriétés d'une substance sont une partie propre de ses relations.

Une universelle de l'accident n'est alors valide que lorsqu'elle est réduite à l'énoncé classificatoire des relations entre éléments qui supportent les accidents, l'accident se trouvant analysé en un groupe de propriétés élémentaires et ces propriétés élémentaires se rencontrant, par définition, dans tous les modèles. Nulle réduction n'est plus exemplaire à cet égard et ne réalise avec plus d'exactitude les rêves de Leucippe et de Démocrite que la définition de la température en termes d'énergie cinétique moyenne. Cette réduction, qui entraîne celle de la thermodynamique phénoménologique à la mécanique statistique a un prix : la probabilité entre, à titre d'ingrédient essentiel, dans les lois. Mais, en principe, le déterminisme naturel commande toujours la causalité. Il est toutefois remarquable que la nécessité causale rigoureuse produite par la réduction aux éléments ait pour contrepartie subjective la promotion de l'opinion probable au rang de méthode de la connaissance.

On n'a rien dit quand on a défini la modalité du nécessaire par la vérité dans tous les mondes possibles, tant qu'on n'a pas assigné un critère pour déterminer ces mondes. Le conceptualiste, qui entend la prédication accidentelle de façon simple, confiait cette assignation à la finalité, elle-même comprise comme rétrodiction de la puissance de la nature ou comme considération intégrale de celle-ci. Le nominaliste des choses, qui entend la prédication accidentelle de façon composite, s'en remet, au contraire, pour cette assignation à la réduction mécaniste aux éléments.

La réduction nominaliste prend une forme différente, mais toujours mécaniste quand on pose une substance unique et que le corps fini, ne pouvant plus être substance, se trouve réduit à un mode fini de l'étendue, elle-même attribut infini de la substance divine. Ce mode, unique principe de distinction du corps, n'est autre que le mouvement et le repos. Rien ne distinguera donc le corps le plus simple d'une certaine quantité de mouvement, comprenant l'équivalent d'une masse, un certain degré de vitesse et une direction. Cette quantité ne cesse de changer pour un corps simple du fait de l'action des autres corps. Une quelconque permanence ne saurait donc avoir lieu que si, pour tel corps simple, quelques déterminations se trouvent être indépendantes des variations de la masse, de la vitesse et de sa direction.

L'oscillateur harmonique remplit certaines de ces conditions. Les petites oscillations d'un pendule simple les remplissent toutes. Sa quantité de mouvement ne cesse de changer. Mais, proportionnelle à la racine carrée de sa longueur, sa période d'oscillation ne dépend ni de l'amplitude de l'oscillation, ni du poids de la masse, ni de la nature de la substance suspendue au fil. Une vibration, caractéristique d'un corps simple, peut-être dégagée des variations de sa quantité de mouvement.

Individuation et conservation de l'individu, c'est-à-dire du mode constitué par la quantité de mouvement, ne se définissent que par l'action de plusieurs corps simples. Corps composé, l'individu sera donc une certaine proportion entre quantités de mouvement et se conservera aussi longtemps qu'elle. Or le pendule composé obéit à ces conditions. La période de ses petites oscillations est proportionnelle à la racine carrée du moment d'inertie que divise le produit de la masse totale par la distance entre centre de gravité et axe de suspension. Sa période se ramène à celle d'un certain pendule simple. Par là se conserve aussi la proportion des quantités du mouvement. Grâce aux contraintes des liaisons, les poids les plus proches de l'axe de suspension hâtent les vibrations des plus éloignés et sont retardés d'autant. « L'ensemble de l'univers est comparable à un gigantesque pendule composé, dont le rythme éternel est absolument indéréglable du fait qu'il ne peut subir aucune action pertubatrice venant du dehors »[60].

### 3 - Nominalisme des événements et lois de champ.

Avec la prédication circonstancielle disparaît le support de la classification. Si des rapports nécessaires peuvent encore régler

---

60. Gueroult, 1974, II, p. 175 ; Bruhat-Foch, 1961, pp. 311-314, 316 ; voir plus bas, p. 382, note 88. La loi du pendule composé est la Proposition V de l'*Horologium oscillatorium* de Huyghens.

le cours de la Nature, ils ont lieu entre événements et non plus entre substances. Nulle propriété ne peut plus être dite appartenir essentiellement ou accidentellement à un sujet ou à une classe de sujets. Deux conséquences résultent de ce qu'on a limité ainsi d'emblée l'être à l'événement.

Premièrement, le monde étant fait d'événements $A_{x,y,z,t}$ se produisant en tel point de l'espace-temps, on attendra d'une loi qu'elle décrive l'identité de tels événements dans l'espace et dans le temps. Cette description n'aura de contenu que si chaque événement est analysé dans les modifications ponctuelles et instantanées — entendues comme limites de modification finies dans un espace et un temps finis — des grandeurs mises en cause et dans les modifications de leurs modifications. L'identité s'exprime donc dans l'événement, tandis que les conditions initiales et les conditions aux limites fixent les circonstances variables et externes.

Deuxièmement, n'étant déterminée que par sa localisation spatio-temporelle, l'identité d'un événement, à la différence de l'identité d'une substance, n'est point exclusive de l'identité d'un autre événement. Posidonius le Stoïque paraît être le premier à avoir noté, sur les marées, qu'on peut analyser un événement périodique en superposant dans le même instant et le même lieu des événements périodiques plus élémentaires. Chaque fonction périodique (circulaire) diurne, mensuelle, annuelle est une fonction du temps, indépendante des conditions initiales et l'événement total résultant a pour valeur la somme des valeurs simultanées et indépendantes de ces fonctions, prise conformément à un principe de superposition qui annonce, au-moins qualitativement, l'analyse de Fourier[60]. L'intérêt des Stoïciens

---

61. Strabon (1853, L. III, Cap. V, 8, p. 144 ; trad. Duhem, II (1914) pp. 281-282 — où j'ai traduit συμπαϑῶς par " en sympathie " au lieu de " en connexion ") expose comment Posidonius décrivait le phénomène des marées : " Il dit que le mouvement de l'Océan est soumis au mouvement périodique des astres. Il y a une période diurne, une période mensuelle, une période annuelle qui, toutes trois, sont en sympathie avec la Lune. Lorsque la Lune s'élève au-dessus de l'horizon à la hauteur d'un signe (30°), on voit que la mer commence à se gonfler et à s'avancer sur le rivage, jusqu'au moment où la Lune atteint le méridien ; l'astre descendant ensuite, la mer se retire peu à peu, jusqu'à ce que la Lune se trouve à un signe au-dessus de son couchant ; pendant tout le temps que la Lune met à atteindre son coucher, la mer demeure immobile ; il en est encore de même pendant le temps, égal à celui-là, qu'il faut à la Lune pour arriver, au-dessous de la Terre, à un signe de l'horizon ; alors, la mer commence de nouveau à s'avancer jusqu'au moment où, sous la Terre, la Lune passe au méridien ; elle se retire jusqu'à ce que la Lune, avant son lever, arrive à un signe de l'horizon ; enfin, elle demeure immobile jusqu'à ce que la

Lune monte à la hauteur d'un signe au dessus de l'horizon ; puis elle monte de nouveau. Voilà donc, au dire de Posidonius, quelle est la période diurne. La période mensuelle est la suivante : les marées atteignent leur maximum au moment de la conjonction ; elles diminuent jusqu'au premier quartier, augmentent jusqu'à la pleine Lune et diminuent, de nouveau, jusqu'au dernier quartier ; puis elles augmentent jusqu'à la nouvelle Lune. Quant à la période annuelle, il la connaît, dit-il, par les observations des habitants de Gadès (Cadix). Ceux-ci prétendent que le flux comme le reflux sont grandement accrus au voisinage du solstice d'été ; Posidonius en tire cette conjecture que les marées diminuent sans cesse dans le temps qui s'écoule du solstice (d'été) jusqu'à l'équinoxe (d'automne), qu'elles augmentent jusqu'au solstice d'hiver, puis diminuent jusqu'à l'équinoxe de printemps, pour augmenter enfin jusqu'au solstice d'été. " Comme Duhem l'a établi en se fondant sur Priscien, la doctrine de Posidonius a été déformée soit par Strabon soit par les manuscrits qui ont interverti, dans la description de la période annuelle, les rôles des solstices et des équinoxes (II, 1914, pp. 282-283).

Les trois périodes qui décrivent la hauteur des marées, selon Posidonius, sont les premières occurrences explicites en physique de la notion de fonction, encore que celle-ci reste qualitative — comme lorsqu'aujourd'hui on étudie une dérivée en se contentant d'établir que la primitive croît, décroît, admet un point d'inflexion, un maximum, etc. —. Les périodes mensuelles et annuelles correspondent clairement à des fonctions circulaires. La période diurne avec ses phases stationnaires plus longues que les phases de croissance et de décroissance fait apparemment exception, mais c'est que Posidonius s'en tient à ce qui se passe vu du rivage. La continuité, toujours supposée par les Stoïciens, dans l'action pneumatique, permet de rétablir le caractère circulaire réel de cette fonction, comme paraît l'indiquer un texte de Priscien : " Par suite de la nature circulaire de l'eau, l'onde, soulevée sous forme d'une sorte d'hémicycle, suit la Lune " (cité, *Ibid.*, p. 284 ; on fait abstraction du retard des marées par rapport aux moments indiqués, retards signalés par Sénèque (Duhem, p. 287)). Le mouvement lunaire étant continu, il faut qu'il en soit de même pour le mouvement de l'Océan.

Les trois périodes peuvent être représentées de la façon suivante.

1 - *Période diurne.* La trajectoire diurne de la Lune est divisée en deux parties de 180° par son lever et son coucher. Chaque partie est divisée en 6 arcs de 30°. Les points $A_1$, $H_1$, $B_1$ et $B_2$, $H_2$, $A_2$ sont distingués comme sur la figure 1. Le texte de Posidonius établit la fonction apparente :

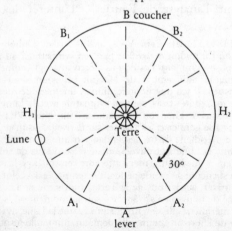

*Figure 1*

| trajectoire de la Lune | $AA_1$ | $A_1H_1$ | $H_1B_1$ | $B_1B_2$ | $B_2H_2$ | $H_2A_2$ | $A_2A$ |
|---|---|---|---|---|---|---|---|
| hauteur de l'Océan | → | ↗ | ↘ | → | ↗ | ↘ | → |

Corrigée en termes réels, il s'agit là d'une fonction circulaire :

| trajectoire de la Lune | $AH_1$ | $H_1B$ | $BH_2$ | $H_2A$ |
|---|---|---|---|---|
| hauteur de l'Océan | | | | |

2 - *Période mensuelle*

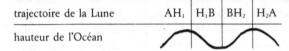

*Figure 2*

| trajectoire de la Lune | Lune nouvelle | Premier quartier | Pleine Lune | Dernier quartier |
|---|---|---|---|---|
| hauteur de l'Océan | | | | |

3 - *Période annuelle*

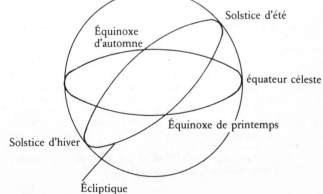

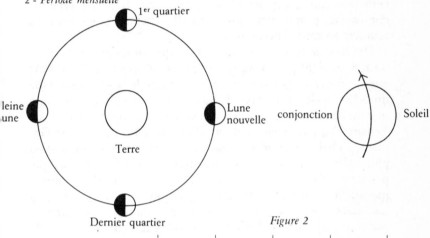

325

pour la propagation du son montre qu'ils sont en possession de l'idée d'onde et qu'ils ont saisi le phénomène le plus important qui l'exprime : l'interférence au moins dans l'espace. Or l'interférence ne consiste que dans la capacité que deux événements en eux-même entièrement positifs ont de s'annuler ou de se renforcer mutuellement, en se superposant suivant des conditions définies. Les doctrines qui hypostasiaient les Universaux ou qui les faisaient immanents aux choses ne pouvaient concevoir la contrariété que comme une contrariété de qualités universelles. Le nominalisme des événements, parce qu'il ne dispose plus de cette ressource, est acculé à inventer un nouveau type de contrariété, propre aux substances elles-mêmes quand on les a réduites au rang d'événements.

Des lois, de type qualitatif, découvertes sur les ondes d'eau ou d'air, n'auraient pas manqué d'imposer au Stoïciens — comme elles imposèrent longtemps aux physiciens de la seconde moitié du XIXe siècle et à Maxwell lui-même — une représentation matérielle et, éventuellement, un modèle mécanique des lois de "champ" qu'ils venaient d'introduire dans la science[62], si l'influence chaldéenne n'avait pas éveillé en eux une conception plus adéquate, c'est-à-dire plus abstraite. Posidonius ne manque pas de lier l'analyse de la marée à l'analyse des périodes diurne, mensuelle et annuelle de la Lune. Le nouvel événement qu'il considère ainsi n'est plus la variation périodique d'une quantité liée à un support — l'élévation ou l'abaissement du niveau de

| trajectoire du Soleil | Équinoxe de printemps | Solstice d'été | Équinoxe d'automne | Solstice d'hiver |
|---|---|---|---|---|
| hauteur de l'Océan | | | | |

On pourrait ici objecter que le texte de Posidonius a pour *base* des assertions accidentelles non pas pures, mais rapportées à des sujets : la Lune, l'Océan, le Soleil. Même si l'on recevait l'objection, elle ne serait pas dirimante. Car le rapport aux sujets ne joue aucun rôle dans le raisonnement. Il n'interviendrait que si la nature de ces sujets venait à être invoquée pour expliquer les corrélations observées entre telles positions des astres et tel mouvement de l'eau. Un texte de Priscien (Duhem, II, 1914, p. 283) mentionne ces explications astrologiques, fictives comme on peut le penser. La description "fonctionnelle" rapportée par Strabon en est indépendante et cette indépendance fait voir que, dans les propositions "verbales" qui servent de fondement à cette description, la mention des "sujets" n'a pas une occurrence essentielle.

62. Feynman, Leighton, Sands, 1964, II, 1-5. Sur le rôle de la notion d'onde chez les Stoïciens, Samburu, 1959, pp. 21-33, p. 47.

l'eau de la mer, le mouvement de la planète —, c'est une corrélation abstraite entre les variations périodiques de deux quantités dont les supports matériels sont très différents. Or que faisaient les astronomes chaldéens ? Au lieu d'étudier les trajectoires des substances astrales, ils considéraient un événement abstrait comme la position réciproque de trois corps célestes et relevaient la variation périodique de ces positions en fonction du temps, *sans s'occuper du mouvement réel des corps,* supports de ces positions. Désignons avec Neugebauer[63] par des " lettres grecques ", respectivement Γ, Φ, Ξ, Ψ et Ω pour une planète donnée la réapparition après l'invisibilité, sa première station, l'opposition, la seconde station et la disparition. Dressons l'éphéméride de l'une de ces phases, qui n'est rien d'autre, au sens stoïcien, qu'une manière d'être et plus précisément une manière d'être relative de la planète considérée. Nous mettrons ainsi en évidence une fonction périodique propre à la planète. " La position centrale des phénomènes désignés par les lettres grecques est le trait le plus caractéristique de la théorie planétaire des Babyloniens. Chacune des phases est traitée comme si elle était un corps céleste pour elle-même — ce qui rappelle beaucoup l'attitude indienne à l'égard des nœuds lunaires qui sont placés dans la même catégorie que les autres planètes... Cette approche a le grand avantage que chaque phénomène désigné par une lettre grecque procède avec une bonne régularité sur l'écliptique, libre qu'il est des rétrogradations propres à la planète elle-même. " Telle est la conséquence fondamentale de la conception stoïcienne de la causalité. A la différence de ce que supposent tant l'aristotélisme que l'atomisme, la propagation causale peut s'appliquer à des processus abstraits, bref à ce que décrivent des propositions accidentelles indépendamment des phénomènes de transfert matériel et du mouvement propre aux sujets de ces processus abstraits, lesquels appelleraient, pour être décrits, des propositions accidentelles. Cette indépendance est la raison d'être du phénoménisme stoïcien. A ceux qui leur objectent d'étendre la divination jusqu'aux *minima* et aux détails les plus singuliers du devenir[64], les Stoïciens répondent qu'il n'y a pas de différence méthodologique essentielle entre l'inférence scientifique en œuvre dans la météorologie et la divination

---

63. Neugebauer, 1975, I, pp. 386-387.
64. Cicéron, *De Divinatione,* II, L XIX, 152 ; Goldschmidt, 1977, p. 85.

inductive[65]. Prédire, c'est s'attacher aux corrélations entre procès sans entrer nécessairement dans une enquête rationnelle sur la nature des causes. En effet, s'il y a des lois gouvernant la propagation d'un état, d'une relation éphémère entre deux corps, d'une phase, on peut étudier cette propagation sans s'interroger sur la nature des corps " supports ". L'analyse de la proposition accidentelle et *a fortiori* substantielle n'est donc pas un réquisit de la science, qui peut s'en tenir aux rapports de consécution entre événements et le " mouvement de tension " *(toniké kinesis)* s'oppose si profondément au mouvement de transport que Philon le Juif utilise métaphoriquement le terme stoïcien pour décrire la propagation du Verbe divin[66].

L'extension considérable de la physique stoïcienne, qu'on a prise pour modèle du nominalisme des choses, résulte de la modestie de ses exigences. Astronomie, astrologie, divination, chimie (théorie du mélange universel), médecine adoptent la même méthode avec des degrés de certitude différents. Quant aux conditionnelles universelles " saines ", la seule forme capable de sauver ce qu'elles ont de spécifiquement modal par rapport aux simples universelles sera la forme de l'identité entre antécédent et conséquent. Ou bien on réduira la modalité à une universalité sémantique, à moins qu'enfin on abandonne toute distinction entre conditionnelle saine et simple universelle. Telles sont bien, en effet, les trois solutions que Sextus énumère dans l'ordre inverse d'un engagement modal croissant[67]. « Philon, écrit Sextus, dit qu'une conditionnelle saine est une conditionnelle qui ne commence pas par une vérité pour se terminer par une fausseté, par exemple, lorsqu'il fait jour et que je suis en conversation, l'assertion " s'il fait jour, je suis en conversation ". Mais Diodore dit que c'est une conditionnelle qui ne pourrait ni ne peut commencer avec une vérité et se terminer avec une fausseté. Selon lui, l'assertion conditionnelle qu'on vient de citer paraît être fausse, puisque, quand il fait jour et que j'ai fait silence, elle commence avec une vérité et se termine avec une fausseté. Mais l'assertion suivante paraît être vraie : " Si n'existent pas d'éléments atomiques des choses, alors existent des éléments atomiques des choses. " Car il maintient que toujours elle

---

65. Cicéron, *De Natura Deorum,* III, 15 ; *De Divinatione,* I, 12 ; Sambursky, 1959, p. 67.

66. Sambursky, *Ibid.,* p. 29.

67. *P.H.,* II, pp. 110-112. La conception analytique de la nécessité constitue, selon Sextus, le degré suprême de cet engagement.

commencera avec un antécédent faux ("" n'existent pas d'éléments atomiques des choses "") et se termine avec un conséquent vrai ("" existent des éléments atomiques des choses ""). Et ceux qui introduisent la notion de connexion disent qu'une conditionnelle est saine quand le contradictoire de son conséquent est incompatible avec son antécédent. Selon eux les conditionnelles précédemment mentionnées ne sont pas saines, mais la suivante est vraie "" s'il fait jour, il fait jour "" ».

L'identité que suppose la conditionnelle par connexion doit s'entendre au sens strict de l'identité de l'antécédent et du conséquent au même instant, faute de quoi la conditionnelle serait tantôt vraie, tantôt fausse et perdrait donc son titre à la nécessité[68]. Il faut alors, pour que cette identité ne soit pas truistique, que les présents instantanés, dans lesquels est généralement enfermée la perception humaine[69], quand elle ne se trouve pas libérée par le songe ou[70] la vision divinatoire du devin[71], contiennent en eux la totalité du temps, en sorte que la *traductio temporis* puisse en droit se concentrer dans la conjonction simultanée que réalise la conditionnelle saine. Cette concentration est visible dans la forme que revêt l'argument par le signe ou théorème. Dans le théorème : "" Si quelqu'un est blessé au cœur, il mourra "", la blessure au cœur n'est pas signe qu'un tel devra mourir, "" mais qu'il est devant mourir "" ; "" le signe présent est signe d'une chose présente ""[72]. Ce n'est pas que les relations annoncées par les signes portent sur des événements simultanés. C'est que des événements distants dans le temps sont portés par le même signe qui au même moment permet de

---

68. "" Les termes conjugués sont sûrement liés entre eux de la même façon par les termes correspondants du συνημμένον c'est-à-dire par une identité logique "" (Bréhier, 1928, p. 29). On pourrait être tenté de supposer, au principe de la conditionnelle valide, une simple identité de substance, c'est-à-dire une permanence dans le temps, en invoquant la qualité déterminante (τὸ ἰδίως ποιόν ; sur ce point Goldschmidt, 1977, p. 17) qui, sur ce point semblable à la forme aristotélicienne, demeure constante durant la vie de l'individu et ne se distingue pas du principe d'activité qui chez l'homme — au delà des déterminations de phases — fonde la permanence du moi (Goldschmidt, *Ibid.*, p. 132). On pourrait même trouver dans les textes stoïciens une analyse faisant des noms propres des "" désignateurs rigides "". Mais il faudrait alors, pour que la conditionnelle soit "" saine "", qu'on attribuât à deux moments différents la même propriété au même sujet. On reviendrait ainsi à une conception classificatoire de la prédication, que rejette d'emblée la théorie stoïcienne de la substance.

69. Goldschmidt, *Ibid.*, p. 97.
70. Goldschmidt, *Ibid.*, p. 85.
71. Goldschmidt, *Ibid.*, p. 81.
72. Sextus, *Adv. Math.*, VIII, 254-256 ; Goldschmidt, 1977, p. 44.

constater qu'un tel est blessé au cœur et que sa mort à tel moment ultérieur est, par là, déjà donnée[73]. En d'autres termes, il faut que le signe indiquant que Fabius est né au lever de la canicule soit identique au signe indiquant que Fabius ne meurt pas en mer.

La réduction sémantique de la nécessité à l'universalité temporelle de la vérité d'une conditionnelle étend le domaine des lois aux conditionnelles singulières dont le conséquent et l'antécédent relatent respectivement des événements qui se sont succédé dans le passé. La conditionnelle : " Si César a été assassiné aux Ides de Mars, il a conquis la Gaule " est saine, en ce sens. On reviendra à une conception plus nomologique de la loi en demandant que la conditionnelle considérée soit une universelle. On voit aisément que cette demande revient à identifier lois et équations différentielles.

L'implication philonienne réduit les lois naturelles à de simples universelles de fait. Cette universalité cependant s'étend à toute la nature. Conditions initiales et conditions aux limites doivent donc pouvoir être variées arbitrairement sans porter atteinte à la loi. Si c'est bien là ce que Philon veut dire, son critère n'est autre que celui de Maxwell-Poincaré : les lois physiques ne dépendent pas de l'espace et du temps. Mais l'affaiblissement du critère de l'identité serait de pure apparence, s'il se révélait que les seules universelles de fait sont, comme le dit la physique, les équations différentielles.

## 58. Les règles et les systèmes de l'examen.

### 1 - *Intuitionnisme, lois, constructions.*

#### A. La validité intuitionniste.

On laisserait le contenu des modalités complètement indéterminé, si l'on confiait leur définition à la sémantique des mondes possibles. Cependant, en identifiant " nécessaire " et " vrai dans tous les mondes possibles ", les systèmes dogmatiques s'avancent au delà d'un accord purement formel. Ils reconnais-

---

73. Telle est la condition pour que " la blessure au cœur implique ma mort à peu près comme le triangle implique l'égalité des trois angles à deux droits " (Brochard, p. 19).

sent, en effet, aux modalités un statut objectif, qui dépend immédiatement de la définition dogmatique du vrai comme accord entre énoncé et état de chose. C'est cette définition que les systèmes de l'examen mettent en cause, jetant le doute, du même coup, sur l'objectivité des modalités. La définition dogmatique du vrai par l'adéquation revient à postuler que tout énoncé, à condition qu'il soit complet, est vrai ou faux[74]. Pour son existence, en effet, un état de choses donné ne dépend en rien de l'énoncé correspondant. Cette existence ou ce défaut d'existence déterminent complètement la valeur de vérité de l'énoncé, selon qu'il leur est conforme ou non. Il y a plus. On pourra associer en un tableau de la réalité plusieurs énoncés élémentaires, soit en les coordonnant en énoncés moléculaires au moyen de connecteurs logiques, soit en les analysant en énoncés généraux grâce à la liaison de variables dans les fonctions propositionnelles qu'on aura formées à partir des énoncés singuliers. Or, du fait que les états de choses complexes ainsi considérés restent toujours indépendants des énoncés complexes, qui les décrivent, ces énoncés, moléculaires ou généraux, sont des fonctions de vérité des énoncés élémentaires qu'ils coordonnent ou analysent. La définition dogmatique de la vérité entraîne, par conséquent, l'extensionalité de tous les énoncés. Tableau des états de choses, ceux-ci se contentent de dire qu'est ce qui est ou que n'est pas ce qui n'est pas, c'est-à-dire le vrai, ou de dire que n'est pas ce qui est ou qu'est ce qui n'est pas, c'est-à-dire le faux, sans permettre aux actes de connaissance de laisser leur trace sur l'objet connu. L'objectivité des modalités résulte, à son tour, de l'extensionalité de la vérité.

Mais, avec les systèmes de l'examen, renonçons à la définition dogmatique de la vérité, sans pour autant renoncer, comme le fera le sceptique, à la notion même de vérité. Plaçons-nous donc au point de vue de l'intuitionnisme et examinons ses conséquences sur la connaissance tant mathématique qu'expérimentale.

Critiquant le père de l'intuitionnisme, Anaxagore, Aristote nie qu'on puisse conserver un quelconque critère du vrai, une fois qu'on a abandonné la définition dogmatique. Mais sa réfutation

---

74. On peut réserver le cas des énoncés portant sur des futurs contingents. L'absence de détermination complète de l'état de choses ne dépend nullement de notre ignorance ; elle appartient à la chose même. C'est elle qui limite notre connaissance à l'assignation d'une certaine probabilité, qui vaut 1 ou 0 dès que la chaîne complète des causes est donnée et que, par là, se trouve complété l'énoncé correspondant.

n'exprime qu'une pétition de principe. Tout ce qu'il montre, c'est que, si l'on accepte la définition dogmatique et qu'on pose, en conséquence, que tout énoncé (complet) est vrai ou faux, il est absurde de nier la validité du tiers-exclu[75]. Soit le développement décimal de $\pi$ : 3,14159... En vertu de la définition dogmatique, chaque entier du développement de rang n après la virgule possède ou ne possède pas telle propriété P (par exemple : être un 0 suivi des chiffres 1, 2, 3, 4, 5, 6, 7, 8, 9). Au développement de $\pi$, faisons correspondre un nombre $N$ tel que $0 \leq N \leq 1$ de forme décimale $a_n$ telle que $a_n = 0$ sauf si $P(n)$, auquel cas $a_n = 1$. Étant donné qu'il existe un n tel que $P(n)$ ou qu'un tel n n'existe pas, le nombre $N$ est différent de 0 ou égal à 0 suivant le cas, bien que nous ignorions quel est le cas si les développements de $\pi$ obtenus jusqu'à ce jour n'ont pas donné de n tel que $P(n)$, alors que, par ailleurs, nous ne savons pas démontrer que la supposition de l'existence d'un tel n entraîne une absurdité. En l'absence d'une construction effective aussi bien que d'une démonstration par l'absurde, les systèmes dogmatiques affirment la disjonction complète du vrai et du faux. Mais si, conformément au principe intuitionniste, être c'est être démontrable ou constructible et ne pas être c'est être absurde, le nombre critique n — la décimale de rang le plus petit tel que $P(n)$ — n'est pas réellement défini et la propriété P reste une propriété " fuyante ", c'est-à-dire une propriété " dont pour chaque nombre naturel déterminé on peut dériver l'existence ou l'absurdité, sans pouvoir ni assigner un nombre naturel possédant cette propriété ni démontrer l'absurdité de la propriété pour tous les nombres naturels "[76]. Un énoncé existentiel du type : " il existe un nombre ayant la propriété P " doit être distingué d'un jugement à proprement parler. Un jugement réel, seul, affirme un état de choses. Il est du type : " 2 est un nombre pair ". Un énoncé général même caché derrière un énoncé apparemment singulier — car N = 0 et N = 1 revenaient tout à l'heure à affirmer l'existence ou la non-existence d'un nombre n non assigné tel que $P(n)$ — n'est qu'un " abstrait de jugement ". C'est un chèque dépourvu de valeur, s'il n'est pas approvisionné[77]. La provision, c'est la démonstration. La validité universelle du

---

75. *Métaphysique*, Γ, 7, 1011$^b$23-29 et K, 6, 1063$^b$19-24. Voir à ce sujet chapitre VI, note 44, p. 176.

76. Brouwer, 1929, p. 161 (l'exemple est un peu simplifié), 1954-1956, pp. 114-115.

77. Weyl, 1921, p. 47, pp. 54-55.

tiers-exclu n'est contestable que parce que les mathématiques ne sont pas une doctrine, mais une activité. Les Universaux ne sont ni transcendants aux choses, ni immanents aux choses, ni abstraits des choses par le moyen des signes : ce sont des actes du sujet connaissant.

C'est pourquoi, le partage du monde en états de choses dépendant essentiellement de ces actes, tout énoncé n'est pas ou vrai ou faux. La vérité ne saurait donc, sous peine de cercle, consister dans l'adéquation. Les propositions et les énoncés des systèmes dogmatiques peuvent représenter des états de choses, qui leur préexistent. Mais quand on postule que les états de choses sont produits par l'activité de synthèse du jugement, il devient impossible d'assigner la valeur de vérité du jugement par comparaison. Le critère est interne et ne se sépare pas d'une certaine possibilité d'expérience qui nous assure que nous sommes à même de juger ou de refuser, faute de preuve, tout assentiment affirmatif ou négatif. Du même coup, il faut abandonner l'extensionalité dogmatique. Cet abandon s'exprime dans l'impossibilité de donner une définition croisée des connecteurs logiques et de vérifier la validité des axiomes du Calcul propositionnel intuitionniste sur un modèle n'ayant qu'un nombre fini d'éléments[78]. L'espace logique dans lequel on définit une fonction de vérité dogmatique est fermé. Il est ouvert, dans le cas de l'intuitionnisme, puisque l'infini ne peut être actuellement donné. Le modèle infini dans lequel on définirait l'analogue de la vérité logique des dogmatiques fait de son correspondant intuitionniste une suite croissante et toujours inachevée, une idée. Le caractère " intensionnel " de la logique intuitionniste apparaît clairement par les correspondances qu'on peut établir entre elle et les logiques modales, et qui permettent, les autres connecteurs logiques recevant leur interprétation normale, de regarder, alors respectivement, l'affirmation, la négation et la conditionnelle intuitionniste comme exprimant le nécessaire, l'impossible et l'implication stricte[79].

---

78. On démontre que 1) dans le système de Heyting aucun connecteur (implication, négation, disjonction et conjonction) ne peut être exprimé à l'aide des trois autres (Wajsberg, 1938, pp. 45-101), 2) c'est seulement dans un modèle ayant un nombre infini dénombrable d'éléments que tous les axiomes du système deviennent des tautologies (Jaskowski, 1936, pp. 58-61).

79. On peut montrer (Tarski, McKinsey, 1948, pp. 13-14; Prior, 1962, p. 253) que toute thèse du système de Heyting devient une thèse du système modal $S_4$ de Lewis et réciproquement pour une telle interprétation. Le principe du tiers-exclu Pv ~ P reçoit alors comme interprétation : " Il est nécessaire que

La correspondance qu'on peut ainsi établir entre l'assertion

---

P ou il est impossible qu'il soit nécessaire que P ", qui n'est pas valide en $S_4$, puisque, si P est contingent, il n'est pas vrai que P est nécessaire et il n'est pas vrai non plus qu'il soit impossible qu'il soit nécessaire. Le principe de double négation : $\sim \sim P \rightarrow P$ est, de même, interprété comme signifiant :

$$\sim M \sim MLP \longrightarrow< LP,$$

c'est-à-dire

$$LMLP \longrightarrow< LP$$

qui n'est pas une thèse de $S_4$. En revanche, la thèse intuitionniste $P \rightarrow \sim \sim P$ a pour transformé modal $LP \longrightarrow< LMLP$ valable en $S_4$ (Hughes et Cresswell, 1968, p. 46, T 21 :

$$MLMP \rightarrow MP$$

(1) $\sim MP \rightarrow \sim MLMP$

(2) $L \sim P \rightarrow LML \sim P$

(3) $LP \rightarrow LMLP$      (Sb P/$\sim$ P en (2))

(4) $L(LP \rightarrow LMLP)$      (TR3 et (3))

(5) $LP \longrightarrow< LMLP$      (Def $\longrightarrow<$ et (4))

Le problème de l'interprétation de la logique intuitionniste (des énoncés) dans la logique classique et le problème réciproque reviennent donc à interpréter le système modal $S_4$. Or ce système est caractérisé par le caractère réflexif et transitif, mais non symétrique de la relation dite d'accessibilité entre les mondes possibles. En d'autres termes, alors que P est nécessaire au sens de $S_5$ si et seulement si P est vrai dans tout monde possible, en sorte qu'un modèle de $S_5$ ne requiert que la donnée de l'ensemble W des mondes $w_i$ et d'une assignation V de la valeur de vérité des énoncés $p_i$ relativement aux mondes $w_i$, pour définir la nécessité au sens de $S_4$ le modèle requis est un triplet $<W, R, V>$ où W est l'ensemble des mondes possibles $w_i$, R une relation dyadique réflexive et transitive sur les éléments de W et V une assignation. La nécessité aura pour définition : " Pour toute formule bien formée $\alpha$ et pour tout monde possible $w_i \in W$, $V(L\alpha, w_i) = 1$ si pour tout $w_j \in W$ tel que $w_i R w_j$, $V(\alpha, w_j) = 1$ ; sinon $V(L\alpha, w_i) = 0$ " (Hughes et Cresswell, p. 73).

Comme l'intuitionnisme est un système de la construction des objets, on pourra interpréter $w_i R w_j$ comme indiquant un ordre de complexité croissant dans la construction. Ainsi, Descartes, pour résoudre synthétiquement le problème de Pappus utilise une " équerre glissante " qui équivaut à poser une progression géométrique :

(1)      $E, ES, ES^2, ... , ES^n,$

S étant égale à l'expression entre crochets dans la formule :

$$ES^n = a^2 \frac{1}{(x^2 + y^2)^{-1}} \left[ \frac{x^4}{(x^2 + y^2)^2} \right]^n$$

et l'équation :

$$x^2 + y^2 = a^2 = E$$

servant d'unité de référence et correspondant à l'équation du cercle. S est donc la raison de la progression (1). Or chaque terme de cette progression représente un genre de construction des nombres algébriques. On définira une relation R, entre mondes ou termes $w_i$ et $w_j$, réflexive, transitive et non symétrique en posant : $w_i R w_j \equiv (\exists n)\ n = j - i \cdot S^n$; la réflexivité sera garantie par $R = S^o$; la transitivité le sera parce que pour $w_i R w_j$ et $w_j R w_k$, on a : $S^{j-i} \cdot S^{k-j} = S^{k-i} = w_i R w_k$. A chaque i correspondra un $w_n \in W$ et $w_i$ sera dit accessible à partir de $w_i$ ou $w_i R w_j$, quand on pourra l'atteindre par une puissance de S. La relation R signifie donc que les constructions d'ordre n font partie des constructions d'ordre $p \geq n$ (Sur la construction cartésienne des courbes algébriques : Vuillemin, 1960, pp. 99-119, pp. 182-183 ; 1962, pp. 10-11).

intuitionniste et une certaine sorte d'apodictique classique s'éclaire dès qu'on remonte à son principe, c'est-à-dire à la nature de la prédication intuitionniste comparée à la prédication dogmatique. Cette dernière place un individu à l'intérieur ou à l'extérieur du cercle d'extension que la compréhension du concept sous lequel tombe cet individu circonscrit dans l'être. La prédication intuitionniste, au contraire, construit progressivement l'extension d'un concept — qu'on ferait mieux d'appeler son espèce — en produisant les individus ou en spécifiant la règle ou les règles de construction qui permettraient de les produire. Dans le cas général, ces règles forment une hiérarchie inductive. On définit le concept P pour les éléments d'une base déterminée qu'on sait construire. A partir de cette base, on étend le concept P au moyen d'un ou plusieurs procédés de construction tenus pour légitimes et l'on agrandit ainsi progressivement l'extension — mais aussi la compréhension — de P, au fur et à mesure qu'on gravit des échelons de construction plus complexe. Regardons alors ces échelons ou genres de constructibilité relatifs à P comme des mondes possibles. Chaque monde d'ordre n est contenu dans tout monde d'ordre supérieur. Tous ces mondes sont donc reliés par une relation R réflexive et transitive. Lorsque l'intuitionniste dit que P est vrai de l'individu a, il donne en fait un moyen de construire a conformément à la règle engendrée par P à l'échelon n de la hiérarchie des constructions. Le dogmatique, quant à lui, hypostasie ces genres de construction en autant de mondes possibles. Or, en constatant que Pa est vrai — au sens dogmatique du mot — dans le monde possible d'ordre n, il ne manquera pas de noter qu'il est alors automatiquement vrai également dans tous les mondes d'ordre p supérieur à n avec lesquels le monde d'ordre n entretient la relation R. Mais c'est ainsi donner une certaine définition de la nécessité de Pa. Si le langage intuitionniste a quelque chose d'intensionnel, c'est qu'au lieu d'hypostasier les ensembles en recourant au principe du tiers-exclu, il procède à des définitions progressives des espèces, en s'engageant à respecter, chaque fois qu'il progresse, la légitimité des constructions déjà acquises.

Deux conséquences résultent de cette conception.

La validité intuitionniste, c'est la constructibilité. Puisque le critère du vrai absorbe le mode par lequel notre connaissance accède aux choses, on ne peut plus définir la vérité indépendamment de la subjectivité. Corrélativement, la modalité (au sens dogmatique) faisait partie des jugements assertoriques;

dorénavant son statut devient problématique ; elle décrit non un trait d'univers mais un simple rapport à notre faculté de connaître. Bref, elle se réduit à un concept de la réflexion, sans portée réelle sur le contenu de l'objet de la connaissance. Un monde possible ne peut pas plus différer matériellement d'un monde réel que cent thalers réels ne le peuvent de cent thalers possibles.

En second lieu, la subjectivité qu'on invoque au principe de la validité n'est pas le sujet ondoyant et divers de l'expérience psychologique immédiate. Placé devant une multiplicité qui l'affecte et dont il ne retient, pour fonder les mathématiques, que la forme pure, telle que la fournit, par exemple, la conscience du temps, l'intuitionniste s'interroge sur les actes élémentaires de synthèse qui lui permettent de lier ce divers en un objet, c'est-à-dire sur les sortes de construction dont il pénètre entièrement le procédé par son intelligence et qui, en même temps, produisent une organisation transparente du divers. Ce réquisit d'un point de départ certain et évident ne suffit pas. Il faut encore que certitude et évidence caractéristiques de la construction élémentaire ou simple se transmettent aux échelons de plus en plus complexes de construction. Les deux exigences définissent la méthode. La méthode remplace ainsi la doctrine comme, dans la définition du vrai, l'activité a remplacé l'adéquation.

B. Esquisse d'une histoire de l'intuitionnisme physique.

A quatre reprises au moins la connaissance physique a vu ses prétentions dogmatiques mises en cause.

Fourier et Comte, le premier dans sa *Théorie analytique de la chaleur,* le second en fondant le positivisme, réclament pour la physique de la chaleur un statut autonome, admirablement exprimé dans l'équation de diffusion, et renvoient dos à dos les hypothèses du fluide calorifique et du mécanisme cinétique qui, toutes deux, échappent à l'expérimentation. L'énergétisme de Duhem, Mach, Ostwald relaient, à la fin du XIXe siècle, la même revendication : la thermodynamique phénoménologique se suffit à elle-même et n'a que faire d'hypothèses atomistes auxquelles on ne reconnaîtra tout au plus qu'une valeur heuristique. La théorie de la relativité, à son tour, n'est pas sans lien avec les tenants de la méthode phénoménologique : elle limite le domaine de la causalité au champ d'action des signaux observables et rejette, en même temps que les définitions non opérationnelles regardant la simultanéité à distance, les hypothèses invérifiables regardant le mouvement absolu dans l'éther. Le troisième cas diffère assurément des deux autres. Réduire la thermologie à l'analyse et la thermodynamique à la phénoménologie, c'était, en effet, isoler une nouvelle branche de la physique, et défendre son irréductibilité à la mécanique. C'était compartimenter la nature. La relativité, au contraire, fait la synthèse entre mécanique et électro-dynamique. Aussi bien on ne rejetait les hypothèses cinétiques que, parce qu'on mettait en doute leur adéquation, sans pour autant les accuser d'inconsistance. Les raisons de rejeter l'assignation du mouvement de la terre dans l'éther étaient plus fortes et positives, puisque cette assignation se trouvait contredite par l'expérience. Il y a de la différence, on en conviendra aisément, entre le refus d'une hypothèse organique fondé sur un défaut de confirmation et le refus d'une hypothèse ségrégative fondé sur des preuves d'infirmation. Cependant ces différences n'effacent pas un trait commun. Les lois physiques que théories analytiques et théorie de la relativité découvrent ou défendent obéissent à un même canon. Les premières explicitent le principe de conservation de la substance [80]. La dernière, même si elle aboutit à bouleverser nos intuitions de l'espace et du temps, tire toutes les conséquences du principe de vitesse finie dans la propagation causale [81]. On ne s'expliquerait pas, dans tous ces cas, l'assurance et parfois la passion avec laquelle les physiciens défendent leur concept de loi naturelle, s'il ne s'agissait, comme ils le prétendent parfois, que d'enregistrer dans ces lois des généralisations de liaisons entre observables. Pour que ces

---

80. Pour parvenir à l'équation de diffusion

$$\frac{dT}{dt} = D \nabla^2 T$$

(T = température, D = coefficient de diffusion), on doit postuler que la chaleur se conserve :

$$-\frac{dq}{dt} = \nabla \cdot \vec{h}$$

(q = quantité de chaleur, $\vec{h}$ = flux de chaleur). (Voir Feynman, Leighton, Sands, 1964, II, 3-4). Les lois de la thermodynamique phénoménologique, disent, quant à elles, que l'énergie se conserve tout en se dégradant.

81. C'est ce principe qui a pour conséquence de distinguer la région de l'ailleurs (pas de signal transmissible) des régions de l'avant et de l'après, déterminées par la transmissibilité d'un signal. Einstein requiert donc des lois naturelles qu'elles établissent un lien de causalité entre événements accessibles par signaux. " Toute loi de la nature, dit-il, est ainsi faite qu'elle se traduit par une loi formelle identique, lorsqu'aux variables (x, y, z, t) d'un système [de référence] S on substitue, à l'aide d'une transformation de Lorentz, les variables (x', y', z', t') d'un système S' " ( *Uber die spezielle und die allgemeine Relativitätstheorie*, p. 29).

liaisons acquièrent le statut des lois, il faut, en effet, qu'elles soient non seulement universelles, mais conformes à des principes tels que la conservation ou la vitesse finie de propagation, principes qui, à vrai dire, précèdent l'expérience dont ils fondent la possibilité, quoique l'expérience seule détermine le contenu. On appellera encore *intuitionniste*, et on le distinguera donc soigneusement d'une conception simplement positive ou phénoménologique, un système qui, au regard de la nature, exige d'une conditionnelle universelle tenue pour loi qu'elle soit conforme à un canon prédéterminé fixant les principes légitimes auxquels toute expérience doit obéir [82].

Toute la difficulté que rencontre un tel système, quand il passe des mathématiques à la physique, consiste à spécifier ce qu'il entend par principes légitimes. La péripétie contemporaine de la Mécanique quantique en fait foi : rien ne semble désigner d'avance, parmi les règles de construction que nous pourrons imaginer, celles que la nature nous contraindra de choisir. Cependant de simples règles empiriques de calcul permettant de prédire les phénomènes ne satisfont pas l'esprit. Il faut 1) que de telles règles multiples — les règles de Bohr — puissent se déduire organiquement d'une loi générale, 2) que cette loi conserve la forme déterministe différentielle et qu'à partir de la description d'un état de choses à l'instant t on puisse prédire ce qu'il deviendra à l'instant t + $\Delta$t. C'est à ces deux réquisits que répond la fonction d'onde de Schrödinger. Il s'agit certes d'ondes complexes, mais leur équation est, par la forme, entièrement analogue à une équation de diffusion. C'est cette analogie qui fit considérer l'équation comme une loi plutôt que comme une règle. Car 1) elle remplaçait l'équation de mouvement à laquelle l'ancienne théorie des quanta ajoutait empiriquement des conditions quantiques, tout en retrouvant ces conditions comme valeurs propres sans avoir à postuler de discontinuités, 2) bien qu'elle soit formellement équivalente à la méthode des matrices de Heisenberg, elle a sur celle-ci, qui appartient à l'algèbre transcendante, cet avantage de se conformer intuitivement à l'idée que nous avons d'une loi prédictive [83]. Il reste alors à

---

82. " J'entends par *canon* l'ensemble des principes *a priori* pour l'usage légitime de certaines facultés de connaître en général " (Kant, 1944 (1967), p. 38).

83. Schrödinger, 1927, p. 46, note I. Mackinson (" The Rise and Fall of the Schrödinger interpretation ", *in* Suppes, 1980, p. 18) constatant l'équivalence formelle des deux systèmes et le sens physiquement plus juste de l'interprétation de Heisenberg tient les efforts que Schrödinger déploie pour montrer la

interpréter physiquement la loi, à passer de la forme au contenu. Trompé par des situations particulières[84], Schrödinger eut d'abord l'illusion qu'on pouvait regarder l'onde comme le déploiement de quelque chose de réel dans l'espace réel, la particule représentant une singularité — le paquet d'ondes. La Mécanique quantique, correctement interprétée, exige, au contraire, qu'on tienne la fonction d'onde $\psi(x)$, $\psi(p)$,... comme l'amplitude qu'a la particule dans l'état $\psi$ de se trouver localisée en $x$ ou d'avoir le moment $p$, ..., et conséquemment, le carré absolu de $\psi$ comme la densité de probabilité correspondante[85]. La relation d'incertitude est inscrite dans la structure de l'équation d'onde, et, avec elle, l'impossibilité du déterminisme matériel.

Or ce divorce entre déterminisme formel — seul réquisit final de la loi — et déterminisme matériel a une conséquence paradoxale. D'une part, elle oblige l'intuitionnisme à limiter ses prétentions à construire étroitement la forme de la loi. De l'autre, elle confirme ces prétentions de façon inattendue mais éclatante. Reportons-nous à l'expérience de pensée où l'on bombarde d'électrons un écran à double fente, et soit l'événement : " l'électron quitte le canon et parvient au détecteur "[86]. Que dit la loi ? Elle dit que l'amplitude de la probabilité de cet événement qui peut se produire de deux façons est la somme des amplitudes de probabilité des deux trajectoires et qu'il y a donc interférence, bien que les électrons arrivent au détecteur comme des unités entières. Or l'interférence signifie qu'on ne peut dire par quelle fente l'électron est passé. Toute expérimentation qui réussit à indiquer la trajectoire suivie détruit l'interférence. Cette situation surprenante montre que ce qu'il y a de spécifique en Mécanique quantique, l'interférence des densités de probabilité, prévient toute possibilité de déterminer une alternative d'évé-

---

supériorité de son interprétation pour l'effet d'une rivalité malheureuse avec Heisenberg. L'essentiel, cependant, est ailleurs. Mackinson (*Ibid.*, p. 19) note l'affinité de Heisenberg et d'un positivisme qui, à la limite, réduira la loi naturelle à une universelle de fait. Même si elle est faussement interprétée de façon réaliste, la théorie ondulatoire conserve le moyen de distinguer loi et règle, et c'est ce désaccord philosophique qui sépare les deux physiciens.

84. Sur ce point Feynman, Leighton, Sands, 1965, III, 21-4.

85. Feynman, Leighton, Sands, 1965, III, 16-2.

86. Feynman, Leighton, Sands, 1963, I, 37. L'intuitionnisme dont on esquisse ici la définition conserve ce qu'il y a de sain dans l'interprétation de Copenhague ; elle ne va pas jusqu'au positivisme et à l'opérationalisme extrêmes qui furent parfois soutenus en particulier par Heisenberg et dont la logique aboutit à l'interprétation sceptique. M. d'Espagnat a récemment soutenu une théorie du " réel voilé " peut-être identique à cet intuitionnisme.

nements indépendamment de l'expérience. Être à tel endroit ou posséder tel moment, ne sont pas des propriétés que la particule possède " en soi ". Tout ce qu'on lui reconnaît, à ce niveau de la loi, c'est qu'elle possède l'amplitude de probabilité d'être à tel endroit ou de posséder tel moment. La possession effective et déterminée de la propriété dépend directement de l'observation destructrice de l'interférence. C'est donc qu'on ne peut plus, comme le faisait le dogmatisme, définir l'être déterminé de la chose indépendamment de l'expérience et de la mesure. Ce n'est pas que la réalité se trouve réduite à la construction de la connaissance : c'est que sa détermination est inaccessible hors de cette construction. L'intuitionniste en mathématiques n'accepte pas le tiers-exclu, étant donné qu'à ses yeux l'existence en soi d'une propriété est dépourvue de sens et que nous ne pouvons dire d'un objet qu'il appartient à une classe que si nous savons construire cette subsomption. L'intuitionnisme, en physique, obéit bien au même principe qu'en mathématique. En effet, l'intuitionniste en physique considère que les propriétés physiques n'ont pas de réalité en soi, puisqu'on ne saurait dire d'une particule qu'elle possède une propriété tant qu'une mesure n'a pas déterminé l'existence de cette propriété. On identifie ici réalité et déterminabilité, là vérité et démonstrabilité.

C. Trois exemples.

Épicure, Descartes, Kant appartiennent à la tradition intuitionniste en philosophie. Quel genre de lois naturelles cette tradition les a-t-elle conduits à recevoir ?

Une contradiction semble commander la canonique épicurienne. Si l'on écarte l'affection qui n'élève aucune prétention objective, le premier critère que reconnaît l'École, la sensation, s'entend aisément si l'on se souvient que sa certitude suppose qu'on l'a préalablement purgée de tout ce que l'opinion peut, dans le jugement, lui ajouter de douteux. Mais Épicure admet un troisième critère qu'il nomme prolepse ou anticipation, que Kant traduira dans le second principe de l'entendement pur et dont on se demande comment Épicure pouvait le réduire à la sensation. De plus, l'École ajoutait la projection intuitive de l'esprit, propre à saisir le futur et l'invisible, vraie si elle est confirmée ou non infirmée, un critère qui paraît fort lâche du point de vue empiriste. Cette construction s'éclaire pourtant lorsqu'on l'applique à ce qui fait la spécificité de l'atomisme épicurien. Pourquoi et de quelle façon une sensation est-elle certaine ? Parce qu'elle répond à la question " oui ou non ", c'est-à-dire dans la mesure où nous sommes susceptibles de décider si nous éprouvons, oui ou non, une sensation. Cette question fait sens, comme l'a bien vu Kant, à propos du degré de la sensation. Il y a des *minima sensibilia,* des seuils de sensation, qui, pour chaque type de donnée, peuvent être déterminés. L'atomisme a donc d'abord un sens psycho-physique. Mais notre certitude sensible va plus loin. Elle s'étend, avec la prolepse, à notre pouvoir de discerner les degrés successifs d'une sensation donnée. A ce critère correspond donc la constatation d'une échelle psycho-physique. A chaque échelon nous pouvons faire correspondre un entier. De cette succession ordinale, Épicure passe à la succession correspondante cardinale en affirmant que les *sensibilia* qui ne sont pas des *minima* doivent être des entiers multiples de ces minima, une affirmation qu'il fonde peut-être sur le caractère, selon lui, nécessairement vérace de la sensation[87]. Le critère de la prolepse portant sur la composition de sensations finies, il faut dépasser le sens et donc recourir à la projection pour descendre au-dessous de la sensation vers les composants invisibles de la réalité. De deux choses l'une, le corps fini dont nous avons une sensation minima est composé d'un nombre infini ou d'une nombre fini de masses. La première hypothèse est infirmée en vertu de l'axiome d'Eudoxe. Il y a donc des atomes, qui peuvent avoir n'importe quelle taille, à condition que cette taille soit inférieure à celle du corps perçu par la sensation minima. C'est ici qu'intervient la projection du sensible à l'insensible. 1) Il est inutile de supposer (avec Démocrite) que les atomes peuvent avoir n'importe quelle taille inférieure à celle du minimum, puisque, n'y ayant que des échelons macroscopiques entiers, on trouverait des tailles microscopiques incommensurables avec les tailles macroscopiques et, de ce fait, inutiles à l'explication de la sensation[88]. 2) La supposition d'une infinité de tailles atomiques conduit à sup-

---

87. Vlastos, 1965, p. 143. La loi de Fechner dira que la sensation croît comme le logarithme de l'excitation. C'est dire que la sensation n'est pas une représentation fidèle de la chose.

88. " Si c'est le cas [un nombre fini de tailles existe parmi les atomes], nous pouvons mieux rendre compte de ce dont nous avons l'expérience et que nous observons par les sens. Au contraire, l'existence de tailles quelconques ne sert à rien pour rendre compte des différences des qualités " (cité par Vlastos, p. 140).

primer la différence entre visible et invisible[89]. En effet, si X est la longueur sensible minima, l'infinité supposée devra nous faire poser des atomes dont les côtés auront, par exemple, pour longueur X − ε, ε étant choisi aussi petit qu'on veut, par exemple, $X/2^n$. Il suffit alors d'augmenter indéfiniment n pour rendre l'atome indiscernable du corps fini perçu, ce qu'aucune perception ne confirme. La projection dans l'invisible des quanta de différences de grandeurs analogues aux quanta de l'échelle phyco-physique évite d'entrer en contradiction avec l'expérience. 3) Il y a donc un nombre fini de longueurs atomiques. Supposons alors cependant que ces longueurs ne soient pas toutes des multiples d'une longueur minima. On aura en conséquence au moins deux longueurs minima, $q_1$ et $q_2$. Elles seront incommensurables entre elles, sinon par définition on trouvera un commun diviseur qui sera la longueur minima. Mais d'autre part, pour que les atomes servent à expliquer les corps finis, il faut qu'ils les mesurent exactement. Sinon il resterait un excès ou un défaut dans la formation des corps macroscopiques. Si longueur, largeur, hauteur du corps fini minimum (et ses multiples entiers) doivent être composés d'un nombre entier de longueur minima, il ne se peut pas qu'il y ait deux longueurs minima incommensurables. Donc tous les atomes doivent être mesurés par une quantité physique minima et les atomes sont constitués en sorte que " les variations en longueurs atomiques n'ont lieu qu'en multiples entiers de la longueur atomique minimum "[90].

Il est piquant de le constater, un raisonnement par analogie du visible à l'invisible, que réfute toute la Mécanique quantique, et la même projection hâtive de la liberté humaine sur l'atome ont spécifié l'atomisme épicurien et suscité des thèmes qui le rapprochent de l'atomisme contemporain. C'est là une situation ordinaire quand l'idée scientifique précède de deux mille ans sa réalisation technique. Ce qui compte néanmoins, c'est la méthode non le résultat, et, nonobstant ses faiblesses, la méthode laisse clairement deviner à l'œuvre le principe de l'intuitionnisme : assurer une base certaine, reconnaître les

---

89. " En même temps [si l'on suppose l'existence de tailles quelconques] les atomes, devenus visibles, nous auraient atteints ; et ceci n'est pas observé se produire et il n'est pas possible de concevoir comment un atome pourrait devenir visible " (cité par Vlastos, p. 140).

90. Vlastos, p. 138. J'ai suivi, mais modifié Vlastos. Voir aussi Mugler, 1953, pp. 141-174.

critères propres à l'étendre, les degrés de leur certitude et les précautions à prendre quand on s'éloigne.

L'intuitionnisme de Descartes nie le vide et les atomes. Le contenu change, mais la méthode que dicte désormais l'entendement, devenu source de toute évidence, ne fait que renforcer sa rigueur. L'ordre des raisons impose à notre connaissance le corps matériel, objet de la physique d'abord comme possible, ensuite comme réel. La preuve de la distinction réelle de l'âme et du corps fonde la physique possible et réduit ce qu'il y a de clair et de distinct dans la substance possible du corps à l'étendue, objet de la géométrie. La preuve de l'existence du corps fonde la physique réelle, le monde donné à nos sens. Ainsi est fixée la double tâche de la science de la nature : réduire les qualités secondes à l'apparition de qualités purement géométriques, recourir à l'expérience du sens[91]. Ce double aspect du corps particulier oblige à le concevoir à la fois comme un mode ou " variété géométrique " que le mouvement découpe dans l'unique substance matérielle — au sens propre du mot *substance* — et comme une substance particulière, au sens subalterne de ce même mot[92].

La physique de Descartes étant demeurée à l'état de programme, même au niveau géométrique, on peut cependant en restituer la synthèse en s'aidant du modèle hydrodynamique que Descartes a constamment invoqué lorsqu'il concilie au moyen des tourbillons le mouvement avec le plein et le continu matériel. Une variété géométrique est l'objet d'une idée claire et distincte, parce qu'elle peut se réduire à l'aperception analytique d'un rapport entre tout et parties, complètement actualisé et donc exclusif de tout développement temporel qui entraînerait dans les difficultés inévitables, mais secondes, selon l'ordre, du discontinu et du continu, de l'instant et de la création continuée. Pour être certaine, la physique doit donc partir d'un principe statique, que Descartes énonce dans ses lettres à Constantin Huyghens du 5 octobre 1637, à Roberval du 11 octobre 1638 et à Mersenne du 15 novembre 1638. Le principe est celui des déplacements virtuels. Descartes l'énonce en prenant soin d'éviter la mention galiléenne des vitesses, au moyen de laquelle on réintroduirait le temps, et en spécifiant que le principe des vitesses virtuelles n'est qu'une conséquence de celui des dépla-

---

91. Gueroult, 1953, II, p. 97.
92. Gueroult, 1968, pp. 42-43.

cements virtuels. Ce dernier ne met en jeu que la proportion des forces avec leur effet géométrique, conformément à ce qu'implique la preuve de la distinction de l'âme et du corps[93]. On ne sort pas de la statique et des évidences du premier genre en appliquant le principe des déplacements virtuels à un fluide. Il suffira de décomposer ce milieu continu en volumes infiniment petits sur lesquels agiront, en plus des forces appliquées, des forces de contact exercées par les éléments voisins. On obtient ainsi les équations générales de la statique des fluides[94].

La considération de la dynamique change le genre de difficulté, en ce qu'elle nous oblige à comparer deux états du monde à deux instants différents de la création. Les différentes vitesses des molécules fluides auront dans les équations une occurrence essentielle[95]. Le problème se réduira néanmoins, au point de vue analytique, à répartir ces vitesses en trois classes selon qu'elles caractérisent trois sortes de mouvement, 1) une translation commune à l'ensemble de l'élément moléculaire fluide considéré, 2) une déformation de l'élément résultant de la superposition de trois dilatations orthogonales, 3) un tourbillon (au sens cinématique du mot) représentant la répartition des vitesses dans une rotation en bloc de l'élément de volume autour d'un axe passant par l'origine des coordonnées. On voit, en particulier, dans la troisième classe de ces mouvements comment " c'est *réellement* que la substance étendue se fragmente dans ses modes ; ceux-ci sont ses *propres* parties, et non simplement les parties de son effet (de son mode infini) "[96]. L'imagination qui nous présente cette réalité comme existante a son rôle légitime

---

93. La lettre à Constantin Huyghens dit que l'invention des machines " n'est fondée que sur un principe, qui est que la même force qui peut lever un poids, par exemple de 100 livres, à la hauteur de 2 pieds, en peut aussi lever un de 200 livres à la hauteur d'un pied..., si tant est qu'elle lui soit appliquée. Et ce principe ne peut manquer d'être reçu, si l'on considère que l'effet doit toujours être proportionné à l'action qui est nécessaire pour le produire... ". Les mécaniciens d'aujourd'hui ne s'expriment pas autrement lorsqu'ils font voir que ce principe n'est autre que celui de l'équivalence des mécanismes, en vertu duquel travail moteur et travail résistant sont égaux en valeur absolue dans une machine simple quelconque (G. Bruhat, 1961, § 87, p. 103). Du principe des travaux virtuels, on déduit immédiatement les conditions générales de l'équilibre (*Ibid.*, § 83, p. 99).

94. $\dfrac{\delta p}{\delta x} = \rho X, \dfrac{\delta p}{\delta y} = \rho Y, \dfrac{\delta p}{\delta z} = \rho Z$

(*Ibid.*, § 319, p. 440). Les dérivées partielles sont prises par rapport à *l'espace*.

95. *Le Monde*, chap. VI, *A.T.*, XI, p. 34.

96. Gueroult, 1968, p. 549.

et nécessaire en physique. Continu intellectuel et discontinu sensible trouvent ici également leur place. Les équations obtenues de la sorte sont celles d'Euler[97]. Elles décrivent le mouvement du centre de gravité de l'élément.

Reste encore à énoncer que la matière ne se perd pas dans le mouvement. C'est l'objet de l'équation de continuité[98], qu'on justifierait par les lois de conservation établies par Dieu dans la création et que nous appréhendons comme des effets de l'immutabilité divine, dont l'expérience nous assure par ailleurs.

Ces deux dernières sorte d'équations relèvent des conséquences qui résultent de la preuve de la réalité des choses matérielles. Elles sont d'un degré plus difficiles que le principe des travaux virtuels, en vertu de l'ordre des raisons. La légitimité des lois naturelles, selon Descartes, dépend donc de la méthode, qui permet d'y distinguer des genres, comme dans la classification des courbes algébriques, en référant ces genres au système méthodique des certitudes.

Les mêmes traits constructifs se retrouvent dans l'intuitionnisme kantien, bien que cet intuitionnisme abandonne aussi bien l'évidence sensible d'Épicure que l'évidence intellectuelle de Descartes et tienne ses règles de la construction du concept dans l'intuition sensible. Dans les *Principes métaphysiques de la science de la nature,* Kant a lui-même réparti les principes qui commandent l'articulation de la connaissance physique, dans la mesure où on la considère selon son contenu, en trois classes. La cinématique ne se distingue de la géométrie et de l'arithmétique que parce que ses synthèses portent sur la possibilité de l'intuition d'un objet et donc de ses conditions formelles. La construction, manifeste dans la loi du parallélogramme des vitesses, exige qu'on compare non plus des morceaux d'espace ou des morceaux de temps, mais des rapports entre morceaux d'espace et morceaux de temps. Tout en demeurant au niveau de la préparation mathématique de l'expérience, la partie des principes de la physique, que Kant appelle dynamique et qui annonce la future thermodynamique, se distingue de la cinématique en ce que ses synthèses portent sur la possibilité de la sensation d'un objet et donc de ses conditions matérielles. La construction, manifeste dans la loi de Mariotte, exige qu'on compare non plus des vecteurs qui mettent en rapport des grandeurs extensives,

---

97. Bruhat, Foch, § 368, p. 514.
98. *Ibid.,* § 366, p. 510.

mais des compositions de grandeurs — le produit d'une pression par un volume à une température donnée — hétérogènes, parmi lesquelles des grandeurs intensives ont une occurrence essentielle. Avec la mécanique, on sort de la partie mathématique de la physique qui ne regardait que l'essence, c'est-à-dire la forme de l'intuition ou de la sensation, pour entrer dans la partie proprement physique, c'est-à-dire existentielle. Posé que l'état dynamique de deux corps a et b est connu à l'instant t, la loi de Newton permet de calculer l'état dynamique de ces corps à l'instant t + $\Delta$t. Soit T la trajectoire prévue par ce calcul. Supposons que l'observation révèle une trajectoire T′, qui fait avec T un écart, dont les erreurs d'observation ne rendent pas compte. La mécanique nous autorise, mais à titre simplement analogique, à expliquer la perturbation en déterminant l'état dynamique d'un troisième corps hypothétique X. C'est ainsi que Leverrier indiqua, à un demi-degré près, l'endroit du ciel où Galle découvrit Neptune. Cette synthèse existentielle, précieuse entre toutes, ne saurait cependant, en l'absence de confirmation expérimentale, se suffire à elle-même, et le même procédé, appliqué à la perturbation observée dans le mouvement du périhélie de Mercure, conduisit, non pas à assigner le corps X responsable de la perturbation, mais à modifier la loi de Newton. La synthèse mécanique se distingue des précédentes parce qu'elle porte sur la possibilité du concept empirique d'un objet et donc des conditions générales de l'expérience comme nécessaires[99].

Ce troisième exemple de la méthode intuitionniste convient avec les deux autres, si différents d'eux qu'ils soient par ailleurs dans son contenu. Pour se présenter comme des lois naturelles, les conditionnelles universelles doivent occuper un rang assigné dans une hiérarchie de constructions. La base est tenue pour certaine, parce que la connaissance la contrôle entièrement. On passe de degrés en degrés, au moyen de constructions dont l'extension est limitée. Lorsqu'on s'éloigne de la base, le contrôle expérimental demeure la seule sanction qui légitime le risque couru et permet encore de parler de loi.

2 - *Le scepticisme : la loi comme convergence vers une même probabilité a posteriori.*

En contestant toute certitude immédiate ou médiate, sensible ou intellectuelle, le sceptique se condamne à suspendre son

---

99. Vuillemin, 1955, 3e Partie, surtout § 33, pp. 334-339.

jugement, mais non pas pour autant à suspendre ses engagements pratiques. Car le doute ne touche pas les préférences. Et s'il affecte les opinions dans leur prétention objective, il n'affecte ni leur apparition à la conscience, ni leur agrégation, ni leur modification. En particulier, avec quelque rigueur qu'on pratique le doute, des habitudes se forment en nous qui sont au principe de nos opinions universelles. Nous avons toujours constaté jusqu'à ce jour que tous les corbeaux sont noirs. Ces universelles de fait ne posent, quant à leur existence psychologique, pas de problèmes autres que psychologiques. Mais des questions de droit surgissent dès que nous les étendons à des occurrences non observées de liaisons entre prédicats en assignant une certaine valeur à l'énoncé stipulant que le prochain corbeau observé sera noir. Pour Hume comme pour Carnéade, entre habitude et loi naturelle, il reste donc une différence qui tient à la légitimité de l'induction, mais qui, sous peine de contredire au principe même du scepticisme, devra s'exprimer entièrement en termes d'opinions et de préférences. Médecins et patients, qui pour ordonner un remède, qui pour se convaincre de le prendre, ne disposent de rien d'autre que de tables de fréquences associant ce remède à la guérison de telle maladie et d'une préférence tacite et générale pour le succès. Mais c'est à bon droit ou à mauvais escient que le médecin choisit le remède et — du moins quand l'organisation socialiste ne lui retire pas ce souci — que le malade choisit son médecin. Quel est le critère de ce choix ?

Daniel Bernoulli avait formulé ce critère. Si nous appelons $H_1$, ..., $H_n$ les n états de choses possibles et $u_{ij}$ l'utilité que produira le choix de l'action $a_j$ ($1 \leqslant j \leqslant m$) si l'état de choses résultant est $H_i$, le choix optimum consistera à rendre maxima la somme

$$p_1 u_{1j} + p_2 u_{2j} + p_3 u_{3j} + ...,$$

où $p_i$ est la probabilité de $H_i$, dite espérance morale ou utilité attendue associée à l'action $a_j$[100]. La difficulté qui restait à résoudre touchait la nature des fonctions d'utilité et de probabilité. Or on démontre que l'agent agira nécessairement en accord avec le modèle de l'espérance morale, à la seule condition que l'ordre de ses préférences soit cohérent. Cette cohérence étant

---

100. L'espérance mathématique consisterait dans la somme de produits $p_1 g_{1j} + ... + p_n g_{nj}$ où $g_{nj}$ est le gain produit par le choix $a_j$ lorsque l'état de choses est $H_n$ (voir l'article " Induzione statistica " de Mondadori, 1979, § 1, pp. 384-386).

postulée, la forme spécifique des fonctions d'utilité et de probabilité ne dépendra que de l'ordre des préférences de l'agent[101]. En conséquence, un ordre de préférences cohérent étant donné, il existera une fonction de probabilité unique, $p_i = p(H_i)$, et une fonction d'utilité unique à une transformation linéaire croissante près $u_{ij}(H_i,c_j)$ telles que l'agent préférera l'action $a_i$ à l'action $a_j$ si et seulement si

$$p_1u_{1i} + ... + p_nu_{ni} > p_1u_{1j} + ... + p_nu_{nj}.$$

Une telle détermination des espérances morales associées aux actions $a_i$ et $a_j$ ne contient aucune notion objective. Les préférences sont, d'évidence, subjectives. Les probabilités le sont aussi. Elles sont la mesure des degrés de croyance. On assignera la précision numérique ($0 \leqslant p \leqslant 1$) qui leur est nécessaire si on veut les distinguer de ce qui est simplement et qualitativement vraisemblable en liant les énoncés de probabilité à une règle de pari propre à sanctionner les erreurs de pronostic. Un événement aura la probabilité 0,4 lorsque l'agent est prêt à parier 40 francs pour recevoir 100 francs si cet événement se réalise[102]. D'autre part, la condition formelle de cohérence fait le partage entre opinions qui conduiront à des universelles légitimes, c'est-à-dire à des lois, et simples préjugés. C'est elle qui introduit la norme et qui la détermine dans l'opinion[103]. C'est elle encore qui, grâce au théorème de Bayes, précise les termes dans lesquels s'exprime l'induction[104] : la probabilité *a posteriori* est proportionnelle au produit de la probabilité *a priori* par la vraisemblance. La nature de la probabilité *a priori* ne l'oppose pas essentiellement à une quelconque probabilité conditionnelle. Il s'agit seulement d'une condition tacite qui concentre le genre de supputation par opinion qu'il est naturel d'attribuer au sujet. Que l'assignation

---

101. Mondadori, *op. cit.*, pp. 387-390. Cette démonstration est due à Ramsey, de Finetti et Savage. La cohérence implique que la préférence est une relation transitive et connexe et satisfait le principe de la chose sûre (Étant donné deux décisions $d_1$ et $d_2$ et un événement E, si $d_1|$E est préférée à $d_2|$E et si $d_1| \sim $E est préférée à $d_2| \sim $E, alors $d_1$ est préférée inconditionnellement à $d_2$.

102. De Finetti, 1980, vol. X, p. 1156.

103. Boudot, 1972, chap. VIII, surtout pp. 182-183.

104. Le théorème de Bayes s'écrit : $p(H_i|E) = \dfrac{p(E|H_i)\, p(H_i)}{\Sigma p(E|H_j)\, p(H_j)}$.

La probabilité conditionnelle de l'état de choses — souvent appelé cause — $H_i$ étant donné le résultat — ou effet — E est égale au produit de la probabilité conditionnelle du résultat E étant donné l'état de choses $H_i$ par la probabilité de l'état de choses $H_i$, divisé par la somme des produits de la probabilité du résultat E étant donné l'état de choses $H_j$ par la probabilité de l'état de choses $H_j$, toujours en supposant que les $H_i$ représentent des états de choses incom-

d'une probabilité *a priori* soit un préjugé ne fait rien à l'affaire. Sous une condition certes particulière mais assez familière dite d'équivalence ou de symétrie, on démontre qu'il y a apprentissage par l'expérience, c'est-à-dire que le poids du facteur de vraisemblance qui, dans le théorème de Bayes, rassemble toutes les informations empiriques, s'accroît au fur et à mesure que s'accroît le nombre des observations, tandis que diminue d'autant l'importance de la probabilité initiale *a priori*[105]. Ainsi le

---

patibles dont l'union est l'événement nécessaire et a pour probabilité 1. Si nous représentons cette situation par un arbre qui se ramifie dans les branches $H_i$ aboutissant toutes à l'événement E, on voit que le théorème signifie que la probabilité $p(H_i|E)$ que l'événement E soit " causé " par l'état de choses $H_i$ a pour expression une fraction. Au numérateur figure la probabilité d'obtenir E par le chemin $H_i$ ; au dénominateur figure la somme des probabilités d'obtenir E par chaque chemin $H_i$. La probabilité d'obtenir E par le chemin $H_i$ est égale au produit des deux probabilités d'atteindre d'abord $H_i$, puis, par $H_i$, E (Stegmüller, 1973, II, p. 119). Si nous appelons k le produit qui figure au dénominateur de cette fraction et qui n'exprime que la normalisation (c'est-à-dire le procédé grâce auquel la nouvelle valeur obtenue est, à nouveau, une probabilité) $p(H_i|E) = k^{-1} \cdot p(H_i) \cdot p(E|H_i)$, où $p(H_i|E)$ est appelée la probabilité *a posteriori* ou finale de $H_i$ relativement à E donnée, $p(H_i)$ la probabilité *a priori* ou initiale de $H_i$ et $p(E|H_i)$ la vraisemblance de $H_i$ relativement à E. — Dans le cas continu, on obtient un théorème analogue où les probabilités font place aux densités de probabilité correspondantes.

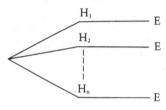

105. Il s'agit du théorème de représentation de de Finetti, 1937, 7, 1-68 ; Stegmüller, 1973, II, pp. 363-401 ; Mondadori, 1979, VII, pp. 396-405. Le mot *équivalence* est traduit en anglais par le mot *exchangeability* (en allemand *Vertauschbarkeit*).
" Soient n événements $E_1$, ... $E_n$. On appelle n — constituants les intersections de s (s = 0, ..., n) tels événements avec chacun des compléments des n — s (= r = 0, ..., n) restants, et donc les événements : (—) $E_1 \cap ... \cap (—)E_n$, où " (—) " est remplacé par " — " ou par rien dans toutes les combinaisons possibles. Il est clair que le nombre des n — constituants est $2^n$, et celui des constituants caractérisés par un nombre fixé r d' " insuccès " est $\binom{n}{r}$. La condition d'équivalence *(scambiabilità)* revient alors à supposer que chacun de ces $\binom{n}{r}$ n — constituants a la même probabilité, et donc que, pour n fixé, la probabilité d'un constituant arbitraire dépend seulement du nombre des " insuccès " r qui le caractérisent, et non de leur ordre. Pour parler comme Savage, " toute histoire finie h [n — constituants] a [s'il y a équivalence] la même probabilité que toute autre histoire finie h′ de même longueur et comptant autant de succès et d'insuccès " (Mondadori, p. 397). Soit, par exemple, l'événement E(r, s) défini par trois lancers successifs d'une pièce ; r désigne le nombre des pile (insuccès : 0), s le nombre des face (succès : 1). Il y a $2^3 = 8 (r + s = 3)$ 3 — constituants, mais l'équivalence réduit à quatre le nombre des événements, savoir : $E_1(3,0) = \langle 0,0,0 \rangle$ ($\binom{3}{0} = 1$), $E_2(2,1)$ qui

désaccord initial entre les opinions ainsi qu'entre les probabilités *a priori* qui les expriment n'empêche pas les observateurs, à condition qu'ils s'accordent sur la méthode d'échantillonnage et sur les observations qui résultent de celui-ci, de converger d'aussi près qu'on voudra sur la base d'un échantillon suffisamment vaste [106].

Les difficultés que rencontre l'induction statistique quand on la fonde sur le théorème de Bayes touchent soit l'affinement de la partition d'un concept donné soit la formation d'un concept

---

comprend 3 3 — constituants : $<0,0,1>$, $<0,1,0>$ et $<1,0,0>$ ($\binom{3}{1} = 3$), $E_3(1,2)$ qui comprend 3 3 — constituants : $<0,1,1>$, $<1,0,1>$, $<1,1,0>$ ($\binom{3}{2} = 3$) et $E_4(0,3) = <1,1,1>$ ($\binom{3}{3} = 1$).

106. Suppes, 1981, p. 38. Mandadori (*op. cit.*, pp. 393-396) construit un exemple simple et parlant qui montre cette convergence. Soient Pierre et Paul qui trouvent devant la boutique d'un marchand d'articles pour prestidigitateurs une pièce de monnaie. Sans la regarder, ils décident de jouer. Chacun d'eux accepte la partition des "causes" en trois hypothèses : $H_1$ = il y a une pile et une face, $H_2$ = il y a deux face, $H_3$ = il y a deux pile. On supposera que les probabilités initiales de Pierre sont :

$$p(H_1) = p(H_2) = p(H_3) = \frac{1}{3}$$

et que celles de Paul sont :

$$p'(H_1) = \frac{2}{10}, p'(H_2) = p'(H_3) = \frac{4}{10}.$$

Soit $E(r,s)$ l'observation que r lancers ont donné face et s lancers ont donné pile $(r + s = n)$. Supposons que Pierre et Paul s'accordent sur la vraissemblance et posent (j'ai corrigé les chiffres donnés par Mandadori) :

$$p(E(r,s)|H_i) = p'(E(r,s)|H_i) = \begin{cases} 1 & \text{si } i = 2, s = 0 \\ 1 & \text{si } i = 3, r = 0 \\ 0 & \text{si } i = 2, r = 0 \\ 0 & \text{si } i = 3, s = 0 \\ \left(\frac{1}{2}\right)^r \left(\frac{1}{2}\right)^s = \left(\frac{1}{2}\right)^n & \text{dans tous les autres cas.} \end{cases}$$

La supposition d'un tel accord sur les vraissemblances n'a rien que de naturel. Par exemple, lorsqu'on suppose $(i = 2)$ que la pièce a deux faces, la probabilité de ne jamais tirer pile $(s = 0)$ est 1. L'événement $E(1,1)$ suffit pour faire coïncider les probabilités, puisque, dans ce cas,

$$p(H_1|E(n,0)) = p'(H_1|E(n,0)) = 1,$$

puisqu'il est certain qu'il y a une face et une pile. Supposons alors que l'événement observé soit $E(n,0)$. Étant donné que

$$p(H_1|E(n,0)) = p(H_1)$$

$$p(E(1,0)|H_3 = p'(E(1,0)|H_3) = 0$$

d'après la table des vraissemblances $(i = 3, s = 0)$, l'égalité se trouve déjà obtenue pour cette hypothèse. D'autre part :

$$\cdot p(E(n, 0)|H_1)/\sum_1^3 p(H_i) \cdot p(E(n,0)|H_i)$$
$$= \frac{1}{3} \cdot 2^{-n}/p(E(n,0)).$$

nouveau assignent des limites au scepticisme [107]. Mais reprocher au sceptique de ne pouvoir fonder toutes les universelles qu'un dogmatique tient pour des lois, c'est encore reconnaître que le sceptique, dans le domaine des opinions universelles qu'il partage avec les autres hommes, peut, dans les cas assez nombreux d'événements sur l'occurrence desquels il est raisonnable de risquer un pari en s'astreignant à la cohérence et sous la condition de l'équivalence, choisir les opinions qu'il est en droit de regarder pour des lois parce que l'expérience le met en mesure de s'accorder rapidement avec autrui sur leur probabilité *a posteriori*.

### 59. APPLICATION DE LA PRÉCÉDENTE CLASSIFICATION AUX SOLUTIONS DU DOMINATEUR.

On vient de distinguer lois classificatoires, lois causales et règles de l'examen.

Seule la prémisse B du Dominateur (le possible ne suit pas de l'impossible) relève des lois classificatoires. Les doutes de Chrysippe, cependant, portent non sur B elle-même, mais sur les définitions croisées des modalités et, en fin de compte, sur les conditionnelles fondées sur la conservation des propositions et admettant pour antécédent la non-possibilité de la non-occurrence d'un passé et pour conséquent la nécessité de ce même passé. Le postulat de conservation mis en cause par Chrysippe a pour objet des modalités à double indice temporel et c'est donc

---

$$p'(H_1|E(n,0)) = \frac{2}{10} \cdot 2^{-n}/p'(E(n,0))$$

avec

$$p(E(n,0)) = \frac{1}{3} \cdot \left(\frac{1}{2}\right)^n + \frac{1}{3} \cdot 1 + \frac{1}{3} \cdot 0 = \frac{1}{3}2^{-n} + \frac{1}{3}$$

$$p'(E(n,0)) = \frac{2}{10} \cdot \left(\frac{1}{2}\right)^n + \frac{4}{10} \cdot 1 + \frac{4}{10} \cdot 0 = \frac{2}{10}2^{-n} + \frac{4}{10}$$

Ainsi :
$$p(H_1|E(n,0)) = \frac{1}{1 + 2^n}$$
$$p'(H_1|E(n,0)) = \frac{1}{1 + 2^{n+1}}$$

Après sept jets de la pièce seulement la différence entre ces deux probabilités est égale à 0,0038.

107. Suppes, 1966, pp. 49-65.

une loi causale, non une loi classificatoire qui fait problème. Pour classer les solutions du Dominateur, il suffira donc d'examiner quelle est la prémisse explicite ou implicite de l'argument que nous contraint d'abandonner le choix de telle conception des lois causales ou des règles de l'examen.

Une décision générale est d'abord requise pour faire le partage entre systèmes dogmatiques et systèmes de l'examen. La conjonction des prémisses A et C offre ici un critère naturel. Elle dit en effet qu'il existe un possible qui ne se réalise en aucun moment du passé, du présent et de l'avenir. La négation ainsi exprimée porte sur toute la durée et dépasse toute expérience possible, à la façon d'une idée cosmologique, au sens kantien du terme, définie par la totalité inconditionnée des conditions de l'expérience. Les systèmes dogmatiques accorderont à cette conjonction une valeur de vérité entraînant l'existence de l'état de choses correspondant.

Engageons-nous dans l'hypothèse dogmatique et accordons une valeur de vérité à cette possibilité qui ne se réalise jamais. Le principe de nécessité conditionnelle départage d'emblée deux attitudes métaphysiques. Étranger à la validité, ce principe ne s'applique qu'aux participants sensibles. Sous la forme d'une " cause errante ", il n'affecte donc pas, à proprement parler, l'être que le réaliste place dans les idées. Ainsi, refuser le principe de nécessité conditionnelle, c'est, en principe, accepter les hypothèses réalistes. Les refuser, c'est accepter le principe. Toutefois, chaque fois que, pressé par l'idée de salut, on a tendu à arracher les substances sensibles à leur destinée temporelle et à les hausser, pour ainsi dire, au rang d'idées, on est revenu au principe de nécessité conditionnelle, soit pour en nier la validité avec Duns Scot pour tout ce qui ne regarde pas les attributs divins, soit avec Leibniz, pour en localiser et en diminuer l'effet aux fins de la création.

Le conceptualisme proprement dit ne va pas jusqu'à recevoir les formes substantielles. Pour les substances sempiternelles qui n'admettent que la matière topique et qui tombent sous le coup de lois quasi-classificatoires, la validité de la nécessité conditionnelle rend leur existence nécessaire. A ce niveau, tout possible se réalise et il n'y a pas de contingent synchronique. Cette nécessité se dégrade à mesure qu'on compose plus profondément avec la matérialité. Les substances engendrées admettent ainsi un degré inférieur de nécessité limitée à une durée fixée par l'espèce à laquelle elles appartiennent. Si toute loi causale a la forme d'une " implication " dans laquelle l'existence actuelle de la fin suppose l'existence antécédente de la cause, la juridiction des lois causales ne s'étend pas à tout le devenir et la cause n'a généralement qu'une probabilité de produire un effet donné. A la limite, avant l'instant de son occurrence, un événement qui n'est que probable est encore dépourvu de valeur de vérité. Le principe de bivalence n'a pas de validité universelle, ce qui permet, à ce niveau, de faire une place aux possibles qui ne se réaliseront pas et aux contingents synchroniques. On peut donc accepter la prémisse C sans avoir à lui attribuer déjà pour valeur de vérité le vrai, comme on doit le faire pour assurer la validité du Dominateur.

La prédication substantielle élémentaire, caractéristique du nominalisme des choses, réduit tout événement à la division modale de la substance ou au choc des atomes. La division, comme le choc, sont complètement déterminés par les propriétés intrinsèques et relatives de la Substance avec ses modes ou de l'atome avec ses compagnons. Aucune contingence n'est donc donnée. Aussi bien la Substance unique que les atomes sempiternels en nombre assigné possèdent l'existence nécessaire. En vertu de l'expansion des modalités, cette nécessité rétrograde sans limites. Puisque seul existe ce qui existe nécessairement, le principe de nécessité hypothétique se réduit à un truisme. Il en va de même pour la nécessité du passé. Le possible ne suit pas de l'impossible. Il n'y a donc pas de possible qui ne se réalise pas et un contingent synchronique serait contradictoire.

Lorsque avec le nominalisme des événements disparaissent la substance ou les substances-supports, trois sortes de lois sont concevables. On les verra correspondre, pour le Dominateur, aux diverses solutions de l'École mégaro-stoïque.

Le premier genre de conditionnelles saines est celui qui établit entre deux événements un rapport d'identité matérielle et donc un rapport nécessaire. On montre aisément que les prémisses du Dominateur se résolvent en de tels rapports d'identité, C étant entendue comme une définition. Fait exception cependant la nécessité du passé. Comme le remarque Cléanthe, la proposition disant que s'il est contingent en t que p arrive en t′, t′ n'est pas antérieur à t, n'est pas une identité : au cas où le temps est cyclique, la préséance temporelle se trouve en effet renversée. C'est encore la nécessité de cette prémisse que Chrysippe met en cause, en affirmant que le mouvement du temps brise l'identité entre une proposition singulière normale et une proposition déictique portant sur le même événement, puisque c'est le sort des propositions déictiques d'être périssables.

L'interprétation sémantique de l'identité affaiblit les conditions auxquelles on reconnaît qu'une conditionnelle est saine et définit la nécessité du lien entre deux événements par la permanence de la vérité dans le temps. Toutes les prémisses du Dominateur deviennent identiques en ce sens, sauf la troisième, conséquemment niée par Diodore.

Reste, en troisième lieu, l'implication philonienne qui réduit les lois naturelles à de simples universelles dépourvues de tout surplus modal. Un réquisit aussi faible rend, d'évidence, saines les prémisses explicites du Dominateur. Comment Philon échappait-il à l'argument de son maître Diodore, c'est ce que nous ignorons. Il admettait, en tout cas, la troisième prémisse : " Le possible (qui d'ailleurs, dit-il, ne fait qu'un avec le non-nécessaire), est ce qui, en vertu de sa propre essence, est susceptible d'être, de sorte qu'une chose qui n'est pas, qui ne sera pas, mais qui est empêchée d'être par des circonstances extérieures seulement, n'en est pas moins possible aussi bien que ce qui est ou sera. De là paille et un coquillage au fond d'un puits ont la puissance l'une d'être brûlée et l'autre d'être vu, du bois au milieu de l'Océan reste combustible. En un mot la possibilité consiste dans la seule aptitude ou virtualité "[108]. La clause identifiant possible et non-nécessaire prévient l'échappatoire de Chrysippe. Les trois prémisses explicites du Dominateur étant légitimes, faut-il incriminer le principe de nécessité conditionnelle ? Mais ce principe ne touche que le rapport de l'existence actuelle à l'existence actuelle nécessaire et il est douteux qu'un Mégarique ait abandonné leur liaison. Il faut donc s'interroger sur le principe d'expansion ; l'indice unique du possible synchronique prend place entre les deux indices du possible diachronique. Toute truistique qu'elle paraisse, cette opération suppose que le second indice diachronique n'est pas rejeté à l'infini. Levons cette supposition. Alors la définition diodoréenne : " est possible ce qui est ou sera vrai " fait place à la définition philonienne : " est possible ce qui est ou sera vrai ou dont la vérité sera rejetée à l'infini par les circonstances extérieures ". Jamais assignable, le possible toujours empêché de la troisième prémisse ne donne pas lieu à un possible synchronique qui viendrait contredire à la nécessité conditionnelle simul-

---

108. Hamelin, 1978, p. 84 ; Döring, 1972, fr. 135-137, pp. 41-42.

tanée suscitée par l'hypothèse que le possible ne se réalisera pas. Ce rejet à l'infini ne ferait que pousser à son terme la solution de Diodore, dont on considérerait le cas-limite. Il résoudrait économiquement l'aporie, sans pour autant abandonner une nécessité conditionnelle qui semble s'imposer dès qu'on identifie dogmatiquement être et événement. Il s'accorderait enfin avec le nécessitarisme général sur le terrain duquel Philon semble être resté comme ses maîtres mégariques [109].

Les systèmes de l'examen suspectent, on l'a dit, la conjonction de la première et de la troisième prémisses du Dominateur, parce que cette conjonction embrasse trop pour bien étreindre. La suspicion prendra deux formes différentes selon qu'on adoptera la version intuitionniste ou la version sceptique de l'examen.

Pour que le Dominateur soit valide, il faut que ou bien il y ait un possible qui ne s'est ou ne sera jamais réalisé ou bien qu'il n'y ait pas un tel possible. C'est cette disjonction que nient Epicure et les systèmes intuitionnistes, le tiers-exclu passant ici les bornes de l'expérience possible.

Le sceptique, enfin, n'a pas besoin d'entrer en conflit avec la logique. Il suffit à Carnéade de dissocier la vérité d'avec l'actualité de l'état de choses correspondant. Si les règles de la nature résultent de convergences vers des probabilités, la conjonction de la première et de la troisième prémisses échappe, même si elle est vraie en soi, à notre représentation et donc à toute assignation de l'actualité. On n'imagine, en effet, aucun système d'opinions probables, de fonctions d'utilité et de préférences, qui permettrait d'assigner le statut subjectif et la valeur subjective d'une telle conjonction.

On est donc en droit de dresser le tableau suivant qui décrit la corrélation entre systèmes philosophiques, types de conceptions des lois naturelles et prémisses à mettre en cause dans le Dominateur.

---

109. Hamelin, 1978, p. 84.

| Système philosophique | Type de loi naturelle valable | Prémisse à mettre en doute dans le Dominateur |
|---|---|---|
| **I. Dogmatique** | | |
| A. Réaliste (Platon) | Les lois causales sont approchées (en vertu de la participation) | Principe de nécessité conditionnelle. |
| B. Conceptualisme a) limite, car supposant — des formes substantielles (Duns Scot) — des monades (Leibniz) | implication de la cause antécédente dans la fin actuelle | Caractère ontologique final du principe de nécessité conditionnelle. |
| b) proprement dit (Aristote) | | Principe de bivalence |
| C. Nominalisme des choses | implication de la cause antécédente dans l'effet actuel | Prémisse C. |
| D. Nominalisme des événements | a - Identité matérielle | « Nécessité » du passé (A) ou définition croisée des modalités (forme négative de B). |
| | b - Identité sémantique | Prémisse C. |
| | c - Implication matérielle | Principe de l'expansion des modalités. |
| **II. De l'examen** | | |
| E. Intuitionnisme | Règles de la nature fondées sur une construction mentale | Principe du tiers-exclu |
| F. Scepticisme | Convergence des probabilités *a posteriori* (théorème de Bayes) | Principe de correspondance du vrai et du réel |

Pour E et F : (conjonction de A et C)

# chapitre 11

# aperçu sur la classification des systèmes philosophiques dans leur rapport avec la question de la nécessité et de la contingence

60. Retentissement de l'ordre synthétique sur les matériaux disposés suivant la méthode analytique.

En substituant l'ordre des principes à l'ordre des matières, objet propre de la méthode analytique, la méthode synthétique n'achète-t-elle pas plus de clarté dans la disposition générale des matières par plus de confusion dans les relations mutuelles des systèmes philosophiques ? En jetant la lumière sur l'origine prédicative de ces derniers, n'a-t-on pas obscurci la distinction tranchée que l'analyse avait tracée entre systèmes de la nécessité et systèmes de la contingence ? De quel droit grouper, par exemple, sous l'unique rubrique du conceptualisme des philosophies qui adoptent précisément sur la nécessité et la contingence des thèses aussi diverses que celles qu'on voit exprimées par Aristote ou par Leibniz, par saint Thomas et par Duns Scot ?

Il ne suffirait pas de répondre que la synthèse a tenu ses promesses. Car il faut expliquer que le même principe prédicatif puisse et doive se spécifier pour produire des conséquences aussi variées et même contradictoires. La synthèse demeurerait vaine, si l'unité des principes qu'elle postule ne laissait pas sa marque sur cette variété.

Pour dissiper complètement le préjugé analytique qui grève si lourdement la présente intelligence de la philosophie et de son histoire, on devra renoncer à croire qu'on peut définir des notions telles que la nécessité et la contingence en dressant la liste de leurs déterminations intrinsèques. L'intelligence philosophique commence là où la synthèse met ces déterminations intrinsèques en relation avec un principe prédicatif et assigne ainsi ce qu'on pourrait appeler les résonances des notions. En particulier, faute d'une telle intelligence, le concept de liberté — que ce livre ne s'est pas proposé directement comme objet —, demeurerait imprécis et comme insaisissable pour la réflexion.

La méthode synthétique n'aura donc parachevé sa tâche qu'après avoir établi les liaisons de système entre les diverses notions de la nécessité et de la contingence relatives à un principe prédicatif donné. Il faudra reprendre l'examen de ces notions sous les aspects logique, physique, métaphysique et moral dans lesquels s'explicite tout système philosophique.

## 61. LE RÉALISME.

### I

Étrangères au temps et objets de la pure raison, les idées sont en acte. Une modalité " réelle " à double indice temporel ne trouve pas de place parmi elles, et s'applique donc uniquement à ces réalités de second ordre que sont les images des idées. Leur statut modal indélébile caractérise les images : elles sont toujours en danger de perdre leur être d'emprunt. Cependant, pour sauver les phénomènes et la stabilité des équations astronomiques qui les soutiennent, il faut attribuer à certaines images une pérennité qui imite l'éternité des idées et fait constamment obstacle à l'inconsistance que les images doivent au néant duquel elles ont été tirées.

Une telle exigence ne fait pas difficulté pour le réaliste. L'organisation continuée qui maintient l'être de l'image lui est, par principe, étrangère. Quant à la possibilité de ne pas être, qui résulte de la contingence de l'image, elle n'introduit en elle aucune véritable possibilité réelle ou positive, aucune appétition qui prêterait à la puissance du néant plus qu'au néant même. L'existence sensible est donc compatible avec la possibilité de ne pas être et l'on doit rejeter le principe de nécessité conditionnelle.

Ces considérations demeurent valables lorsqu'on transforme les rapports de subordination entre idées en rapports génétiques entre hypostases. Elles subsistent encore quand on identifie le monde intelligible avec l'intelligence du Dieu créateur. Ce n'est plus d'ailleurs le monde créé et périssable, ce sont les âmes humaines et angéliques, créées pour l'éternité, qui incarnent alors, aux yeux de la foi, un possible qui ne se réalise jamais [1]. La foi peut-elle éclairer notre intelligence, d'autant plus troublée que tant le concept de toute-puissance créatrice que les exigences propres à la prescience, à la prédestination et à la grâce divines nous conduisent au doute [2] ? La toute-puissance n'est-elle pas, par définition, impuissante à se donner des bornes ? La prescience et la prédestination ne produisent-elles pas la nécessité de tous les futurs, le péché originel ne nous livre-t-il pas à la tentation, en sorte que, dans les deux cas, les possibles non réalisés se ramèneraient à une illusion ? [3]

Toutes ces difficultés se dissipent lorsqu'on analyse le langage. L'impossibilité du néant, inhérente à l'être nécessaire, n'amoindrit pas sa puissance, puisqu'elle ne porte sur aucun objet positif. L'incompatibilité de la prescience et de la prédestination avec la liberté est levée, dès qu'on précise que Dieu sait d'avance que tel acte sera accompli, non pas nécessairement mais librement [4], et qu'il accomplit l'œuvre de prédestination non pas en forçant la volonté ou en lui résistant, mais en la laissant libre au sein de Sa propre puissance [5]. Quant à la grâce, elle s'accorde de même avec le libre arbitre. Celui qu'on met en demeure de choisir entre la véracité et la mort n'est juste qu'en conservant pour elle-même une volonté droite, ce qu'il ne saurait faire sans l'aide de la grâce, mais d'une grâce qui ne saurait lui faire défaut puisqu'il veut alors ce que Dieu même veut et ne peut donc manquer de vouloir [6]. L'" impuissance " divine à vouloir le néant garantit donc la concordance de la grâce et de la liberté.

Cette concordance jointe à l'indication d'ambiguïtés dans le langage modal n'équivalent pas à une dénonciation du principe

1. Saint Augustin, *De Civitate Dei*, L.X, C.XXXI, t. VII, p. 267 ; *ibid.*, L.XII, C.IX, p. 307. Et *Liber ad. Hieronymum Seu Ep. CLXVI*, 14, t. II, p. 589 : " Ce qu'ils disent, à savoir que tout ce qui a commencé d'être dans le temps ne peut pas être immortel, parce que tout ce qui est né meurt et tout ce qui grandit vieillit, en sorte qu'ils obligent à croire que l'âme humaine est immortelle parce qu'elle est créée avant tous les temps, ceci n'émeut pas notre foi. En effet, pour taire d'autres arguments, l'immortalité de la chair du Christ a commencé d'être dans le temps, elle qui cependant ne meurt jamais et que la mort ne dominera jamais ( Rom.6.9). "

2. Saint Augustin, *De Civitate Dei*, L.V, C., X, t. VII, pp. 124-125.

3. Saint Augustin, texte cité note 2 ; saint Anselme, *Tractatus de Concordia Praescientiae et Praedestinationis nec non Gratiae Dei cum Libero Arbitrio*, passim ; Ein neues unvollendetes Werk des hl. Anselm von Canterbury, ed. F.S. Schmidt, 1936, 24.16.

4. Saint Anselme, *Tractatus de Concordia...*, Q.I, C.II, 246, 1-13.

5. *Ibid.*, Q.II, C.III, 262.

6. *Ibid.*, Q.III, *passim;* Q.I., C.VI.

de nécessité conditionnelle. Il faut encore analyser sur quoi repose la concordance et en quoi consistent les ambiguïtés. Que l'impuissance au néant n'introduise aucune limitation en Dieu, c'est ce qui résulte de la logique de la création : le mal n'est rien et, contre les Manichéens, on n'accorde aucune réalité propre au réceptacle qui en est le principe. De façon parallèle, si prescience, prédestination et grâce sont compatibles avec la liberté, il faut diminuer l'effet de la nécessité qui leur est propre. Cette diminution sera parfaite, lorsque cette nécessité sera sans effet. Seule la nécessité de la conséquence réalise cette condition, puisque, seule, elle est dépourvue de portée réelle. Or c'est bien ainsi que saint Anselme interprète la distinction d'Aristote au chapitre IX du *De Interpretatione*[7]. La nécessité de conséquence (*necessitas sequens*) résulte, dit-il, de l'existence donnée de la chose et ne produit aucun effet nécessaire, à la différence de la nécessité qui précède (*necessitas precedens*) et cause la chose[8]. La seconde rétrograde, non la première[9]. C'est uniquement la seconde qui menace la liberté. La première, en effet, est purement tautologique et n'emporte aucune nécessité du conséquent, même limitée à la durée de son existence[10].

Au sens fort qu'on a donné au mot, le principe de nécessité conditionnelle perd donc sa validité. Lors même qu'elle pèche actuellement, la volonté reste plus forte que la tentation, c'est-à-dire qu'elle peut ne pas pécher[11]. Une telle puissance que n'élimine pas l'acte qui lui est contraire est celle d'un instrument qui subsiste, quelles que soient ses œuvres[12]. Une telle distinction est la conséquence logique de la doctrine du péché originel.

Les Pélagiens soutenaient, en effet, que la nature rationnelle, consistant dans la puissance de pécher et de ne pas pécher, n'est

---

7. Saint Anselme, *Cur Deus Homo ?*, 125, 20-22.
8. *Ibid.*, 125, 8-14 ; *Tractatus de Concordia...*, 249, 6-9, 250, 22-24 ; 261, 20-262, 3.
9. *Cur Deus Homo ?*, 125, 18-20.
10. Saint Anselme interprète la nécessité conditionnelle d'Aristote à la façon de Lukasiewicz, comme une nécessité de conséquence (*Tractatus de Concordia...*, Q.I, C.II). " Lorsque nous disons, en effet, que tout homme est homme, ou que s'il y a un homme il y a un homme, il est nécessaire que soit ce qui est dit, car rien ne peut à la fois être et ne pas être. Assurément, s'il n'est pas nécessaire que tout futur soit futur, quelque futur ne sera pas futur, ce qui est impossible. C'est donc nécessairement que tout futur est futur ; et si c'est un futur, c'est un futur, puisqu'on appelle futur ce qui est au futur ; mais cette nécessité est de conséquence et ne force rien à être. "
11. Saint Anselme, *De Libertate Arbitrii*, C.VII, 218.
12. *Ibid.*, 218, 26-219, 16.

pas fondamentalement altérée par l'acte du péché, qu'elle n'en souffre que les effets d'habitude, que l'existence du péché prouve qu'il était nécessaire que l'homme pût pécher sans être pour autant entraîné à pécher nécessairement[13]. En conséquence, le salut dépend des œuvres et la rédemption n'est point indispensable pour restaurer une puissance de vaincre la tentation, qui est inscrite dans notre libre arbitre et qu'aucune dépravation n'a jamais pu effacer. Inutile alors d'opposer l'instrument à l'œuvre. Raison et libre arbitre ne sont qu'une même chose et cette chose s'épuise dans des œuvres bonnes ou mauvaises. Si elle n'entraîne pas inévitablement la nécessité conditionnelle, cette attention aux œuvres lui donne, en tous cas, une apparence presqu'irrésistible.

Partons, en revanche, comme le demande la foi, de la rédemption et d'une rédemption si essentielle qu'elle est, en un certain sens, préfigurée, avec l'incarnation, par la personne du Fils dans la Trinité. Cette rédemption n'est nécessaire que parce que la faute aura perverti la volonté, non par le simple effet des habitudes qu'elle a fait naître, mais par l'effet du châtiment qui lui était lié. De son Créateur, la raison tient sa puissance de conserver la rectitude pour elle-même. Du néant d'où il a été tiré, l'homme tient la faculté de ne pas conserver cette rectitude et donc l'arbitre comme source du mal. Avant la faute, la puissance de conserver la rectitude, due à Dieu, produit spontanément son effet. Après la faute, elle perd ce qu'on pourrait appeler son inertie naturelle. Laissé à son arbitre, l'homme produit des œuvres de néant. Cependant rédemption et grâce recréent dans son efficace la puissance de la raison. L'instrument est plus que l'œuvre, puisqu'il en est la puissance restaurée par la prière et la foi[14]. "Je ne fais pas le bien que je veux, dit l'Apôtre, mais je fais le mal que je ne veux pas"[15]. Il faut combler la distance qu'il y a de la chute à la grâce comme il fallait combler la distance qu'il y avait de la conservation d'un statut de contingence à la conservation de l'ordre imparti par le démiurge : il faut que les puissances négatives, les fluctuations des images ou des créatures tirent ce qu'elles ont de réalité de la seule puissance positive des idées ou de Dieu.

---

13. Voir par exemple, saint Augustin, *Operis Imperfecti Contra Julianum*, L. V, t. X, pp. 1275-1289.

14. *Ibid.*, L.VI, T. X, p. 1317 ; saint Anselme, *Tractatus de Concordia...*, Q.III, C.VII.

15. *Rom.* 7, 19.

## II

L'idée ou Forme du mouvement est immobile. Cependant, outre cette Forme et le mouvement sensible qui en est l'image, Platon fait intervenir, sans d'ailleurs expressément la désigner comme un troisième terme, l'âme. Le monde intelligible, en effet, serait-il parfait, si on lui retirait vie et mouvement qui en sont la marque ? D'autre part, les mouvements sensibles, qui, se communiquant de proche en proche et dépendant à l'infini d'autres mouvements, peuvent être appelés " mouvements d'efficacité seconde "[16], ne déroulent à nos yeux qu'une suite mécanique de moyens ou d'instruments sans pouvoir prétendre au rôle véritable de causes. Les causes réelles, ce sont les sentiments, les volitions par rapport à ce que l'agent juge être son bien, c'est-à-dire les mouvements de l'âme ou " mouvements d'efficacité première ", qui déterminent la fin à laquelle obéit le mécanisme, en lui-même désordonné, du réceptacle. Le corps, les membres, les muscles, les os de Socrate ne sont que ce sans quoi sa décision morale, cause réelle de l'événement, ne pourrait avoir lieu. S'il avait pris le parti, au lieu de rester dans sa cellule, de fuir vers Thèbes ou Mégare, la machine, autrement disposée, eût encore obéi.

Il y a donc subordination du mouvement mécanique au mouvement biologique et du mouvement biologique au mouvement spirituel. Au terme de cette subordination, l'âme se définit comme l'automoteur. Or cette définition est, en apparence seulement, étrangère à la théorie des Formes. En effet, d'une part l'automotricité, d'abord spirituelle, peut être séparée du mouvement perpétuel communiqué à la nature, comme en fait foi la station des âmes dans la " plaine des réalités ", où elles se repaissent de la vue des Formes immobiles, leur véritable nourriture [17]. Bien plus, une telle station est nécessaire si la dépense d'énergie, consentie par l'âme du fait de son activité essentielle, ne doit pas, comme le craignait Cébès, l'épuiser sans retour [18]. Cette liaison entre automotricité de l'âme et contemplation des Formes assure aux Formes leur fécondité et leur capacité d'engendrer le mouvement. La Forme nourrit l'Ame ; la cause formelle est à la fois cause efficiente et finale, sans que les

---

16. *Lois*, 897 A.
17. *Phèdre*, 247 D.
18. *Phédon*, 70 D.

distances temporelles qui séparent l'effet de sa cause et le moyen de sa fin viennent perturber le caractère éternel de l'information. L'arrangement [19], le " cosmos " que la bonté de Dieu impose au réceptacle n'a rien d'une finalité anthropomorphique : elle n'exprime que l'efficience de la cause formelle.

Au premier regard, rien ne subsiste plus de cette doctrine du mouvement, une fois que le Dieu créateur a pris la place du démiurge créé. Car l'âme, désormais créée de rien [20], ne saurait être coéternelle à Dieu [21], même si elle vient de Lui et que, faite à Son image, elle est voisine de Sa substance [22]. L'âme n'est donc pas automoteur.

Néanmoins les mouvements qui sont les siens sont spirituels quoique par autrui [23] et décident des fins dernières. Seuls, ils donnent un sens aux mouvements physiques dont le monde sensible est fait. Comme l'âme platonicienne mouvait les corps grâce à l'énergie qu'elle puisait dans la contemplation des idées, l'âme chrétienne a besoin de l'illumination céleste pour revigorer ses forces et elle ne peut diriger le corps si elle n'est pas elle-même dirigée par Dieu [24]. Seulement, tandis que le mouvement du monde païen est sans fin et donc sans fin entretenu par l'âme, le mouvement physique est, par lui-même, inutile à l'âme chrétienne dont le but ultime est le repos en Dieu [25].


III


La théologie platonicienne est restée embryonnaire et peut-être volontairement hésitante [26]. En quel sens est-ce par le Bien que les idées sont connues et reçoivent " et l'existence et l'essence, par ce Bien qui n'est pas essence, qui bien plutôt est encore au delà et qui surpasse l'essence en dignité et puissance " ? [27]. Dieu, au sens de suprême, n'est-il pas identique au Bien et à l'Un ?

---

19. Robin, 1968, p. 75.
20. *A Deo facta, non ex se ipso sed ex nihilo* (saint Augustin, *De Anima et ejus Origine*, L.I, C.IV, t. X, 339$^c$).
21. Saint Augustin, *De Civitate Dei*, L.X, C.XXXI, t. VII, p. 267.
22. Saint Augustin, *De Trinitate*, L. XIV, C. 6, t. VIII, 951$^a$.
23. Saint Augustin, *Enarratio in Psalmum CXLV*, t. IV, 1626$^c$.
24. *Ibid.*, 1627$^c$.
25. Saint Augustin, *Ad Inquisit. Januarii L. II,* Ep. LV, 18, t. II, 134$^g$.
26. Robin, 1968, p. 183 ; Goldschmidt, 1970, p. 61.
27. *République*, VI, 509 B.

En distinguant les trois hypostases, l'Un, l'Intelligence et l'Ame, les Platoniciens, en tous cas, ont explicitement refusé d'assimiler Dieu à l'être totalement existant[28]. Ils ont donc refusé de lui attribuer les attributs de la personnalité.

Tant que réceptacle et chaos, conditions de possibilité de toute synthèse[29], demeurent préalables à l'action de l'idée, ils ne sont pas rien, si fragiles que soient aussi bien leur mode d'être que leur appréhension par " un raisonnement bâtard "[30]. En conséquence, Dieu est innocent du mal, parce que le mal a d'autres causes[31].

Lorsque, dans la doctrine de l'émanation, l'Ame universelle engendre par sa dispersion la matière première comme elle engendre la forme du monde elle-même par son unité[32], le mal qui résulte de la matière cesse d'être imputable à une cause autre que Dieu. L'innocence divine exige alors que le mal ne soit qu'une imperfection d'être, un non-être, un mensonge[33].

Telle est encore la leçon de la théodicée réaliste adéquate au Dieu créateur. Posons, par un acte de foi, ce Dieu dont l'intellect contient les formes du monde créé. Comment comprendre ce que nous croyons? Les idées qui sont dans l'intellect divin contiennent, outre les formes des créatures, l'idée de Dieu lui-même. Cette idée, par son immensité, est inaccessible à notre entendement. La seule notion que ce dernier pourra s'en faire sera négative. Par opposition aux natures créées, qui par défini-

---

28. *Sophiste*, 248 E *sqq.* l'identification est proposée par Robin, 1968, p. 183.

29. Toutes les déterminations matérielles, la corporéité des corpuscules elle-même, ne sont pas données par l'espace, mais elles résultent de l'influence des idées sur le " champ " spatial (Cherniss, 1962, p. 153). Mais comment comprendre qu'un volume, qu'une extension puisse advenir aux apparences des idées, à leur extériorisation, du fait d'un réceptacle dont on nous dit qu'il est objet de pensée, quoique de pensée bâtarde ? Cette difficulté ne peut se résoudre que si l'espace est antérieur à l'existence des choses sensibles ; la condition de l'existence sensible doit être donc l'image d'un espace qui est lui-même condition d'une existence intelligible. En d'autres termes, il faut distinguer de l'espace étendu et divisible l'idée d'étendue, ce que Malebranche appellera l'étendue intelligible qui n'est ni étendue ni divisible. Ce que Platon proposerait dans le *Timée*, c'est une série de synthèses se compliquant progressivement ; l'étendue intelligible apparaîtrait à la limite du monde idéal ; sa production dans l'apparence, l'étendue physique, serait au principe du monde sensible (Mugler, 1960, p. 5 ; et 1969, pp. 279-282).

30. *Timée*, 52 B.

31. *République*, L. II, 379 B-C et X, 617 A.

32. Plotin, *Ennéades*, I, L. VIII, § 7, p. 129 ; II, L. III, § 17, p. 192 ; II, L. IX, § 12, p. 292 ; III, L. IV, § 1, t. II, pp. 89-96.

33. *Ennéade* II, L. IV, § 10, p. 209.

tion sont telles que je puis penser quelque chose qui soit plus grand qu'elles, la notion que j'ai de Dieu est celle de ce qui est tel que je ne puis penser quelque chose qui soit plus grand que lui. Or si ce qui est tel que je ne puis penser quelque chose qui soit plus grand que lui existait seulement dans mon intelligence, il y aurait quelque chose qui est tel que je puis penser quelque chose de plus grand que lui, puisque ce qui existe hors de mon intelligence quand je me le représente existant dans mon intelligence est plus grand que ce qui existe seulement dans mon intelligence. Donc si Dieu est ce qui est tel que je ne puis penser rien de plus grand que lui, Dieu existe.

La nature de la preuve ontologique invite à deux méprises captieuses.

La première, commise par Gaunilon et par Kant, consiste à refuser de faire de l'existence une perfection. La preuve alors s'effondre, puisque ce qui existe hors de l'intelligence n'est pas plus grand que ce qui existe uniquement dans l'intelligence. L'objection revient à imputer modalité et existence à un principe sensible extérieur aux idées et conçu comme l'une des deux composantes soit de la réalité hylémorphique soit de la possibilité de la connaissance. Mais, dans les deux cas, on abandonne le réalisme, et l'objection n'est qu'une pétition de principe.

La seconde méprise est induite par la forme subjective et négative de la preuve. Le nerf de celle-ci, dira-t-on, est une possibilité de penser une notion, qui n'est qu'une représentation de mon intelligence. Une telle notion est étrangère au réalisme. Mais la conclusion est sophistique. En effet une notion, à titre de représentation subjective, ne *peut* être pensée, comme l'exige la preuve, que si elle est non contradictoire. Il faut donc, pour que nous puissions faire correspondre une pensée aux mots que nous prononçons : " ce qui est tel que rien de plus grand ne puisse être pensé ", que ces mots n'expriment rien d'incompatible. Or " en vertu du réalisme " la notion négative de Dieu ne tient sa compatibilité, c'est-à-dire son être, que d'une idée, qui doit elle-même être en Dieu, bien qu'elle ne soit pas l'idée positive que Dieu a de lui-même[34].

Sans cet être objectif ou idée, rien ne distinguerait la notion incriminée d'un *flatus vocis*. Pour être acceptable, sous la forme de ce rationalisme extrême, le réalisme exige certes qu'on ne

---

34. Cette double méprise est explicite par exemple dans Geyer, 1958, pp. 199-201.

puisse pas démontrer l'incompatibilité de la prémisse qu'il emprunte à la foi. C'est ce qui est douteux, mais la question porte alors non pas sur une prétendu indépendance entre preuve ontologique et réalisme, mais sur les limitations internes qui doivent resserrer les moyens de preuves légitimés par le réalisme [35].

Naturellement, comme la théorie de l'émanation, la version créationniste du réalisme doit laver Dieu du mal en lui imputant tout le bien. Le principe de la théodicée reste le même. Le mal est un néant, dû à la faculté du péché qui, dans les volontés créées, retient la marque de ce néant d'où le créateur les a tirées [36].

# IV

La coexistence de l'acte avec la puissance contraire a signifié la superposition de l'ordre au chaos, celle du créé au néant, celle de la grâce à la nature. Il n'y a pas nécessité conditionnelle, puisque le changement dans l'être de la chose ne saurait avoir de contrepartie dans l'universel immuable, antérieur à la chose.

Ce n'est pas pour autant que la prédication et même la participation se trouvent affectées par quelque contingence positive qui ferait que ce qui est pourrait être autrement qu'il n'est.

Lorsque le réalisme exclut la création, l'ordre des fins, qui pénètre le mécanisme, ennoblit la causalité. Il ne la distend pas. L'imitation des idées ne laisse au démiurge aucun degré de fantaisie et l'Ame du monde automotrice n'est cause libre qu'au sens où l'est la force d'inertie. Quant à l'âme humaine, impure tant qu'elle participe à l'injustice et au mal, elle n'est libre qu'en voulant le Bien.

L'introduction dans le réalisme des dogmes de la création et de la rédemption ne renforce en rien la contingence. Certes le créé, qui peut ne pas être, s'oppose à l'être nécessaire, mais l'opposition s'appliquait au rapport de l'image à son modèle. La disparition de l'automoteur et de ce que le mal avait de positif [37] accroît le déterminisme de l'être. Comme le répètent Anselme

---

35. Vuillemin, 1971.
36. Par exemple, saint Anselme, *De Casu Diaboli*, 246-259 ; 247, 6 ; 251, 8-16.
37. Cherniss, 1962, note 175, pp. 266-267.

et Augustin, la puissance de faire le mal est étrangère au libre-arbitre considéré dans ce qu'il a de positif comme puissance de conserver pour elle-même la rectitude de la volonté, et le prétendu libre choix du mal n'est imputable qu'à ce qui dans l'arbitre marque la trace de son néant.

62. LE CONCEPTUALISME.

I

Les conceptualistes ne sont pas seulement, comme l'étaient les réalistes, partagés par la création. Ils le sont surtout faute de s'entendre sur la raison qui interdit d'hypostasier les universels, car ceux-ci doivent être dans les choses soit parce que la matière s'ajoute à eux pour les individualiser, soit parce qu'ils doivent, pour être, se différencier jusqu'à l'individuation.

Ces divisions ne sont pas indépendantes, comme on le voit dès qu'on prête attention non à leurs principes, mais à leurs moyens. Posée comme simple négation dans la création divine, la matière se voit assigner un statut double; elle individue l'universel comme elle le faisait hors de la création, mais elle l'individue par le moyen d'universels qui la placent sous la dépendance de Dieu. Or l'individu immatériel auquel aboutit la différenciation de l'universel est nécessairement objet de création dans l'hypothèse conceptualiste, faute de quoi il existerait par soi et ne se distinguerait pas d'une idée. Mais la création d'un tel individu peut encore procéder de deux manières. Elle est immédiate, lorsque l'individu est à son créateur ce que la matière était à l'universel dans l'hypothèse de l'individuation matérielle. Elle est médiate et par le moyen d'universels, lorsque l'individu est à ces universels ce que, dans la même hypothèse, la matière était au créateur.

Divisés tant sur la nature que sur les voies de l'individuation, les conceptualistes s'accordent pour opposer à la nécessité absolue ou brute ou *de re* une nécessité conditionnelle ou de supposition ou *de dicto*. Est nécessaire conditionnellement toute proposition d'identité et toute tautologie logique, ainsi que toute proposition de prédication qui peut se ramener à une proposition d'identité. Sont nécessaires absolument les propositions par lesquelles nous attribuons à Dieu et sans condition ses attributs ou son existence. Par analogie avec la règle logique en vertu de laquelle l'impossible ne suit pas du possible, on fixe les conditions dans lesquelles on est en droit de passer de la nécessité conditionnelle à la nécessité brute. Il faudra qu'il soit nécessaire que le sujet ayant la propriété Q ait la propriété P, pour que le sujet ayant la propriété Q ait nécessairement la propriété P. Alors mais alors seulement la nécessité du *dictum* fonde la nécessité de la *res*. Une telle condition équivaut à poser que les universels Q et P sont inséparables dans la sujet S. S'ils sont séparables, le passage est illégitime [38].

On s'attendra donc que les conceptualistes se divisent selon leurs façons particulières d'assigner inséparabilité et séparabilité des universaux en fonction de la nature et des voies de l'individuation.

Supposons l'individuation matérielle et immédiate. Toutes les propositions qui portent sur l'essence, non sur l'être en tant que tel, relèveront de ce qui est inséparable dans les universels. Ainsi, dans tout ce qui touche à la classification des espèces, où la seule matière en jeu est la matière intelligible, les formes inengendrées quoiqu'insubstantielles constituent un ordre absolument nécessaire. Quant aux propositions portant sur l'existence des substances matérielles, elles relèvent de l'accident et du séparable. A la différence des idées, les universels qui sont dans les substances contingentes, ne peuvent pas en être séparés ni recevoir une existence hors de l'existence temporelle qui leur échoit dans la matière. Il est donc nécessaire qu'un sujet qui existe dans le temps t existe dans le temps t, " exister dans le temps t " formant un prédicat grâce auquel sont exemplifiés les universels du conceptualisme [39] ; mais alors un sujet qui existe dans le temps t existe nécessairement dans le temps t. Il y a nécessité conditionnelle au sens qu'on a donné au principe du même nom. Et l'on

---

38. Saint Thomas, *S.T.* I, 1, Q. 14, a. 13, pp. 119-122. Dans le cas de l'inséparabilité des universels Q et P,

a)     $L(S_Q P) \rightarrow S_Q(LP)$.

On a posé que Q est un prédicat essentiel de S et que P est inclus dans S. La nécessité peut donc porter sur P. P est également un prédicat essentiel de S et lui est attaché sans condition particulière de temps ou de connaissance qui porterait sur Q. De même, par dualité, pour le possible :

b)     $S_Q(MP) \rightarrow M(S_Q P)$.

39. On ne peut formuler de conditionnelle équivalente à a) ou b) dans le réalisme. A la prédication conceptualiste correspond, en effet, dans ce dernier une participation. Au lieu de dire que S qui est Q est P, on dit alors que l'universel U est participé par le sensible S pendant le temps t. Mais, par définition, une telle participation ne saurait être nécessaire.

n'a pas le droit de faire de cette nécessité une nécessité absolue en la détachant de sa clause temporelle, ce qui équivaudrait à faire rétrograder la vérité des événements contingents. La contingence serait détruite, en effet, si, en conséquence du principe de bivalence, on reconnaissait comme déjà actuelle la valeur de vérité de tous les futurs, dès lors soumis à la prévision, actualisés par elle sans limite dans le passé et troquant, de ce fait, leur nécessité conditionnelle instantanée pour une nécessité sempiternelle et par conséquent absolue.

La matière première, incréée[40] et condition de réalisation de la forme, lui fait également obstacle. Elle est la raison d'être de l'accident, dans ce qu'il a d'irréductible, et, par là, du hasard et de la contingence. On ne peut parler de Providence divine, là où Dieu, entendement pur, est conçu comme séparé du monde, ignorant de lui[41], et sans action causale sur lui[42]. Quant à l'organisation de ce monde, fondée sur la hiérarchie des substances, non seulement elle tolère, elle appelle échecs et exceptions au niveau de la génération et de la corruption, où les lois n'ont plus qu'une valeur de probabilité.

Lorsque l'individuation matérielle se trouve subordonnée à des universels en entrant dans l'économie de la création, une difficulté ne manque pas de naître. Les universels ont pris place dans l'entendement divin[43] ; leurs liens restent inséparables et

---

40. Saint Thomas attaque Platon, du moins " selon certains ", comme ayant soutenu l'éternité de la matière ( *S.T.*, Q. 16, a. 1, *ad. quart.*, p. 129). Aristote affirme explicitement l'éternité de la matière ( *Métaphysique,* B, 4, 999$^b$12 et Λ, 3, 1069$^b$35 ; *Physique,* A, 9, 192$^a$28).

41. *Aristotle's Metaphysics,* ed. par Ross, 1948, I, p. CXLIII.

42. *Id. ibid.,* p. CXLIX.

43. Saint Thomas, *S.T.*, Q. 15, a. 1, *Resp.*, pp. 125-126 : " Il est nécessaire de supposer des idées dans l'esprit divin. Idée, en grec, c'est ce que nous appelons en latin *forma.* Par Idées, on entend donc la forme des choses existant hors des choses-mêmes. Or la forme d'une chose, en dehors d'elle, peut se voir attribuer deux rôles : ou servir d'exemplaire à ce dont elle est dite la forme, ou être à son égard un principe de connaissance, comme on dit que les formes des êtres connaissables sont dans l'être qui les connaît. Et c'est à la fois sous ces deux rapports qu'il est nécessaire de supposer des Idées. " La preuve qui suit est par les deux formes de la finalité : " En toutes choses qui ne naissent pas du hasard, il y a nécessité que la forme de l'être engendré soit la fin de la génération. Or l'agent n'agirait point en vue de la forme, s'il n'avait en lui la représentation de la forme. Mais cela peut avoir lieu de deux façons. En certains agents, la forme de la chose à faire préexiste selon son être naturel ; c'est le cas des êtres qui agissent par nature, comme l'homme engendre l'homme et le feu engendre le feu. D'autres possèdent la forme selon son être intelligible, comme les agents intelligents. C'est ainsi que la représentation de la maison est dans l'esprit de l'architecte. Et la forme, en ce dernier cas, peut être appelée idée de la maison,

donnent toujours lieu à autant de vérités éternelles et nécessaires[44]. Mais là où l'accident est séparable, comment concilier son existence aléatoire avec ce que requiert la création : prescience dans l'entendement de Dieu, préordination, providence et prédestination dans Sa volonté ? La conciliation paraît plus aisée pour la volonté, qui est affrontée aux choses mêmes, que pour l'entendement, qui n'est rapporté qu'aux choses en tant qu'elles sont en lui[45].

La volonté divine qui peut tout ce qui n'entraîne pas contradiction[46] comme faire que ce qui fut n'ait pas été[47] et qui veut de façon absolument nécessaire tout ce qui regarde sa propre nature[48], ne saurait, s'agissant de l'ordre du monde, être assujettie à un cours déterminé[49] ou à un principe tel que le principe

---

parce que l'homme de l'art entend rendre la maison semblable à la forme que son esprit a conçue " (trad. Sertillanges, 1926, II).

44. Saint Thomas remarque que, de ce que l'intelligence divine est seule éternelle et que le vrai y trouve son éternité, il ne s'ensuit pas qu'il y ait rien d'éternel autre que Dieu, car la vérité de l'intelligence divine est Dieu même (*S.T.*, Q. 16, a. 7, *Resp.*, p. 136), remarque qu'il applique immédiatement à la définition du cercle et à *deux plus trois font cinq*. Les difficultés qu'on peut soulever concernant l'implication de la réalité par la vérité viennent de ce qu'on place cette vérité dans notre intelligence, au lieu de la mettre en rapport avec l'entendement de Dieu (*S.T.*, Q. 16, a. 1, *ad. sec.*, pp. 130-131).

45. " Le savoir a une disposition nécessaire envers les choses sues, ce qui n'est pas le cas du vouloir divin envers les choses voulues. Ceci s'explique parce que la science porte sur les choses en tant qu'elles sont dans celui qui sait, tandis que la volonté est comparée aux choses, en tant qu'elles sont en elles-mêmes. En conséquence, étant donné que toutes les choses autres que Dieu ont une existence nécessaire en tant qu'elles sont en Dieu, ce n'est pas cependant en tant qu'elles sont en elles-mêmes qu'elles ont une nécessité absolue telle qu'elles soient nécessaire par elles-mêmes. C'est pourquoi tout ce que Dieu sait, il le sait nécessairement, sans pour autant que tout ce qu'il veut il le veuille nécessairement " (*S.T.*, 1, Q. 19, a. 3, *ad sextum*, p. 153).

46. *S.T.*, 1, Q. 25, a. 3, *Resp.* p. 199.

47. *S.T.*, 1, Q. 25, a. 4, *Resp.* et la citation de saint Augustin *(Contra Faustum)* « Lorsqu'on dit : " Dieu est tout puissant, qu'il fasse que ce qui est accompli devienne non accompli ", on ne voit pas qu'on dit : " Si Dieu est tout puissant, qu'il fasse que ce qui est vrai, par là même qu'il est vrai, est faux. " »

48. Par exemple sa propre bonté. Suivant Aristote, saint Thomas rappelle d'abord que la nécessité absolue exprime la disposition des termes, que le prédicat soit contenu dans la définition du sujet (l'homme est animal) ou qu'il en résulte par division (le nombre est pair ou impair). Toute prédication qui n'est pas de cette sorte ou essentielle est accidentelle (*S.T.*, 1, Q. 19, a. 10, *Resp.*, p. 161).

49. " La sagesse divine n'est pas déterminée à un certain ordre de la nature en tant qu'un autre cours ne puisse pas en dériver " (*S.T.*, 1, Q. 25, a. 5, *Resp.* p. 202).

du meilleur[50]. Un tel cours et un tel principe établiraient entre créateur et créature une proportion impossible. La volonté créatrice est donc un libre-arbitre[51] et la décision de créer est contingente et seulement nécessaire *ex suppositione*[52]. Quant aux choses singulières créées, Dieu veut certaines d'entre elles comme nécessaires, d'autres comme contingentes[53]. Aux premières convient la nécessité absolue, quoiqu'elles dépendent du décret et non de la nature de Dieu; aux secondes ne convient que la nécessité *ex suppositione*.

La science de Dieu, elle, est nécessaire. La conciliation avec la contingence se fera grâce à la nature de son objet. Or cette science offre à nos yeux un double aspect, selon qu'on la considère indépendamment de la volonté ou, au contraire, en liaison avec le décret de celle-ci. La science a trait, dans le premier cas, aux simples possibles, dans le second à ces possibles en tant que promus, par la causalité de la volonté, à l'existence passée, présente ou future[54]. Dans le premier cas, on parle de *science de simple intelligence,* dans le second de *science de vision*[55]. Par la science de simple intelligence, Dieu connaît intuitivement, mais immatériellement, les possibles[56]; ceux-ci n'ayant en

---

50. Dieu ne peut être soumis à une cause (*S.T.,* 1, Q. 19, a. 5, pp. 154-155). Exception faite pour les impossibles absolus qui introduiraient une contradiction dans les essences et donc les détruiraient, on ne peut limiter la toute-puissance divine par le principe du meilleur (*S.T.,* 1, Q. 25, a. 6, *Resp.,* p. 203). Certes on doit dire que Dieu préfère toujours le meilleur. Mais ceci signifie simplement qu'il veut plus de bien à cet élu, parce que sa volonté est la cause du bien dans les choses (*S.T.,* 1, Q. 20, a. 4, *Resp.,* p. 168). Dieu peut donc faire une chose meilleure qu'il ne fait (*S.T.,* 1, Q. 20, a. 4, *Resp.* p. 204).

51. *S.T.,* Q. 19, a. 10, *Resp.,* p. 161.

52. " C'est pourquoi, puisque la bonté de Dieu est parfaite et peut exister sans les autres choses, étant donné que rien dans sa perfection n'est accru par les autres choses, il s'ensuit qu'il n'est pas nécessaire absolument qu'il veuille de soi les autres choses. Et cependant cela est nécessaire par supposition. En effet, supposé qu'il veuille, il ne peut pas ne pas vouloir, parce que sa volonté ne peut être changée " (*S.T.,* 1, Q. 19, a. 3, *Resp.,* p. 152).

53. *S.T.,* 1, Q. 19, a. 8, *Resp.* p. 159.

54. *S.T.,* 1, Q. 14, a. 9, *ad tertium,* p. 115. *S.T.,* 1, Q. 14, a. 8, *Resp.,* p. 114.

55. *S.T.,* 1, Q. 14, a. 9, *Resp.,* p. 115.

56. Par la science de simple intelligence, Dieu saisit des autres choses leurs formes intelligibles. A la différence de ce qui a lieu pour la connaissance humaine, ses formes ne sont pas posées dans l'intelligence archétypale par abstraction, en sorte que cette intelligence n'aurait qu'une connaissance générique et non singulière des choses (*S.T.,* 1, Q. 14, a. 11, *Resp.,* p. 117). Dieu connaît intuitivement et non discursivement (*S.T.,* 1, Q. 14, a. 7, *Resp.,* pp. 112-113), ce qui veut dire que la forme de connaissance de l'intelligence divine, qui est l'essence de Dieu, n'est pas immatérielle par abstraction, mais en elle-même (*S.T.,* 1, Q. 14, a. 11, *Resp.,* p. 117, contre Averroès), ce qui la rend apte à saisir les choses singulières.

tant que tels d'existence que dans l'entendement divin, ils ne peuvent donc pas ne pas être connus par lui. Mais cette nécessité, du fait précisément qu'elle porte sur les formes immatérielles, non sur les existences, reste idéale, l'état réel de son objet ne pouvant être posé que par la volonté [57]. La science de vision, en acte, connaît les futurs contingents comme en acte et donc comme entièrement déterminés à un certain résultat, mais l'objet de cette science infaillible et éternelle porte sur un connu et, dans cette mesure, sur un objet connu en Dieu *sub specie aeterni,* la chose en soi dans le temps restant, pour ainsi dire, hors de la science divine.

Les paradoxes nés de la conciliation tant de la volonté [58] que de l'entendement créateurs [59] avec la contingence se dissipent dès qu'on distingue, comme l'exigent les choses contingentes et donc séparables, nécessité conditionnelle, *de dicto* ou composée et nécessité absolue, *de re* ou divisée [60]. Mais la contingence a, de

---

57. Ces objets de simple intelligence ne possèdent que l'être immatériel et insubstantiel des idées. " C'est que la forme intelligible, à elle seule, a également rapport à l'effet ou à son contraire, étant donné que la connaissance des contraires est commune, et elle ne produirait donc pas d'effet déterminé, si elle-même n'était pas déterminée à tel effet par ce qu'on appelle l'appétit " (*S.T.,* 1, Q. 14, a. 8, *Resp.,* p. 118).

58. *Summa Contra Gentiles,* I, cap. 85, Marietti, p. 79 : " Si Dieu veut quelque chose, il est nécessaire que cette chose soit. "

59. *Ibid.,* cap. 67, p. 63 : " Si chaque chose est connue de Dieu en tant que vue dans le présent, il sera alors nécessaire qu'existe ce que Dieu connaît, comme il est nécessaire que Socrate soit assis du fait qu'il est vu s'asseoir. "

60. En ce qui concerne la volonté divine, " il ne suit donc pas que si Dieu veut quelque chose cela se produise nécessairement, mais que la conditionnelle suivante soit vraie et nécessaire : *Si Dieu veut quelque chose, cela sera.* Il ne faut pas cependant pour autant que le conséquent soit nécessaire ". Sous forme conditionnelle, on tiendra pour vraie la nécessité de la conséquence : " Il est nécessaire (que si Dieu veut quelque chose ce quelque chose existera) ", pour fausse la nécessité du conséquent : " Si Dieu veut quelque chose, il est nécessaire (que ce quelque chose existera). " Sous forme catégorique, on tiendra pour vraie la nécessité *de dicto* ou composée : " (Ce que Dieu veut existera) nécessairement ", pour fausse la nécessité *de re* ou divisée : " Ce que Dieu veut (existera nécessairement). "

De même, pour l'entendement : " ... la conditionnelle suivante est nécessaire : *S'il est vu s'asseoir, il s'assoit.* D'où aussi, si la conditionnelle est traduite en catégorique, en sorte de dire : Ce qui est vu s'asseoir nécessairement s'assoit, il est clair que celle-ci si on la comprend *de dicto* et composée est vraie, mais qu'elle est fausse si on la comprend *de re* et divisée ". En d'autres termes, si l'on exprime le paradoxe sous la forme d'une proposition conditionnelle, on reconnaîtra comme vraie la nécessité de la conséquence, soit : " Il est nécessaire (que s'il est vu s'asseoir il s'assoit) " et comme fausse la nécessité du conséquent, soit : " S'il est vu s'asseoir, (il s'assoit nécessairement). " Si l'on exprime le paradoxe sous la forme d'une proposition catégorique, ayant pour sujet la description définie " ce qui est vu s'asseoir ", on reconnaîtra comme vraie la catégorique *de dicto* ou composée, soit : " Il est nécessaire (que ce qui est vu s'asseoir s'assoit) ", et comme fausse la catégorique *de re* ou divisée, soit : " Ce qui est vu s'asseoir (s'assoit nécessairement). "

Une précision est encore requise en ce qui concerne le cas de l'entendement divin (science de vision). Être su de Dieu, en effet, paraît être inséparable de la chose, puisque ce qui est su par Dieu ne peut pas ne pas être su. Comment résoudre la difficulté ?

Saint Thomas (*S.T.*, 1, Q. 14, a. 13, pp. 120-122) rejette d'abord trois solutions. Il s'agit de se demander comment à partir d'une conditionnelle nécessaire et de la nécessité supposée de l'antécédent (le contingent est nécessairement connu de Dieu comme vu dans le présent), on peut éviter la nécessité du conséquent (ce contingent existera nécessairement). La première solution écartée est du type ockhamien : l'antécédent serait contingent car, ayant la forme du passé, il aurait trait au futur ; mais, répond saint Thomas, le rapport au futur est lui-même passé. Une seconde solution joue aussi sur les mots ; parce que la chose est regardée comme contingente, on conclut que la science de Dieu, seule en cause, le serait aussi. Une fois reconnue la nécessité de l'antécédent, faudra-t-il, pour éviter de détruire toute contingence, contester, avec la troisième solution proposée, la seconde prémisse du Dominateur ? Cette contestation, qui pourrait rivaliser avec celle de Chrysippe, mérite d'être mentionnée : bien que l'antécédent soit nécessaire absolument, " il ne s'ensuit pas que le conséquent soit lui aussi nécessaire absolument ; car l'antécédent n'est ici que cause éloignée du conséquent, et ce conséquent est contingent en raison de sa cause prochaine ". Saint Thomas répond que si la contingence se glisse ainsi par le moyen de la distinction entre deux sortes de causes, on infirme la conditionnelle dont on prétendait affirmer la nécessité, car l'antécédent étant une cause éloignée et nécessaire et le conséquent une cause prochaine et contingente, il est faux de dire que le premier étant donné, alors nécessairement l'est aussi le second.

Saint Thomas propose alors une distinction nouvelle : " Quand, dans l'antécédent d'une proposition conditionnelle, on introduit quelque chose qui a trait à une opération de l'âme, le conséquent doit être compris non quant à son existence objective, tel qu'il est en soi, mais selon qu'il est dans l'âme. " Le contingent qui existera, selon le conséquent, n'est donc pas le contingent en soi, c'est-à-dire comme n'étant pas encore dans le temps et comme susceptible de contraires, mais le contingent selon qu'il est dans la connaissance divine, c'est-à-dire saisi hors du temps, en acte et dans l'éternité divine. Un tel contingent, en tant que connu par Dieu, est tout-à-fait nécessaire, mais il faut le distinguer du contingent en soi, chargé de contrariété temporelle. « En conséquence, cette proposition : " Tout ce que Dieu sait existe nécessairement ", a coutume d'être soumise à une distinction. Elle peut se rapporter à la chose même, ou bien à ce qu'on dit. Si on l'entend de la chose, la proposition est prise en un sens divisé, et elle est fausse ; car cela veut dire : Toute chose que Dieu sait est une chose nécessaire. Ou bien on l'entend de ce qui est dit ; alors la proposition est prise en un sens composé et elle est vraie ; car cela signifie : Cette affirmation, qu'une chose est quand elle sue de Dieu, est une affirmation nécessaire. »

L'argument par la séparabilité vaut dans le cas suivant. S'il est nécessaire que si je pense je suis, de ce que je pense il n'est pas nécessaire que je suis. Cette dernière nécessité, *de re*, n'est que conditionnelle : elle a lieu *durant* que je pense. Cependant l'inséparabilité ne peut, selon saint Thomas, être invoquée à propos du rapport entre l'existence des choses singulières et leur connaissance par Dieu. L'instance ne s'applique pas, car le fait d'être connu de Dieu n'implique pas dans le sujet quelque disposition inhérente. C'est que, dit saint Thomas, Dieu voit comme présent dans l'éternité le futur contingent et, de la

la sorte, changé de sens. Elle provenait, dans le monde incréé du Philosophe d'une certaine impuissance de l'universel sur la matière. La création, au contraire, en assigne l'origine dans l'excès de puissance du créateur que rien ne doit limiter dans le créé et elle a alors pour effet d'introduire l'indifférence en Dieu[61], dont la volonté ne saurait être dirigée par la règle du bien puisqu'elle est la source du bien[62].

Supposons, à présent, l'individuation immédiate par la forme. On ne pourra plus assimiler espèce et individu lorsque la matière fait défaut[63], comme il arrive pour les intelligences angéliques, mais on devra pouvoir distinguer, au sein d'une même espèce, tel ange de tel autre. Si l'on confiait le soin de les distinguer à un principe des indiscernables existentiel et inassignable de façon finie, puisqu'il mettrait en cause la comparaison de tous les universels, les existences individuelles en viendraient à dépendre d'une raison suffisante propre à déterminer les produits logiques

---

nécessité selon l'éternité de la science divine, on ne peut conclure à la nécessité selon la contingence temporelle. Mais cette séparation du *dictum* et de la *res* qui équivaut ici à l'opposition de la connaissance, même divine, et de la chose, revient à pouvoir séparer l'existence de la chose et la vision divine. " On peut (donc) attribuer au sujet en tant que lui-même, bien qu'il soit toujours connu, quelque chose qui ne lui est pas attribué selon qu'il tombe sous l'acte de connaître. " La matérialité et la temporalité sont ainsi attribuables au sujet, quand bien même la connaissance humaine le saisit comme immatériel et la connaissance divine comme présent.

C'est donc que, en tant que tel, le sujet peut être séparé du fait d'être connu de Dieu. Il n'est donc nécessaire qu'autant que dure cette connaissance ou plutôt, puisqu'elle dure toujours, qu'autant que sa nature comporte cet attribut qui ne lui est essentiel pour ainsi dire que du point de vue de sa cause et non du point de vue de son essence. Ainsi, de ce qu'il est nécessaire que ce que Dieu voit existe, il ne résulte pas que ce qu'il voit existe nécessairement : le comportement du *dictum* diffère de celui de la *res* dès qu'on touche aux modalités produites par l'accident, parce que, bien que l'instance porte sur la connaissance divine, cette connaissance reste une relation *modo intelligentiae*, séparable en tant que telle de son objet.

61. " La sagesse divine n'est pas déterminée à un certain ordre fixé de la nature en tant qu'un autre cours ne puisse pas en dériver " (*S.T.*, 1, Q. 25, a. 5, *Resp.*, p. 202). La création est donc voulue librement, quoique cela soit nécessaire *ex suppositione* (*S.T.*, 1, Q. 19, a. 3, *Resp.*, p. 152).

62. Dieu ne peut être soumis à une cause (*S.T.*, 1, Q. 19, a.5, pp. 154-155). Exception faite pour les impossibles absolus qui introduiraient une contradiction dans les essences et donc les détruiraient, on ne peut limiter la toute-puissance divine par le principe du meilleur (*S.T.*, 1, Q. 25, a. 6, *Resp.*, p. 203). Certes on doit dire que Dieu préfère toujours le meilleur. Mais ceci signifie simplement qu'il veut plus de bien à cet élu, parce que sa volonté est la cause du bien dans les choses (*S.T.*, 1, Q. 20, a. 4, *Resp.*, p. 168). Dieu peut donc faire une chose meilleure qu'il ne fait (*S.T.*, 1, Q. 20, a. 4, *Resp.*, p. 204).

63. Duns Scot, *Op. Ox.*, L. II, d. 3, q. 6, n. 15, Vivès, XII, p. 144.

de tous les universels compatibles. Cette raison assujettirait la volonté créatrice et contredirait la supposition de l'individuation immédiate. Il faut donc qu'en contrepartie de l'indifférence créatrice la dernière forme qui effectue l'individuation soit la différence individuelle, sorte de sublimation immatérielle du déictique, l'*haecceitas*[64]. La supposition entraîne, par conséquent, un Dieu sans cause qui concentre toute nécessité et toute inséparabilité *ad intra,* une création sans fin propre qui soit extérieure à Dieu, une double contingence ou séparabilité dans le rapport de Dieu *ad extra,* dans la nature même des choses extérieures à Dieu.

Là où la matière s'ajoute à la forme, non seulement elle est quelque chose de positif créé en fait par Dieu en composition, mais, comme tout ce qui est créé et séparable, elle peut être créée par Dieu sans la forme[65]. Non seulement la nécessité conditionnelle du créé ne peut dégénérer en nécessité absolue. Mais on ne peut pas même parler de sa nécessité conditionnelle. La toute-puissance créatrice se trouverait bornée, si l'existence créée excluait la possibilité de ne pas être à l'instant même et la repoussait dans l'avenir. Dieu pouvant tout, sauf ce qui est contradictoire, ce qui est doit pouvoir ne pas être à l'instant même qu'il est. Il n'y a rien de plus dans le possible " réel " que dans le possible " logique ", puisque la création ne peut poser aucune borne au créateur. On retrouve de la sorte la leçon du réalisme et, mieux, sa façon d'interpréter la différence entre nécessité du conséquent et nécessité de la conséquence[66]. Mais, pour le réaliste, la contingence résultait du néant et n'introduisait aucun principe positif de mérite ou d'imputabilité dans la créature et *a fortiori* dans le créateur. Au contraire, la contingence conceptualiste ne marque plus simplement le contraste entre l'image et son modèle ou entre la créature et son créateur. Elle jaillit de la volonté divine elle-même en tant qu'elle se tourne *ad extra.* La puissance contraire à l'acte et coexistant avec

---

64. Par exemple, Duns Scot, *Quaestiones Subtilissimae Super Libros Metaphysicorum Aristotelis,* L. VII, q. 13, n. 9, Vivès, VII, p. 410.

65. " Il faut soutenir que la matière est quelque chose de positif potentiel ayant une inclination naturelle vers une autre forme naturelle " ( *Rep. Par.,* L. II, d. 12, q. 1, n. 10, Vivès, XXIII, p. 6). Le lien peut être dissocié par Dieu (Longpré, 1924, pp. 69-71).

66. Par implication, Scot rejette donc la règle de saint Thomas. Cette règle ne s'appliquerait que pour des choses inséparables *en droit* — et regardant donc l'intérieur de Dieu — ; ce qui n'est inséparable qu'*en fait,* donc toute la création, est comme séparable.

lui n'est plus alors que la limite inférieure d'une puissance positive du oui et du non d'abord posée dans la volonté créatrice et qui se communique aux plus parfaites des créatures. Une telle contingence ne se distingue pas de l'individuation immédiate par la forme.

Subordonnons enfin cette individuation à la médiation de l'universel. Elle se fera encore par les formes, mais non plus par l'addition d'une différence individuelle. D'où proviendra alors l'individu ?

Les universels, tels qu'ils sont pensés dans l'entendement divin où ils sont l'objet de vérités éternelles[67], peuvent être considérés comme des possibles, du fait qu'ils obéissent au principe de non-contradiction[68]. Ce ne sont pas cependant des possibles " réels ". Ils ne le deviendront et ne passeront à l'état d'individus pour ainsi dire complets quoique non encore existants qu'en s'associant, c'est-à-dire en se conjuguant logiquement. Parmi ces associations, une analyse, cette fois infinie, repèrera les associations compatibles. Chaque loi de compatibilité définira un monde possible, dont les éléments, objets du principe des indiscernables, pourront être élus par la volonté divine sous la condition qu'elle élise en même temps tous les compossibles appartenant au même monde.

Placée devant l'infinité de ces mondes possibles, la volonté créatrice ne pourrait se déterminer à choisir si elle ne disposait pas d'un principe nouveau. Vouloir, avec les partisans de l'indifférence, faire l'économie d'un tel principe, c'est soustraire la création à toute règle de justice et réduire le juste à ce qui plaît au plus puissant[69]. Or la volonté divine a le choix non seulement

----

67. *Monadologie*, § 43 : " Il est vrai aussi qu'en Dieu est non seulement la source des existences, mais encore celle des essences, en tant que réelles ou de ce qu'il y a de réel dans la possibilité : c'est parce que l'entendement de Dieu est la région des vérités éternelles ou des idées dont elles dépendent, et que sans lui il n'y aurait rien de réel dans les possibilités, et non seulement rien d'existant, mais encore rien de possible " (Leibniz, Gerhardt, VI, p. 614; Jalabert, p. 498).

68. *La cause de Dieu...*, § 7 : " La dépendance des choses à l'égard de Dieu s'étend à tous les possibles, c'est-à-dire à tout ce qui n'implique pas contradiction, et à tous les actuels " (Gerhardt, VI, p. 439; Jalabert, p. 446). *Discours de la conformité de la foi...*, § 2 : " Les vérités éternelles... sont absolument nécessaires, en sorte que l'opposé implique contradiction ; et telles sont les vérités, dont la nécessité est logique, métaphysique ou géométrique, qu'on ne saurait nier sans pouvoir être mené à des absurdités " (Gerhardt, VI, p. 50; Jalabert, p. 52).

69. Suivant la définition tyrannique de Thrasimaque chez Platon (Leibniz, Gerhardt, VI, pp. 34-35 ; Jalabert, pp. 35-36).

entre une infinité de mondes possibles, mais entre une infinité bien ordonnée de tels mondes. Car chaque loi de compatibilité correspond à une plus ou moins grande quantité d'être ou de perfection. En conséquence, si le créateur choisissait indifféremment, il élirait le moins parfait au détriment du plus parfait et contredirait inévitablement sa propre perfection. Le principe de son choix ne peut donc être que le principe du meilleur.

Le principe du meilleur lève toute indétermination en Dieu et dans la création[70]. Toute indifférence sera retirée à la liberté aussi bien divine[71] qu'humaine[72]. Chaque événement se trouvant déterminé, il y aura futurition de ces événements[73], le passé étant toujours gros de l'avenir. La contingence des futurs est donc anéantie. Comment, demandera-t-on, le monde ne devient-il pas alors absolument ou métaphysiquement nécessaire ? C'est que la nécessité morale qui préside aux existants et dépend du choix du meilleur[74] n'est qu'hypothétique, puisqu'elle n'exclut pas le choix, quoique ce choix soit infaillible[75]. Reste la science de Dieu. En tant que science de simple intelligence, elle lui représente l'infinité des possibles, soumis au seul principe de non-contradiction. Cette science est absolument nécessaire, sa nécessité se trouvant bornée par l'idéalité de son objet. La science de vision, au contraire, est intuitive et infaillible. Comme on ne peut plus invoquer l'indétermination de la chose en soi pour atténuer cette infaillibilité : c'est uniquement l'irréductibilité à la non-contradiction du principe de raison ici spécifié comme principe final du meilleur qui écarte le fatalisme[76].

---

70. Leibniz, Gerhardt, VI, p. 330; Jalabert, p. 345.

71. Soumise soit au principe de non-contradiction comme lorsqu'il s'agit de donner à la matière ses trois dimensions, soit au principe du meilleur comme lorsqu'il s'agit de choisir les lois du mouvement (Gerhardt, VI, pp. 322-323; Jalabert, p. 337).

72. C'est par cette indifférence que les Cartésiens (Gerhardt, VI, pp. 305-306, p. 89; Jalabert, pp. 319-320, p. 94) rejoignent Épicure et Carnéade (Gerhardt, VI, pp. 307-308; Jalabert, p. 321).

73. Gerhardt, VI, p. 123; Jalabert, p. 130.

74. Gerhardt, VI, p. 236; Jalabert, pp. 247-248.

75. Gerhardt, VI, p. 123; Jalabert, p. 130.

76. Gerhardt, VI, p. 127; Jalabert, p. 134 : " Tous les philosophes le reconnaissent, en avouant que la liberté des futurs contingents est déterminée, et qu'ils ne laissent pas de demeurer contingents. C'est que la chose n'impliquerait aucune contradiction en elle-même, si l'effet ne suivait; et c'est en cela que consiste la *contingence*. Pour mieux entendre ce point, il faut considérer qu'il y a deux grands principes de nos raisonnements; l'un est le *principe de la contradiction,* qui porte que de deux propositions contradictoires, l'une est vraie, l'autre fausse; l'autre *principe* est celui *de la raison déterminante :* c'est que

## II

Les conceptualistes posent que l'universel est dans la chose et qu'il y est inadéquatement. Le mouvement a pour origine cette inadéquation. C'est elle qui associe indissolublement dynamisme et conceptualisme.

Lorsque l'individuation est matérielle, le dynamisme prend la forme, caractéristique du mouvement animal, d'une tendance ou acte d'une puissance en tant que puissance. Suivant les degrés de matérialité du mobile, cette tendance parvient à sa fin avec plus ou moins de bonheur. Une part de la nature se voit donc accordée à la chance et à la probabilité. Quand la création s'ajoute à ces vues, elle superpose une finalité de la grâce à la finalité de la nature qu'elle subordonne à la première.

Cette forme, ou plutôt ces deux formes, de dynamisme ne laissent aucune place à l'automotricité non plus qu'à l'autonomie des mouvements spirituels. L'individuation immédiate par la forme appelle, en revanche, automotricité ou autonomie. Jusqu'ici le réalisme les avait réservées à l'âme comme mixte et si elles avaient aidé le conceptualiste à concevoir le créateur aux prises avec la matière, elles restaient exclues de la création. La volonté divine qui produit les individus immédiatement et sans utiliser nécessairement de matière va plus loin. Non seulement, en choisissant un possible présent parmi d'autres dans la lumière incréée, elle n'empêche pas les autres possibles de posséder une égale bonté[77], en sorte que l'acte créateur manifeste dans sa perfection l'automotricité indifférente de l'Esprit. Mais l'amour par lequel Dieu institue un ordre tant de la nature que de la grâce, qui est bon parce qu'il est choisi mais non réciproquement[78], a pour plus haute manifestation la création d'autres êtres qui l'aiment[79] et morcellent ainsi, sans pour autant attenter à l'unicité de sa toute puissance, l'autonomie et la spiritualité de l'amour divin.

La subordination de l'individuation immatérielle à l'universel fait entrer, à son tour, le dynamisme de l'amour divin dans un calcul métaphysique. Au delà de sa trace spatiale, une théorie du

---

jamais rien n'arrive, sans qu'il y ait une cause ou du moins une raison déterminante, c'est-à-dire quelque chose qui puisse servir à rendre raison *a priori* pourquoi cela est existant plutôt que de toute autre façon ".

77. Duns Scot, *Op. Ox.* L. III, dist. 32, q. 1, n. 2 ; Vivès, XV, p. 427a.
78. *Op. Ox.*, L. III, d. 19, q. 1, n. 7, Vivès, XIV, p. 718.
79. *Op. Ox.*, L. III, d. 32, q. 1, n. 6, Vivès, XV, pp. 432-433.

mouvement concret ressaisit la force hyperphysique qui subordonne la physique à la théologie [80]. La dynamique n'est pas sans présenter une hiérarchie de perfections, puisqu'aux âmes en général, miroirs vivants de l'univers, se superposent les esprits qui sont encore images de la divinité [81]. Mais la finalité qu'on doit à Dieu comme monarque des esprits suit des règles non moins rigoureuses que celle qu'on lui doit comme architecte de la machine de l'univers.

### III

L'universel qui est dans l'individu n'est saisissable par notre intelligence que dans l'individu. Or notre connaissance saisit de l'être son principe universel. Du fait de leur composition, les substances non nécessaires sont donc perçues dans leur existence individuelle avant d'être connues dans leur principe formel. L'ordre du connaître renverse celui de l'être. Le conceptualisme a donc pour conséquence que notre connaissance de Dieu procède par les effets et non pas directement à partir de l'essence de Dieu [82].

C'est donc une méthode unique de preuve qui produit les diverses théologies du conceptualisme : causalité divine bornée à la formalité et à la finalité ou dotée d'efficience et dotée d'une efficience elle-même indifférente ou subordonnée à la finalité.

---

80. Le rebondissement élastique est, chez Leibniz, le modèle du mouvement. Pour l'expliquer, le mécanisme ne suffit pas ; il lui faut ajouter la préformation (Gerhardt, VI, p. 42 ; Jalabert, 1962, p. 41).

81. *Monadologie,* § 83, Gerhardt, 1962, 81, p. 621 ; Jalabert, p. 505.

82. C'est ici le lieu d'examiner deux objections. La première regarde la situation limite de Jean Duns Scot dans le conceptualisme. 1) Sa théorie des transcendantaux évoque le monde intelligible tel que saint Augustin l'a compris (Faust, 1932, p. 255 et p. 264) ; 2) Il fait appel à une instance plus parfaite de la nature qui l'oppose à Aristote : " Et de plus, je dis qu'une perfection plus grande peut être reçue naturellement. Donc, la nature est de la sorte rendue plus digne que si on lui assignait comme possible suprême cette perfection naturelle ; et il n'est pas étonnant que dans n'importe quelle nature la capacité passive soit disposée à une perfection plus grande que celle jusqu'à laquelle s'étend sa causalité active " (*Op. Ox.,* Prol., q. 1, n. 26, Vivès VIII, p. 58, cité *in* Gilson-Böhner, 1954, p. 561) ; 3) L'âme est automotrice. On a rappelé que l'automotricité scotiste est fort différente de l'automotricité platonicienne. Quant aux deux premières objections, elles montrent ce que la théorie de Duns Scot a de spécifique par rapport à l'aristotélisme et au thomisme. Elles ne suffisent pas à la rejeter hors du conceptualisme.

La méthode des distinctions, si caractéristique du scotisme, ne conduit nullement la connaissance à s'affranchir de l'abstraction (*Op. Ox.,* L. I, d. 3,

# IV

Comme le mouvement, la distinction de la volonté et de l'entendement et l'excès de la première sur le second proviennent de ce que l'universel est inadéquatement dans la chose. Toutefois l'indifférence ainsi produite est bornée par le rapport nécessaire de la volonté à l'entendement qui l'éclaire.

Les évidences du bonheur ne laissent pas de peser inexorablement sur l'indifférence et interdisent que s'établisse jamais une indifférence d'équilibre[83]. Si les biens particuliers qui sont

q. 6, nn. 8, 10, 16, Vivès IX, pp. 243 *sqq.; Quodlibet.*, q. 13, n. 8, Vivès XXV, pp. 521-522). Aussi Duns Scot répudie-t-il la " dégradation platonicienne des choses singulières " (Gilson-Böhner, 1954, p. 566). De même, son interprétation positive des transcendantaux ne lui fait pas accueillir, en dépit de son respect d'Anselme, la preuve ontologique comme se suffisant à elle-même. La preuve de l'existence de Dieu ne peut être qu'*a posteriori* (*Op. Ox.*, L. I, d. 2, q. 2, nn. 4-18, Vivès VIII, pp. 403-434; *De Primo Principio*, c. 3, Vivès IV, pp. 750-762). Duns Scot ne considère pas la preuve anselmienne comme une proposition connue par soi; il la complète en démontrant le caractère non contradictoire du *summum cogitabile* et ne s'en sert que pour montrer l'infinité de Dieu (*Op. Ox.*, L. I, d. 2, q. 2, n. 8, Vivès VIII, pp. 408-409).

Une seconde objection vise le conceptualisme leibnizien. Assurément Leibniz démontre *a priori* l'existence de Dieu. Il oppose cependant à Descartes que *si* Dieu est possible alors, étant parfait, il existe (Erdmann, 1840, p. 78, p. 375a). Pour que la preuve classique *a priori* soit valable, il faut démontrer qu'il n'y a pas contradiction dans l'idée d'un être parfait. Cette dernière démonstration repose sur les " disparates " : les essences fondamentales sont simples quant à leur notion, c'est-à-dire qu'elles ne peuvent pas avoir d'attributs communs. Dieu, en tant que substance, n'est point cependant la juxtaposition, mais l'unité de ces *primitivae simplices*. Ces dernières ne sont pas des sujets, mais seulement des " positions absolues, irréductibles, incomparables " (Gueroult, 1970, p. 212); elles sont " en soi ", non " pour soi ". Il faudrait encore montrer pourquoi elles passent de l'état de possibles à l'existence comme attributs de l'existence infinie. A cet effet, Leibniz invoque le principe de raison suffisante (Erdmann, 1840, p. 147[b], p. 709), en vertu duquel il y a une raison pourquoi il y a quelque chose plutôt que rien, en sorte que dans tout possible, intrinsèquement considéré, il y a une exigence d'existence proportionnée à la quantité d'essence, exigence qui, ne rencontrant par définition aucun obstacle dans le cas de Dieu, passe immanquablement à l'acte. La preuve *a priori* revient, par là, aux effets : il y a de l'être, il y a donc des possibles, etc.

83. Leibniz, qui rappelle le sentiment d'Aristote (Gerhardt, VI, pp. 127-128; Jalabert, p. 134), et celui de saint Thomas (Gerhardt, VI, p. 311; Jalabert, p. 325 : " Thomas d'Aquin est un auteur qui a coutume d'aller au solide. Les thomistes suivent ordinairement leur maître, et n'admettent point que l'âme se détermine sans qu'il y ait eu quelque prédétermination qui y contribue ") résume bien la doctrine du conceptualisme concernant la liberté humaine. " Il y a donc, dit-il, une liberté de contingence ou, en quelque façon d'indifférence, pourvu qu'on entende par l'*indifférence* que rien ne nous nécessite pour l'un ou pour l'autre parti, mais il n'y a jamais *d'indifférence d'équilibre,* c'est-à-dire où tout soit parfaitement égal de part et d'autre, sans qu'il y ait plus d'inclination vers un côté " (Gerhardt, VI, p. 120; Jalabert, p. 135).

les moyens du bonheur ne sont pas assignés[84], c'est, en effet, la lumière, non le choix lui-même, qui fait alors défaut. Son indifférence au bien et au mal distingue le libre-arbitre d'une habitude ou vertu ; les créatures rationnelles délibèrent au lieu de se porter d'instinct au bien, comme fait l'agneau en fuyant le loup[85]. Mais en aucun cas le libre-arbitre ne saurait choisir ce qu'il ne préfèrerait pas. Il en va donc de la volonté comme dans la théorie de la décision[86] et nous avons affaire à de l'automatisme spirituel. Les états de nature et leurs conséquences peuvent n'être connus que de façon probable. Il n'en reste pas moins que la maximation de l'utilité retire au choix toute indifférence d'équilibre et, une fois la volonté éclairée par l'entendement, un déterminisme moral infaillible s'ensuit.

Le déterminisme ne desserrerait son étreinte sur les créatures rationnelles que si l'on reconnaissait à leur volonté un pouvoir propre à diriger les lumières de l'entendement. La théorie de la décision, dit-on justement, décrit les hommes non tels qu'ils sont, mais tels qu'ils devraient être. Elle porte sur des agents supposés parfaitement rationels. Nous ne pouvons pas aller ailleurs que là où nos calculs nous mènent. Mais l'ignorance n'est pas seule à nous détourner du meilleur. Le défaut d'attention produit le même effet, mais en dépit de nos connaissances. Impuissante à changer la lumière de l'entendement, la volonté pourrait modifier son illumination. Or c'est ce que prône la doctrine de l'individuation immédiate par la forme, lorsqu'elle tire de l'amour de Dieu la création de volontés qui l'aiment. Le pouvoir pratique que reçoit ainsi la volonté créée ne saurait modifier l'ordre moral créé ni *a fortiori* incréé tel qu'il est présent à l'entendement divin. Il n'équivaut donc nullement à une dignité pratique qui affranchirait la raison de ses limites théoriques ou qui la ferait participer à la législation morale. Du moins, en mettant l'attention en notre pouvoir, il délimite, pour ainsi dire, la région des idées auxquelles nous donnerons un assentiment infaillible, c'est-à-dire la région du déterminisme moral[87].

---

84. Aristote, *Éthique à Nicomaque*, L. I, 5, 1097[b]1-7. Ce sont peut-être les disciples d'Aristote, tel Alexandre, qui sont allés le plus loin dans le sens de la liberté. Car, en faisant peser sur la nature le minimum de contraintes théologiques, ces disciples assignaient dans les ratés de la finalité naturelle la place de l'arbitre. D'ailleurs, " ce n'est pas qu'en rapportant le libre arbitre au mélange de l'être et du non-être, Alexandre ait l'intention de rabaisser la liberté. Il l'explique, il ne l'avilit point " (Nourrisson, 1870, p. 67).

85. *S.T.*, 1, q. 83, a. 2, p. 584 ; 1, q. 83, a. 1, p. 582.

86. Par exemple, Suppes, 1960, p. 87.

87. Duns Scot, *Collat,* II, n. 8, Vivès V, p. 147.

### 63. Le nominalisme.

Opposer le nominalisme au réalisme et au conceptualisme est un lieu de l'École, qui ne mérite toutefois d'être examiné qu'une fois qu'on aura répondu à deux objections. La notion que cette opposition entraîne pour le nominalisme pourra sembler, en effet, trop étroite ou trop indifférenciée.

La première objection a une apparence d'autant plus forte qu'on montrera les conséquences nécessitaristes du nominalisme. Or, demandera-t-on, alléguant Ockham et Hume, qui niera l'influence des nominalistes sur la réception de la contingence ?

Mais remontons à l'origine prédicative de l'opposition de l'École. Un philosophe est nominaliste quand il pose l'universel après la chose singulière, qu'il conçoive celle-ci comme une substance authentique ou comme un simple événement. L'examen, c'est-à-dire la réflexion, et *a fortiori* le doute ne font pas partie de ce principe prédicatif. Il est donc prudent de ne pas les mêler à son analyse. Le sceptique, en effet, ne se contente pas de poser l'universel après la chose. Il réduit la chose à une représentation subjective et franchit ainsi les bornes du nominalisme proprement dit.

C'est une autre façon de les franchir que d'interpréter la rencontre des individus que le nominaliste assimile à la réalité en termes de révélation religieuse. Notre foi, dit-on alors, peut rencontrer un Dieu aussi singulier que les choses de ce monde, dont il crée certaines comme contingentes et même comme libres. Les philosophes avaient assujetti la nature à la nécessité en lui imposant des Formes. Comment détruire plus sûrement la prétendue puissance de ces Formes qu'en faisant place nette pour l'intervention divine et pour les données surnaturelles ? Le nominalisme chrétien n'a-t-il pas précédé et préparé le nominalisme sceptique ?

Revenons donc une seconde fois aux principes. Le nominalisme peut être dit dogmatique en deux sens bien différents, parce qu'il accepte les individus et leurs caractéristiques soit sur la foi d'une révélation religieuse, soit en vertu de la validité objective naturellement inscrite dans les données de la sensation. En admettant une source surnaturelle de la validité objective, le dogmatisme religieux entre en conflit avec le dogmatisme naturel. En réalité, il n'institue ses droits que sur une critique de ce dernier et en conjuguant, au moins provisoirement, ses efforts avec l'examen sceptique.

Plus grave est la seconde objection, puisqu'elle découle directement des principes. Car ce sont, au niveau de la perception, la distinction entre image et représentation et, au niveau du langage, la distinction entre prédication circonstantielle et le couple formé par la prédication substantielle et la prédication accidentelle, qui fondent, au niveau des systèmes philosophiques et au sein du dogmatisme, la distinction entre nominalisme des événements et nominalisme des choses. Pourquoi négliger à présent cette dernière, alors qu'elle a montré sa fécondité lorsque, analysant la notion de loi naturelle, on a imputé le paradigme de l'onde au nominalisme des événements et ceux du corpuscule et du pendule au nominalisme des choses ?

Ces différences ont leur poids. On en verra d'autres, tout aussi importantes, départager les théologies des doctrines correspondantes. Rappelons cependant que l'opposition entre ces deux sortes de nominalisme fait intervenir, en face de la prédication circonstantielle, une partie seulement du couple constitué par la prédication substantielle et la prédication accidentelle, puisque, l'universel étant adéquatement dans la chose, la prédication substantielle est alors élémentaire et la prédication accidentelle composite. D'autre part, tandis que le nominalisme des choses admet deux versions réellement opposées, le pluralisme et le monisme de la substance, la distinction du multiple et de l'un est, dans le nominalisme des événements, relative à la seule commodité de notre connaissance. L'arbitraire dans la segmentation des événements ne cesse qu'au moment où nous considérons le monde tout entier comme un événement unique et c'est ainsi que procède la philosophie qui admet pour principe la prédication circonstantielle.

Or cette situation ne laisse pas de rapprocher le nominalisme des événements et la version moniste du nominalisme des choses pour les opposer en commun à la version pluraliste de cette même doctrine.

Assurément la totalité des événements singuliers n'est pas une substance, au sens où les individus pourraient être dits être dans cette substance comme le sont des modes finis. En conséquence aucune contre-partie éternelle ne correspond à l'individuation temporelle des événements. De même, autre chose est le rapport des événements comme parties à leur tout, autre chose est le rapport des modes à l'attribut infini de la substance, d'où découle la distinction entre panenthéisme et panthéisme. Enfin, le gigantesque pendule composé auquel on a assimilé la totalité des modes finis matériels de l'unique substance ne paraît pas comparable à l'onde unique, faite de la superposition de toutes les vibrations élémentaires qui définissent les événements singuliers[88].

Néanmoins enlevons la substantialité au sujet de la prédication adéquate de l'universel, comme l'exige une prédication rapportée à un mode fini. Sans qu'elle s'efface, la différence s'estompe avec la prédication circonstantielle qui localise plutôt qu'elle n'individualise l'universel. Malgré ce qui les distingue, ces deux sortes de prédication font contraste avec la prédication adéquate de l'universel lorsqu'elle a pour sujets les substances multiples et les atomes. La chaîne infinie des causes qui font d'un mode fini ce qu'il est ressemble beaucoup à la chaîne infinie des causes qui amènent à l'existence un événement. Modes finis et événements sont l'objet d'une divisibilité à l'infini, à laquelle les atomes font obstacle. Même matérialiste, le panthéisme a plus d'affinités avec le panenthéisme qu'avec l'athéisme. Il n'est pas jusqu'à la vibration, caractéristique des modes finis matériels, qui n'appelle la superposition, spécifique de l'onde.

Mais c'est surtout lorsqu'on examine la classification des systèmes philosophiques dans son rapport avec les questions de la nécessité et de la contingence qu'on est fondé à négliger les différences entre nominalisme moniste des choses et nominalisme des événements. Pour qui pose toute la réalité dans des substances multiples, en effet, les lois de leur concours expriment un mécanisme pur ou externe, c'est-à-dire dans lequel la

---

88. Sur la distinction panthéisme-panenthéisme, Gueroult, 1974, I, p. 223. La physique spinoziste comprend une physique abstraite qui porte sur les corps les plus simples et une physique concrète qui porte sur les individus concrets ou corps composés. Les corps simples sont conçus sur le modèle du pendule simple, c'est-à-dire comme un mode de vibration *sui generis,* la période d'un pendule simple étant proportionnelle à la racine carrée de sa longueur ; plus généralement dans un mouvement pendulaire rectiligne, période et pulsation sont des constantes du mouvement, l'amplitude et la phase dépendant des conditions initiales. Les individus concrets, quant à eux, sont comparables à des pendules composés. La période d'un tel pendule est la même que celle du pendule simple de longueur $a + \frac{k}{a}$, où a est la distance du centre de gravité à l'axe de suspension et k est le rayon de giration (Bruhat-Foch, § 242, p. 316). Ces analogies sont empruntées à Huyghens. La conservation de proportion du mouvement et du repos, qui, pour l'individu, s'ajoute à la conservation de la quantité de mouvement, valable pour les corps sensibles comme pour les individus, et qui fait problème au point de vue physique, a peut-être pour signification réelle et pour justification les constantes du mouvement propres au pendule composé. Sur ces points, Gueroult, 1974, t. II, pp. 145-169, pp. 555-558, pp. 563-569.

détermination des parties se suffit à elle-même, précède et épuise celle du tout. En revanche, si modes finis et événements obéissent au mécanisme au point de vue physique, il faut encore, puisque leur totalité seule est entièrement réelle, que les parties ne soient complètement déterminées que par le tout et qu'ainsi une finalité interne et d'origine métaphysique vienne soutenir et parfaire le mécanisme physique[89].

I

Ou bien on divise la réalité singulière, c'est-à-dire la réalité, en une pluralité de substances discontinues. Les propositions vraies reflèteront les propriétés des atomes invisibles ainsi que les agrégations et les désagrégations qui donnent naissance aux corps composés appréhendés par la sensation.

Le réel, entendu comme tout ce qui se réalise dans la durée, est alors coextensif au possible. Les combinaisons en nombre infini des atomes au cours du temps infini ne manqueront pas de produire au jour toutes celles qui sont possibles. Le possible est ou sera. De plus, toutes les dispositions futures des atomes sont contenues dans la donnée des conditions initiales et des lois qui gouvernent leur mouvement. L'être est identique au nécessaire et le nécessaire est absolument nécessaire.

Ou bien on posera la continuité et la primauté du tout par rapport à ses parties dépourvues d'autonomie substantielle. Une proposition vraie devra remonter de l'isolement imaginatif dans lequel nous percevons les choses sensibles à leur insertion dans la substance unique qui seule peut leur donner l'être, soit qu'on fasse des choses particulières les modes et les effets de la substance divine, soit qu'on les regarde comme les parties de cette nature unique.

---

89. Pour Spinoza, voir Gueroult, *Spinoza,* II, p. 185-189. La finalité interne, thème stoïcien par excellence, prend souvent, dans le stoïcisme, sous l'effet de la rhétorique la forme d'une finalité externe ou d'une Providence, contraires au panthéisme du système. Bréhier ( *Chrysippe,* p. 77) décrit bien cette finalité interne à propos du συνημμένον stoïcien. Ce rapport de condition, légitimité à partir du principe aristotélicien de non-contradiction, reste infécond. Mais " nous trouvons superposée à la théorie purement logique des rapports de faits dans le συνημμένον, une théorie toute différente tirée de la physique : les événements du monde sont liés les uns aux autres, parce qu'ils dépendent tous du destin : ils ne se produisent pas les uns les autres, mais ils sont tous produits par une cause unique, identique avec les lois du monde ". C'est donc à juste titre que Goldschmidt (1977, p. 98) oppose la finalité divine " totale et instantanée " à la finalité anthropomorphique, interprétative et externe.

Dans le premier cas, la puissance de Dieu, qui ne fait qu'un avec son essence, produira tout ce qu'elle peut produire. Ainsi, " de la nécessité de la nature divine doivent suivre en une infinité de modes une infinité de choses, c'est-à-dire tout ce qui peut tomber sous un entendement infini "[90]. Tout ce qu'on pourra dire en faveur de cette nécessité, c'est qu'elle exprime une spontanéité, non une contrainte externe. En ce sens, Dieu est libre, à la différence de l'atome.

Dans le second cas, c'est verbalement plutôt que réellement qu'on écartera la solution de Diodore et on ne l'écartera dans les mots que pour mettre en valeur la spontanéité de la nécessité. Que serait, en effet, un Destin qui laisserait place à des lacunes?

Nier, avec Cléanthe, l'inéluctabilité du passé en invoquant le caractère cyclique du temps ne saurait faire du possible une alternative véritable au réel. Imaginons, en effet, qu'à l'instant t d'une période du monde tel possible ait été préféré à tel autre du fait d'un choix volontaire. A chaque retour éternel, le même choix se reproduira. Sans doute, formellement, il y aura un possible qui n'existe jamais. Mais ce possible reste à l'état de représentation imaginative. Au mieux, il est l'illusion d'une volonté qui donne son assentiment à une nécessité inexorable[91].

Plus subtile est la solution de Chrysippe. L'impossibilité que non, qui décrit l'enchaînement des contraintes extérieures, n'équivaut pas à la nécessité; celle-ci requiert la vérité d'une condition à laquelle nous sommes partie du fait de notre assentiment qui ne nous est pas imposé et résulte de notre spontanéité. En quoi cependant consiste cette spontanéité à laquelle le libre-arbitre reste étranger? Si notre volonté fait partie du tout du monde, comme le requiert le monisme, les mouvements mêmes de nos âmes sont-ils rien d'autre que les instruments des décrets du destin[92]? L'identification de notre volonté avec le Destin affranchit assurément nos décisions des contraintes extérieures. Elle ne les affranchit cependant pas du Destin lui-même, qui nous entraîne si nous ne le suivons pas. La question est en effet de savoir non si l'assentiment est déterminé

90. Spinoza, *Éthique,* I, Prop. XVI.
91. " Qui a vu le présent, dit Marc-Aurèle, a tout vu, et tout ce qui a été depuis l'infini et tout ce qui sera à l'infini ; car toutes choses ont même origine et mêmes aspects " (VII, 37).
92. Comme le demande Chalcidius, In *Tim. Comm.,* c. 161 (Arnim, II, n. 243, p. 272 ; Hamelin, 1978, p. 97). Alexandre fait remarquer que, de même, selon les stoïciens, le mouvement est au pouvoir des animaux (1870, pp. 225-228).

par nos représentations, mais si la volonté qui donne son assentiment est déterminée ou non par une nécessité intérieure. Tout ce que la finesse logique de Chrysippe produit, c'est donc une intériorisation de la nécessité. Ce n'est pas un possible différent du réel, que je pourrais choisir contre l'ordre qui s'impose à mes pensées même lorsqu'elles lui donnent leur acquiescement.

## II

Percussions, oscillations, ondes fournissent au nominalisme ses modèles de mouvement.

L'adéquation dans l'expression de l'universel ou sa dissolution dans la circonstance ont pour conséquence d'exclure du mouvement la présence d'une puissance actualisée[93] : le mouvement est en acte. D'autre part, le cours du mouvement est prédéterminé, puisque tous les éléments en sont *a priori* donnés soit dans l'essence de la chose singulière, soit dans les mouvements des simples, soit dans le rapport de la partie ou du mode au tout. Ainsi se trouvent assignés les deux traits de la dynamique : 1) le mouvement n'est qu'une corrélation de lieux et d'instants, seulement cette corrélation est continue ; il n'y a pas de passage de lieu à lieu, mais pas non plus de moments ou de positions consécutifs[94] ; 2) la loi de cette corrélation étant connue et elle l'est lorsque sont connues les propriétés mécaniques des individus et les positions initiales, tout mouvement est rigoureusement déterminé.

## III

Borné par les autres atomes, l'atome n'est pas Dieu. Quant aux agrégats d'atomes, ils ont plus ou moins de durée et de force. Ainsi les démons sont plus puissants que les hommes. Mais, composés, ils se désagrégeront. Il n'y a pas de Dieu.

En revanche, si nous sommes nous-mêmes des modes finis ou des faisceaux d'événements, la réflexion nous met à même de

---

93. Au risque, chez Diodore, de rendre le mouvement discontinu.
94. Russell, 1956, p. 47. C'est la difficulté de penser une corrélation continue, non la prétendue présence d'une puissance extérieure à la corrélation qui explique probablement la thèse de la discontinuité chez Diodore et chez les premiers Stoïciens ( ?).

prendre conscience que nous sommes en Dieu ou que nous sommes de Dieu. Les preuves qu'on donne alors de l'existence de Dieu ont cependant le caractère de simples vues ou d'axiomes, dont l'évidence n'échappe que faute d'attention. Elles s'opposent aux preuves *a posteriori* du conceptualisme, comme il est naturel puisque ces dernières doivent conclure non seulement du fini à l'infini, mais encore de l'immanent au transcendant. En dépit des apparences formelles, elles s'opposent encore à la preuve *a priori* du réalisme. Celle-ci, en effet, est une preuve authentique, puisqu'elle manifeste le mouvement du concept à l'être pour un esprit étranger à lui. L'infini qui existe par soi lui est transcendant. Il lui est, au contraire, immanent dans le panenthéisme et dans le panthéisme et c'est ce qui explique, dans ces systèmes, que les définitions absorbent toute la force des preuves.

Le mécanisme exclut Providence et finalité, soit par exclusion des dieux, soit par identification de Dieu avec la Nature. Sans objet, la théodicée ne peut que résulter d'une illusion anthropomorphique. Connaître la nature, c'est la connaître comme simplement nécessaire.

## IV

Le nominalisme interdit l'existence de tout " arrière monde " au delà du donné. Dès lors le donné contient les conditions initiales et les lois d'un déroulement inexorable des événements et l'on ne saurait donner de contenu objectif à l'idée que ces lois ou ces conditions eussent pu être différentes. Il faut poser nécessairement la nécessité[95].

La conséquence morale d'un tel système paraît être le *fatum* " à la turque ". Le " Moissonneur " et l'" argument paresseux " deviennent irrésistibles. Il est alors inutile de délibérer ou de se donner de la peine[96].

---

95. Sur le déterminisme de Démocrite, Diels-Krantz, II, 66-68. Ce système ne paraît pas laisser de place pour le hasard, au moins regardé objectivement (Hamelin, 1978, p. 35).

96. Aristote, *De Int.*, 9, 18$^{b}$31.

La réponse est simple. Il s'agit de mettre en évidence ce qui dépend proprement du composé, de la partie et du mode dans le concours général des causes : rechercher le plaisir qu'on peut trouver à l'ordre de la nature, ressaisir sa propre volonté comme organe et instrument de cet ordre. Origène rappelle la réplique plaisante qu'on faisait au raisonnement paresseux, à ceux qui niaient qu'il fût utile d'appeler le médecin, puisque la guérison et la mort dépendent du destin : " Si votre destin est d'engendrer des enfants, soit que vous vous unissiez ou que vous ne vous unissiez pas à une femme, vous en engendrerez, et si ce n'est pas votre destin d'en engendrer, soit que vous vous unissiez ou que vous ne vous unissiez pas à une femme, vous n'en engendrerez pas. Or votre destin est ou bien d'en engendrer ou bien de ne pas en engendrer. C'est donc en vain que vous vous unirez à une femme " [97].

Le dernier mot de cette morale est la spontanéité. Il serait contradictoire que le composé fût plus que la rencontre provisoire de ses éléments, que la partie ou que le mode pussent faire mieux que d'acquiescer à ce qu'ils sont et de s'unir à la libre nécessité de Dieu. Une telle acceptation intérieure de l'être est le gage d'une grande force d'âme, car elle capte à son profit la puissance de l'univers. Nul optimisme ne saurait dépasser celui d'une volonté qui veut ce qu'elle est.

Quelle est cependant l'origine de la conversion par laquelle une volonté finie, en assumant les limitations qui l'accablent, s'identifie, autant qu'il est en elle, avec sa cause et sa substance ? Ce ne saurait être cette volonté finie elle-même sinon, précisément, en tant qu'on la considère comme une partie donnée de la Nature et le sage ne parvient à la sagesse que par une certaine nécessité éternelle [98]. Nous sommes donc nécessairement nécessités au salut et à l'acquiescement. Et c'est encore le secret de la force de sentir son épanchement soutenu par une source qu'elle a captée comme sans le vouloir, qu'elle ne contrôle pas et dont elle éprouve qu'elle est intarissable.

---

97. *Contra Celsum,* II, 20, trad. Borret, cité par Conche *in* Hamelin, 1978, p. 10 (Arnim, S.V.F., II, n. 957, p. 278).
98. Spinoza, *Éthique,* V, Prop. 42, Scolie ; Gueroult, 1968, I, pp. 346-347.

## 64. L'INTUITIONNISME.

I

Pour le dogmatique la logique est un *organon* complet (donc une science théorique). Pour l'intuitionniste elle est un *canon* (donc un corps de règles).

La méthode consiste à assigner le critère du vrai entendu comme une règle méthodique de construction de l'objet, qui s'impose à l'expérience subjective et en efface les variations pour fonder des entités qu'elle ne saurait fournir : atomes, espace, causalité.

Les systèmes intuitionnistes s'opposent sur la nature de cette règle. S'ils se rapprochent des systèmes dogmatiques en acceptant des entités hors d'atteinte des règles de construction, ils ne restent fidèles à leurs principes qu'en procédant alors à une amputation des lois logiques.

Si Épicure, qui place le critère dans la sensation, évite le nominalisme dogmatique, c'est qu'il conteste la validité universelle du tiers-exclu, en risquant ainsi de briser l'unité de la nature. Descartes, qui place le critère dans la clarté et la distinction des idées représentatives, n'évite le réalisme qu'en affirmant la création des vérités éternelles : si une proposition est nécessaire, il est faux qu'il soit nécessaire qu'elle soit nécessaire[99], ce qui infirme la thèse de " réduction " caractéristique de la logique modale canonique qui fait équivaloir deux nécessités à une seule[100]. Pour Kant, enfin, on serait inévitablement

---

99. La volonté de Dieu " n'est pas seulement la cause des choses actuelles et futures, mais aussi des choses possibles et des natures simples, et rien ne peut ou ne doit être imaginé que nous disions ne pas dépendre de Dieu ". ( *Entretien avec Burman, A.T.,* V, p. 160, trad. Bridoux, p. 1367). " Et encore que Dieu ait voulu que quelques vérités fussent nécessaires, ce n'est pas à dire qu'il les ait nécessairement voulues, car c'est tout autre chose de vouloir qu'elles fussent nécessaires, et de le vouloir nécessairement, ou d'être nécessité à le vouloir. " (Lettre à Mesland, 2 mai 1644, *A.T. Correspondance,* IV, p. 118, 25 - p. 119, 1); " Dieu ne peut avoir être déterminé à faire qu'il fût vrai, que les contradictions ne peuvent être ensemble, et..., par conséquent, il a pu faire le contraire " ( *Ibid.,* IV, p. 118, 19-22).

100. $Lp \equiv LLp$, caractéristique du système S4. Descartes admet seulement : $LLp \rightarrow Lp$, conforme au système T. (Hughes et Cresswell, 1972, p. 45). De même, au lieu de $LMp \equiv Mp$, Descartes accepte seulement $LMp \rightarrow Mp$.

Ainsi s'explique le caractère intuitionniste des mathématiques cartésiennes. On ne saurait supposer, surtout quand il s'agit de l'infini, que ce qui est possible

conduit à des chimères métaphysiques si l'on utilisait le tiers-exclu hors des limites fixées par les conditions de la possibilité de l'expérience.

Mis en demeure de préciser le statut du concept de possible qui ne se réalise jamais, les systèmes intuitionnistes font preuve d'une même hésitation pour aboutir à une même fin de non recevoir.

Si l'on tire les conséquences de la description que Cicéron dans le *De Fato* nous donne d'Épicure, ce dernier paraît vouloir à tout prix conserver la troisième prémisse du Dominateur. Mais, dit Lucrèce [101], " les innombrables principes des choses, frappés de multiples manières par des chocs à travers un temps infini, emportés et mus par leurs poids propres, se sont engagés en des unions de toutes sortes, en tentant toutes les combinaisons

---

l'est nécessairement ; il faut des règles de construction effective (Vuillemin, 1960, *passim*).

La critique par Descartes dans ses lettres du 15 avril et du 6 mai 1630 de la thèse, où Dieu est représenté comme un Jupiter ou un Saturne assujetti au Styx et aux destinées, est de Duns Scot (Gilson, 1952, p. 185). Le volontarisme que Descartes lui oppose paraît d'ailleurs relever à son tour du volontarisme par lequel Duns Scot modère son rationalisme.

Ces rapprochements, quelle que soit leur exactitude historique, masquent toutefois une différence fondamentale entre Scot et Descartes. D'une part Descartes, à l'opposé de Scot, soustrait le principe de non-contradiction à la création divine. D'autre part et surtout les traits non canoniques de la logique modale cartésienne sont fondés sur une déduction purement rationnelle à partir d'idées claires et distinctes, tandis que ces mêmes traits ou leurs analogues ne paraissent pas se séparer, chez Scot, de la religion révélée. Le rationalisme de Scot reste toujours précaire, dans la mesure où la foi du théologicien, révélatrice de la toute-puissance divine, exorbitante à la raison naturelle, vient le corriger, le limiter et le fonder du dehors. Au contraire, chez Descartes, la raison naturelle est naturellement illuminée par la présence de l'infini ; c'est à l'intérieur d'elle-même, par ses propres ressources et au vu de sa propre nature qu'elle découvre la toute-puissance divine. Descartes, assurément, ne nie pas les vérités révélées ; mais elles ne jouent aucun rôle dans l'interdiction, purement rationnelle, que nous fait la toute-puissance d'entrer au conseil de Dieu.

Les conséquences de cette différence fondamentale sont nombreuses. Citons-en une seule. Le primat de la théologie sur la philosophie produit chez Scot l'univocité de l'être. En effet, la raison naturelle qui pense l'être sous l'acception de l'être créé est assurée, par la théologie, que cet être est logiquement le même que l'être divin : "Toute recherche sur Dieu suppose que l'intellect a le même concept univoque qui est pris des créatures " (*Op. Ox.*, L. I, d. 3, q. 2, n. 5, Vivès IX, p. 18). Au contraire, puisque c'est la raison naturelle qui, chez Descartes, découvre en elle-même l'abîme de l'infini divin et de sa propre finitude, son concept d'être ne pourra pas prétendre à l'univocité et l'École a raison de dire que le nom de substance n'est pas univoque au regard de Dieu et des créatures (*Principes*, I, § 51, *A.T.*, t. IX, 2, p. 47).

101. V, 186-192.

possibles qu'ils pouvaient créer par leur groupement ". Même si le hasard élimine le retour éternel numérique [102], le jeu de roulette de la nature paraît donc réaliser tout possible. Chez Descartes, qui accorde cependant à la volonté humaine l'infinité, la toute-puissance divine semble aboutir au même résultat. Car on la bornerait en lui soustrayant un possible [103]. Si l'on refusait cet argument, on en retrouverait la conséquence en réfléchissant à l'identification de la matière avec l'étendue. En effet toutes les variétés de la matière ne pourront provenir que du mouvement des parties [104] et, ici encore, rien ne paraît pouvoir empêcher cette matière, en elle-même informe, d'assumer successivement en un temps assez long et, du fait des changements locaux, toutes les formes dont elle est capable [105]. Kant, sans pour autant supprimer la place d'une liberté nouménale, tire explicitement la même conclusion pour son propre système. Puisqu'est possible ce qui est en accord avec les conditions formelles de l'expérience, nous ne saurions nous former aucun concept du possible hors de ces conditions ; les modalités ne portant en général que sur le rapport des objets à notre faculté de pensée et non sur les objets eux-mêmes, il est donc impossible qu'elles nous permettent d'ajouter par l'imagination aux possibles qui sont, ont été ou seront, un possible qui n'existera jamais [106].

Il y a cependant une différence fondamentale entre intuitionnistes et nominalistes à l'égard de la troisième prémisse du

---

102. Rodis-Lewis, p. 128.

103. C'est là une conséquence de l'impossibilité absolue du néant (Gueroult, 1953, II, p. 26).

104. *Principes,* II, § 23, *A.T.,* t. VIII, p. 52.

105. C'est la conséquence que tire Leibniz dans une lettre à Philippe, datée de janvier 1680 ( *Die philosophischen Schriften,* Gerhardt, IV, p. 283) : " Je ne crois pas qu'on puisse former une proposition plus périlleuse que celle-là. Car si la matière reçoit toutes les formes possibles successivement, il s'ensuit qu'on ne puisse rien imaginer d'assez absurde ni d'assez bizarre et contraire à ce que nous appelons justice, qui ne soit arrivé et qui n'arrive un jour. Ce sont justement les sentiments que Spinoza a expliqués plus clairement, à savoir que justice, beauté, ordre ne sont que des choses qui se rapportent à nous, mais que la perfection de Dieu consiste dans cette amplitude de son opération en sorte que rien ne soit possible ou concevable qu'il ne produise actuellement. Ce sont aussi les sentiments de M. Hobbes qui soutient que tout ce qui est possible, est passé ou présent ou futur, et il n'y aura pas lieu de rien promettre de la providence, si Dieu produit tout et ne fait point de choix parmi les êtres possibles. Mons. des Cartes s'est bien donné de garde de parler si nettement, mais il n'a pu s'empêcher de découvrir ses sentiments en passant avec une telle adresse qu'il ne sera entendu que de ceux qui examinent profondément ces sortes de choses. "

106. Vuillemin, 1981.

Dominateur. Les nominalistes la déclarent dogmatiquement fausse. Les intuitionnistes la critiquent seulement parce que, toute requise qu'elle soit semble-t-il, par le libre-arbitre [107], les conséquences qu'on peut tirer des règles auxquelles obéit la construction de la connaissance de la nature lui font par ailleurs obstacle.

## II

Tous les systèmes intuitionnistes admettent la contingence des lois de la nature. C'est là une conséquence inévitable des conditions constructives imposées à la vérité. Le mouvement caractéristique de la physique de ces systèmes est donc le mouvement mécanique. Si l'on tolère quelque finalité, c'est à titre d'idée régulatrice de la recherche, non comme un fondement ontologique des lois, qui viendrait à rendre celles-ci nécessaires.

Ces lois contingentes font-elles encore la part à la contingence, pour ainsi dire intérieure, des objets qu'elles gouvernent? C'est ce qu'exige la déclinaison d'Épicure. C'est ce que tolère la distinction cartésienne entre direction et quantité de mouvement. C'est ce qu'interdit le mécanisme rigoureux de Kant. Il y a des degrés de l'intuitionnisme selon le contenu qu'on donne aux règles de construction par lesquelles on définit la vérité.

Aussi bien, le mécanisme, ainsi posé au regard de la faculté de connaître, perd l'indépendance et la sorte de substantialité que les nominalistes lui avaient reconnues. Certes, on convient de la vanité des fins et de ce fantôme d'avenir que l'École loge dans les corps en mouvement sous le nom de puissance. De la sorte, on accorde une conception purement cinématographique du mouvement. Mais, au même moment, l'expérience nous fait savoir que le mécanisme n'est pas tout.

On le voit assez lorsqu'on analyse la représentation du temps. Épicure se garde de prendre parti pour les quantités infinitésimales en mathématiques; ainsi, d'un point de vue abstrait, il n'est pas contraire à sa doctrine de soutenir la continuité du temps [108].

---

107. Kant fait de la liberté la *ratio essendi* de la loi morale, et la soustrait ainsi à l'expérience. Il n'en va pas de même de l'arbitre *(Willkür)* en tant que distinct de l'autonomie. Comme le font voir le Scolie du Corollaire au § 7 et le théorème IV de la *Critique de la raison pratique,* le libre-arbitre en tant que pathologiquement affecté est la donnée primitive de l'expérience humaine.

108. Vlastos, 1965, pp. 121-147.

En revanche, d'un point de vue concret, la prise de conscience de l'arbitre enveloppe un atomisme du temps [109]. Descartes, qui déclarait l'atomisme matériel contradictoire, en tant qu'il opposerait une borne à la toute-puissance divine [110], doit, au même point de vue abstrait, affirmer la division à l'infini du temps et donc sa continuité. Cependant, d'un point de vue concret, nous saisissons le temps comme un indivisible, lequel n'a pas le pouvoir de se prolonger et requiert à cet effet la création continuée [111]. Chez Kant, si, du point de vue abstrait de la connaissance, la continuité gouverne la possibilité de l'expérience, hors de laquelle atomisme et continuité s'opposent comme termes de la deuxième antinomie de la raison pure, du point de vue concret de la pratique morale, l'impératif catégorique n'exige pas moins que la possibilité d'une conversion intelligible, capable de renverser dans l'instant la détermination de notre caractère.

Mais faut-il placer sur le même plan la représentation abstraite d'un temps continu et dans lequel tout possible se réaliserait d'une part, et celle d'un temps discontinu donné dans l'expérience ou la postulation de la liberté et qui, quant à elle, paraît supposer des possibles qui ne se réaliseront jamais ?

La représentation abstraite part des causes, va vers les effets et paraît aboutir à Diodore. Tous les coups à la roulette, toutes les figures du mouvement, toute la réalité empirique doivent sortir sous la condition d'un temps suffisamment long. Mais qui ne voit qu'en concluant de la sorte, on risque constamment de violer le critère et d'utiliser la synthèse à vide, sans l'avoir préalablement fondée sur l'analyse. Lorsqu'on examine scrupuleusement ce que cette méthode permet réellement d'asserter, on est conduit à distinguer, avec Descartes, l'infini et l'indéfini et, l'indéfini n'illustrant qu'une possibilité négative, à suspendre en conséquence toute affirmation à propos de l'objet en litige.

La représentation concrète, au contraire, part d'une donnée, qui est l'expérience du libre-arbitre ou la postulation immédiate (sous la condition de la donnée du devoir) de la liberté. D'une telle vérité de la science, nous ne saurions douter, car le doute précisément l'exprime et l'enveloppe.

L'intuitionniste est donc placé devant un conflit d'autant plus difficile à résoudre qu'il oppose les données ou réquisits immé-

---

109. Goldschmidt, 1977, pp. 238-239.
110. *Principes*, II, § 20; *A.T.*, IX 2, p. 74.
111. Gueroult, 1953, II, pp. 272-285.

diats de l'expérience aux conséquences des règles de construction de l'objet précisément imposées par la possibilité de l'expérience.

### III

Ce même conflit domine la théodicée.

Nous avons immédiatement conscience de nos imperfections : souci, erreur, impuissance à agir spontanément de façon rationnelle ; or ces négations seraient elles-mêmes inconcevables hors de l'idée positive qu'elles mutilent : béatitude inaltérable et incorruptibilité, infini, sainteté. D'autre part, la priorité de l'être sur la négation assigne le type d'être que ces idées appellent, existence sensible pour les dieux d'Épicure, existence rationnelle pour l'infini cartésien, postulat d'existence pour le garant kantien de notre liberté. Dans les trois cas, non seulement l'assertion concernant la nature divine, qui nous reste radicalement étrangère, mais le lien même qui attache cette existence à l'idée positive que je découvre inévitablement en moi ne peut pas s'affranchir absolument de cette idée conçue comme un effet. Les idoles des dieux épicuriens ne se séparent pas de la connaissance que nous en avons [112]. La preuve ontologique reste, de même, chez Descartes, subordonnée à la preuve par les effets, non seulement du point de vue des vérités de ma science en tant qu'elles s'opposent, quant à l'ordre, aux vérités de la chose [113], mais aussi parce que la preuve ontologique qui permet de concevoir la liberté de Dieu posé comme nécessairement existant ne permet pas de bien prouver cette liberté [114], preuve qui demande qu'on parte des effets [115]. Kant enfin pousse encore plus loin la subordination aux effets par l'idée d'une postulation qui subordonne l'existence même de Dieu à la conscience du devoir dont elle devient une simple condition, d'ailleurs forcée, de réalisation possible.

---

112. C'est à juste titre qu'on a critiqué l'interprétation " anselmienne " de la théologie épicurienne telle que l'expose le *De Natura Rerum,* II, 17, 46 ; Rodis-Lewis, 1975, pp. 157-158.

113. Gueroult, 1953, I, p. 359.

114. Gueroult, 1953, I, p. 365.

115. " La première preuve par les effets, tout en établissant la parfaite conformité nécessaire de l'idée de Dieu avec son idéat, et l'égalité de perfection entre la réalité infinie de l'effet et la réalité infinie de la cause, conduit malgré tout, *par la position de la cause hors de l'idée,* à une certaine transcendance de cette cause à l'égard de l'idée de Dieu-même " (Gueroult, 1953, I, p. 365).

Quelle que soit, par conséquent, la façon par laquelle nous établissons l'existence de Dieu, elle obéit au critère d'un effet négatif donné dans l'expérience. Hors de cet effet, saisi dans l'expérience sensible, intellectuelle ou morale, on a tout lieu de se méfier des constructions logiques et des démonstrations prétenduement analytiques. Épicure, Descartes, Kant n'aboutissent pas au même dieu, mais les méthodes de leurs théologies se ressemblent en ce que tous trois conçoivent la logique comme un canon et non comme un organon et, par là, subordonnent toute notre pensée à l'irréductible donnée d'une condition de sensation, d'idée claire et distincte ou d'expérience en général.

Mais voici la liberté affrontée non seulement au mécanisme mais à la finalité. Étant donnée la nature des preuves, ce qu'est Dieu étant caché à nos regards, toute spéculation sur une finalité *ex ante* est impie ou vaine. Cependant, une fois reconnue l'existence de Dieu, l'univers tel qu'il est impose les finalités *ex post* d'une théodicée d'ailleurs uniquement négative.

Une remarque de Descartes montre comment l'intuitionniste peut concilier mécanisme et libre arbitre, temps pensé et temps vécu, préordination et liberté humaine : " Nous aurions tort, dit-il, de douter de ce que nous apercevons intérieurement et que nous savons par expérience être en nous, parce que nous ne comprenons pas une autre chose que nous savons être incompréhensible de sa nature "[116]. Chez Épicure, chez Descartes, chez Kant, sous la forme soit d'une expérience immédiate, soit d'une postulation, la liberté ou volonté a acquis le primat. L'entendement n'embrasse pas tout. Il ne doit donc en aucun cas opposer des conséquences incertaines ou des dogmes indémontrables au seul objet de notre certitude. Une inspiration critique commune sous interdit d'entrer au conseil de Dieu[117]. La solution donnée au Dominateur tient alors à la différence qu'on y fera entre les propositions positives : première et deuxième prémisses, principe de nécessité conditionnelle[118], et les propo-

---

116. *Principes*, I, § 41 ; *A.T.*, IX 2, p. 42 ; voir plus haut, p. 224 *sqq*.

117. Pour Épicure, voyez Lucrèce, V, 146-170.

118. Descartes accorde le même statut de notion commune à la première prémisse et à la nécessité conditionnelle ; il compte, en effet, parmi ces notions " l'impossibilité qu'une même chose en même temps soit et ne soit pas, que celui qui pense ne peut manquer d'être ou d'exister pendant qu'il est " ( *Principes*, art. 49, *A.T.*, IX, p. 46). Principe de non-contradiction, nécessité du passé et nécessité conditionnelle cartésienne appliquée à la pensée ( c'est-à-dire axiome : pour penser il faut être pendant qu'on pense ) vont de pair.

La position de Kant au regard du principe de nécessité conditionnelle est tout à fait remarquable. Ce principe, illégitime au point de vue de la logique

sitions indéfinies dont fait partie la négation de la troisième prémisse, négation qui, en effet, résulte de l'usage, mais indéterminé, d'une règle de construction de l'expérience possible. Lorsqu'Épicure nie le tiers-exclu, il signifie que la loi de double négation ne s'applique pas aux propositions indéfinies. C'est là le principe de l'intuitionnisme. Même si Descartes et Kant ne l'ont pas reçu pour tel, on peut montrer qu'ils en acceptent l'équivalent en mathématiques et — sous une forme limitée pour Descartes — en métaphysique [119].

## IV

La préférence accordée aux propositions définies sur les propositions indéfinies dans la solution du Dominateur imprime sa marque sur la conception de la liberté et de la morale. Les

---

formelle, résulte au contraire de la déduction transcendantale. Le concept logique de contingence tolère, en effet, la coexistence du possible et de l'acte contraire. Il n'en va pas de même du concept transcendantal de contingence, qui exclut cette coexistence, parce que, pour la penser on doit faire appel non pas simplement à la *pensée du contraire,* mais à la notion du *changement,* laquelle requiert l'application de la catégorie de causalité à l'intuition empirique (A 199) : " On peut, dit Kant, facilement concevoir la non-existence de la matière, mais les Anciens n'en concluaient cependant pas sa contingence. A lui seul, le passage successif d'une chose de l'existence à l'inexistence, passage en quoi tout changement consiste, ne prouve pas du tout la contingence de cet état en quelque sorte par la réalité de son contraire ; par exemple, le repos d'un corps, venant après son mouvement, ne prouve pas la contingence du mouvement de ce corps par cela seul que le repos est le contraire du mouvement. En effet, ce contraire n'est *opposé* ici à l'autre que logiquement et non *réellement.* Il faudrait prouver qu'au lieu d'être en mouvement dans l'instant précédent, il eût été possible que le corps eût *alors* été en repos ; c'est là ce qui prouverait la contingence de son mouvement, mais non pas qu'il soit en repos *après ;* car alors les deux contraires pourraient fort bien coexister " (A 199, trad. Tremesaygues-Pacaud, p. 213).

Kant aperçoit clairement qu'au point de vue logique, Jean Duns Scot a raison contre Ockham et qu'il y a compatibilité sans succession de l'acte et de la puissance contraire. S'agissant en revanche du mouvement réel, tel qu'il appartient à la possibilité de l'expérience, la compatibilité implique la succession.

Mais ceci résulte non pas d'un fait de raison, mais de la nécessité transcendantale d'appliquer les concepts à l'intuition et plus précisément à l'intuition de l'espace. Ce texte figure dans la réfutation de l'idéalisme, où Kant conteste la possibilité d'affirmer l'existence de " mouvements de l'âme " au sens de Platon, de Scot et de Descartes, c'est-à-dire d'un Moi empirique qui serait connu et posé préalablement à l'existence des objets extérieurs dans l'espace et indépendamment d'eux.

119. Vuillemin, 1960, et 1975, pp. 17-35.

systèmes intuitionnistes diffèrent par le contenu qu'ils assignent au défini et à l'indéfini et, en conséquence, par la façon de concevoir le rapport entre ces deux termes.

Partons des phénomènes, c'est-à-dire des données immédiates et de leurs conséquences évidentes. Ce sont, pour Épicure, la sensation et la donnée physique et psychologique du libre-arbitre, d'où découle l'existence d'un possible qui ne se réalise pas. L'arbitre est de même, selon Descartes, l'objet d'une perception immédiate de la conscience [120] ; il nous est clairement et distinctement connu et la vérité de la troisième prémisse du Dominateur, qui appartient, pour ainsi dire, à la définition de l'arbitre, est donc, elle aussi, évidente.

Kant, en revanche, retire la liberté du phénomène. Un possible qui ne se réalise pas ne fait donc pas partie du phénomène. Puisque c'est la possibilité de l'expérience qui détermine l'extension de ce dernier, que le principe de causalité fait partie de ce qui rend l'expérience possible et que le mécanisme et le déterminisme universel sont les conséquences immédiates de ce principe, la négation de la troisième prémisse du Dominateur est désormais une vérité des phénomènes. La connaissance, cependant, n'épuise pas le phénomène. Nous y trouvons aussi le devoir moral entendu comme la présence contraignante à notre conscience de la loi morale.

De ces phénomènes qui tombent immédiatement sous le critère, on remontera, en appliquant les procédés de construction tenus pour légitimes, à des entités qui n'appartiennent pas à la région des phénomènes. Tels sont l'atome et le *clinamen* d'Épicure. Tel est le Dieu de Descartes et le mécanisme, comme vérité de la chose, qui dépend de la véracité divine. Ce sont ces entités transcendantes qui entraînent comme conséquence que tout possible se réalise ou même qu'il y a préordination des causes.

L'intuitionnisme entre ainsi en conflit avec lui-même. Pour le résoudre, il puisera à son principe. Il choisira la troisième prémisse du Dominateur de préférence à sa négation, parce qu'elle est garantie par une évidence immédiate qui fait défaut à sa rivale. L'infinité du temps et les conseils de Dieu sont hors d'atteinte. L'empirisme, que ce soit celui de la sensation ou celui

---

120. *Les Passions de l'Ame,* Art. XIX.

de l'idée claire et distincte, c'est-à-dire la considération des conséquences tirées du phénomène, l'emporte donc sur le dogmatisme spéculatif, c'est-à-dire sur la considération des conséquences tirées de la foi rationnelle. On aperçoit ici l'une des raisons pour lesquelles l'intuitionnisme est réfractaire au formalisme. Pour décourager la spéculation, en effet, on doit prêter attention non seulement aux règles elles-mêmes, qui peuvent passer leur but, mais à leur usage.

L'intuitionnisme kantien pose comme objets de la foi naturelle liberté et même libre-arbitre, en tant qu'ils fournissent les raisons d'être du devoir comme phénomène ; la liberté fonde la loi, le libre arbitre fonde la contrainte et la faute. Ces postulats entraînent la reconnaissance d'un possible qui ne se réalise pas.

Loin de rejeter avec Épicure et Descartes comme spéculatives les conséquences de la foi rationnelle, Kant s'en sert, au contraire, pour limiter la portée des conséquences qu'on tire des phénomènes. Ou plutôt, il constate la disparité entre le phénomène du déterminisme et le phénomène du devoir. Le premier relève de la raison théorique, le second de la raison pratique. Puisque l'exigence inconditionnelle du devoir communique une validité inconditionnelle à ses conséquences, le conflit ne peut être tranché que si l'on fait le départ entre la réalité simplement phénoménale des objets de la connaissance et la réalité absolue et nouménale de ce que postule la foi, c'est-à-dire l'action. La troisième prémisse du Dominateur est donc valide, mais par la foi, non par la connaissance. Quant à sa négation, relative qu'elle est aux phénomènes, elle cesse de menacer la liberté. La tenir pour une menace véritable, ce serait lui prêter une réalité en soi et céder à l'illusion métaphysique que crée la confusion des phénomènes et des choses en soi.

A-t-on de la sorte abandonné l'intuitionnisme au profit d'un dogmatisme moral ? En subordonnant la connaissance à la foi, Kant ne tire-t-il pas plutôt de l'intuitionnisme ses conséquences extrêmes ? Les règles pratiques n'expriment-elles pas, en effet, l'activité de notre raison, tandis que les règles théoriques en expriment la passivité et donc l'affection par une action dont la raison ne saurait être à l'origine, sous peine de contradiction ? L'intuitionnisme fait dépendre l'objet du sujet. Il se définit par la révolution copernicienne. Cette révolution n'atteint son but qu'en affirmant le primat du pratique sur le théorique.

## 65. Le scepticisme.

### I

Posé que l'universel se réduit au jeu subjectif de nos représentations, toute idée résultera de la transformation d'une impression par association et la consistance d'une association d'idées ne tiendra qu'à la constance de sa répétition, c'est-à-dire à l'habitude. Nous ne rencontrons donc ni nécessité naturelle ni causalité objective, mais seulement des répétitions constatées dans l'expérience et des croyances fondées sur l'habitude.

Rejetée des objets, la modalité ne fait qu'un avec l'activité subjective de notre esprit [121]. Elle touche au degré de nos croyances et n'a aucun rapport à une différence de contenu entre nos idées [122]. Cependant, toute subjective qu'elle soit, l'idée de nécessité, telle qu'elle est exprimée par les mots, ne laisse pas de devenir l'objet d'une communication [123]. Quand la communica-

---

121. La connexion de la cause et de l'effet a une nécessité simplement subjective : " Pareillement, la nécessité ou le pouvoir qui unit les causes et les effets gît dans la détermination de l'esprit à passer des unes aux autres. L'efficace ou énergie des causes ne réside ni dans les causes elles-mêmes, ni dans la Divinité, ni dans le concours de ces deux principes : elle appartient entièrement à l'âme, qui considère l'union de deux ou plusieurs objets dans tous les cas passés " (Hume, 1930, p. 209).

122. *Ibid.,* p. 88 : " l'idée d'existence doit ou bien dériver d'une impression distincte, jointe à toute perception ou à tout objet de notre pensée, ou bien ne faire qu'un avec l'idée de la perception ou de l'objet ". Et, comme le premier cas est exclu, " l'idée d'existence ne fait donc qu'un avec l'idée de ce que nous concevons comme existant... Cette idée, jointe à l'idée d'un objet quelconque, n'y ajoute rien " ( *Ibid.,* p. 89).

123. Hume part, en effet, de l'analogie de " la nécessité qui fait que deux fois deux égalent quatre ou que les trois angles d'un triangle égalent deux droits ", nécessité qui, dit-il, " ne gît que dans l'acte de l'entendement par où nous considérons et comparons ces idées " ( *Ibid.,* p. 209). Or si l'on se demande en quoi consiste cet acte de l'entendement, dans quels cas il réussit, dans quels cas il échoue, on est inévitablement conduit au problème de la légitimation du mot *tous,* et ce problème nécessite l'intervention du langage. " C'est là, dit Hume, une des circonstances les plus extraordinaires de l'affaire, qu'après que l'esprit a produit une idée individuelle, sur laquelle nous raisonnons, l'habitude qui s'y attache, ramenée par le terme général et abstrait, suggère promptement tout autre individu, si par hasard nous formons un raisonnement qui ne s'accorde pas avec le premier. Si, par exemple, nous mentionnons le mot *triangle,* et nous formons, pour y correspondre, l'idée d'un triangle équilatéral particulier, puis affirmons que *les trois angles d'un triangle sont égaux entre eux,* les autres individus, c'est-à-dire les triangles scalènes et isocèles, que nous avions omis d'abord, aussitôt se pressent en nous, et nous font apercevoir la fausseté de cette proposition, si vraie qu'elle soit relativement à l'idée que nous nous étions formée " ( *Ibid.,* pp. 34-35).

tion réussit-elle, c'est-à-dire est-elle cohérente ? L'habitude verbale que ramène le terme *tous* et l'énoncé " nécessaire " qui lui correspond n'aboutissent que si la relation qu'ils suggèrent est à l'ensemble des cas subsumés dans le rapport exact des définitions nominales. Il y a nécessité si j'emploie le mot " triangle " en sorte que la suggestion des instances ou idées individuelles qu'il évoque soit vérifiée. Ainsi la nécessité n'institue qu'une règle de l'usage des mots dans leur rapport à la suggestion des idées évoquées. Mais puisque nous cesserions de nous entendre si cette suggestion variait sensiblement selon les locuteurs, et que la règle de l'usage des mots ne peut donc être que collective, la théorie de la nécessité est fondée à faire l'économie de la considération subjective des habitudes individuelles pour ne porter que sur le rapport assignable des mots à l'extension des individus qu'ils désignent. Bref, la nécessité a pour objet non pas les individus eux-mêmes, mais les relations qui s'instituent entre les mots et les individus à travers les concepts sémantiques de dénotation et de vérité.

Le concept d'existence se trouve donc dissocié des concepts modaux du possible et du nécessaire. L'existence est une donnée de fait, non discernable de l'impression même. Les modalités proprement dites sont des concepts sémantiques, qui règlent le seul rapport du discours et de la réalité.

Dans ces conditions, le Dominateur ne menace pas la liberté humaine, si du moins la liberté humaine relève de quelque façon des données de l'expérience. Il ne saurait pas non plus imposer la nécessité à la nature. Il règle seulement les définitions des mots et touche non l'être mais le discours.

Deux solutions s'offrent cependant au sceptique. La première, plus simple, s'accorde au refus de répondre à la question de savoir si nous sommes libres. La seconde, au prix de complications logiques, sauve le sceptique attaché, par le doute même, à donner du libre-arbitre quelque interprétation positive.

Carnéade, ce Hume antique, a parfois pressenti la première de ces solutions. Il rassure ainsi Épicure sur la portée du Dominateur, en faisant valoir le caractère dialectique, c'est-à-dire sémantique de cet argument. Seul un argument fondé sur l'analyse des causes pourrait produire la nécessité dans l'être et non seulement dans les paroles ; mais l'analyse des causes ne produit précisément pas la nécessité, dès qu'on a soin de déterminer vraiment les causes prochaines au lieu de céder au mythe d'une causalité universelle et inassignable. Laissons donc parler Diodore. Car, lorsqu'il énonce sa troisième prémisse et qu'il parle d'un possible qui ne se réalisera jamais, sommes-nous en mesure de donner, dans notre expérience, un sens précis à cette idée de la raison ? Bref, ce que nous prouve Diodore, c'est que, dès que les mots que nous employons embrassent des totalités qui échappent à notre expérience en brisant la liaison requise entre idée et impression, nos discours nous jettent inévitablement dans les illusions du déterminisme. Revenons à l'expérience : un acte de réflexion suffira à les dissiper. Un possible qui regarde une chaîne sempiternelle d'objets est de même farine qu'un tout qui regarde une succession sempiternelle de causes. Cette chaîne a besoin d'une modalité comme ce tout a besoin d'une cause. " Je réponds, dit Hume [124], que l'union de ces parties en un tout, de même que l'union de plusieurs comtés distincts en un seul royaume ou de plusieurs membres distincts en un seul corps, est accomplie par un acte arbitraire de l'esprit, et n'a nulle influence sur la nature des choses. Si je vous montrais les causes particulières de chaque individu dans une collection de vingt particules de matière, je trouverais fort déraisonnable que vous me vinssiez ensuite demander quelle fut la cause des vingt ensemble. Cela est suffisamment expliqué en expliquant la cause des parties ". Un possible sempiternellement irréalisable est comme un être nécessairement existant : une construction verbale apparemment inévitable pour exprimer la possibilité de la foi religieuse ou du libre arbitre, et qui déguise notre prétention dogmatique à parler sans proportion avec l'objet de notre discours.

Il n'est pas certain toutefois que Carnéade en recevant comme verbalement valables toutes les prémisses de l'Argument ait raisonné comme aurait raisonné Hume. Il est probable même que, s'il ne l'a pas fait, c'est que la troisième prémisse a pu lui paraître exprimer une condition expresse de l'acte libre. S'il en est ainsi, ses doutes ont dû porter sur une autre prémisse, tacite celle-là, et que les anciens sceptiques prennent communément pour cible de leur critique. Il s'agit de la correspondance du vrai et du réel. On contestera alors que la vérité d'un énoncé corresponde à l'acte de l'événement décrit par l'énoncé.

Comment concevoir cette mise en cause de la théorie sémantique de la correspondance ? Soit un énoncé singulier à nom propre, qui porte sur le passé, le futur ou le possible. Un opérateur temporel ou modal gouverne alors l'expression prédi-

---

124. *Ibid.*, pp ; 129-130.

cative. Pour éviter de tirer de cet énoncé des conséquences qu'il ne contient pas, à savoir l'hypostase dans l'éternité ou dans l'existence de fantômes temporels ou modaux, nous pouvons choisir l'un des procédés suivants.

Ou bien nous nous accorderons le droit de préfixer à l'opérateur temporel ou modal un quantificateur existentiel, mais à condition de priver ce quantificateur de toute portée réelle ou ontologique. Dans ce cas, on valide les formules " Barcan " en utilisant l'interprétation substitutive, d'autant plus recommandable par ailleurs qu'elle purifie la logique des hypothèses et des hypothèques ontologiques [125]. L'impossibilité d'un certain état de choses futur, qui résulte de l'application du principe de nécessité conditionnelle, reçoit toujours alors une interprétation objective. Mais elle ne contredit plus la possibilité de l'état de choses contraire, puisque ce dernier reçoit une interprétation substitutive [126]. C'est très probablement ainsi que Buridan interprétait la proposition vraie : " quelque chose qui ne sera pas peut être " [127], l'amplification modale n'ayant d'importation existentielle qu'en un sens pickwickien où les termes sont interprétables comme des " objets possibles " [128].

Ou bien on maintiendra l'interprétation objective de la quantification. Mais on s'interdira alors de tirer de l'énoncé singulier temporel ou modal un énoncé existentiel dans lequel le quantificateur précéderait l'opérateur temporel ou modal [129].

---

125. Pour éviter les confusions, exprimons le quantificateur existentiel dans l'interprétation substitutive par le symbole $(Ex)$ — au lieu du symbole $(\exists x)$ utilisé dans l'interprétation objective —. Si " $\varphi a$ " exprime un énoncé singulier et si " R " symbolise un opérateur temporel ou modal,
$$R\varphi a \rightarrow R(Ex)\varphi x$$
et
$$R\varphi a \rightarrow (Ex)R\varphi x$$
seront toutes deux des inférences légitimes. En effet, étant donné le caractère substitutif de l'expression " $(Ex)$ ", la formule Barcan :
$$R(Ex)\varphi x \equiv (Ex)R\varphi x$$
est valide (Hughes-Cresswell, 1972, p. 142 et p. 170).
126. Si " F " symbolise l'opérateur du futur, on accepte :
(1)   $M(Ex)Fx \equiv ExMFx$
(2)   $\sim (\exists x)Fx$.
En vertu du principe de nécessité conditionnelle, (2) a pour conséquence :
$\sim (\exists x)MFx$.
La contradiction n'a pas lieu, car l'énoncé :
$(Ex)MFx \cdot \sim (\exists x)MFx$
est compatible.
127. Buridan, *Consequentiae*, I, ch. 1, cité par Moody, 1953, p. 58.
128. Moody, 1953, p. 58 (qui applique cette remarque à Albert de Saxe).
129. On acceptera alors comme valide la conditionnelle :
$$R\varphi a \rightarrow R(\exists x)\varphi x$$

Dans ce cas, l'impossibilité de l'état de choses futur, conserve son interprétation objective. Elle ne contredit pas non plus la possibilité de l'état de choses contraires, puisque l'existence de cet état de choses est objet de la seule possibilité [130].

Les diverses solutions alléguées ont, en commun de détruire la validité du principe de correspondance. On se trouve placé devant la contradiction entre un futur à la fois possible et conditionnellement impossible. La contradiction s'évanouira si ce possible n'est qu'un pseudo-possible. Ce sera le cas si l'idée qu'il exprime n'est pas fondée par une impression correspondante ; le vrai tient alors dans la correspondance non entre l'énoncé portant sur l'idée et l'état de choses mais entre cet énoncé et l'état de l'impression. Le possible se réduira encore à un pseudo-possible lorsqu'on donne aux mots " Il y a " un sens substitutif et non objectif ou lorsque de la possibilité de l'existence on refuse de tirer l'existence de la possibilité. En aucun cas, la vérité n'entraîne l'existence de l'état de choses correspondant.

## II

La notion de nécessité naturelle se trouvant rejetée de la physique, peu importe le type de mouvement ou de cause qu'on y considère. Un mouvement, qu'il s'agisse d'un transfert ou d'une génération, une cause, qu'il s'agisse des influences astrales ou de la gravitation newtonienne, ne sauraient être nécessaires, puisqu'à la différence de l'existence la nécessité n'a trait qu'aux définitions des mots.

---

mais on rejettera :

• $R\varphi a \rightarrow (\exists x)R\varphi x$.

En effet, avec l'interprétation objective du symbole $(\exists x)$, la formule Barcan d'équivalence devient invalide et l'on a seulement

$(\exists x)R\varphi x \rightarrow R(\exists x)\varphi x$,

non la réciproque.

130. On accepte ici

(1) $(\exists x)MFx \rightarrow M(\exists x)Fx$

(2) $\sim (\exists x)Fx$,

d'où l'on tire, par la nécessité conditionnelle :

$\sim (\exists x)MFx$.

La contradiction n'a pas lieu, car l'énoncé

$M(\exists x)Fx \cdot \sim (\exists x)MFx$

est compatible.

## III

Le scepticisme, toujours en vertu de cette différence, conclut que nous ne saurions nous former l'idée rationnelle d'un être nécessaire.

" On prétend, dit Hume [131], que la Divinité est un être nécessairement existant ; et cette nécessité de son existence, on essaie de l'expliquer en affirmant que, si nous connaissions son essence ou sa nature tout entière, nous nous apercevrions qu'il lui est aussi impossible de ne pas exister qu'à deux fois deux de ne pas être quatre. Mais il est évident que cela ne saurait jamais arriver, tant que nos facultés demeureront les mêmes qu'à présent. Il nous sera toujours possible, à un moment quelconque, de concevoir la non-existence de ce que nous avons précédemment conçu comme existant ; et l'esprit ne saurait jamais se trouver dans la nécessité de supposer qu'un objet quelconque conserve toujours l'être, comme nous nous trouvons dans la nécessité de toujours concevoir que deux fois deux fassent quatre. Donc, les mots *existence nécessaire* n'ont pas de sens, ou, ce qui revient au même, n'en n'ont pas un qui soit cohérent ".

## IV

Les réflexions qui précèdent rendent probable le désaccord des systèmes sceptiques sur le point de savoir si l'examen de notre activité psychique nous livre ou ne nous livre pas l'expérience d'actes libres. Carnéade paraît recevoir une telle expérience, Hume paraît la refuser.

S'il s'agit de la condition extérieure rendant possible la liberté, c'est-à-dire d'un relâchement suffisant du déterminisme, les sceptiques sont unanimes à l'accorder. La contingence ne fait qu'exprimer l'absence d'impression propre à donner un contenu à l'idée d'existence nécessaire et d'efficace des causes.

Mais ce concept négatif autorise-t-il une expérience positive de l'arbitre ? Observons que, à supposer qu'un acte libre soit accessible à notre expérience psychologique, rien ne serait changé à notre conduite. Nous aurions à rechercher dans les deux cas l'utile probable, et comme les déterminations de l'utile

---

131. Hume, 1964, p. 128.

probable sont les mêmes, qu'on suppose ou non l'expérience de la liberté, les parties opposés se serait fait la guerre en vain. La règle d'économie nous prévient donc en faveur de la négation.

Que montre l'examen ? Nous ne saisissons pas plus l'efficace qu'on suppose aller en nous de la volition à l'action que nous ne le saisissons au passage de la cause à l'effet dans le monde extérieur. Sommes-nous plus heureux lorsqu'il s'agit de l'apparition de la volition même ? C'est une représentation parmi d'autres que rien ne distingue des désirs et des aversions. A l'analyse, nos motifs les plus sublimes ne révèlent-ils pas qu'ils doivent leur force à des impressions ? On fera donc mieux d'accorder que ni la spontanéité, ni le choix, ni l'indifférence par laquelle les systèmes dogmatiques caractérisaient la liberté ne figurent parmi les données immédiates de l'expérience. Ce que le sceptique ajoute à cette constatation, c'est que nous devons nous garder de porter un jugement sur tout ce qui ne figure pas parmi ces données. Il s'abstient donc de prononcer le mot " liberté ", au moins au sens que les métaphysiciens ont donné à ce mot.

# index des citations
# des textes antiques et médiévaux

# index des noms propres

## A

Abélard, 46.
Académiciens, 149, 246, 249, 250, 253.
Adams, 96 n. 9.
Aetius, 123 n. 51.
Agassiz, J. L., 308 n. 34.
Agathon, 35.
Albert le Grand, 267 n. 41.
Albert de Saxe, 240, 240 n. 25, 242, 243 n. 34, 396, 403 n. 123.
Alcméon, 122.
Alexandre d'Aphrodise, 76, 76 n. 27, 76 n. 28, 125, 125 n. 53, 125 n. 54, 134, 134 n. 11, 135, 137, 137 n. 19, 138, 139, 162 n. 21, 181, 181 n. 55, 181 n. 56, 181 n. 57, 182 n. 58, 183 n. 59, 184, 303 n. 23, 308 n. 34, 381 n. 84, 386 n. 92.
Ammonius, 85 n. 45, 154 n. 4, 157 n. 12, 158 n. 14, 159, 159 n. 15, 159 n. 16, 161 n. 19, 161. n. 20, 162, 162 n. 22, 302 n. 21.
Anaxagore, 135, 155 n. 6, 155 n. 9, 156 n. 10, 156 n. 11, 157 n. 11, 194, 331.
Saint Anselme, 214 n. 77, 289 n. 5, 359 n. 3, 359 n. 4, 359 n. 5, 359 n. 6, 360 n. 7, 360 n. 8, 360 n. 9, 360 n. 10, 360 n. 11, 360 n. 12, 361 n. 14, 366, 366 n. 36, 373, 380 n. 82, 395 n. 112.
Antiochus, 189 n. 1.
Antipater, 15, 16, 127.
Arcésilas, 246.
Aristarque, 126.
Aristote, 8, 10 n. 2, 19-34, 26 n. 27 (27 n. 1, 29 n. 2, 29 n. 3, 34 n. 12, 34 n. 13), 35, 36, 37 n. 16, 38 n. 16, 39, 40, 42, 44, 44 n. 21, 45, 46, 48, 65 n. 7, 72 n. 15, 74, 77 n. 30, 79 n. 34, 83 n. 40, 96 n. 9, 102, 110 n. 35, 113 n. 41, 117, 118, 119, 119 n. 45, 121, 121 n. 47, 124, 127, 134 n. 11, 146 n. 35, 149-187 (154 n. 2, 154 n. 3, 154 n. 4, 155 n. 6, 155 n. 7, 155 n. 8, 155 n. 9, 156 n. 10, 156 n. 11, 158 n. 13, 159 n. 17, 160 n. 18, 161 n. 20, 164 n. 23, 165 n. 24, 166 n. 25, 167 n. 26, 167 n. 27, 168 n. 27, 168 n. 28, 169 n. 29, 169 n. 30, 169 n. 31, 169 n. 32, 170 n. 32, 172 n. 35, 174 n. 39, 175 n. 42, 176 n. 43, 176 n. 44, 177 n. 45, 177 n. 46, 178 n. 47, 178 n. 48, 179 n. 49, 180 n. 52, 180 n. 53, 181 n. 54, 185 n. 65, 186 n. 66), 189, 190, 190 n. 6, 191, 194, 198, 199, 199 n. 37, 206, 214-215, 231, 232 n. 2, 234, 235, 236, 238, 238 n. 21, 239, 240, 244, 246 n. 43, 250 n. 52, 254, 255, 255 n. 1, 255 n. 6, 256, 259, 259 n. 19, 259 n. 20, 259 n. 21, 260 n. 22, 260 n. 23, 261 n. 25, 263, 264, 265, 273, 278, 291 n. 6, 296, 296 n. 13, 298 n. 15, 299 n. 16, 299 n. 17, 300, 301, 301 n. 20, 302 n. 21, 303 n. 23, 306 n. 29, 316 n. 50, 316 n. 51, 316 n. 52, 317 n. 54, 331, 332 n. 75, 357, 360, 360 n. 10, 369 n. 40, 369 n. 41, 369 n. 42, 370 n. 48, 379 n. 82, 380 n. 83, 381 n. 84, 388 n. 96.
Aristotéliciens (voir Péripatéticiens).
Arius Didyme, 128 n. 68.
Von Arnim, J. (voir Stoïciens), 15 n. 1, 123 n. 51, 124 n. 52, 125 n. 53, 126 n. 56, 126 n. 57,

415

# index des matières

# bibliographie

ALBERT DE SAXE, *Perutilis Logica Magistri Alberti de Saxonia*, éd. Petrus Aurelius, Sanatus, Venice, 1522.

ALEXANDRE D'APHRODISE, *In Aristotelis Analyticorum Priorum librum I Commentarium*, CAG II, P. 1, éd. Wallies, Berlin, 1883.

— *Praeter Commentaria Scripta Minora, Quaestiones, De Fato, De Mixtione*, CAG Suppl. 2, P. 2, éd. Bruns, Berlin, 1982 (Les chiffres entre parenthèses renvoient au « Traité du Destin et du Libre Pouvoir », in Nourrisson, *Essai sur Alexandre d'Aphrodise suivi du Traité...*, Didier, Paris, 1870).

AMMONIUS, *In Aristotelis de Interpretatione Commentarius*, CAG IV, P. 5, éd. Busse, Berlin, 1897. (Les chiffres entre parenthèses renvoient à la traduction latine de Guillaume de Moerbeke : G. Verbeke, Ammonius, *Commentaire sur le Peri Hermeneias d'Aristote*, Louvain-Paris, 1961, pp. 264-265, Corpus latinum Commentariorum in Aristotelem Graecum, t. I).

— *In Aristotelis Analyticorum Priorum librum I Commentarium*, CAG IV, P. 6, éd. Wallies, Berlin, 1899.

SAINT ANSELME, *Ein neues unvollendetes Werk des hl. Anselm von Canterbury*, éd. F. S. Schmitt (Beiträge zur Geschichte der Philosophie und Theologie des Mittelalters, 33/3, Münster, Ashendorff, 1936, 24.16).

— *Opera omnia*, éd. F. S. Schmitt, Edimburgh, Nelson, 1961, reproduction photomécanique par F. Froman (G. Holzboog), Stuttgart, 1968.

ARISTOTE, *Aristotle's Metaphysics*, Text and Commentary by W. D. Ross, Oxford, Clarendon Press, 1924, 2 vol.

— *The Works of Aristotle*, transl. into English by Edghill, éd. Ross, vol. I, Oxford Univ. Press, 1928.

— *Aristotle's Prior and Posterior Analytics*, W. D. Ross, Oxford, Clarendon Press, 1949.

— *Aristotelis Opera*, ex. rec. I. Bekkeri, éd. O. Gigon, Berlin, de Gruyter, 1960, 2 vol.

— *De la génération des animaux*, texte et traduction P. Louis, Paris, Les Belles Lettres, 1961.

— *Categoriae et Liber de Interpretatione*, éd. L. Minio-Paluello, Oxford, 1949, 3e éd. 1981.

— *Du Ciel*, texte établi et traduit par Paul Moraux, Paris, Les Belles Lettres, 1965.

— *Métaphysique,* traduction avec commentaires, nouvelle édition, par J. Tricot, 2 vol., Paris, Vrin, 1953.

— *Physique,* texte établi et traduit par H. Carteron, 2 vol., Paris, Les Belles Lettres, 1931.

ARNIM, J. von, *Stoicorum veterum fragmenta* (S.V.F.), Lipsiae, I (1905), II (1903), III (1903), IV (1924).

ATTICUS, *Fragments,* texte établi et traduit par E. des Places, Paris, Les Belles-Lettres, Paris, 1977.

ST AUGUSTIN, *St Augustini opera,* Paris, Muguet, 1695, 8 vol.

BAILEY, C., *Epicurus,* Oxford, Clarendon Press, 1926.

BAUDRY, L., *Lexique philosophique de Guillaume d'Ockham,* études des notions fondamentales, Paris, Lethielleux, 1958.

BECKER, A. « Bestreitet Aristoteles die Gültigkeit des " tertium non datur " für Zukunftsaussagen », *Actes du Congrès international de philosophie scientifique,* VI, Paris, 1936, pp. 69-74.

BECKER, O., « Zur Rekonstruction des " Kyrieuon Logos " des Diodoros Kronos », *Erkenntnis und Verantwortung* (Festschrift für Theodor Litt), Düsseldorf, 1961.

BERGSON, H., *La pensée et le mouvant,* essais et conférences, Paris, Alcan, 1934.

BLANCHÉ, R., « Sur l'interprétation du Κυριεύων λογος », *Revue philosophique de la France et de l'étranger,* n° 155, 1965, pp. 133-149.

BOETHIUS, *Commentaria in Librum Aristotelis Peri Hermeneias,* Secunda editio, Leipzig, ed. Meiser, 1877-1880.

BOLLACK, J., BOLLACK, M. et WISMANN, H., *Epicurus, la lettre,* Paris, Éditions de Minuit, 1971.

BOUDOT, M., *Logique inductive et probabilité,* Paris, A. Colin, 1972.

— « Temps, nécessité et prédétermination », *Les Études philosophiques,* n° 4, oct.-déc., 1973, pp. 435-473.

BOYANCÉ, P., « Épicure et M. Sartre », *Revue philosophique,* 143, 1953, pp. 426-431.

BREHIER, E., *La théorie des Incorporels dans l'Ancien Stoïcisme,* 2e éd., Paris, 1928.

— *Chrysippe et l'Ancien Stoïcisme,* Paris, P.U.F., 1910, 2e éd. 1951.

— *La philosophie de Plotin,* Paris, Vrin, 1928, 2e éd. 1961.

— *Les Stoïciens,* textes traduits par E. Bréhier, édités sous la direction de P. M. Schuhl, Paris, Gallimard, 1962.

BROCHARD, V., *Études de Philosophie ancienne et de Philosophie moderne,* Paris, Vrin, intr. V. Delbos, 1954.

BROUWER, L.E.J., « Mathematik, Wissenschaft und Sprache », *Monat-shefte für Mathematik und Physik,* v. 36, 1929, p. 161.

— « The Effects of Intuitionism on classical Algebra of Logic », *Procee-dings of the Royal Irish Academy,* sec. A, v. 57, 1954-1956, pp. 114-115.

BRUHAT, G., FOCH, A., *Cours de physique générale, Mécanique,* 6e éd. complétée par Foch, Paris, Masson, 1961.

BUNGE, M., « Possibility and Probability », in Harper and Hoocker (ed.), *Foundations of Probability Theory, Statistical Inference and Statistical Theories of Science,* Dordrecht, Reidel, vol. III, 1976.

BURIDAN, J., *Johannes Buridani Sophismata Consequentiae Buridani,* A. Deridel, N. de la Barre, F. Beligault, Paris, 1493.

— *Quaestiones super libros quattuor de Caelo et Mundo,* éd. E. A. Moody, Cambridge, Mass., Mediaeval Academy of America, 1942.

BURKS, A. W., « The logic of causal propositions », *Mind,* n. 5.60, 1951, pp. 363-382.


CARNAP, R., *Meaning and Necessity,* The University of Chicago Press, 2nd ed., 1956.

— *Les fondements philosophiques de la physique,* trad. J.-M. Luccioni et A. Soulez, Paris, A. Colin, 1973.

CELLUPRICA, V., *Il capitolo 9 del « De Interpretatione » di Aristotele,* Rassegna di studi 1930-1973, Società editrice Il mulino, Bologna, 1977.

CHALCIDIUS, *Timaeus a Calcidio translatus commentarioque instructus,* éd. J.-H. Waszink (Plato Latinus, t. IV), Leyde, 1962.

CHERNISS, H., *Aristotle's Criticism of Plato and the Academy,* New York, Russel and Russel, 1962.

— *Plutarch's moralia,* t. XIII, Part I, II, Cambridge-London, Loeb, 1976.

CHEVALIER, J., *La notion du nécessaire chez Aristote et chez ses prédéces-seurs particulièrement chez Platon,* Paris, Alcan, 1915.

CICERON, *Academica,* éd. J. S. Reid, London, 1885.

— *De Fato,* éd. Plasberg-Ax, 1938,

— *De natura deorum,* éd. A. S. Pease, Cambridge, 1955.

— *De divinatione,* éd. A. S. Pease, Darmstadt, 1963.

CORNFORD, F. M., *Plato's Theory of Knowledge,* London, Routledge, 1935, 2nd ed., 1960.

COURNOT, A., *Essai sur les fondements de nos connaissances et sur les caractères de la critique philosophique,* éd. par J.-C. Pariente, *Œuvres,* Vrin, Paris, t. II, 1975.

COUTURAT, L., *Opuscules et fragments inédits de Leibniz*, Paris, Alcan, 1903.

CROMBIE, J. M., *Examination of Plato's doctrine*, vol. II, Plato on Knowledge and Reality, London, 1963.

CUMONT, F., *Astrology and Religion among the Greeks and Romans*, New York, London, Putnam, 1912.

— *La théologie solaire du paganisme romain*, Mémoires présentés à l'Académie des Inscriptions et Belles-Lettres, Paris, Imprimerie Nationale, t. XII, 2e partie, 1909.

— *Les religions orientales dans le paganisme romain*, Paris, Geuthner, 4e éd., 1929.

DARWIN, Ch., *The origin of species by means of natural selection*, Encyclopaedia Britannica, London, Chicago, 1952.

DESCARTES, R., *Œuvres et Correspondance*, publiées par Adam et Tannery, Paris, Le Cerf, 1897-1913 (citées sous le sigle *A.T.*), 13 vol.

DIELS, H., KRANZ, W., *Die Fragmente der Vorsokratiker*, 3 vol., Berlin, Weidmann, 1959.

DIOGENI LAERTII, *Vitae Philosophorum*, éd. G. Cobert, Paris, Firmin-Didot, 1878.

DÖRING, K., *Die Megariker*, Kommentierte Sammlung der Testimonien, Amsterdam, B. R. Grüner, 1972.

DUHEM, P., *Le système du monde*, Paris, Hermann, t. I, 1913 (1re éd.), 1951 (2e éd.); t. II, 1914.

— *La théorie physique, son objet, sa structure*, Paris, M. Rivière, 2e éd., 1914 (cité : 1914 (2)).

DUNS SCOT, *Ioannis Duns Scoti Opera Omnia*, editio nova... a P. P. Franziscanis... recognita, Parisiis apud L. Vivès, 1891-1895.

EFFLER, R., *Duns Scotus and the Physical Approach to God*, Studies in Philosophy and the History of Philosophy, vol. 3, John Duns Scotus, ed. Ryan and Bonansea, Washington, The Catholic Univ. of America Press, 1965, pp. 170-190.

EPICTETE, *Epicteti dissertationes*, éd. Schenkl, collect. Teubner, Leipzig, 1re éd., 1898, Minor; 2e éd., 1916, Maior.

EPICURE (voir BAILEY).

EUCLIDE, The thirteen books of *Euclid's Elements* translated from the text of Heiberg with introduction and commentary by T.-L. Heath, Cambridge University Press, 1908; New York, Dover Publications, 2nd ed., 1956, 3 vol.

EULER, L., *Methodus inveniendi Lineas curvas maximi minimive proprietate gaudentes,* Lausanne, 1744.

EUSEBIUS, *Werke,* Achter Band, *Die Praeparatio Evangelica,* Herausg. v. K. Mras, I-II, Berlin, 1954-1956.

FAUST, A., *Der Möglichkeitsgedanke, Systemgeschichtliche Untersuchungen,* 2 vol., Heidelberg, C. Winter, 1931-1932.

FEYNMAN, R., LEIGTHON, R., SANDS, M., *The Feynman Lectures on Physics,* 3 vol., Reading Mass., Addison Wesley, 1970.

DE FINETTI, B., « La prévision : ses lois logiques, ses sources subjectives », *Annales de l'Institut Henri Poincaré,* 1937, 7.

— « Probabilità », *Enciclopedia Einaudi,* Torino, 1980, vol. X.

FØLLESDAL, D., « Quantification into causal contexts », *Boston Studies in the Philosophy of Science,* vol. II, New York, Humanities Press Inc., 1965, pp. 263-271.

— « A modal theoretic approach to causal logic », Det Kgl. Norske Videnskabers Selskabs Skriften, 1966, Nr 2, Trondheim, 1966, pp. 1-13.

VAN FRAASSEN, B. C., « Presuppositions, Superevaluations and Free Logic », in *The Logical Way of Doing Things,* ed. K. Lambert, New Haven, Yale University Press, 1969, pp. 67-91.

FRÄNKEL, H., *Wege und Formen Frühgriechischen Denkens,* München, C. H. Beck, 2ᵉ éd., 1960.

FREDE, D., *Aristoteles und die " Seeschlacht ",* Göttingen, Van den Hoeck und Ruprecht, 1968.

FREDE, M., *Die stoische Logik,* Göttingen, Van den Hoeck und Ruprecht, 1974.

FRITZ, Kurt von, C. R. de SCHUHL, P.-M., « Le Dominateur et les possibles », *Gnomon,* 34, 1962, pp. 138-152.

— « Frede, Aristoteles und die " Seeschlacht " », *Pseudepigrapha,* Genève-Vandœuvres, Fondation Hardt, 1972, pp. 241-250.

FURLEY, D., *Two Studies in the Greek Atomists,* Princeton, Princeton Univ. Press, 1967.

— « Variations on themes from Empedocles in Lucretius " Poem " », Univ. of London, Institute for Classical Studies, Bulletin n° 17, 1970, pp. 55-64.

GASSENDI, P., *Disquisitio Metaphysica,* texte traduit et annoté par P. Rochot, Paris, Vrin, 1962.

GELLE (AULU-GELLE), *Les Nuits Attiques,* éd. et trad. R. Marache, Les Belles-Lettres, Paris, 1978, 2 tomes.

GENEST, J.-F., « La liberté de Dieu à l'égard du passé selon Pierre

Damien et Thomas Bradwardine », *Annuaire de la 5ᵉ section de l'École Pratique des Hautes Études*, Paris, tome 85, 1976-1977, pp. 391-393.

GEYER, F., UEBERWEG, F., *Grundriss der Geschichte der Philosophie*, II, Die patristische und scholastische Philosophie, Darmstadt, Wissenschaftliche, Buchgesellschaft, 1958.

GILSON, E., *Jean Duns Scot, Introduction à ses propositions fondamentales*, Paris, Vrin, 1952.

GILSON, E., BÖHNER, P., *Christliche Philosophie*, 2te Aufl., Paderborn, Schöningh, 1954.

GOLDSCHMIDT, V., *Platonisme et pensée contemporaine*, Paris, Aubier, 1970.

— *Le système stoïcien et l'idée du temps*, Paris, Vrin, 3ᵉ éd., 1977.

— *La doctrine d'Epicure et le droit*, Paris, Vrin, 1977.

— « La théorie épicurienne du droit », *Archives de philosophie du droit*, tome 26, *L'utile et le juste*, pp. 73-91.

GRANGER, G. G., *La théorie aristotélicienne de la science*, Paris, Aubier, 1976.

GRASSÉ, P. P., LAVIOLETTE, P., HOLLANDE, A., NIGON, V., WOLFF, E., *Biologie générale*, Paris, Masson, 1966.

GUEROULT, M., *L'évolution et la structure de la Doctrine de la science chez Fichte*, Paris, Les Belles-Lettres, 1930, vol. I et II.

— *Descartes selon l'ordre des raisons*, vol. I L'Ame et Dieu, vol. II L'Ame et le Corps, Paris, Aubier, 1953.

— *Malebranche*, vol. I La vision en Dieu, Paris, Aubier, 1955 ; vol. II Les cinq abîmes de la Providence, Paris, Aubier, 1959 a) L'ordre et l'occasionnalisme ; vol. III Les cinq abîmes de la Providence, Paris, Aubier, 1959 b) La nature et la grâce.

— *Spinoza*, vol. I Dieu, Paris, Aubier, 1968 ; vol. II L'Ame, Paris, Aubier, 1974.

— *Études sur Descartes, Spinoza, Malebranche et Leibniz*, Hildesheim, New York, Georg Olms, 1970.


HAMELIN, O., « La logique des Stoïciens », *Année Philosophique*, Paris, 101, p. 26.

— *Essai sur les éléments principaux de la représentation*, Alcan, Paris, 2ᵉ éd. par Darbon, 1925.

— *Sur le De Fato*, publié et annoté par M. Conche, Paris, Éditions de Mégare, 1978.

HINTIKKA, J., *Logic, Language-games and Information, Kantian Themes in the Philosophy of Logic*, Oxford, Clarendon Press, 1973.

— *Time and Necessity*, Oxford, Clarendon Press, 1973.

HUGHES, C. E., CRESSWELL, M. J., *An Introduction to Modal Logic,* London, Methuen, 1972, 2e édition.

HUME, D., *A Treatise of Human Nature,* ed. Green and Grose, London, nouv. éd., 1890.

— *Traité de la nature humaine, Œuvres philosophiques choisies,* trad. par M. David, Paris, Alcan, 1930.

— *Dialogues sur la religion naturelle,* trad. M. David, Paris, Pauvert, 1964.


JACOB, F., *La logique du vivant,* Paris, Gallimard, 1970.

JACOBI, K., « Kontingente Naturgeschehnisse », *Rosprawy, Studia Mediewistyezne,* 18, 1977, pp. 3-70.

JASKOWSKI, S., *Recherches sur le système de la logique intuitionniste,* Actualités scientifiques et industrielles, Hermann, Paris, 393, 1936.


KANT, I., *Kant's Gesammelte Schriften* hrsg. von der Akademie der Wissenschaften zu Göttingen, Band I-XXXV, Berlin, Reimer, 1910-1917. Berlin und Leipzig, W. de Gruyter, 1910-1955/1966.

— *Critique de la raison pure,* éd. et trad. Tremesaygues-Pacaud, Paris, P.U.F., 1944, autre éd. en 1967.

— *Critique de la raison pratique,* trad. Picavet, Paris, P.U.F., 1943, autre éd. 1976.

— *Critique du jugement,* trad. Gibelin, Paris, Vrin, 1946.

KLEENE, S. C., *Logique mathématique* (1967), trad. J. Largeault, Paris, A. Colin, 1971.

KNEALE, M. & W., *The Development of Logic,* Oxford, Clarendon Press, 1962.


LAGRANGE, J.-L., *Mécanique analytique,* Paris, Gauthier-Villars, 1867-1892.

LAMBERT, K., « On Logic and Existence », *Notre Dame Journal of Formal Logic,* vol. 6 (1965), pp. 135-141, n° 2, april.

LAMBERT, K. & SCHARLE, T., « A translation theorem for two systems of free logic », *Logique et analyse,* 10e année, 39-40 (déc. 1967), pp. 328-341.

LEJEWSKI, V. C., « Zu Lésniewskis Ontologie », *Ratio,* 1957-1958, pp. 50-77.

LEIBNIZ, G. W., *Die philosophischen Schriften...,* éd. Gerhardt, C. I., Berlin, Weidmannsche Buchhandlung, 1875-1890, 7 vol.

— *Nouveaux essais sur l'entendement humain,* Introduction, Note et appendice par H. Lachelier, Paris, Hachette, 1886.

— *Essais de théodicée* suivis de *La monadologie*, Préface et Notes de J. Jalabert, Paris, Aubier, 1962.

— *Œuvres*, éditées par L. Prenant, avec introduction, tables et commentaires, Paris, Aubier, 1972.

LEVI STRAUSS, C., *La pensée sauvage*, Paris, Plon, 1962.

LONGPRÉ, E., *La philosophie du B. J. Duns Scot*, Paris, 1924.

LORENZ, K., *L'agression, une histoire naturelle du mal*, trad. V. Fritsch, Paris, Flammarion, 1969.

LUCRÈCE, *De natura rerum* (commentaire exégétique et critique), 3 vol., A. Ernout, A. Robin, Paris, Les Belles Lettres, 1925-26-28.

— *De la nature*, tomes I et II, Livres I à VI, trad. A. Ernout et A. Robin, Paris, Budé, Les Belles Lettres, 1947.

LUKASIEWICZ, J., *Aristotle's Syllogistic from the standpoint of modern formal logic*, (1re éd. 1951), Oxford, Clarendon Press, 2e éd. 1957 (traduction française par Mme Zaslawsky, Paris, A. Colin, 1972).

— « On determinism », *Polish Logic,* 1920-1939, ed. by Storrs McCall, Oxford, Clarendon Press, 1969.


MACH, E., *The Science of Mechanics,* transl. Mc Cormack, Chicago, The Open Court, 1902.

MACROBE, *Commentaire sur le songe de Scipion,* trad. W. H. Stahl, New York, London, Columbia Univ. Press, 1952.

MARC AURÈLE, *Pensées,* texte établi et traduit par A. I. Trannoy, préface d'Aimé Puech, Paris, Les Belles Lettres, 1925, 2e éd. 1964.

MAIER, A., *Zwei Grundprobleme de scholastischen Naturphilosophie, Das Problem der intensiven Grösse, Die Impetustheorie,* 2. Aufl, Roma, Edizioni di storia e letteratura, 1951.

MATES, B., *Stoic Logic,* Berkeley, Los Angeles, Univ. California Press, 1961.

MIGNUCCI, M., « Sur la logique modale des Stoïciens », *Les Stoïciens et leur logique,* ouvrage collectif, Paris, Vrin, 1978, pp. 317-346.

— « Ὡς ἐπὶ τὸ πολύ et Nécessaire dans la Conception Aristotélicienne de la Science », *Aristotle on Science : the Posterior Analytics,* Studia Aristotelica, 9, ed. Antenore, Padova, 1981, pp. 173-203.

MOODY, E. A., *Truth and Consequences in Medieval Logic,* Amsterdam, North-Holland Publishing Co., 1953.

MONDADORI, M., « Induzione statistica », *Enciclopedia Einaudi,* Torino, 1979, vol. VII.

MOREAU, J., *Le sens du platonisme,* Paris, Les Belles Lettres, 1967.

MUGLER, Ch., « Sur quelques particularités de l'atomisme ancien », *Revue de Philologie,* no 79, 1953, pp. 141-174.

— *La physique de Platon,* Paris, Klincksieck, 1960.

— *Platon et la recherche mathématique de son époque,* van Berkhoven, Naarden, 1969. (Reprise de l'édition publiée à Strasbourg, en 1948, par les éditions P. H. Heitz).

NEMESIUS, *De natura hominis,* graeca et latine, Matthaei, Halae Magdeb., Gebauer, 1802.

NEUGEBAUER, O., *A History of Ancient Mathematical Astronomy,* in three parts, Berlin, Heidelberg, New York, Springer, 1975.

OCKHAM, W., *The Tractatus de « Praedestinatione et de Praescientia Dei et de Futuris Contingentibus »,* ed. P. Boehner, Franciscan Institute Publications, n° 2, St Bonaventure, N. Y., 1945.

— *Predestination, God's Foreknowledge and Future Contingents,* transl. Adams and Kretzmann, New York, Appleton Century Crofts, 1969.

OESTERLE, J. T., *On Interpretation (Aristotle), Commentary by St Thomas and Cajetan,* Milwaukee, Marquette Univ. Press, 1962.

ORIGÈNE, *Contra Celsum, in Origène Werke,* bd. 1-2, ed. P. Koetschau, Leipzig, 1899-1913, 3 vol.

PAULY, A., *Pauly's Real-Encyclopädie der classischen Alterthumswissenschaft,* Stuttgart, J. B. Metzler, 1893.

PHILOPONOS, *In Analytica priora commentaria,* ed. Wallies, CAG XIII 2, Berlin 1905.

PLATON, *Œuvres complètes,* tomes I-XIII, Paris, Les Belles-Lettres, 1920, 1964.

POPPER, K., *La logique de la découverte scientifique,* trad. Rutten-Devaux, Paris, Payot, 1973.

PLOTIN, *Les Ennéades de Plotin,* par M.-N. Bouillet, Paris, Hachette, 1857, 3 vol.

— *Plotini Opera,* ed. P. Henry et H.-R. Schwyzer, Paris, Desclée de Brouwer, l'Édition universelle, Bruxelles, 1951, 3 vol.

— *Ennéades,* ed. et trad. par E. Bréhier, Paris, Les Belles Lettres, 1964, 7 vol.

PLUTARQUE, *Plutarqui Moralia,* Leipzig, Teubner, tomes I-VIII, 1953-1974.

— *Plutarch's Moralia,* t. XIII, Parts I et II, éd. et trad. anglaise par H. Cherniss, Cambridge-London, Loeb, 1976, 2 vol.

PRIOR, A. N., *Time and Modality,* Oxford, Clarendon Press, 1957.

— *Formal Logic,* Oxford, Clarendon Press, 2nd ed., 1962.

— *Past, Present and Future,* Oxford, Clarendon Press, 1967.

QUINE, W. v., *Word and Object,* Cambridge, Mass, M.I.T. Press and John Wiley and sons, 1960.

— *The Ways of Paradox and other Essays,* New York, Random House, 1966.

— *Philosophie de la logique,* trad., Largeault, Paris, Aubier, 1975.

RESCHER, N., URQUHART, A., *Temporal Logic,* Wien, New York, Springer, 1971.

ROBINSON, R., « Plato's consciousness of fallacy », *Mind,* 1942.

ROBIN, L., *La théorie platonicienne des idées et des nombres d'après Aristote,* étude historique et critique, Paris, Alcan, 1908.

— *Études sur la signification et la place de la physique dans la philosophie de Platon,* Paris, Alcan, 1919.

— *Pyrrhon et le Scepticisme grec,* Paris, P.U.F., 1944.

— *Platon,* Paris, Alcan, 1935, nouvelle édition mise à jour et complétée par P. M. Schuhl, 1968.

RODIS-LEWIS, G., *Épicure et son école,* Paris, Gallimard, 1975.

RUSSELL, L. B., *The principles of Mathematics,* London, Allen-Unwin, 2nd ed. 1956 (1938).

— *Logic and Knowledge,* ed. R. C. Marsch, London, Allen-Unwin, 1956.

— *Human Knowledge, Its Scope and Limits,* London, Allen and Unwin, 1961.

SARTRE, J.-P., *Situations III,* Paris, Gallimard, 1949.

SEDLEY, D., « Diodorus Cronus and Hellenistic philosophy », *Proceedings of the Cambridge Philosophical Society,* 203, New Series 23, 1977, pp. 74-120.

SERTILLANGES, *Thomas d'Aquin (Saint), Somme théologique,* Q. 1-26 : Dieu, tomes I, II, III, 1947, 1926, 1935, Paris.

SEXTUS EMPIRICUS, *Opera,* English translation by Rev. R. G. Bury, London, W. Heinemann; Cambridge, Mass, Harvard Univ. Press, 1967-1971, 4 vol.

SCHOLZ, H., *Mathesis Universalis,* Basel/Stuttgart, Schwabe, 1961.

SCHRÖDINGER, E., *Collected papers on wave mechanics,* J. P. Schearer and W. M. Deans, trans., 2nd ed., London, Blackie and Sons, 1927.

SCHUHL, P. M., *Le dominateur et les possibles,* Paris, P.U.F., 1960.

SIMPLICIUS, *In Aristotelis Physicorum libros quattuor posteriores Commentaria,* CAG X, Hermannus Diels, Berlin, 1895.

— *In Aristotelis de Caelo commentaria,* CAG VII, Heiberg, Berlin, 1894.

— *In Aristotelis Categorias commentarium,* CAG VIII, Kalbfleisch, Berlin, 1907.

SIMPSON, G. G., *Rythme et Modalités de l'Évolution,* trad. Saint-Seine, Albin Michel, Paris, 1960.

STAHL, G., « Une formalisation du Dominateur », *Revue philosophique,* 1962, pp. 239-243.

STEGMÜLLER, W., *Personelle und statistische Wahrscheinlichkeit,* Berlin, Heidelberg, New York, Springer Verlag, 1973, t. IV, *in* Probleme und Resultate der Wissenschaftstheorie und analytischen Philosophie.

STOBAEUS, *Anthologii libri duo priores seu Eclogae physicae et ethicae,* ed. C. Wachsmuth, Berlin, 1884.

STORRS MC CALL ed., *Polish Logic 1920-1939,* Oxford, Clarendon Press, 1967.

STRABONIS, *Geographica,* ed. C. Müllerus et F. Dübnerus, Paris, A. Firmin-Didot, 1853-1877, 2 vol.

— *Geographica,* ed. A. Meineke, Leipzig, Teubner, 1866.

SUPPES, P., *Studies in the Methodology and Foundations of Science,* Dordrecht, Reidel, 1969.

— *Introduction to Logic,* Princeton, New York, London, Toronto, ed. D. van Nostrand, 1964.

— « Concept Formation and Bayesians decisions », in J. Hintikka and P. Suppes (eds.), *Aspects of inductive Logic,* Amsterdam, North Holland, 1966.

— *Studies in the Foundations of Quantum Mechanics,* Philosophy of Science Association, East Lansing, 1980.

— *La logique du probable,* Paris, Flammarion, 1981.

TANNERY, P., *Mémoires scientifiques,* publ. par Heiberg et Zeuthen, Toulouse, E. Privat, Paris, Gauthier-Villars, 1912-1950, 17 vol.

TARSKI, A., McKINSEY, J. O., « Some theorems about Sentential calculi of Lewis and Heyting », *Journal of Symbolic Logic,* XIII, 1948, pp. 13-14;

TARSKI, A., *Logics, semantics, metamathematics,* papers from 1923-1938, trad. J. H. Woodger, Oxford, Clarendon Press, 1956.

TATIANUS, *Tatiani, oratio ad graecos,* éd. Schwartz, Heinrich, 1888.

TAYLOR, A. E., *Plato, the Man and his Work,* London, Methuen, 2nd ed. 1969, (1926).

THEMISTIUS, *In libros Aristotelis de Caelo Paraphrasis hebraice et latine,* CAG V, éd. S. Landauer, Berlin, 1902.

ST THOMAS, *In Aristotelis Peri hermeneias seu de interpretatione Commentaria,* I, in *Opera Omnia,* éd. S. E. Fretté, t. 22, Paris, Vivès, 1875 (voir aussi OESTERLE).

437

— *In Aristotelis libro de Caelo et Mundo, de Generatione et Corruptione, Meteorologicorum Expositio,* éd. Spiazzi, Turin-Rome, Marietti, 1952.

— *Summa theologica,* (citée S. T.), Bibliotheca de autores christianos, Madrid, 1961.

— *Summa contra Gentiles,* Parisiis, P. Lethielleux, 1877; Paris, P. Lethielleux, 1950-1961, 3 vol.

— *In duodecim libros Metaphysicorum Aristotelis Expositio,* éd. Cathala-Spiazzi, Turin-Rome, Marietti, 1964.

— *In octo libros Physicorum Aristotelis Expositio,* éd. Maggiolo, Turin-Rome, Marietti, 1965.

VLASTOS, G., « Minimal Parts in Epicurean Atomism », *Isis,* vol. 56, part 2, n° 184, 1965, pp. 121-147.

— *Platonic Studies,* Princeton, Princeton Univ. Press, 1973.

VUILLEMIN, J., *Physique et métaphysique kantiennes,* Paris, P.U.F., 1955.

— *Mathématiques et métaphysiques chez Descartes,* Paris, P.U.F., 1960.

— *La philosophie de l'algèbre,* tome 1, Paris, P.U.F., 1962.

— « Problèmes de validation (Begründung) dans les axiomatiques d'Euclide et de Zermelo », *The Foundations of Statements and Decisions,* ed. P. Suppes, Actes du Congrès International de logique et de méthodologie des sciences de Varsovie, 1965, pp. 179-204.

— *De la logique à la théologie, Cinq études sur Aristote,* Paris, Flammarion, 1967.

— *Leçons sur la première philosophie de Russell,* Paris, A. Colin, 1968.

— *Le Dieu d'Anselme et les apparences de la raison,* Paris, Aubier, 1971.

— « Kant aujourd'hu », *Actes du Congrès d'Ottawa sur Kant,* oct. 1974, ed. Univ. d'Ottawa, 1975, pp. 17-35.

— « Définition et raison : le paradigme des mathématiques grecques », *Proceedings of the 3rd International Humanistic Symposion of Athens and Pelion,* Athènes, 1977, pp. 273-282 (1977, 2).

— « L'argument dominateur », *Revue de métaphysique et de morale,* 1979, pp. 225-257.

— « Qu'est-ce qu'un nom propre », *Fundamenta Scientiae,* vol. 1, 1980, pp. 261-273.

— « La théorie kantienne des modalités » *Akten des 5. Int. Kant Kongresses Mainz 4-8, April 1981,* Teil II, pp. 149-167, Bouvier, Bonn, 1981.

— « Le carré chrysippéen des modalités », *Dialectica,* vol. 37, fasc. 4, 1983, pp. 235-247.

— « Les formes fondamentales de la prédication : un essai de classification » *Recherches sur la philosophie et le langage,* Langage et philosophie des sciences, Cahier n° 4, DREUG, Grenoble, Vrin, Paris, 1984, pp. 9-30.

WAJSBERG, M., « Untersuchungen über den Aussagenkalkül von A. Heyting », *Wiadomosci matematyczne,* vol. 46, 1938, pp. 45-101.

WEIDENREICH, F., « The brain and its role in the phylogenetic transformation of the human skull », *Trans. Amer. Phil. Soc.,* n.s. 31, 1941, pp. 321-442.

WEYL, H., « Ueber die neue Grundlagenkrise der Mathematik », *Mathematische Zeitschrift,* 10, 1921, p. 47, pp. 54-55.

— *Symmetry,* Princeton, Princeton Univ. Press, 1952.

— *Philosophy of mathematics and natural science,* New York, Atheneum, 1963.

WILLIAMS, D. C., « The Sea Fight Tomorrow », *Structure, Method and Meaning,* ed. P. Henle, New York, 1951.

WINDELBAND, W.; HEIMSOETH, H., *Lehrbuch der Geschichte der Philosophie,* Herausg. V. Heimsoeth, Tübingen, JCB Mohr, 1948.

WRIGHT, G. H. von, *An Essay in Modal Logic,* Amsterdam, North Holland Publ. Co., 1951.

— « The Master Argument of Diodorus », *Essays in Honour of Jaakko Hintikka* (ed. Saarinen, Hilpinen, Niiniluoto and P. Hintikka, Dordrecht, Reidel), 1979, pp. 297-307.

— « Time, Truth and Necessity », *Intention and Intentionality,* Essays in Honour of G.E.M. Anscombe, ed. by C. Diamond and J. Teichmen, Brighton, The Harvester Press, 1979, pp. 237-250.

— « Diachronic and Synchronic Modalities », *Theorema,* vol. IX/3-4, 1979, pp. 231-245.

ZELLER, E., « Uber den Κυριεύων des Megarikers Diodorus », *Zellers Kleinen Schriften,* I, 1910.

# table des matières

## Seconde partie : LES SYSTÈMES DE LA NÉCESSITÉ : MÉGARIQUES ET STOÏQUES

### Chapitre III : Un système de fatalisme logique : diodore kronos

# « LE SENS COMMUN »

Theodor W. Adorno, MAHLER, *Une physionomie musicale.*

Mikhail Bakhtine, LE MARXISME ET LA PHILOSOPHIE DU LANGAGE. *Essai d'application de la méthode sociologique en linguistique.*

C. Bally, K. Bühler, E. Cassirer, W. Doroszewski, A. Gelb, R. Goldstein, G. Guillaume, A. Meillet, E. Sapir, A. Sechechaye, N. Trubetzkoy, ESSAIS SUR LE LANGAGE.

Gregory Bateson, LA CÉRÉMONIE DU NAVEN. *Les problèmes posés par la description sous trois rapports d'une tribu de Nouvelle-Guinée.*

Émile Benveniste, VOCABULAIRE DES INSTITUTIONS INDO-EUROPÉENNES: 1. ÉCONOMIE, PARENTÉ, SOCIÉTÉ. — 2. POUVOIR, DROIT, RELIGION.

Basil Bernstein, LANGAGE ET CLASSES SOCIALES. *Codes sociolinguistiques et contrôle social.*

John Blacking, LE SENS MUSICAL.

Jean Bollack, EMPÉDOCLE: 1. INTRODUCTION A L'ANCIENNE PHYSIQUE. — 2. LES ORIGINES, ÉDITION CRITIQUE ET TRADUCTION DES FRAGMENTS ET TÉMOIGNAGES. — 3. LES ORIGINES, COMMENTAIRES (2 tomes). — LA PENSÉE DU PLAISIR. *Épicure: textes moraux, commentaires.*

Jean Bollack, M. Bollack, H. Wismann, LA LETTRE D'ÉPICURE.

Jean Bollack, Heinz Wismann, HÉRACLITE OU LA SÉPARATION.

Mayotte Bollack, LA RAISON DE LUCRÈCE. *Constitution d'une poétique philosophique avec un essai d'interprétation de la critique lucrétienne.*

Luc Boltanski, LE BONHEUR SUISSE. — LES CADRES. *La formation d'un groupe social.*

Pierre Bourdieu, LA DISTINCTION. *Critique sociale du jugement.* — LE SENS PRATIQUE. — HOMO ACADEMICUS.

Pierre Bourdieu, L. Boltanski, R. Castel, J.-C. Chamboredon, UN ART MOYEN. *Les usages sociaux de la photographie.*

Pierre Bourdieu, Alain Darbel (avec Dominique Schnapper), L'AMOUR DE L'ART. *Les musées d'art européens et leur public.*

Pierre Bourdieu, J.-C. Passeron, LES HÉRITIERS. *Les étudiants et la culture.* — LA REPRODUCTION. *Éléments pour une théorie du système d'enseignement.*

Ernst Cassirer, LA PHILOSOPHIE DES FORMES SYMBOLIQUES: 1. LE LANGAGE. — 2. LA PENSÉE MYTHIQUE. — 3. LA PHÉNOMÉNOLOGIE DE LA CONNAISSANCE. — LANGAGE ET MYTHE. *A propos des noms de dieux.* — ESSAI SUR L'HOMME. — SUBSTANCE ET FONCTION. *Éléments pour une théorie du concept.* — INDIVIDU ET COSMOS DANS LA PHILOSOPHIE DE LA RENAISSANCE.

Robert Castel, L'ORDRE PSYCHIATRIQUE. *L'âge d'or de l'aliénisme.* — LA GESTION DES RISQUES. *De l'anti-psychiatrie à l'après-psychanalyse.*

Darras, LE PARTAGE DES BÉNÉFICES. *Expansion et inégalités en France* (1945-1965).

François de Dainville, L'ÉDUCATION DES JÉSUITES (XVIe-XVIIIe SIÈCLES).

Oswald Ducrot et autres, LES MOTS DU DISCOURS.

Émile Durkheim, TEXTES: 1. ÉLÉMENTS D'UNE THÉORIE SOCIALE. — 2. RELIGION, MORALE, ANOMIE. — 3. FONCTIONS SOCIALES ET INSTITUTIONS.

Moses I. Finley, L'ÉCONOMIE ANTIQUE. — ESCLAVAGE ANTIQUE ET IDÉOLOGIE MODERNE.

François Furet, Jacques Ozouf, LIRE ET ÉCRIRE. *L'alphabétisation des Français de Calvin à Jules Ferry* (2 tomes).

Erving Goffman, ASILES. *Études sur la condition sociale des malades mentaux.* — LA MISE EN SCÈNE DE LA VIE QUOTIDIENNE : 1. LA PRÉSENTATION DE SOI. — 2. LES RELATIONS EN PUBLIC. — LES RITES D'INTER-ACTION. — STIGMATE. *Les usages sociaux des handicaps.*

Jack Goody, LA RAISON GRAPHIQUE. *La domestication de la pensée sauvage.*

Claude Grignon, L'ORDRE DES CHOSES. *Les fonctions sociales de l'enseignement technique.*

Maurice Halbwachs, CLASSES SOCIALES ET MORPHOLOGIE.

Ulf Hannerz, EXPLORER LA VILLE. *Éléments d'anthropologie urbaine.*

Richard Hoggart, LA CULTURE DU PAUVRE. *Étude sur le style de vie des classes populaires en Angleterre.*

François-André Isambert, LE SENS DU SACRÉ. *Fête et religion populaire.*

William Labov, SOCIOLINGUISTIQUE. — LE PARLER ORDINAIRE. *La langue dans les ghettos noirs des États-Unis* (2 tomes).

Alain de Lattre, L'OCCASIONALISME D'ARNOLD GEULINCX. *Étude sur la constitution de la doctrine.*

Ralph Linton, DE L'HOMME.

Herbert Marcuse, CULTURE ET SOCIÉTÉ. — RAISON ET RÉVOLUTION. *Hegel et la naissance de la théorie sociale.*

Sylvain Maresca, LES DIRIGEANTS PAYSANS.

Louis Marin, LA CRITIQUE DU DISCOURS. *Sur « La logique de Port-Royal » et « Les pensées » de Pascal.* — LE PORTRAIT DU ROI.

Alexandre Matheron, INDIVIDU ET COMMUNAUTÉ CHEZ SPINOZA.

Marcel Mauss, ŒUVRES : 1. LES FONCTIONS SOCIALES DU SACRÉ. — 2. REPRÉSEN-TATIONS COLLECTIVES ET DIVERSITÉ DES CIVILISATIONS. — 3. COHÉSION SOCIALE ET DIVISIONS DE LA SOCIOLOGIE.

Francine Muel-Dreyfus, LE MÉTIER D'ÉDUCATEUR. *Les instituteurs de 1900, les éducateurs spécialisés de 1968.*

Raymonde Moulin, LE MARCHÉ DE LA PEINTURE EN FRANCE.

Georges Mounin, INTRODUCTION A LA SÉMIOLOGIE.

S. F. Nadel, LA THÉORIE DE LA STRUCTURE SOCIALE.

Erwin Panofsky, ARCHITECTURE GOTHIQUE ET PENSÉE SCOLASTIQUE, précédé de L'ABBÉ SUGER DE SAINT-DENIS. — LA PERSPECTIVE COMME FORME SYMBOLIQUE.

Luis J. Prieto, PERTINENCE ET PRATIQUE. *Essai de sémiologie.*

A. R. Radcliffe-Brown, STRUCTURE ET FONCTION DANS LA SOCIÉTÉ PRIMITIVE.

Edward Sapir, ANTHROPOLOGIE : 1. CULTURE ET PERSONNALITÉ. — 2. CULTURE. — LINGUISTIQUE.

Joseph Schumpeter, IMPÉRIALISME ET CLASSES SOCIALES.

Charles Suaud, LA VOCATION. *Conversion et reconversion des prêtres ruraux.*

Peter Szondi, POÉSIE ET POÉTIQUE DE L'IDÉALISME ALLEMAND.

Jeannine Verdès-Leroux, LE TRAVAIL SOCIAL.

Jules Vuillemin, NÉCESSITÉ OU CONTINGENCE : L'APORIE DE DIODORE ET LES SYSTÈMES PHILOSOPHIQUES.

Cet ouvrage a été achevé d'imprimer le vingt juillet mil neuf cent quatre-vingt-quatre sur les presses de Jugain Imprimeur S.A., à Alençon et inscrit dans les registres de l'éditeur sous le n° 1892
Dépôt légal : juillet 1984